OS 7 HÁBITOS DAS FAMÍLIAS ALTAMENTE EFICAZES

STEPHEN R. COVEY

OS 7 HÁBITOS DAS FAMÍLIAS ALTAMENTE EFICAZES

Construindo uma Bela Cultura Familiar
num Mundo Conturbado

Tradução
Sandra Luiza Couto

13ª EDIÇÃO

BestSeller

Rio de Janeiro | 2023

FranklinCovey

CIP-Brasil. Catalogação-na-fonte
Sindicato Nacional dos Editores de Livros, RJ

C914s
13ª ed.
Covey, Steohen R. 1932-
   Os 7 hábitos das famílias altamente eficazes: construindo uma bela cultura familiar num mundo conturbado / Stephen R. Covey; tradução Sandra Luiza Couto – 13ª ed. – Rio de Janeiro: BestSeller, 2023.

   Tradução de: The seven habbits of highly effective families
   ISBN: 978-85-7684-486-0

   1. Família. 2. Comunicação na família. 3. Pais e filhos. I. Título.

04-3153

CDD: 646.78
CDU: 392.3

Título original norte-americano:
THE SEVEN HABBITS OF HIGHLY EFFECTIVE FAMILIES

Copyright © 1997 by Franklin Covey Company
Publicado mediante acordo com Golden Books Publishing Company, Inc.

Franklin Covey e logomarca são marcas registradas da Franklin
Covey Co., utilizadas com premissão.

Todos os direitos reservados. Proibida a reprodução,
no todo ou em parte, sem autorização prévia por escrito da editora,
sejam quais forem os meios empregados.

Direitos exclusivos de publicação em língua portuguesa para o Brasil
adquiridos pela
EDITORA BEST SELLER LTDA.
Rua Argentina, 171, parte, São Cristóvão
Rio de Janeiro, RJ – 20921-380
que se reserva a propriedade literária desta tradução

Impresso no Brasil

ISBN 978-85-7684-486-0

Seja um leitor preferencial Record.
Cadastre-se no site www.record.com.br e receba informações
sobre nossos lançamentos e nossas promoções.

Atendimento e venda direta ao leitor
sac@record.com.br

"Trata-se de reflexiva, profundamente pessoal e prática aplicação dos princípios de Stephen (e claramente de Sandra) Covey sobre o que existe de mais importante — a família."

— John E. Pepper, presidente da Procter & Gamble

"Stephen Covey estende sua larga experiência com empresas à área da sociedade que constitui um de seus maiores desafios, a família, com exemplos práticos que mostram como estreitar os laços mais vitais entre todos."

— Tom Curley, presidente e editor-chefe do USA Today

"Os relacionamentos familiares requerem comprometimento, humildade, paciência e capacidade de perdoar. O livro de Stephen Covey nos lembra que o nosso trabalho diário mais importante é o que fazemos pelas nossas famílias."

— Greg Coleman, editor, Reader's Digest

"O inevitável conflito entre a vida profissional e a familiar é abordado em Os 7 Hábitos das Famílias Altamente Eficazes por meio de uma excelente combinação de princípios, bom senso e exemplo. O sucesso é possível em ambos os setores, quando se dispõe de um senso adequado de prioridades e de equilíbrio."

— Donald G. Soderquist, vice-presidente e responsável pelas operações da Wal-Mart Stores, Inc.

"Um livro notável a respeito de relacionamentos familiares centrados em princípios. Não poderia ter chegado em momento mais oportuno, pois a falta de laços familiares tem destruído as relações humanas e causado uma violência sem tamanho."

— Arun Gandhi, neto de Mahatma Gandhi e fundador/diretor do Instituto Gandhi

Os 7 Hábitos das Famílias Altamente Eficazes nos inspira a criar excelentes relacionamentos familiares e nos fornece um instrumental prático para fazê-lo."

— John Gray, autor de *Os Homens São de Marte, As Mulheres São de Vênus*

AGRADECIMENTOS

Este livro é, na verdade, o produto sinérgico do trabalho de uma equipe. Sem sua incansável, especial e dedicada contribuição, ele jamais teria sido elaborado. Com todo o direito, o nome de cada uma dessas pessoas poderia ser colocado ao lado do meu. Por isso, quero expressar-lhes a minha profunda gratidão:

— minha amada esposa, Sandra, pelas muitas idéias e histórias que enriquecem este trabalho, por seu apoio e estímulo constantes, por sua sabedoria instintiva e seus conhecimentos em educação infantil, e, acima de tudo, por seu sacrifício e dedicação ao longo de quatro décadas, na criação de nove filhos maravilhosos.

— meus queridos filhos Cynthia, Maria, Stephen, Sean, David, Catherine, Colleen, Jenny e Joshua, seus cônjuges e filhos, por suas histórias reveladoras — e, por vezes, embaraçosas — e pela qualidade de suas vidas e cooperação.

— Boyd Craig, por sua soberba administração da produção, que durou três anos, da nossa equipe, ofertando-nos sua inabalável energia positiva, seus notáveis julgamentos e conselhos sobre muitos tópicos importantes, e por sua parceria perfeita com Rebecca no processo de edição.

— Rebecca Merrill, por sua extraordinária habilidade editorial de entrelaçar idéias, histórias, transcrições e pesquisas de um modo verdadeiramente poético. Jamais tive tradutor mais fiel.

— meu querido irmão, John M. R. Covey, por sua eterna lealdade e amizade, por inspirar o desenvolvimento das idéias deste livro, por sua talentosa habilidade de servir de modelo e apresentar esses princípios da família, e por seu estupendo trabalho como líder da Franklin Covey Company e de seu lar. Também a sua esposa, Jane, mãe maravilhosa de uma família adorável, cuja participação inicial na equipe deste livro e contribuição com histórias e informações para a apresentação deste material são inestimáveis.

— meu amigo e colega George Durrant, que também integrou, em princípio, a equipe deste livro, e cuja associação conosco infundiu, no livro e em todos nós, uma esperança sem limites.

— Toni Harris e Pia Jensen, por seu incrível suporte administrativo e por sua capacidade de entrevistar e de se relacionar com as pessoas de um modo que tornou possível a inclusão de tantas histórias interessantes neste livro.

— Rick Meeves, por sua inestimável contribuição em termos de pesquisas e documentação.

— Wally Goddard, por prover a equipe com décadas de aprendizado de muitos acadêmicos, incluindo ele mesmo, no campo da família e do desenvolvimento humano.

— Também gostaria de expressar meu reconhecimento a muitos outros cuja contribuição não poderia ter sido mais significativa:

— meus associados na Franklin Covey Company, por seu auxílio direto e indireto e apoio a este projeto, especialmente Greg Link, Stephen M. R. Covey, Roger Merrill, Patti Pallat, Nancy Aldridge, Darla Salin, Kerrie Flygare, Leea Bailey, Christie Brzezinski, Julie Shepherd, Gloria Lees, e nosso conselheiro externo, Richard Hill.

— Randy Royter e seus associados da Royter Snow Design, por darem vida aos elementos visuais e gráficos deste livro.

— nossos amigos da Golden Books, especialmente Bob Asahina, por sua esplêndida edição e por sempre nos manter em contato com a mente do leitor. Também minha criativa e prestimosa agente literária, Jan Miller.

— as centenas de famílias que de bom grado partilharam suas experiências relativas à aplicação deste material.

— os muitos mentores, professores, acadêmicos, escritores e líderes que influenciaram o meu pensamento ao longo dos anos.

— os cônjuges e filhos dos membros da equipe, cuja constância em apoiar e estimular, paciência e fé nos amparou e elevou a todos.

— meus pais, minhas três irmãs, Irene, Helen Jean e Marilyn, e meu irmão, John, por contribuírem para a minha felicidade na infância.

E, finalmente, minha gratidão à generosa Providência, que me protege ao longo da vida.

*Para todos os nossos filhos,
nossa missão em comum*

Sumário

Uma Mensagem Pessoal 15

Prefácio, por Sandra Merrill Covey 17

Você Ficará "Fora da Rota" Durante 90 Por Cento
do Tempo. E Daí? 25

Hábito 1: Seja Proativo
Tornando-se um Agente de Mudança em Sua Família 53

Hábito 2: Comece com o Objetivo em Mente
Desenvolvendo uma Declaração da Missão Familiar 111

Hábito 3: Primeiro o Mais Importante
*Fazendo da Família uma Prioridade num Mundo
Conturbado* 151

Hábito 4: Pense Ganha/Ganha
Mudando de "Eu" para "Nós" 207

Hábito 5: Procure Primeiro Compreender
Depois Ser Compreendido
*Resolvendo Problemas Familiares por Meio da
Comunicação Empática* 239

Hábito 6: Crie Sinergia
*Celebrando as Diferenças para Solidificar a
União Familiar* 297

Hábito 7: Afine o Instrumento
 Renovando o Espírito Familiar por Meio das Tradições 339
Da Sobrevivência... à Estabilidade... ao Sucesso...
 à Significância 383
Notas 445
Glossário 451
Índice de Problemas/Oportunidades 455
Índice Remissivo 469
Sobre o Autor 497
Sobre a Franklin Covey Company 499

UMA MENSAGEM PESSOAL

Prezado Leitor,

Jamais, em minha vida, senti tanta paixão por um projeto como a que experimentei ao escrever este livro — porque a família é o que mais me importa, como imagino seja também o seu caso.

Aplicar o material dos 7 Hábitos na família é algo absolutamente natural. Funciona. Na verdade, foi assim que aprendi os 7 Hábitos. Você sentirá isso quando ler as histórias maravilhosas contadas por todos os tipos de família.

Eu também narro algumas histórias sobre mim e minha família — como tentamos aplicar os hábitos e como cometemos alguns erros. Cada situação familiar é única. A nossa não constitui exceção. Mas, sob certos aspectos, todas as famílias se parecem. Minha opinião é que a nossa maior afinidade consiste nas batalhas que travamos com os mesmos tipos de problemas e desafios do cotidiano.

Um dos dilemas pessoais que enfrentei ao elaborar este livro era até que ponto eu podia revelar os episódios, erros e conquistas da minha família. Por um lado, de modo algum queria dar a impressão de que conhecemos todas as respostas. Por outro, não desejava ocultar o que tinha no coração e o que realmente aprendera acerca do notável poder dos 7 Hábitos.

Pedi a Sandra e às crianças para partilharem também — os aspectos positivos tanto quanto os negativos. Suas histórias trazem seus nomes em negrito. Talvez tenhamos exagerado um pouco: cerca de um quinto das histórias se refere a nós. Mas esses relatos apenas ilustram princípios, e estes são universais. Você pode não se identificar com as histórias, mas acredito que se identificará com os princípios. E espero que essas ilustrações despertem em você novas idéias que funcionem na sua situação específica.

Com todo esse material, desejo, acima de tudo, transmitir-lhe a esperança de que este modo de pensar possa realmente ser-lhe útil e dar certo para você. Sei que seu desejo é dar prioridade a sua família, e quero partilhar com você um modo eficaz de fazer isso num mundo louco, turbulento e freqüentemente inóspito para a família.

Por fim, acredito firmemente que a família constitua a pedra angular da sociedade e que represente a nossa mais completa realização. Também acredito que seja o trabalho mais importante que jamais faremos em nossas vidas. A ex-primeira-dama Barbara Bush afirmou, com propriedade e elegância, aos formandos de Wellesley College: "Por mais importantes que sejam os seus deveres como médicos, advogados ou empresários, vocês são antes de tudo seres humanos, e essas relações humanas — com o cônjuge, os filhos, os amigos — constituem os investimentos mais importantes que jamais farão. No final da vida, nunca lamentamos não termos sido aprovados em mais um teste, não termos triunfado em mais um julgamento, não termos concluído mais um negócio. Lamentamos o tempo que não passamos com o marido, os filhos, os amigos, ou com os pais... Nosso sucesso como sociedade depende não do que acontece na Casa Branca, mas do que acontece em sua casa."[1]

Estou convencido de que se nós, como sociedade, trabalharmos diligentemente em qualquer outra área da vida, mas negligenciarmos a família, será o mesmo que nos empenharmos para fixar cadeiras no convés do *Titanic*.

Atenciosamente,
Stephen R. Covey

Prefácio

No final do campeonato de basquete em que nosso filho participou, visitei a mãe de um dos jogadores. Ela declarou:
— Fiquei surpresa por seu marido comparecer a quase todos os jogos em que Joshua tomou parte. Eu sei que ele é um homem muito ocupado, escrevendo, dando consultoria, viajando. Como é que ele consegue?

A primeira resposta que me veio à mente foi que ele tinha uma excelente esposa e uma assistente em tempo integral. Mas, colocando essa idéia de lado, expliquei:
— É que, para ele, isso é prioridade.

Stephen, certa vez, disse a um grupo de importantes empresários:
— Se a sua empresa estivesse falindo, vocês sabem que fariam tudo para salvá-la. De algum modo, encontrariam uma saída. O mesmo raciocínio se aplica a suas famílias.

Quase todos nós sabemos o que precisamos fazer, mas será que queremos fazer?

Stephen e eu tivemos infâncias felizes e desejávamos o mesmo para os nossos filhos. A vida era muito mais simples naquela época. Ainda me lembro das longas noites de verão em que eu brincava com as crianças da vizinhança. Nossos pais nos observavam, sentados em cadeiras nos jardins ou nas varandas, conversando uns com os outros. Com freqüência, meus pais andavam de mãos dadas até a sorveteria Fernwood's para comprar sorvete de casquinha — com duas bolas! Na minha infância, nós, crianças, tínhamos tempo para nos deitarmos na relva fresca e contemplar as figuras que as nuvens formavam no céu. Às vezes, dormíamos no gramado nas noites de verão, depois de perscrutarmos os bilhões de estrelas da Via-Láctea. Esse era o quadro que eu tinha em mente, meu ideal de uma família estável e feliz.

Stephen e eu costumávamos discutir o tipo de lar e de felicidade familiar que desejávamos criar. Quando a nossa família cresceu e nossas vidas se tornaram mais ocupadas e complexas, percebemos que famílias bem-sucedidas não acontecem por acaso. É preciso combinar toda a energia, talento, vontade, visão e determinação que o casal tiver. As coisas que realmente importam demandam tempo, reflexão, planejamento e definição de prioridades. É necessário trabalhar nisso e fazer sacrifícios; você precisa querer e pagar o preço.

É comum as pessoas comentarem:

— Você tem nove filhos. Que maravilha! Você deve ser muito paciente.

Jamais consegui acompanhar esse raciocínio. Por que eu deveria ser paciente em razão de ter nove filhos? Por que eu não poderia ser uma louca desvairada?

Ou, então, fazem a seguinte observação:

— Quando se tem tantos filhos, acho que um a mais não faria a menor diferença.

Elas dizem isso porque nunca tiveram um a mais.

Criar uma família grande tem sido uma árdua tarefa. Eu queria que a vida fosse simples, como a da minha infância, mas Stephen sempre me lembrava de que a nossa vida juntos jamais seria assim. Era bem mais complicada. Havia maior pressão. O mundo mudara. Aqueles dias se foram, mas ainda podem ser recordados e valorizados.

Na época em que trabalhava para construir sua reputação como consultor, conferencista e escritor, Stephen tinha de viajar muito. Isso significava planejar com antecedência para não perder eventos importantes, como jogos de rúgbi, apresentações na escola, bailes de formatura. Sempre que se ausentava, ele telefonava todas as noites para conversar com cada filho e para manter o contato.

— Alguém atenda o telefone! — você ouviria lá em casa. — Tenho certeza de que é o papai de novo. Falei com ele ontem à noite. Agora, é a sua vez!

— Oh, mano! Diga-lhe para ligar de novo depois que esse filme acabar.

— Alguém aqui quer ter um pouco de respeito? — eu repreendia.

Quando se encontrava em casa, ele estava inteiramente lá.

Stephen fazia parte de suas vidas de tal maneira, envolvia-se tanto que eu acho que as crianças nem se lembravam de que muitas vezes o pai se ausentava. Ele sempre foi um excelente ouvinte, um constante aprendiz e um estudante contínuo. Não se cansava de fazer perguntas, estimulando o cérebro das pessoas como se devorasse o último pedaço do peru de Natal, esperando escutar opiniões diferentes da sua. Ele valoriza as diferenças. Eu o admiro por tentar ser coerente. Stephen realmente procura viver todos os princípios que ensina e nos quais acredita. Isso não é fácil de fazer. Ele é um homem sem malícia. Possui um senso incomum de humildade que toca, transforma e suaviza seu coração, levando-me a querer agir do mesmo modo.

Stephen é um idealista (o que é tanto uma bênção quanto uma maldição). Seu idealismo inspira e motiva não só a mim, mas também aos seus alunos e aos nossos filhos; e desperta em nós o desejo de realizar e de elevar a nós e aos outros. Ele também é um batalhador, como eu (como a maioria de nós).

Quando tentamos viver de acordo com as nossas crenças, lutando para seguir a direção certa, nossos filhos geralmente aceitam os nossos valores. Nossos corações e propósitos são bons — temos a visão e a vontade —, mas freqüentemente nós os desperdiçamos. A instabilidade do humor pode colocar-nos em situações difíceis, e nosso orgulho nos mantém nelas. Nós vivemos saindo da rota, mas temos de corrigir o curso.

Lembro-me de uma experiência que tive quando nosso filha mais velha, Cynthia, estava com três anos. Havíamos acabado de nos mudar para a nossa primeira casa — uma casa pequenina, com três quartos, nova, num conjunto habitacional, que nós adorávamos. Amei decorá-la e trabalhar com afinco para torná-la atraente e acolhedora.

Meu clube de literatura se reuniria em nossa casa, e passei horas arrumando e limpando para que cada aposento ficasse impecável. Estava ansiosa para mostrá-la a minhas amigas, esperando impressioná-las. Coloquei Cynthia na cama e pensei que já estaria dormindo quando elas entrassem para vê-la — reparando, é claro, em seu lindo quarto, com a colcha amarela combinando com as cortinas e com os encantadores e coloridos bichinhos que eu confeccionara para decorá-lo. Mas, quando abri a porta do quarto dela para exibir minha filha e seu quarto, descobri, para meu desespero, que ela pulara da cama, retirara todos os brinquedos do baú e os espalhara por todos os lados. Esvaziara as gavetas, jogando as roupas por cima dos brinquedos. Despejara no chão os lápis de cera, as peças do quebra-cabeça e as pecinhas do jogo de montar — e ainda continuava a fazer a bagunça! O quarto estava um desastre. Parecia que um furacão o havia atingido. Em meio a esse caos, ela olhou para cima, com um sorriso maroto nos lábios, e cumprimentou:

— Oi, mamãe!

Fiquei furiosa por ela me ter desobedecido e saído da cama; estava zangada porque o quarto ficara na mais completa desarrumação e ninguém poderia apreciar sua graciosa decoração; e estava aborrecida porque Cynthia me colocara naquela posição embaraçosa, na frente das minhas amigas.

Repreendi-a com vigor, dei-lhe um tapa no traseiro e a coloquei na cama com a advertência de não tornar a sair. Seu lábio inferior começou a tremer. Cynthia parecia chocada com a minha reação, e seus olhos se encheram de lágrimas. Começou a soluçar, sem entender o que havia feito de errado.

Fechei a porta do quarto e imediatamente me senti muito mal por ter reagido de forma desproporcional. Estava envergonhada do meu comportamento, e percebi que fora o meu orgulho — e não a bagunça de Cynthia — que me fizera perder o controle. Fiquei zangada comigo mesma por essa demonstração de frivolidade e por reagir de modo tão imaturo. Convenci-me de que havia estragado a vida dela para sempre. Anos mais tarde, perguntei-lhe se ainda se lembrava do incidente, e suspirei de alívio quando ela disse que não.

Confrontada com a mesma situação hoje, creio que minha reação seria rir.

— Para você é fácil falar! — reclamam minhas filhas que lutam com os filhos pequenos. Mas o que antes parecia importante para mim mudou, amadureceu.

Todos nós passamos por estágios de desenvolvimento. Preocupação com aparências, em causar boa impressão, em ser popular, em se comparar com os outros, ambição desenfreada, obsessão por ganhar dinheiro, lutar para ser notado e reconhecido, e tentar estabelecer-se — tudo passa à medida que as suas responsabilidades e caráter crescem.

Os testes da vida nos aprimoram. A amizade genuína nos sustenta. Ser sincera e íntegra, enfrentar os problemas com honestidade, tudo isso ajuda a pessoa a elevar-se, a ser importante para as outras, a tocar a vida, a ser um exemplo, a fazer o que é certo. Ela se torna motivada para lutar a fim de crescer ainda mais.

As batalhas são contínuas. Depois de criar nove filhos, creio que estou começando a adquirir alguma perspectiva. Muitas vezes saí da rota, enfureci-me, entendi mal, julguei antes de compreender, não escutei e agi sem sabedoria. Mas também tentei aprender com os meus erros. Pedi desculpas, amadureci, aperfeiçoei meus valores, reconheci os estágios de crescimento, não reagi de maneira desproporcional, não me deixei deter por críticas, aprendi a rir de mim mesma, passei a seguir menos regras, a apreciar mais a vida e a perceber que criar filhos é uma tarefa das mais árduas — física e emocionalmente. Esgota e gratifica. Você cai na cama, à noite, totalmente exausta e murmura, como Scarlett O'Hara[*]: "Amanhã é outro dia". Ah, como seria bom ter metade da esperteza que seu filho pequeno pensa que você tem e metade da estupidez que seu filho adolescente lhe atribui!

Por intermédio de tudo isso, aprendi que ser mãe — ou pai — significa basicamente uma vida de sacrifícios. Tenho um quadrinho na minha cozinha que me serve de lembrete: "A maternidade não é para os fracos". Junto com os filhos, você enfrenta lições de casa, rodízio para levar as crianças à escola, aparelhos nos dentes, lágrimas e acessos de fúria, idades e fases, traumas e triunfos, maus modos à mesa, puberdade, espinhas, namoricos, cartas de motorista, brigas e provocações.

Mas, no fim (como no parto), você não se lembra da dor. Lembra-se só da alegria de ser mãe, de se preocupar e se sacrificar por aquele filho ou filha incrível que você ama com toda a sua alma. Lembra-se das expressões de seus rostos infantis ao longo dos anos — como ficavam com aquele vestido especial ou como cresciam e perdiam as roupas depressa. Lembra-se do quanto se or-

---

[*] A protagonista do filme ...E o Vento Levou. (N. do E.)

gulhava do sucesso deles, do quanto sofria quando brigavam. Lembra-se dos momentos maravilhosos, de como tudo era divertido, dos momentos tranqüilos de proximidade, quando contemplava o bebê em seu berço, cheia de perplexidade e ternura. Lembra-se de como a missão de mãe, de nutrir uma família, é gratificante.

Foi só quando tivemos nosso sétimo bebê, Colleen, que senti estar enfim aprendendo a não dar atenção ao que não tinha importância. Sentada em minha cadeira de balanço, olhando pela janela, amamentando, estreitando os laços de afeto, feliz por estar ali, saboreando aquele instante em vez de pensar nas coisas que tinha para fazer, uma sensação de alegria e equilíbrio me invadiu. Finalmente eu sabia que, para mim, era aquilo o que importava.

Assim, eu só recordo os bons tempos. Mas então, apenas sete dos nossos filhos estão casados. Ainda temos dois em casa. E Joshua, nosso caçula de dezessete anos, sempre me lembra (piscando o olho):

— Nós poderíamos arruiná-los, caras!

Cada um de vocês tem uma vida familiar própria, diferente da de qualquer outro. Vocês provavelmente descobriram, como eu, que a vida deixou de ser simples. A sociedade não ampara as famílias como antes. A vida é mais tecnológica, mais rápida, mais sofisticada, mais assustadora.

As teorias e princípios expostos neste livro não foram inventados por Stephen. Ele os notou, observou e reuniu numa ordem exeqüível. Trata-se de princípios universais que vocês já conhecem, que sabem ser verdadeiros. Por isso parecem tão familiares. Vocês já os viram em ação. Eles já atuaram em suas vidas. Vocês já os utilizam — e com freqüência.

O que é útil, contudo, é fornecer-lhes uma estrutura, um modo de pensar e de ver a sua situação específica e encontrar um modo de resolvê-la. É um ponto de partida, uma forma de examinar onde vocês se encontram agora e aonde pretendem ir, e os meios para chegarem lá.

Alguns anos atrás, Carol, uma de minhas melhores e mais queridas amigas, contraiu câncer. Após meses de radioterapia, quimioterapia e cirurgias, ela se deu conta de qual era o seu destino. Entretanto, jamais perguntou "Por que eu?" Não havia amargura nem desespero. Toda a sua perspectiva em relação à vida mudara radicalmente.

— Não tenho tempo para coisas sem importância — confidenciou-me. — Sei o que é importante e quais são as minhas prioridades.

Sua coragem tocou meu coração, vendo-a aprofundar o relacionamento com o marido, com os filhos, com todos a quem amava. Seu último desejo foi ajudar, contribuir e, de algum modo, fazer diferença. Sua morte despertou em todos nós, que a amávamos, o desejo de nos tornar pessoas melhores e mais fortes — mais dispostas a amar e a servir. Em certo sentido, ela redigiu sua missão para a vida em seu leito de morte.

Vocês podem começar a redigir a sua agora.

Ninguém jamais compreenderá de verdade a sua situação, a sua singularidade — a bagagem que vocês carregam ou o idealismo que esperam ter. Vocês podem extrair deste livro o que quiserem, o que acharem útil para as suas vidas. Alguma história ou exemplo pode servir-lhes, ajudando-os a parar e a contemplar a vida sob uma nova perspectiva.

Nós queremos trazer esperança àqueles que sentem ter cometido muitos erros — como não dar prioridade à família — e hoje se ressentem das decisões que tomaram, ou mesmo àqueles cujos filhos se perderam ao longo do caminho. Vocês podem recuperar um filho perdido. Nunca é tarde demais. Não devem jamais desistir ou parar de tentar.

Acredito que este livro os ajudará a exercer o papel de agente de mudança, aquela pessoa de transição que faz toda a diferença.

>Desejo-lhe toda a sorte em seus esforços,
> Sandra Merrill Covey

VOCÊ FICARÁ "FORA DA ROTA" DURANTE 90 POR CENTO DO TEMPO. E DAÍ?

Boas famílias — até mesmo as melhores — ficam fora da rota 90 por cento do tempo! O segredo é que elas têm um senso de direção. Conhecem a "trilha". E estão sempre corrigindo o curso, de novo e de novo.

É como o vôo de um avião. Antes da decolagem, os pilotos examinam o plano de vôo. Por isso, sabem exatamente aonde vão e iniciam os procedimentos em conformidade com esse plano. Contudo, durante a viagem, o vento, a chuva, a turbulência, o tráfego aéreo, erros humanos e outros fatores interferem no plano, impulsionando ligeiramente a aeronave em direções diferentes, de modo que *na maior parte do tempo* o avião fica fora da rota de vôo prescrita! Ao longo de toda a jornada ocorrem pequenos desvios em relação ao plano de vôo. Condições climáticas adversas ou um tráfego aéreo especialmente pesado causam desvios maiores. Se não acontecer nada muito mais grave, porém, o avião chegará ao seu destino.

Mas como isso é possível? Durante o vôo, os pilotos recebem constantes *feedbacks*. São comunicações dos instrumentos sobre o meio ambiente, informações das torres de controle, de outras aeronaves, e às vezes até das estrelas. E, com base nesses *feedbacks*, fazem os ajustes necessários para, de tempos em tempos, retornar ao plano de vôo.

A esperança não jaz nos desvios, mas na visão, no plano e na habilidade de corrigir o curso.

O vôo desse avião constitui, creio eu, a metáfora ideal para a vida familiar. Não faz nenhuma diferença se a nossa família saiu da rota ou mesmo se está enredada em problemas. A esperança se encontra na visão, no plano e na coragem de continuar corrigindo o curso de novo e de novo.

Sean (*nosso filho*)

De modo geral, eu diria que, quando éramos crianças, em nossa família havia tantas brigas como em qualquer outra. Também tivemos nossa cota de problemas, mas estou convencido de que foi a habilidade de renovar, de se desculpar e de começar de novo que fortaleceu os nossos relacionamentos familiares.

Nas nossas viagens, por exemplo, papai sempre planejava que acordaríamos às cinco da manhã, tomaríamos café e estaríamos prontos para pôr o pé na estrada lá pelas oito. O caso era que, quando chegava o dia, além de todos perderem a hora, ninguém se dispunha a cooperar. Então, papai se irritava. Quando, finalmente, saíamos, cerca de doze horas depois da hora prevista, nós evitávamos até falar com ele, porque seu humor ficava péssimo.

Contudo, o que mais me marcou foi o fato de que papai sempre pedia desculpas. Sempre. E era uma coisa que fazia a gente se sentir pequeno, vê-lo se desculpar por perder a calma, especialmente porque sabíamos, lá no fundo, que o havíamos provocado.

Quando olho para trás, penso que o que fez diferença em nossa família foi que tanto mamãe quanto papai sempre se redimiam, sempre tentavam — mesmo quando "pisávamos na bola", mesmo quando parecia que nenhum dos seus planos e esquemas para as reuniões familiares, para as nossas metas e para as tarefas cotidianas, jamais funcionaria.

> O segredo é ter *um objetivo, um plano de vôo e uma bússola*.

Como você pode ver, nossa família não constitui uma exceção. Eu não sou uma exceção. Quero afirmar desde logo que, qualquer que seja a situação, ainda que você esteja enfrentando muitas dificuldades, problemas e vicissitudes, há uma enorme esperança de alcançar seu objetivo. O segredo é ter *uma destinação, um plano de vôo e uma bússola*.

Essa metáfora do avião será utilizada várias vezes ao longo deste livro, para transmitir-lhe entusiasmo e esperança em relação à idéia toda de construir uma boa cultura familiar.

Os Três Propósitos Deste Livro

Meu desejo ao escrever este livro é ajudá-lo a, em primeiro lugar, conservar a chama da esperança acesa em sua mente e em seu coração, e a desenvolver esses três itens, que serão extremamente úteis para que você e sua família se mantenham na rota: uma destinação, um plano de vôo e uma bússola.

1. Uma visão clara da sua destinação. Sei que você abre este livro tendo uma situação familiar específica e necessidades também específicas. Neste momento, talvez esteja lutando para preservar ou reconstruir seu casamento. Ou sua relação conjugal pode ser boa, mas seu desejo é torná-la excelente, plenamente satisfatória e gratificante. Talvez desempenhe sozinho a missão de pai/mãe e se sinta sobrecarregado em decorrência das pressões e exigências que recaem sobre você. É possível que enfrente dificuldades com uma criança geniosa, ou com um adolescente rebelde que se encontre sob a influência de más companhias ou de drogas ou sob qualquer outra influência negativa da sociedade. Também pode ser que esteja tentando harmonizar duas famílias que "não estão nem aí".

Talvez apenas busque uma forma de seus filhos cumprirem suas tarefas e fazerem as lições de casa com alegria, sem que você precise lembrar-lhes. Ou está com problemas porque tenta desempenhar vários papéis (aparentemente conflitantes) na sua vida familiar, como os de pai (ou mãe), juiz, júri, carcereiro e amigo. Ou oscila entre rigor e permissividade, por ignorar como se impõe disciplina.

Seu desafio pode consistir em equilibrar o orçamento, às vezes "descobrindo um santo para cobrir outro". As preocupações econômicas talvez o estejam quase sufocando e consumindo todo o seu tempo e emoções, de modo que não sobre quase nada para os relacionamentos. Quem sabe trabalha em dois ou mais empregos, e, em conseqüência, você e seus entes queridos apenas se cruzem no corredor. A idéia de uma boa cultura familiar pode então parecer muito remota.

Quiçá o sentimento e o espírito em sua família sejam tão beligerantes que em sua casa há sempre pessoas discutindo, brigando, gritando, berrando, exigindo, rosnando, falando mal, debochando, culpando, criticando, abandonando, batendo portas, ignorando, virando as costas ou qualquer coisa do gênero. Pode ser que alguns dos seus filhos mais velhos já nem voltem para casa, e que não pareça haver nenhuma afeição natural que os motive a voltar. Pode ser que o sentimento em seu casamento tenha morrido ou esteja morrendo, ou que você se sinta vazio e solitário. Ou talvez se esforce internamente para melhorar tudo sem nenhum resultado concreto. É possível que esteja exausto e com uma sensação de inutilidade, de "para quê?, não adianta..."

Ou você pode ser um avô ou avó que se preocupe muito, mas não saiba como ajudar sem piorar ainda mais as coisas. Talvez seu relacionamento com um genro ou uma nora se tenha deteriorado, restando apenas uma polidez superficial e, sob esta, uma guerra fria que ocasionalmente explode como uma batalha das mais veementes. Não é impossível que você seja vítima de maus-tratos há muitos anos, na infância ou no casamento, e deseje com determinação deter esse processo, mas, não encontrando nenhum padrão ou exemplo para seguir, acabe voltando às mesmas tendências e práticas que almeja abandonar. Talvez você e seu cônjuge anseiem desesperadamente ter um filho e, sem consegui-lo, sentem que o carinho e a ternura estão começando a fenecer.

Você pode estar vivenciando uma combinação de muitos desses problemas, tendo perdido toda a esperança. Seja qual for o seu caso, é de vital importância que você não compare a sua família com nenhuma outra. Ninguém jamais conhecerá toda a realidade da sua situação e, a menos que você sinta que alguém de fato a compreende inteiramente, os conselhos não terão o menor valor. Da mesma maneira, você jamais conhecerá completamente a realidade da situação familiar de outra pessoa. A tendência comum é projetar a própria situação na dos outros e tentar prescrever-lhes soluções. Mas o que vemos na superfície é geralmente apenas a ponta do *iceberg*. Muitas vezes pensamos que as outras famílias são perfeitas, enquanto a nossa está destroçada. Contudo, todas têm seus desafios, sua própria cruz para carregar.

O maravilhoso dessa história é que a visão é bem maior do que a cruz. Em outras palavras, a sua capacidade de vislumbrar um futuro melhor, com melhores condições de vida, é mais poderosa do que todo o sofrimento acumulado no passado ou qualquer dificuldade com que você se defronte no presente.

Assim, eu gostaria de lhe descrever como inúmeras famílias no mundo inteiro têm criado o senso de visão e valores compartilhados por meio da elaboração de uma "missão familiar". Pretendo mostrar-lhe que você tem condições de unificar e fortalecer a sua família, desenvolvendo uma missão que poderá constituir o seu "objetivo" específico — e os valores nela contidos serão a sua diretriz.

A visão de uma família melhor e mais eficaz provavelmente se iniciará a partir de você. Entretanto, para que produza os resultados desejados, é preciso que todos os membros da família se envolvam. Eles devem participar de sua criação, ou ao menos compreendê-la e aceitá-la. E a razão é simples. Você já montou ou viu alguém montar um quebra-cabeça? Qual é a importância de ter a figura completa na mente? Qual é a importância de que todos os que estão trabalhando no quebra-cabeça tenham essa figura na mente? Sem o compartilhamento da visão, as pessoas usariam critérios diferentes para tomar decisões, e a conseqüência seria o caos total.

> A visão é maior do que a bagagem.

A idéia é criar uma visão partilhada por toda a família. Quando a destinação é clara, você pode voltar sempre à rota prevista no plano de vôo. Na verdade, a jornada é parte do objetivo. Ambas estão indissoluvelmente ligadas. A maneira como você viaja é tão importante quanto o lugar aonde você quer chegar.

2. Um plano de vôo. Também é vital que você disponha de um plano de vôo elaborado com base em princípios, que lhe possibilite chegar ao seu destino. Deixe-me contar-lhe uma história para ilustrar.

Eu tenho um amigo muito querido que, certa vez, revelou-me sua grande preocupação a respeito de um filho, descrevendo-o como "rebelde", "agitador" e "ingrato".

— Stephen, não sei o que fazer — desabafou. — A situação chegou a tal ponto que, se eu entrar na sala para ver televisão em sua companhia, ele se levanta e vai embora. Já tentei de tudo para me comunicar com o garoto, mas simplesmente não dá.

Nessa época, eu ministrava algumas aulas na faculdade sobre os 7 Hábitos. Então, convidei-o:

— Por que você não vem agora assistir a uma aula minha? Nós hoje discutiremos o Hábito 5, que fala sobre escutar o outro com empatia antes de tentar expressar-se. Meu palpite é que seu filho não se sente bem compreendido.

— Mas eu o compreendo — meu amigo replicou. — E prevejo os problemas que ele enfrentará se não me ouvir agora.

— Nesse caso, tenho uma sugestão a lhe fazer. Parta do pressuposto de que você não sabe nada sobre seu filho. Comece com uma lousa em branco. Escute-o sem nenhuma avaliação moral ou julgamento. Venha à aula e aprenda como deve proceder, como escutar sem a interferência do conhecimento que você tem sobre o rapaz.

E ele foi. Pensando ter assimilado todo o processo depois de uma única aula, aproximou-se do filho e disse:

— Eu preciso ouvir você. Creio que eu não o compreendo, mas quero compreender.

O filho retrucou:

— Você nunca me entendeu, nunca! — E, tendo dito isso, afastou-se.

No dia seguinte, meu amigo comentou:

— Stephen, isso não funciona. Eu me esforcei para valer, e olhe só o tratamento que recebi! Tenho vontade de dizer a ele: "Seu idiota! Não percebe o que eu fiz e o que estou tentando fazer agora?" Acho que não há mais nenhuma esperança.

Eu respondi:

— Seu filho está testando a sua sinceridade. E o que ele descobriu? Descobriu que o pai não quer realmente compreendê-lo: quer que se adapte.

— E aquele fedelho devia mesmo adaptar-se. Ele sabe muito bem a confusão que está aprontando.

— Observe o seu estado de espírito neste exato momento — eu repliquei. — Você está zangado, frustrado e pronto a emitir julgamentos. Acredita que pode usar técnicas superficiais para escutar seu filho e conseguir que ele se abra? Acha mesmo possível conversar com o menino ou mesmo fitá-lo sem de alguma forma expressar todos esses sentimentos negativos que estão dentro de você? É preciso trabalhar muito a sua mente e o seu coração. Você terá de aprender a amá-lo incondicionalmente, do modo como ele é, em vez de condicionar o seu amor ao comportamento apresentado. Durante o processo, aprenderá também a escutar dentro do padrão de referência dele. Se necessário, desculpe-se pelos seus julgamentos e erros passados ou faça tudo o que lhe parecer necessário.

Meu amigo apreendeu a mensagem. Conseguiu entender que havia apenas tentado praticar a técnica na superfície, sem chegar a atingir o que lhe conferiria o poder de praticá-la com sinceridade e coerência, não importando o resultado.

Então, retornou ao curso para aprender mais e começou a analisar as próprias emoções e motivações. Não tardou para perceber o surgimento de uma nova postura interna. Seus sentimentos em relação ao filho se abrandaram, tornando-o mais sensível e receptivo.

Por fim, declarou:

— Estou pronto. Vou tentar outra vez.

Eu o alertei:

— A sua sinceridade será testada de novo.

— Tudo bem, Stephen. A esta altura, sinto que ele é capaz de rejeitar qualquer abordagem minha, mas não há problema. Continuarei tentando, porque é a coisa certa a fazer, e aquele garoto vale o sacrifício.

Naquela noite, sentou-se junto do filho e disse:

— Embora você pense que eu jamais procurei compreendê-lo, quero que saiba que estou tentando e não vou desistir.

Novamente, a resposta foi fria:

— Você nunca me entendeu.

Ele se levantou e começou a caminhar para a porta, mas, antes que se retirasse, o pai lhe disse:

— *Só mais uma coisa, e você poderá sair, se quiser. Gostaria de pedir-lhe desculpa por tê-lo embaraçado na frente dos seus amigos, na outra noite.*

O rapaz virou-se e declarou, os olhos se enchendo de lágrimas:

— Você não faz idéia do quanto me embaraçou!

Meu amigo me contou, depois:

— Stephen, nem todo o treinamento e incentivo que você me deu causaram sequer metade do impacto que sofri ao ver meu filho chorar. Eu não fazia idéia de que ele se importasse, de que fosse tão vulnerável. Pela primeira vez, eu realmente queria escutá-lo.

E ele escutou. Pouco a pouco, o garoto baixou a guarda e se

abriu. Os dois começaram a conversar. Quando, à meia-noite, a mãe veio anunciar que já era hora de dormir, o filho apressou-se a retrucar:

— Nós queremos bater papo, não é, pai?

E a conversa prolongou-se madrugada adentro.

No dia seguinte, no saguão do prédio do meu escritório, meu amigo declarou com emoção:

— Stephen, eu reencontrei meu filho.

Como meu amigo descobriu, existem certos princípios fundamentais que regem todas as interações humanas, e viver em harmonia com esses princípios ou leis naturais é absolutamente essencial para a qualidade da vida familiar. Nessa situação, por exemplo, ele tinha violado o princípio básico do respeito. O filho também o violara. Mas a escolha do pai de viver em harmonia com esse princípio e tentar de modo genuíno e empático escutá-lo e entendê-lo mudou radicalmente toda a situação. Basta mudar um elemento de qualquer fórmula química para que tudo o mais se transforme.

Exercitar o princípio do respeito e ser capaz de escutar com sinceridade e empatia outro ser humano fazem parte dos hábitos das pessoas altamente eficazes em qualquer setor da vida. Você pode conceber um indivíduo realmente eficaz que não respeite e honre os outros ou que não os escute profundamente e compreenda? Aliás, essa é uma maneira de identificar um princípio universal (aplicável em qualquer lugar ou circunstância), eterno (aplicável em qualquer época), e evidente por si mesmo (o que significa que é tolice refutá-lo; seria como defender a possibilidade de construir um relacionamento duradouro sem respeito): apenas imagine o absurdo de tentar praticar o oposto.

Os 7 Hábitos se fundamentam nos princípios universais, eternos e evidentes por si mesmos que são tão verdadeiros no contexto das relações humanas como a lei da gravidade o é no contexto da física. Tais princípios, em última instância, regem toda a nossa vida. E determinam o sucesso de pessoas, grupos familiares, organizações e civilizações através dos tempos. Esses hábitos não são truques nem técnicas. Não constituem remédios de efeito imediato. Não consistem num punhado de procedimentos ou listas de "coisas a fazer". São hábitos, padrões estabelecidos de reflexão e realização, que todas as famílias bem-sucedidas têm em comum.

A violação desses princípios virtualmente conduz ao fracasso na vida familiar ou em quaisquer outras situações interdependentes. Como Leão Tolstói observou em seu romance épico *Ana Karênina*: "As famílias felizes são todas parecidas; cada família infeliz é infeliz a seu modo".[1] Quer nos refiramos a famílias lideradas por um casal ou àquelas nas quais exista apenas o pai ou a mãe, quer haja filhos ou não, quer haja uma história de negligência e maus-tratos ou um legado de amor e fé, o fato é que as famílias felizes apresentam certas características constantes. E essas características estão contidas nos 7 Hábitos.

Outro princípio significativo que meu amigo aprendeu refere-se à própria natureza da mudança, ao fato de que toda transformação real e duradoura ocorre de dentro para fora. Em outras palavras, em vez de tentar modificar o filho ou o problema entre ambos, ele trabalhou dentro de si mesmo. E foi esse profundo trabalho interno que finalmente operou a mudança nas circunstâncias e no rapaz.

> *Existem certos princípios fundamentais que regem todas as interações humanas, e viver em harmonia com esses princípios ou leis naturais é absolutamente essencial para a qualidade da vida familiar.*

Essa abordagem de dentro para fora constitui o cerne dos 7 Hábitos. Ao aplicar coerentemente os princípios contidos nesses hábitos, é possível alterar positivamente os relacionamentos ou situações. Você pode tornar-se agente de mudança. Além disso, se quiser modificar um comportamento, você obterá um resultado mais significativo se, em vez de concentrar-se nele, colocar o foco nos princípios. Isso ocorre porque esses princípios já são conhecidos intuitivamente, estão arraigados nas pessoas, e procurar entendê-los ajuda a compreender melhor a própria natureza e suas possibilidades, e a descobrir o próprio potencial.

Uma das razões por que a abordagem de dentro para fora é tão vital nos dias de hoje é que os tempos mudaram dramaticamente. No passado, era mais fácil ser bem-sucedido ao manter uma família "de fora para dentro", porque a sociedade atuava como aliada, como uma fonte de recursos. As pessoas se viam cercadas por modelos e exemplos, os meios de comunicação afirmavam o valor da instituição familiar e as leis e sistemas de suporte lhe eram favoráveis, sustentando o casamento e ajudando a criar famílias fortes. Mesmo quando surgiam problemas, podia-se contar com um poderoso reforço da idéia de sucesso nas vidas conjugal e familiar. Por causa disso, era possível manter uma família essencialmente "de fora para dentro". Obter sucesso era apenas uma questão de "seguir a correnteza".

Mas a correnteza mudou... catastroficamente. E *"seguir a correnteza" hoje é fatal para a família!*

A despeito dos esforços que estimulam o retorno aos "valores familiares", a realidade é que, na sociedade mais ampla, as tendências dos últimos trinta a cinqüenta anos em relação à família basicamente mudaram de favoráveis para desfavoráveis. Temos tentado navegar num mar que se tornou turbulento, num meio ambiente inóspito, onde ventos poderosos com facilidade desviam as famílias de sua rota.

> *A correnteza mudou... catastroficamente. E "seguir a correnteza" hoje é fatal para a família!*

Numa recente conferência sobre esse tema, o governador de um Estado partilhou essa experiência:

Recentemente, conversei com um senhor que reputo um excelente pai, o qual me contou a seguinte história:

Já fazia alguns dias, seu filho de sete anos parecia obcecado por alguma coisa. O menino comentava:

— Papai, eu simplesmente não consigo parar de pensar nisso.

E o pai supôs que se tratasse de algum pesadelo ou de um filme qualquer de terror a que ele assistira.

Mas, depois de muita persuasão e certa pressão, o filho descreveu ce-

nas de pornografia, terríveis e difíceis de suportar, às quais tinha sido exposto. O pai replicou:

— Quem lhe contou isso?

Ele revelou o nome de um vizinho de nove anos, um garoto digno de toda a confiança, que encontrara as tais cenas no computador.

— Quantas vezes você viu isso? — o pai indagou.

— Uma porção de vezes — foi a resposta.

Esse senhor, então, procurou os pais da criança. O casal se escandalizou. Os dois ficaram chocados. Sentiam-se enojados só de pensar que a mente dos dois garotinhos se havia corrompido em tão tenra idade. E interrogaram o filho, que rompeu em pranto:

— Sei que é errado, mas eu só olhava.

Naturalmente, todos suspeitaram da existência de um adulto por trás da história. Mas não havia. A pornografia fora apresentada ao garoto de nove anos por um colega da sexta série, que lhe dera o endereço na Internet e insistira:

— Não deixe de ver. É superlegal.

E o tal endereço se espalhara pela vizinhança como uma praga.

Esse senhor me contou que ele e os vizinhos haviam incentivado os filhos, por acharem que deviam, a aprender a lidar com o computador. E o garoto de nove anos era bom nisso. Contudo, não desconfiando do perigo, instalaram o computador numa saleta do andar térreo da casa. Sem saber, tinham inaugurado um "porno shop" em sua residência.[2]

Como isso pôde acontecer? Como se tornou possível vivermos numa sociedade onde a tecnologia possibilita às crianças — que não têm sabedoria, nem experiência, tampouco senso crítico com relação a esses assuntos — tornarem-se vítimas de um veneno tão profundamente doentio e viciador como a pornografia?

Nos últimos trinta anos, a situação das famílias mudou de forma intensa e dramática. Considere o seguinte:

- O percentual de nascimentos ilegítimos aumentou mais de 400%.[3]
- O percentual de famílias encabeçadas por só um dos pais mais do que triplicou.[4]
- O percentual de divórcios mais do que duplicou.[5] Muitos

projetam que cerca de metade de todos os novos casamentos terminará em divórcio.
- O suicídio na adolescência aumentou quase 300%.[6]
- As notas do Scholastic Aptitude Test (Teste de Aptidão Acadêmica) caíram 73 pontos.[7]
- O número um entre os problemas de saúde da mulher norte-americana é a violência doméstica. Quatro milhões de mulheres são surradas pelos parceiros a cada ano.[8]
- 25% dos adolescentes contraem doenças sexualmente transmitidas antes de concluírem o segundo grau.[9]

De 1940 para cá, os principais problemas disciplinares nas escolas públicas mudaram de uso de goma de mascar e brincadeira nos corredores para gravidez na adolescência, estupro e assaltos.[10]

Principais Problemas Disciplinares, de Acordo com os Professores das Escolas Públicas

1940	1990
Conversa durante a aula	Abuso de drogas
Goma de mascar	Abuso de álcool
Fazer barulho	Gravidez
Correr nos saguões	Suicídio
Furar a fila	Estupro
Não usar o uniforme	Roubo
Fazer bagunça	Assalto

Em meio a tudo isso, o percentual de famílias em que um dos pais fica o dia inteiro em casa com os filhos caiu de 66,7% para 16,9%.[11] E a criança passa, em média, sete horas por dia diante da televisão — e apenas cinco minutos com o pai![12]

O grande historiador Arnold Toynbee ensinou que se pode resumir toda a nossa história a uma simples idéia: "Nada fracassa como o sucesso". Em outras palavras, quando a resposta está à altura do desafio, há sucesso; mas, quando o desafio muda, a resposta antiga deixa de funcionar.

O desafio mudou, por isso devemos desenvolver uma outra resposta que esteja a sua altura. O desejo de criar uma família forte não é o bastante. Mesmo as boas idéias não são o bastante. Nós necessitamos de uma nova postura mental e de novas habilidades. O desafio deu um salto importante, e, para respondermos com eficácia, precisamos fazer o mesmo.

> Mas por que declarações de missão? Por que tempo especial para a família? Por que tempo de convivência um a um? Porque sem estruturas ou padrões básicos novos as famílias serão arrancadas de sua rota.

A estrutura dos 7 Hábitos consiste tanto numa postura mental quanto num conjunto de habilidades. Ao longo deste livro, eu lhe mostrarei como muitas famílias, mesmo cercadas por um meio ambiente turbulento, estão adotando os princípios da estrutura dos 7 Hábitos para definir e seguir uma rota.

Especificamente, eu o encorajarei a reservar um "tempo especial da família", o qual, excetuando-se os casos de emergência ou interrupções inesperadas, não poderá ser desrespeitado. Essa ocasião servirá para que todos planejem, comuniquem, ensinem valores e se divirtam juntos. E constituirá uma ferramenta poderosa para ajudar você e sua família a se manterem na rota. Eu também lhe sugerirei que reserve um horário para conviver com cada membro da família (que agendará o compromisso) individualmente. Se você tomar essas duas medidas, eu posso quase garantir que a qualidade da sua vida familiar melhorará substancialmente.

Mas por que missão? Por que tempo especial para a família? Por que tempo de convivência um a um? Simplesmente porque o mundo mudou de modo profundo, e a velocidade da mudança também está mudando, está se acelerando. Sem estruturas ou padrões básicos novos, as famílias serão arrancadas de sua rota.

Como afirmou certa vez Alfred N. Whitehead: "O hábito da utilização ativa de princípios bem compreendidos é a conquista final da sabedoria".[13] Você não tem de aprender uma centena de práticas novas. Não precisa buscar constantemente técnicas modernas e melhores. Tudo de que necessita é uma estrutura básica de princípios fundamentais que possam ser aplicados em qualquer situação.

Os 7 Hábitos criam essa estrutura. O maior poder dos 7 Hábitos não reside em cada um deles isoladamente, mas em todos juntos e em seu inter-relacionamento. Essa estrutura lhe permite diagnosticar ou perceber praticamente tudo o que acontece em qualquer contexto familiar imaginável. E você pode decidir quais são os primeiros passos para resolver ou melhorar uma situação. Milhões de pessoas que tomaram conhecimento do material original dos 7 Hábitos podem atestar isso. Não é que os Hábitos lhe digam o que fazer, mas sem dúvida lhe proporcionam um modo de pensar e de ser que o leva a descobrir o que fazer... e quando. Como fazer é algo que exige habilidade e envolve prática.

Como observou uma família: "Nós às vezes achamos difícil viver de acordo com esses princípios. *Mas é muito, muito mais difícil viver sem eles!*" Cada ação provoca uma conseqüência, e ações não baseadas em princípios provocam conseqüências infelizes.

Portanto, meu segundo propósito ao escrever este livro é mostrar-lhe de que forma, não importam as suas circunstâncias específicas, a estrutura dos 7 Hábitos pode revelar-se uma ferramenta extremamente útil, que o auxiliará a diagnosticar a sua situação e a promover mudanças positivas de dentro para fora.

3. Uma bússola. A estrutura dos 7 Hábitos parte do princípio de que você é a força criativa da sua vida pessoal e que, por intermédio do seu exemplo e liderança, pode tornar-se uma força criativa, um agente de mudança, também na vida familiar. Assim sendo, o terceiro propósito deste livro é ajudá-lo a identificar e desenvolver seus quatro dons especiais, que o capacitarão a atuar como um agente de mudança na sua família. Esses dons — que constituem uma espécie de bússola ou sistema de direcionamento interno, ajudando sua família a manter-se na rota enquanto você se move rumo a seu objetivo — habilitam-no a reconhecer os princípios universais e a harmonizar sua vida com eles (mesmo em meio a um clima de turbulência social) e lhe conferem o poder de determinar e adotar a ação mais apropriada e eficaz em sua situação.

E você não concordaria comigo quanto ao fato de que qualquer contribuição que este livro possa trazer-lhe será muito maior se lhe proporcionar também autonomia em relação a mim ou a qualquer outro escritor, a terapeutas, ou àqueles que gostam de dar conselhos, habilitando-o a perceber as coisas por si mesmo e a valer-se dos recursos que julgar mais adequados?

Repito que ninguém conhece os problemas da sua família como você. É você quem está no *cockpit*, quem tem de enfrentar a turbulência, as intempéries, as forças que podem desviar você e sua família da rota. Você é que está equipado para entender o que é necessário que aconteça na sua família e para tomar as medidas cabíveis a fim de que efetivamente aconteça.

Muito mais do que de um conjunto de técnicas e práticas, que até podem ter funcionado em outros contextos, você precisa de uma abordagem que o torne capaz, e mesmo lhe dê o poder, de aplicar princípios a sua situação.

Existe uma expressão no Extremo Oriente que diz: "Dê um peixe a um homem e você o alimentará por um dia; ensine-o a pescar e o alimentará pelo resto da vida". Este livro não lhe dará um peixe. A despeito de apresentar exemplos de todo o tipo de pessoas enfrentando todo o tipo de problemas, mostrando-lhe, assim, o modo como adotaram os 7 Hábitos em suas circunstâncias específicas, o objetivo deste livro é ensiná-lo a pescar. Isso será feito por intermédio da

> *Muito mais do que de um conjunto de técnicas e práticas, que até podem ter funcionado em outros contextos, você precisa de uma abordagem que o capacite, e até mesmo o fortaleça para aplicar princípios em suas situações.*

partilha de um conjunto seqüencial de princípios que lhe possibilitarão desenvolver a própria capacidade de otimizar a sua situação em particular. Portanto, leia nas entrelinhas dos depoimentos e relatos. Procure os princípios que os norteiam. As histórias talvez não se apliquem ao seu caso, mas *posso garantir com segurança que os princípios e a estrutura se aplicarão*.

Objetivo em Mente: Uma Boa Cultura Familiar

Este trabalho, portanto, trata dos 7 Hábitos das famílias *altamente eficazes*. Mas o que significa *"eficácia"* no contexto familiar? Para explicar, sugiro estas quatro palavras: uma boa cultura familiar.

> *A família em si é uma experiência ligada a "nós", implicando uma mentalidade de "nós".*

Quando menciono *cultura*, refiro-me ao espírito da família (o sentimento, as "vibrações", a química, o clima ou atmosfera do lar), ao caráter dela, a sua profundidade, qualidade e maturidade dos relacionamentos. É o modo como seus membros interagem e se sentem uns em relação aos outros. É o espírito, ou sentimento, que cresce a partir dos padrões ou comportamentos coletivos que caracterizam a interação familiar. E todos esses fatores, assim como a ponta de um *iceberg*, brotam da massa invisível, composta das crenças e valores compartilhados, que existe sob a superfície.

Quando falo de uma *boa* cultura familiar, percebo que esse adjetivo pode receber interpretações diferentes de pessoas diferentes. Mas eu o estou empregando para descrever uma cultura nutridora, na qual os membros da família, de uma forma profunda, sincera e verdadeira, apreciam ficar juntos, compartilhando crenças e valores, agindo e interagindo de uma forma que realmente funciona, baseados nos princípios que regem a vida. Estou falando de uma cultura que se deslocou do "eu" para o "nós".*

---

* Para obter uma análise complementar que o ajude a avaliar sua cultura familiar atual, visite o site www.franklincovey.com, na Internet.

A família em si é uma experiência ligada ao "nós", implicando uma mentalidade de "nós". E, sem dúvida, esse deslocamento de "eu" para "nós" (ou seja, da independência para a interdependência) constitui um dos maiores desafios da vida familiar. Contudo, a exemplo da "estrada menos trilhada" do poema de Robert Frost[14], é essa estrada que faz toda a diferença. A despeito da prioridade que a cultura norte-americana claramente confere à liberdade individual, à gratificação imediata, à eficiência e ao controle, não existe um caminho mais permeado de alegria e satisfação que o da rica e interdependente vida familiar.

Quando a sua felicidade é gerada pela felicidade do outro, você constata que evoluiu de "eu" para "nós". E todo o processo de resolução de problemas e de busca de oportunidades muda. Todavia, enquanto a família não se torna de fato uma prioridade, esta mudança dificilmente ocorre. Em geral, o casamento passa a ser pouco mais que dois solteiros vivendo juntos, porque a mudança da independência para a interdependência jamais se processa.

Uma boa cultura familiar é uma cultura de "nós". Ela reflete essa mudança. É o tipo de cultura que capacita você e sua família a trabalharem lado a lado para escolher um objetivo que signifique "juntos" e segui-la, bem como a contribuírem de modo decisivo — para a sociedade, em termos mais amplos, e talvez para outros grupos familiares em particular. Capacita-o, também, a lidar com as forças poderosas que tentam desviá-lo da rota, incluindo a turbulência climática do lado de fora do avião (ou seja, a cultura em que vivemos, bem como problemas tais como transtornos econômicos ou doenças súbitas, sobre os quais não se tem controle) e a turbulência social dentro da cabine (discórdias, falta de comunicação e a tendência para criticar, reclamar, comparar e competir).

Envolva a Sua Família Agora

Antes de você realmente se iniciar nos 7 Hábitos, eu gostaria de observar que a reação ao livro original dos 7 Hábitos, revelando o grande desejo das pessoas de aplicar esse material a suas famílias, tem sido extraordinária. Baseado nessa reação, incluí algumas histórias de famílias que "realmente trabalharam" o conteúdo do livro original.

Mas a maioria das histórias é inédita. Muitas, de fato, foram narradas por pessoas que estão adotando os princípios em suas vidas familiares.* Eu sugiro que você leia esses relatos com o intuito de extrair deles os princípios fundamentais envolvidos, bem como idéias para eventual aplicação — quem sabe, até mesmo criando formas novas e diferentes de aplicá-las.

Também gostaria de lhe sugerir que, se possível, tome providências imediatas para envolver a sua família desde o começo. Posso garantir-lhe que o aprendizado será mais profundo, o compromisso, mais forte, e os *insights* e a alegria, maiores, se vocês descobrirem juntos e compartilharem. Além disso, com o trabalho conjunto, você não assumirá uma posição avançada em relação ao cônjuge ou aos filhos adolescentes, os quais poderiam sentir-se ameaçados pelo seu novo conhecimento ou pelo seu desejo de transformação.

> *T*enha em mente que, quando se trabalha com a família, "devagar" significa "depressa" e "depressa" significa "devagar".

Não ignoro que muitos indivíduos mergulham na leitura de livros de auto-ajuda sobre família e, a partir daí, passam a julgar o cônjuge com tanto rigor que, um ano depois, o casal se encontra "justificadamente" divorciado.

Aprender juntos constituirá uma força poderosa na construção de uma cultura de "nós". Então, se houver possibilidade, leia o livro junto com os membros da sua família — até mesmo com alguém lendo em voz alta para os outros. Discutam os exemplos e ilustrações. Conversem sobre as idéias à medida que avançarem na leitura. Talvez lhe pareça mais apropriado simplesmente contar as histórias na hora do jantar. Ou você pode preferir envolver-

---

* Os nomes foram mudados para proteger a privacidade daqueles que tão generosamente partilharam conosco suas experiências.

se mais profundamente na discussão e aplicação. No final de cada capítulo, incluí algumas sugestões para ensinar e envolver a sua família (e até mesmo grupos de estudo) com base no material apresentado. Seja paciente. Vá devagar. Respeite o nível de entendimento de cada pessoa. Não use o material para intimidar. Tenha em mente que, quando se trabalha com a família, "devagar" significa "depressa" e "depressa" significa "devagar".

E, novamente, reconheço que é você quem conhece a sua família. Talvez a sua situação seja tão complexa que não lhe convenha envolver ninguém mais nesse momento. Seus problemas podem ser tão delicados que não seria sensato tentar trabalhá-los com a participação de todos. Ou talvez lhe pareça mais prudente primeiro verificar pessoalmente se este material faz sentido antes de envolver os outros. Ou pode ser que você prefira começar com o cônjuge e os filhos mais velhos.

Tudo bem. Você conhece melhor o contexto. Contudo, depois de anos de experiência de trabalho com os 7 Hábitos em várias circunstâncias diferentes, aprendi que, quando as pessoas os estudam juntas — lendo em conjunto, debatendo, trocando idéias e descobrindo juntas novas abordagens e ensinamentos, aprofundando a compreensão —, elas iniciam um processo realmente excitante de estreitamento dos laços afetivos. O espírito é o de caminharem todos de mãos dadas, em nível de igualdade: "Eu não sou perfeito. Você não é perfeito. Estamos aprendendo e crescendo juntos". Quando o aprendizado é partilhado com humildade, sem nenhuma intenção de "moldar" o outro, destroem-se os rótulos ou julgamentos que as pessoas conferem umas às outras, permitindo e tornando "seguro" que se continue crescendo e mudando.

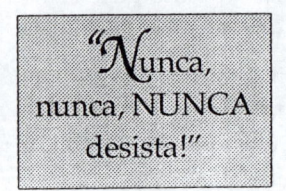

> "Nunca, nunca, NUNCA desista!"

Gostaria ainda de acrescentar o seguinte: não desanime se os seus esforços iniciais esbarrarem em resistências. Lembre-se sempre que, todas as vezes em que se tenta algo novo, encontram-se reações hostis:

— Mas o que há de errado conosco?
— Por que toda essa conversa sobre mudança?
— Por que não podemos continuar como uma família normal?

— Estou com fome. Vamos comer primeiro.
— Só disponho de dez minutos. Estou atrasado.
— Posso trazer um amigo?
— Eu preferiria ver televisão.

Apenas sorria e vá em frente. Eu lhe garanto: o esforço valerá a pena!

O Milagre do Bambu Chinês

Por fim, gostaria de sugerir que, em tudo o que você fizer na sua família, não se esqueça do milagre do bambu. Depois de plantada a semente desse incrível arbusto, não se vê nada, absolutamente nada, por quatro anos — exceto o lento desabrochar de um diminuto broto, a partir do bulbo. Durante quatro anos, todo o crescimento é subterrâneo, numa maciça e fibrosa estrutura de raiz, que se estende vertical e horizontalmente pela terra. Mas então, no quinto ano, o bambu chinês cresce até atingir vinte e quatro metros!

Muitas coisas na vida familiar são iguais ao bambu chinês. Você trabalha, investe tempo e esforço, faz tudo o que pode para nutrir seu crescimento, e às vezes não vê nada por semanas, meses ou mesmo anos. Mas, se tiver paciência para continuar trabalhando e nutrindo, o "quinto ano" chegará, e o crescimento e a mudança que se processarão o deixarão espantado.

Paciência é fé na ação. Paciência é diligência emocional. É a disposição para sofrer internamente a fim de que o outro possa crescer. Revela amor. Dá à luz a compreensão. Mesmo quando nos tornamos conscientes do nosso sofrimento no amor, aprendemos sobre nós mesmos e sobre nossas fraquezas e motivações.

Assim, para parafrasear Winston Churchill, não podemos "desistir nunca, nunca, NUNCA!"

Eu conheço uma garotinha que sempre saía correndo pelo portão da frente. Sua mãe, então, seguia-a, abraçava-a e a convidava para entrar. Um dia, a garotinha saiu e a mãe, muito ocupada naquele momento, não foi atrás dela. Depois de alguns minutos, a filha voltou para casa. A mãe abraçou-a e lhe disse que estava feliz por vê-la de volta. Então, a menina declarou:

— Mamãe, nunca deixe de ir atrás de mim.

Dentro de cada um de nós existe essa ânsia pelo "lar", pelos gratificantes relacionamentos e interações da vida familiar de qualidade. E não podemos desistir jamais. Não importa que nos sintamos muito afastados da rota, sempre podemos tomar providências para corrigir o curso. Eu veementemente o encorajo: não importa quão distante seu filho ou filha esteja, persevere. Jamais desista. Seus filhos são sangue do seu sangue, carne da sua carne, seja biologicamente, seja emocionalmente, pelos laços de comprometimento familiar que vocês têm. Finalmente, como o filho pródigo, eles retornarão. Você os recuperará.

Como nos lembra a metáfora do avião, o objetivo está ao alcance. E a jornada pode ser fecunda, enriquecedora e alegre. De fato, a jornada é realmente parte do objetivo porque na família, como na vida, a forma como se viaja é tão importante quanto a chegada.

Como Shakespeare escreveu:

> *Existe u'a maré na vida dos homens,*
> *Que, seguida na enchente, conduz à fortuna;*
> *Perdida, toda a viagem de suas existências*
> *Reduz-se a baixios e à indigência.*
> *Num mar assim alto flutuamos agora*
> *E sigamos a corrente quando nos é propícia,*
> *Ou perderemos a chance de nossa ventura.*[15]

Devemos seguir a maré *agora*, pois, a despeito das tendências da sociedade, todos sabemos, em nosso âmago, que a família é supremamente importante. De fato, quando pergunto às platéias pelo mundo afora quais são as três coisas mais importantes na vida, 95 por cento colocam "família" ou "relacionamentos familiares" na lista. Setenta e cinco por cento colocam a família em primeiro lugar.

Eu me sinto da mesma maneira e imagino que você também. Nossas maiores alegrias e nossas dores mais profundas se originam no que ocorre em nossa vida familiar. Costuma-se dizer que "nenhuma mãe é mais feliz do que o mais infeliz de seus filhos". Nós desejamos que as coisas dêem certo. Queremos ter essa alegria que, de algum modo, sabemos intimamente ser possível e natural e correta na vida familiar. Mas, quando percebemos o abismo que separa essa visão da vida familiar rica e bonita que almejamos e a nossa realidade familiar cotidiana, consideramo-nos fora de rota. É fácil desanimar, sentir-se desesperançado, acreditar que não existem meios de algum dia conseguirmos o tipo de família que realmente queremos.

Mas há esperança, uma tremenda esperança! O segredo é lembrar-se de trabalhar sempre de dentro para fora e continuar voltando para a rota quando se desviar dela.

Eu lhe desejo felicidade. Tenho consciência de que a sua família é diferente da minha. Em conseqüência de divórcio ou de morte do cônjuge, você talvez esteja lutando para criar os filhos sozinho. Você pode ser o avô/avó de netos adultos. Ou um recém-casado ainda sem filhos. Pode ser tio ou tia, irmão ou irmã, primo ou prima. Mas, seja você quem for, é parte da família, e o amor da família está em sua união. Quando os relacionamentos familiares são bons, a vida em si é boa. Tenho esperança e fé que esses 7 Hábitos o ajudarão a criar uma bela cultura familiar, na qual a vida seja realmente boa.

Compartilhando Este Capítulo com Adultos e Adolescentes

A Vida Familiar é Como o Vôo de um Avião
- Pergunte aos membros da família: "De que maneira vocês acham que podemos comparar a vida familiar com o vôo de um avião?"
- Pergunte: "Em que momentos vocês acham que a nossa família fica 'fora da rota'?" As respostas podem incluir: em épocas de estresse; em períodos de crise, quando se briga, grita, culpa e critica os outros; durante épocas dolorosas de solidão e insegurança.
- Pergunte: "Em que momentos lhes parece que a nossa família está 'dentro da rota'?" As respostas podem incluir: quando fazemos caminhadas juntos, conversamos, relaxamos, vamos ao parque, viajamos juntos, ou temos jantares especiais, "festas de trabalho", piqueniques ou churrascos.
- Estimule os membros da família a pensar num período em que sabiam que se haviam desviado da rota. Pergunte: "O que causou isso? Houve outras coisas que causaram impacto negativo?"
- Reveja a história "Eu reencontrei meu filho". Pergunte: "Como podemos corrigir o nosso curso?" Algumas idéias podem incluir: reservando um tempo para a convivência um a um, pedindo e oferecendo *feedback*, escutando, perdoando, pedindo desculpas, pondo o orgulho de lado, tornando-se humilde, assumindo a responsabilidade, examinando o seu modo de pensar, apegando-se ao que é importante, respeitando, considerando as conseqüências.
- Reveja as lembranças de Sean: "Mamãe e papai sempre se

redimiam". Discuta de que modo os membros da família podem corrigir seu curso de maneira mais eficaz.

Aprendendo Juntos
- Pergunte: "Como podemos aprender e partilhar juntos, como família?" As respostas podem incluir: lendo histórias juntos, ouvindo música juntos, viajando juntos, vivenciando juntos novas experiências, organizando um álbum de família, partilhando as histórias da família. Pergunte: "Qual a importância disso para a nossa família?"
- Discuta de que modo vocês podem tornar a leitura e discussão em conjunto deste livro um comprometimento.

Nunca É Tarde Demais
- Considere o milagre do bambu chinês. Reveja a história "Mamãe, nunca deixe de ir atrás de mim". Pergunte: "Que impacto isso causa sobre o nosso modo de pensar acerca da nossa família e das batalhas que enfrentamos? Existem áreas ou relacionamentos específicos que precisem de tempo para crescer?"

COMPARTILHANDO ESTE CAPÍTULO COM CRIANÇAS

Brinque de Cabra-cega
- Venda os olhos de um membro da família. Leve-o para um lugar qualquer da casa, o jardim ou um parque próximo, de modo que seja um pouco difícil retornar ao ponto de partida. Certifique-se de que o caminho de volta seja seguro, sem escadas ou obstáculos no caminho.
- Gire a pessoa algumas vezes e explique que sua tarefa será retornar ao ponto de partida.
- Deixe-a tentar voltar. Depois de alguns momentos, pergunte-lhe se gostaria de receber algum auxílio.
- Deixe os membros da família guiarem a pessoa de volta com instruções do tipo "vire à esquerda, vá em frente, vire à direita".
- Quando ela tiver regressado sã e salva, pergunte-lhe se achou difícil encontrar o caminho quando não podia enxergar e não tinha orientação alguma. Dê a cada criança uma chance de "bancar a cabra-cega" e tentar descobrir o caminho de volta.

Analise a Brincadeira
- Ajude as crianças a compreender que vocês todos estão enfrentando a vida juntos, mas que não são capazes de prever o futuro. Freqüentemente, precisarão de instruções ou de pistas e da cooperação da família para alcançar o objetivo.
- Converse com elas, enfatizando como é maravilhoso ter uma família com quem contar.

- Ajude as crianças a perceber que o "plano de vôo" da família, com alguma "cooperação" para torná-la forte e feliz, é tão valioso quanto o auxílio e assistência que elas receberam quando tentavam encontrar o caminho de volta com os olhos vendados.

Ação
- Marque um encontro familiar semanal para conversar sobre o plano de vôo da família. Discuta o que vocês podem fazer para se ajudarem e apoiarem reciprocamente, para se divertirem juntos e continuarem juntos por toda a vida.
- Durante a semana, espalhe pequenos lembretes pela casa a respeito do próximo encontro familiar.
- Planeje atividades divertidas, tais como uma visita a um membro da família que não more na mesma casa, um passeio até uma sorveteria, um dia dedicado aos esportes, ou partilhe uma grande lição ou história que demonstre claramente quanto você valoriza a família e quanto está comprometido, como pai ou mãe, em fazer dela a sua prioridade.

HÁBITO 1
SEJA PROATIVO

| Estímulo > | Liberdade de escolha > | Resposta |

Conforme relatei no livro original dos 7 Hábitos, há muitos anos, quando eu desfrutava de uma licença no Havaí, costumava perambular por entre as estantes nos fundos de uma biblioteca universitária. Um determinado livro por acaso atraiu-me o interesse. Folheando suas páginas, pousei os olhos num parágrafo que me pareceu tão forte, tão memorável e perturbador, que acabou por influenciar profundamente o resto da minha vida.

Nesse parágrafo havia três sentenças, contendo uma única e poderosa idéia:

Entre o estímulo e a resposta, existe um espaço.
Nesse espaço repousam a nossa liberdade e o poder de escolher
a resposta. Em nossa resposta se encontram o nosso
crescimento e a nossa liberdade.

Não tenho como descrever o efeito dessa idéia sobre mim. Fiquei subjugado. Refleti por um longo instante. Brinquei com a liberdade que propunha. E a trouxe para o meu contexto pessoal: entre o que quer que me acontecesse e a minha reação havia um espaço; nesse espaço estavam a minha liberdade e o meu poder de escolher uma resposta; e em minha resposta encontravam-se meu crescimento e minha felicidade.

Quanto mais ponderava a respeito, mais percebia que podia escolher respostas que afetariam o próprio estímulo. Eu podia tornar-me uma força da natureza em meu próprio benefício.

Fui forçado a retornar a essa experiência quando, certa noite, no meio de uma sessão de gravação, recebi um bilhete avisando que Sandra precisava falar comigo ao telefone.

— O que ainda está fazendo aí? — ela perguntou com impaciência. — Você sabia que tínhamos convidados para o jantar.

Percebi que ela estava aborrecida. Contudo, eu me envolvera o dia inteiro na gravação de um vídeo com um cenário de montanha. Havíamos conseguido chegar à cena final, mas o diretor insistira em refazê-la com o sol se pondo, de modo que tivemos de esperar durante quase uma hora para obter esse efeito especial.

Em conseqüência do meu cansaço e da minha frustração, repliquei com certa rudeza:

— Olhe, Sandra, não tenho culpa se você marcou esse jantar para hoje. E não posso evitar que as coisas aqui me atropelem. É melhor você dar um jeito nas coisas aí, porque não dá para eu sair agora. E quanto mais conversarmos, mais me atrasarei. Estou com muito trabalho e irei quando puder.

Depois que desliguei o telefone, percebi de súbito que minha resposta fora completamente reativa. Sandra me fizera uma pergunta razoável. Ela se encontrava numa situação social difícil. Haviam sido criadas expectativas, e eu não estava lá para ajudar a satisfazê-las. Mas, em vez de compreender, eu me achava tão imerso nos meus problemas que respondera de modo abrupto, e sem dúvida só piorara as coisas.

Quanto mais refletia, mais me dava conta de que as minhas ações me haviam desviado da rota. Esse não era o comportamento que desejava ter com a minha esposa. Aqueles não eram os sentimentos que eu queria em nosso relacionamento. Se tivesse agido de modo diferente, se tivesse sido mais paciente, mais compreensivo, se tivesse mostrado maior consideração, se tivesse, enfim, agido de acordo com o meu amor por ela, em vez de reagir às pressões do momento, teria obtido resultados inteiramente diversos.

Mas o problema foi que eu *não* pensei nisso naquele momento. Em vez de agir com base em princípios que sabia que produziriam resultados positivos, deixei-me levar pelas emoções provocadas por circunstâncias que naquela hora me pareceram extremamente desgastantes, e fiquei cego em relação aos meus sentimentos e desejos mais profundos.

Por sorte, conseguimos concluir a filmagem com rapidez. Enquanto dirigia de volta para casa, era minha mulher que ocupava meus pensamentos, e não a gravação. Sentia-me transbordante de compreensão e amor por ela. Preparei-me para pedir desculpa. Sandra também me pediu desculpa. As coisas se resolveram, restaurando-se o calor e a proximidade do nosso relacionamento.

Criando uma "Tecla de Pausa"

É *tão* fácil ser reativo! Concorda comigo? Você é apanhado desprevenido e diz coisas que não queria dizer. Toma atitudes das quais se arrepende mais tarde. E, então, pensa: "Ah, se eu tivesse parado para pensar, jamais teria reagido daquela forma!"

Obviamente, a vida familiar seria muito melhor se as pessoas agissem conforme seus mais profundos valores, em vez de reagirem à emoção ou à circunstância do momento. Todos precisamos de uma "tecla de pausa", algo que nos possibilite parar nesse intervalo entre o que nos acontece e a nossa reação, e escolher a nossa resposta.

É possível para nós, como indivíduos, desenvolver essa capacidade de parar. Como é igualmente possível desenvolver, bem no centro da nossa cultura familiar, o hábito de aprender a fazer uma pausa e escolher respostas mais sábias. De que maneira criar essa tecla de pausa na família (como cultivar o espírito de agir de acordo com valores e princípios, em vez de reagir baseado em sentimentos circunstanciais) constitui o foco dos Hábitos 1, 2 e 3.

Seus Quatro Dons Exclusivamente Humanos

Hábito 1 — Seja Proativo — que consiste na habilidade de agir com base em princípios e valores, em vez de reagir guiado pelas emoções ou circunstâncias. A capacidade de fazer isso advém do desenvolvimento e do uso de quatro dons exclusivamente humanos, já que os animais não os possuem.

Para ajudá-lo a compreender que dons são esses, deixe-me contar-lhe como uma senhora, que criava os filhos sozinha, empregou-os para tornar-se agente de mudança em sua família:

Durante anos, eu brigava com meus filhos e estes brigavam entre si. Eu vivia julgando, criticando e ralhando. Em nossa casa havia sempre conflitos e eu sabia que minhas constantes censuras abalavam a auto-estima das crianças.

Várias vezes tentei mudar, mas acabava voltando aos meus padrões negativos de comportamento. Essa situação me fazia odiar a mim mesma e descarregar minha raiva nas crianças, o que só aumentava o meu sentimento de culpa. Sentia-me aprisionada numa espiral descendente que começava na minha infância e sobre a qual eu nada podia fazer. Eu sabia que algo tinha de ser feito, mas não sabia o quê.

Por fim, decidi transformar os meus problemas num tema de contínua reflexão, meditação e orações específicas e honestas. Pouco a pouco, cheguei a duas descobertas sobre os motivos reais do meu comportamento negativo e crítico.

A primeira, como pude começar a ver com clareza, referia-se ao im-

pacto que as experiências na infância exerciam sobre as minhas atitudes. Constatei as cicatrizes psicológicas que eu colecionara ao longo da vida. O lar da minha infância se rompera de praticamente todos os modos possíveis. Não consigo lembrar-me de ver, ao menos uma vez, meus pais conversando sobre seus problemas e diferenças. Eles ou discutiam ou brigavam, ou, zangados e emburrados, isolavam-se um do outro. Às vezes, essa situação se prolongava por dias. Por fim, divorciaram-se.

Por isso, ao enfrentar esses mesmos temas e desafios na minha família, não sabia como proceder. Eu não tinha um modelo, um exemplo para seguir. Em vez de procurar um modelo ou criar um dentro de mim, eu optara por projetar as minhas frustrações e confusões nas crianças. E, por mais que isso me desagradasse, acabara tratando meus filhos exatamente como meus pais me trataram.

A segunda descoberta foi que eu tentava obter aprovação social para mim por meio do comportamento de meus filhos. Queria que as pessoas me apreciassem como resultado do bom comportamento deles. E temia que esse comportamento, em vez de valer-me a aprovação de todos, na realidade me provocasse constrangimento. Em virtude da falta de fé nas crianças, eu dava ordens, ameaçava, subornava e manipulava para que se portassem conforme a minha vontade. Comecei a enxergar que a minha ânsia de aprovação era o que impedia meus filhos de crescer e assumir responsabilidades. As minhas atitudes como um todo na verdade estavam gerando o que eu mais temia: um comportamento irresponsável.

Essas duas revelações me ajudaram a perceber que, para resolver meus problemas, precisava trabalhá-los internamente, em vez de tentar obrigar os outros a mudar. Minha infância confusa e infeliz me predispunha à negatividade, mas não me forçava a ser negativa. Eu podia escolher uma reação diferente. Era inútil culpar meus pais ou as circunstâncias pelo meu sofrimento.

Foi muito difícil admitir tudo isso. Tive de lutar contra o meu orgulho, acumulado ao longo dos anos. Mas, à medida que engolia o remédio amargo, descobria uma sensação maravilhosa de liberdade. Eu estava no controle. Podia escolher um comportamento melhor. Era responsável por mim mesma.

Agora, quando enfrento uma situação que me deixa frustrada, eu paro. Examino as minhas tendências. Comparo-as com a minha visão. Abstenho-me de falar de maneira impulsiva ou de explodir. Empenho-me para manter a perspectiva e o controle.

Como a luta continua, é freqüente retirar-me para a solidão do meu "eu" mais profundo, a fim de travar as minhas batalhas particulares e analisar os meus motivos.

Essa senhora foi capaz de criar uma tecla de pausa, um espaço entre o que lhe acontecia e seu modo de responder. E, nesse espaço, foi capaz de *agir* em vez de reagir. Mas como isso foi possível? Repare que ela conseguiu o distanciamento necessário para observar a si mesma, para perceber o próprio comportamento. Esse é o primeiro dom exclusivamente humano: *autoconsciência*. Como seres humanos, temos condições de distanciar-nos da nossa própria vida para observá-la. Podemos observar até os nossos pensamentos. Então, podemos dar um passo à frente e promover mudanças positivas. Os animais não têm essa capacidade, mas nós, sim. Essa mãe empregou a sua autoconsciência. E isso a conduziu a importantes descobertas.

O segundo dom utilizado foi a *consciência*. Note que a consciência dessa senhora (seu senso moral ou ético, ou a "voz interior") lhe permitiu reconhecer, lá no fundo, que o modo como vinha tratando os filhos lhes era prejudicial, e os obrigava a trilhar o mesmo caminho doloroso que ela trilhara na infância. A consciência, outro dom exclusivamente humano, possibilita às pessoas avaliarem o que descobriram quando observaram a si mesmas. Recorrendo à informática para criar uma metáfora, podemos dizer que esse senso moral do certo e do errado consta do programa do nosso *"hardware"*. Mas, em razão do *"software"* cultural que adquirimos — e também porque o usamos mal —, desrespeitamos e negligenciamos esse dom especial da consciência, e, assim, perdemos contato com sua natureza moral impressa em nós. A consciência nos dá não apenas o senso, mas o poder moral. Ela representa uma fonte de energia que nos alinha com os melhores e mais profundos princípios contidos em nossa natureza mais elevada. Todas as seis principais religiões do mundo, de um modo ou de outro e utilizando linguagens diferentes, ensinam a mesma idéia básica.

Agora, repare o terceiro dom empregado por essa senhora: o da *imaginação*. Trata-se da capacidade de visualizar alguma coisa inteiramente diversa da experiência passada. Ela visualizou —

ou imaginou — uma resposta melhor, aplicável com eficácia tanto a curto prazo como a longo prazo. Essa capacidade foi admitida quando ela declarou: "Eu estava no controle. Podia escolher um comportamento melhor". E, porque ela também tinha autoconsciência, podia examinar as próprias tendências e compará-las com sua visão de um modo melhor.

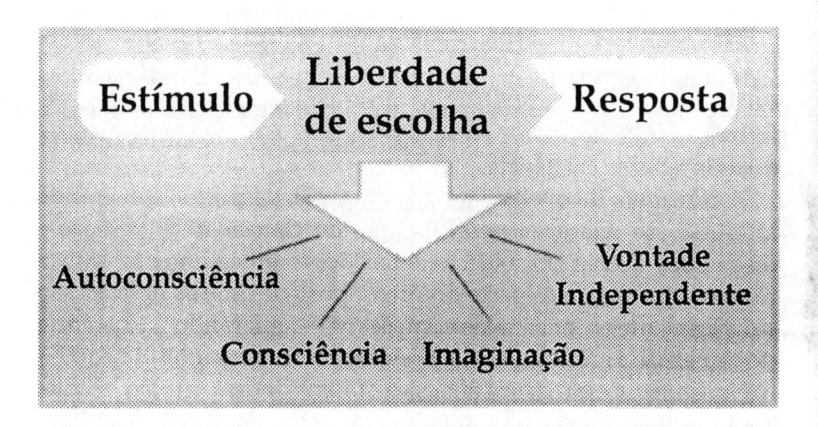

```
Estímulo    Liberdade        Resposta
            de escolha

Autoconsciência                  Vontade
                                 Independente
         Consciência  Imaginação
```

E quanto ao quarto dom? É o da *vontade independente*, o poder de agir. Considere novamente o que ela disse: "Abstenho-me de falar de maneira impulsiva ou de explodir. Empenho-me para manter a perspectiva e o controle" e "Como a luta continua, é freqüente retirar-me para a solidão do meu "eu" mais profundo, a fim de travar as minhas batalhas particulares e analisar os meus motivos." Apenas observe a magnitude de seu propósito e a força de vontade que exercita! Essa senhora está nadando contra a correnteza, contra tendências profundamente arraigadas. Está tomando as rédeas da própria vida nas mãos. Ela quer isso — e está fazendo que aconteça. Claro que é difícil. Mas a essência da verdadeira felicidade consiste em subordinar os desejos imediatos aos objetivos mais amplos. Essa mãe — graças à sabedoria que sua autoconsciência, consciência e imaginação lhe conferiam — subordinou seu impulso de recuar, de ser auto-indulgente, de vencer, de satisfazer o próprio ego, ao seu objetivo, que era algo tão maior, tão mais poderoso no espírito da família do que qualquer gratificação momentânea do ego que pudesse obter.

Esses quatro dons, autoconsciência, consciência, imaginação criativa e vontade independente, residem no espaço de que nós, seres humanos, dispomos entre o que nos acontece e a nossa resposta.

Os animais, que não dispõem desse espaço, são o produto de seus instintos naturais e de treinamento. Embora também possuam dons especiais, dos quais não partilhamos, vivem basicamente para garantir a sobrevivência e a procriação.

Mas, graças a esse espaço que é prerrogativa nossa, para os seres humanos existem mais, muito mais dimensões. E esse "mais" é a força da vida, o impulso que nos mantém em contínua transformação. Na verdade, "cresça ou morra" é o imperativo moral de toda a nossa existência.

A clonagem da ovelha Dolly, na Escócia, despertou um grande interesse em relação à possibilidade de clonagem de pessoas e discussões acerca do aspecto ético desse procedimento. Até o momento, a polêmica parte do pressuposto de que as pessoas são simplesmente animais mais complexos — ignorando a existência de um espaço entre estímulo e resposta —, resultantes da combinação de *natureza* (nossos genes) e *educação* (nossa criação, escolaridade, cultura e meio ambiente).

Mas essa pressuposição não explica o nível admiravelmente elevado alcançado por pessoas como Gandhi, Nelson Mandela ou Madre Teresa de Calcutá, ou os muitos pais e mães das histórias contadas neste livro. E a explicação está no fato de que, no âmago do DNA (da estrutura de cromossomos do núcleo de cada célula do nosso corpo), encontra-se a possibilidade de crescimento, contribuição e realizações maiores, em decorrência do desenvolvimento e uso desses dons exclusivamente humanos.

Ao aprender a criar e usar sua tecla de pausa, essa senhora se tornou proativa. Mais do que isso, passou a ser uma "pessoa de transição" em sua família, interrompendo a transmissão de tendências negativas de uma geração para outra — interrompendo-a *dentro* de si mesma. E, até certo ponto, ela está sofrendo, o que a ajuda a queimar os detritos acumulados e transmitidos de uma geração à outra — as tendências herdadas, o arraigado hábito de recuar, de revidar, de ser o dono da verdade. O exemplo dela é como a queimada da sementeira da cultura familiar impregnada pelo espírito de retaliação, de discórdia e de briga.

Você pode avaliar o bem que essa senhora está fazendo, as mudanças que está promovendo, o modelo, o exemplo que está dando? Lenta, sutil, talvez quase imperceptivelmente, ela está transformando profundamente a cultura familiar. E está escrevendo um novo *script*. Ela se tornou um agente de mudança.

Todos nós temos essa capacidade, e nada é mais excitante. Nada é mais enobrecedor, mais motivador, mais assertivo, nada confere maior poder do que a percepção desses quatro dons e de sua combinação para operar mudanças fundamentais em nível tanto pessoal quanto familiar. Ao longo deste livro, exploraremos esses dons de modo intensivo, por intermédio das experiências de pessoas que os desenvolveram e utilizaram.

O fato de que todos possuímos esses quatro dons significa que ninguém precisa ser uma vítima. Ainda que venha de uma família desestruturada, que tenha sofrido maus-tratos e abuso, você tem a opção de transmitir um legado de bondade e amor. Mesmo que seu desejo consista apenas em ser mais generoso, paciente e respeitador do que alguns dos modelos que encontrou na vida, o cultivo desses dons pode nutrir aquela semente da vontade e apagar aqueles modelos, possibilitando-lhe tornar-se o tipo de pessoa, de membro da família, que você realmente quer ser.

O "Quinto" Dom Humano

Quando Sandra e eu olhamos para trás, para a nossa família ao longo dos anos, chegamos à conclusão de que, em certo sentido, existe um quinto dom humano: o senso de humor. Podemos facilmente colocar o humor ao lado da autoconsciência, da imaginação, da consciência e da vontade independente. Contudo, este é na verdade um dom secundário, porque surge da mistura dos outros quatro. Adotar uma perspectiva bem-humorada requer *autoconsciência* — a capacidade de enxergar a ironia e o paradoxo das situações e de reafirmar o que realmente importa. O humor utiliza a *imaginação* criativa, a habilidade de enfocar as coisas de maneira original e engraçada. Mas o verdadeiro humor também emprega a *consciência*, para manter-se genuinamente elevado, sem resvalar para um destrutivo sarcasmo. E também envolve a *vontade independente*, para optar por uma postura bem-humorada (não ser reativo, não se deixar abater). Embora secundário, o dom do humor é vital para o desenvolvimento de uma boa cultura familiar. De fato, eu diria que, em nossa família, o elemento central de preservação da sanidade, alegria, união, cumplicidade e atração magnética da nossa cultura familiar é o riso — contando piadas, enxergando o lado engraçado das coisas, achando graça da formalidade excessiva e simplesmente nos divertindo juntos.

Lembro-me de que, certo dia, quando nosso filho Stephen era pequeno, nós paramos na padaria para comprar sorvete. Então, uma senhora entrou correndo, passou chispando por nós, numa tremenda pressa. Agarrou duas garrafas de leite e disparou para a caixa. Na correria, deixou as garrafas caírem com estrondo, espalhando seu conteúdo e cacos de vidro por todo o chão. Um profundo silêncio sobreveio ao caos. Todos os olhos se voltaram para ela, evidentemente constrangida e com a roupa respingada de leite. Ninguém sabia o que dizer ou fazer.

De repente, o pequeno Stephen sugeriu:

— Ria, moça! Dê uma risada!

Ela e todos os presentes instantaneamente romperam em riso, colocando o incidente em outra perspectiva. Daí em diante, quando qualquer um de nós exagera na reação a uma situação pouco importante, alguém sempre aconselha:

— Ria, dê uma risada!

Usamos o humor até contra a nossa tendência de ser reativo. Por exemplo, certa vez assistimos a um filme de Tarzã juntos, e decidimos aprender um pouco do repertório dos macacos. Então, agora, quando percebemos que estamos começando a ficar reativos, recorremos a esse repertório. Alguém toma a iniciativa e os outros o imitam. Coçamos o corpo e gritamos: "Ooo! Ooo! Ooo! Ah! Ah! Ah!" Para todos nós, isso expressa com clareza: "Cuidado. Não está havendo espaço entre estímulo e resposta. Nós nos tornamos animais".

O riso é um grande libertador de tensão. Produz endorfinas e outros elementos químicos que alteram o humor, proporcionando-nos uma sensação de prazer e alívio da dor. E o humor também funciona como o fator de humanização e equalização nos relacionamentos. Ele é tudo isso e muito, muito mais! O senso de humor reflete a verdadeira essência de "Estamos fora da rota... e daí?" Colocar as coisas na perspectiva adequada impede-nos de "fazer tempestade num copo d'água". E nos permite perceber que, em certo sentido, tudo não passa de um copo d'água. Ele impossibilita que nos levemos demasiado a sério, vivamos constantemente preocupados e tensos, sejamos exigentes demais, desproporcionais, desequilibrados e perfeccionistas. Por outro lado, permite-nos evitar o risco de adquirir uma rigidez moral que nos torne cegos em relação a nossa humanidade e à realidade a nossa volta.

As pessoas capazes de rir dos próprios erros, estupidez e limitações conseguem corrigir o curso muito mais depressa do que aquelas que, perfeccionistas, se emaranham nas teias da culpa. Na verdade, o senso de humor costuma ser uma terceira alternativa para o sentimento de culpa, para expectativas irrealistas e para um estilo de vida indisciplinado, dos tipos "deixa rolar" e "qualquer coisa serve".

Como ocorre com tudo o mais, o humor pode ser levado a extremos perniciosos. O que freqüentemente resulta numa cultura sarcástica, ferina e frívola, em que nada é levado a sério.

Mas o verdadeiro humor não consiste em futilidade da mente, mas sim em leveza do coração. Além de constituir um dos elementos fundamentais de uma bela cultura familiar, é o segredo da proatividade, porque nos confere uma forma positiva e esperançosa, em vez de reativa, de responder aos altos e baixos do cotidiano. Todos têm vontade de viver com pessoas felizes, alegres, otimistas, cheias de boas histórias e de bom humor.

Amar é um Verbo

Num seminário em que eu discorria sobre o conceito de proatividade, um senhor se levantou e questionou:

— Stephen, admiro as suas palavras, mas cada situação é diferente. Veja o meu casamento. Estou muito apreensivo. Minha esposa e eu simplesmente não sentimos mais o que sentíamos um pelo outro. Acho que o amor acabou. O que posso fazer?

— O afeto não existe mais? — indaguei.

— É isso aí — ele reafirmou. — E nós temos três filhos com os quais estamos realmente preocupados. O que você sugere?
— Ame a sua esposa — respondi.
— Eu já lhe disse, o sentimento acabou.
— Ame-a — insisti.
— Você não entendeu. Não há mais amor.
— Então, ame-a. Se o afeto deixou de existir, eis um bom motivo para você amá-la.
— Mas como é que se ama quando se deixou de amar?
— Meu amigo, amar é um verbo. Amor, o sentimento, é fruto do verbo amar. Então, ame-a. Sacrifique-se. Escute-a. Tenha empatia. Aprecie. Estime. Está disposto a fazer isso?

Hollywood criou um *script* que nos convenceu de que amar é um sentimento. Os relacionamentos são descartáveis. Casamento e família não passam de contrato e conveniência, sem comprometimento e integridade. Mas essas mensagens traçam uma imagem altamente distorcida da realidade. Se voltarmos a nossa metáfora do vôo do avião, veremos que essas mensagens são como a estática que prejudica a clareza da instrução enviada pela torre de controle. Desse modo, desvia da rota um número inacreditável de pessoas.

Apenas olhe em torno, talvez dentro da própria família. Qualquer um que tenha passado por um divórcio, uma separação do companheiro, de um filho ou de um dos pais, ou que enfrentou o rompimento de um relacionamento de qualquer tipo, pode afirmar que isso provoca uma dor violenta, que deixa cicatrizes profundas. E há seqüelas de longo prazo que Hollywood normalmente se esquece de contar. Na verdade — embora possa parecer "mais fácil", a curto prazo —, romper um relacionamento é quase sempre muito mais difícil e doloroso, a longo prazo, do que salvá-lo, especialmente quando há crianças envolvidas.

> Nós não temos de amar. Nós escolhemos amar.

Como disse M. Scott Peck:

O desejo de amar não é, em si mesmo, amor... Amor é um ato de vontade, isto é, uma intenção e uma ação. Sempre implica escolha. Nós não te-

mos de amar. Nós escolhemos amar. Mesmo que acreditemos com convicção que estamos amando, se não estivermos amando de fato, é porque escolhemos não amar e portanto não o fazemos, a despeito das nossas boas intenções. Por outro lado, sempre que nos empenhamos de verdade pela causa do crescimento espiritual, nós nos empenhamos por opção nossa. A opção pelo amor foi feita.[1]

Eu tenho um amigo que emprega seus dons para todos os dias fazer uma poderosa escolha proativa. Ao voltar do trabalho, permanece sentado no carro, em sua garagem, e pressiona a tecla de pausa. Ele literalmente coloca sua vida em pausa. Põe tudo em perspectiva. Pensa nos membros de sua família e no que estão fazendo entre as quatro paredes da casa. Considera que tipo de meio ambiente e sentimentos deseja ajudar a desenvolver no momento em que entrar. E diz a si mesmo: "Minha família é a parte mais agradável, prazerosa e importante da minha vida. Vou entrar na minha casa, sentir e expressar meu amor por eles".

Quando cruza a porta, em vez de detectar falhas e se mostrar crítico ou simplesmente isolar-se para relaxar e atender às próprias necessidades, grita "em tom dramático": "Cheguei! Por favor, tentem não me abraçar e beijar!" Então, circula pela casa e interage positivamente com cada um — beija a esposa, rola no chão com as crianças ou faz qualquer outra coisa para proporcionar prazer e felicidade, seja levando o lixo para fora, ou ajudando em algum projeto, ou apenas escutando. Desse modo, supera o cansaço, os desafios ou contrariedades do trabalho, sua tendência de detectar falhas ou de se desapontar com o que encontra em casa. E se torna uma força consciente e positiva na cultura familiar.

Reflita um pouco sobre a opção proativa desse homem e o impacto que exerce sobre a família! Pense nos relacionamentos que ele está construindo e como estes influenciarão todas as dimensões da vida familiar durante anos, talvez até gerações!

Qualquer casamento, ou qualquer família, de sucesso requer trabalho. O bom êxito não é obra do acaso, é uma conquista. Demanda esforço e sacrifício, exige saber que — "para o melhor e para o pior, na saúde e na doença, até que a morte os separe" — amar é um verbo.

Desenvolvendo Seus Dons Humanos

Os quatro dons exclusivamente humanos de que falamos são comuns a todas as pessoas, com exceção, talvez, daqueles que sofrem de distúrbios mentais que os privem da autoconsciência. Mas desenvolvê-los implica empenho consciente.

É como desenvolver a musculatura. Se você estiver fazendo musculação, decerto não ignora que a chave é distender a fibra até rompê-la. Então, a natureza promove uma "supercompensação", reparando a fibra rompida de tal forma que esta, depois de quarenta e oito horas, resulte mais forte do que antes. Você também deve saber que é fundamental exercitar principalmente os músculos mais fracos, em vez de seguir o caminho da menor resistência, cuidando apenas daqueles músculos que já estão fortes e desenvolvidos.

Devido a problemas com o joelho e com as costas, tive de aprender exercícios que trabalhavam músculos e mesmo grupos inteiros de músculos que, de outro modo, eu raramente usava ou dos quais mal tinha consciência. Percebo agora que o desenvolvimento desses músculos é necessário para um nível integrado e equilibrado de saúde e boa forma, para a postura, para várias atividades físicas, e às vezes até para o simples ato de caminhar. Por exemplo, para compensar o problema no joelho, concentrei-me no desenvolvimento do quadríceps (músculo na parte posterior da coxa), mas acabei negligenciando o desenvolvimento dos tendões do jarrete, na parte da perna atrás do joelho. E isso prejudicou a minha inteira e equilibrada recuperação dos joelhos e também das costas.

Assim é na vida. Nossa tendência é realçar nossos pontos fortes e deixar de lado os pontos fracos. Às vezes, tudo bem, nós conseguimos organizar-nos de tal modo que, apoiando-nos em nossos pontos fortes, os pontos fracos pareçam irrelevantes. Contudo, na maior parte do tempo isso não funciona, porque a plena utilização das nossas capacidades requer a superação dessas fraquezas.

E é assim com os nossos dons exclusivamente humanos. À medida que avançamos pela vida, interagindo com as circunstâncias externas, com outras pessoas e com a nossa própria natureza, deparamo-nos com freqüência com oportunidades de confrontarnos com os nossos pontos fracos. Podemos optar por ignorá-los, ou podemos vencer a resistência interna e abrir caminho para novos níveis de competência e força.

Considere o desenvolvimento dos seus dons respondendo ao seguinte questionário:[2]

Instruções: Assinale o número na escala que mais se aproxime do seu comportamento ou atitude habituais com relação às perguntas da coluna da esquerda (0 = Nunca, 2 = Eventualmente, 4 = Sempre)

Autoconsciência

1. Sou capaz de me distanciar dos meus pensamentos, para examiná-los e mudá-los?

   N   E   S
   x— x— x— x— x
   0 1 2 3 4

2. Tenho consciência do meu modo de pensar e de como este afeta as minhas atitudes, comportamento e os resultados que obtenho na vida?

   N   E   S
   x— x— x— x— x
   0 1 2 3 4

3. Percebo a existência de uma diferença entre os *scripts* biológico, genealógico, psicológico e sociológico e os meus pensamentos mais profundos?

   N   E   S
   x— x— x— x— x
   0 1 2 3 4

4. Quando a resposta dos outros a mim, ou aos meus atos, diverge da imagem que tenho de mim mesmo, sou capaz de comparar o *feedback* com o meu autoconhecimento pessoal profundo e aprender com ele?

   N   E   S
   x— x— x— x— x
   0 1 2 3 4

Consciência

1. Ouço, às vezes, uma "voz interior" que me aconselha em relação a algo que estou prestes a fazer?

   N   E   S
   x— x— x— x— x
   0 1 2 3 4

2. Sinto que há uma diferença entre "consciência social" (o que a sociedade me condicionou a valorizar) e as minhas diretrizes internas?

N E S
x— x— x— x— x
0 1 2 3 4

3. Percebo internamente a realidade de princípios universais tais como integridade e confiabilidade?

N E S
x— x— x— x— x
0 1 2 3 4

4. Vejo um padrão na experiência humana (maior do que a da sociedade em que vivo) que confere validade aos princípios?

N E S
x— x— x— x— x
0 1 2 3 4

Imaginação
1. Eu penso à frente?

N E S
x— x— x— x— x
0 1 2 3 4

2. Visualizo a minha vida para além da realidade atual?

N E S
x— x— x— x— x
0 1 2 3 4

3. Utilizo essa visualização para me ajudar a reafirmar e realizar meus objetivos?

N E S
x— x— x— x— x
0 1 2 3 4

4. Procuro maneiras novas e criativas de resolver problemas em situações diversas e de avaliar as opiniões divergentes do outro?

N E S
x— x— x— x— x
0 1 2 3 4

Vontade Independente
1. Sou capaz de fazer e cumprir promessas para mim mesmo, bem como para os outros?

N E S
x— x— x— x— x
0 1 2 3 4

> 2. Tenho a capacidade de agir com base em meus mais interiores ditames, mesmo quando isso significa nadar contra a correnteza?
>
> N E S
> x— x— x— x— x
> 0 1 2 3 4
>
> 3. Tenho desenvolvido a capacidade de estabelecer e atingir metas significativas em minha vida?
>
> N E S
> x— x— x— x— x
> 0 1 2 3 4
>
> 4. Sou capaz de subordinar os meus humores aos meus compromissos?
>
> N E S
> x— x— x— x— x
> 0 1 2 3 4
>
> Agora, calcule o seu total de pontos em cada um dos quatro dons. Avalie os seus pontos em cada uma das seções de acordo com a tabela abaixo:
>
> 0-7   Dom inativo
> 8-12   Dom ativo
> 13-16   Dom altamente desenvolvido

Eu tenho aplicado esse questionário muitas vezes, em milhares de pessoas em muitos contextos diferentes, e a descoberta mais estarrecedora é que o dom mais negligenciado é a autoconsciência. Não sei se você já ouviu a expressão: "veja pelo lado de lá da ponte", significando abandonar o modo habitual de pensar, bem como os pressupostos e paradigmas com que normalmente operamos. Essa é outra forma de designar a autoconsciência. Até que se cultive esse dom, o uso da consciência, da imaginação e da vontade independente ocorrerá sempre "do lado de cá da ponte", isto é, dentro da nossa experiência de vida, de um paradigma ou da forma como pensamos naquele momento.

Assim, em certo sentido, a alavanca dos quatro dons humanos é a autoconsciência, porque, quando você tem a capacidade de ver pelo lado de lá da ponte — de examinar os seus pressupostos e o seu modo de pensar, de distanciar-se da própria mente e examiná-la, de refletir sobre os próprios pensamentos, sentimentos e até mudanças de humor —, então dispõe de uma base para usar a imaginação, a consciência e a vontade independente de forma inteiramente original. Você literalmente se torna transcendente. Você se transcendeu; transcendeu o seu *background*, a sua história, a sua bagagem psíquica.

Essa transcendência é fundamental para a nossa força vital, ajudando a desencadear o processo de transformação, crescimento e aperfeiçoamento. Também é fundamental nos nossos relacionamentos e no cultivo de uma bela cultura familiar. Quanto maior a autoconsciência coletiva da família, maiores são as condições de esta olhar para si mesma e se aperfeiçoar: promovendo mudanças, estabelecendo metas que não as usuais e criando estruturas e planos para atingir essas metas, que fogem do *script* social e de padrões e hábitos profundamente arraigados.

O antigo ditado grego "Conhece-te a ti mesmo"[3] é imensamente significativo porque traduz a compreensão de que o autoconhecimento constitui a base de todos os demais. Se não nos levarmos em consideração, tudo o que fizermos será nos projetando na vida e nas outras pessoas. E então julgaremos a nós mesmos pelos nossos motivos e aos outros pelos seus comportamentos. Enquanto pudermos observar as nossas tendências, pensamentos e desejos —, nós não teremos base para conhecer e respeitar o outro, muito menos para promover mudanças internas.

O desenvolvimento de todos os quatro dons é essencial para a proatividade. Você não pode negligenciar nenhum deles, porque o segredo está na sinergia do seu inter-relacionamento. Hitler, por exemplo, tinha muita autoconsciência, imaginação e vontade independente... mas nenhuma consciência. E isso foi a sua ruína, além de mudar o curso do mundo de várias e trágicas formas. Há pessoas que são guiadas por princípios e consciência, mas são desprovidas de imaginação e visão. Elas são boas... mas boas para quê? Para quais finalidades? Outras demonstram grande força de vontade, mas nenhuma visão. Com freqüência, repetem as mesmas coisas de novo e de novo, sem nenhum propósito significativo em mente.

E o mesmo se aplica às famílias como um todo. O senso coletivo desses quatro dons (seu inter-relacionamento, bem como o relacionamento entre os membros do grupo familiar) é o que possibilita à família ascender a níveis cada vez mais elevados de realização, significância e contribuição. O segredo está na nutrição adequada de todos os quatro dons no indivíduo e na cultura familiar, para que haja uma grande autoconsciência pessoal e familiar, uma consciência individual e coletiva sensível e plenamente cultivada, uma transformação de instintos criativos e imaginativos em visão compartilhada, e o desenvolvimento e o uso de uma forte vontade pessoal e social de tomar todas as medidas necessárias para desempenhar uma missão, para concretizar uma visão, para fazer diferença.

O Círculo de Influência e o Círculo de Preocupação

A essência da proatividade e do uso dos quatro dons exclusivos está em assumir responsabilidades e em se concentrar nas coisas sobre as quais se pode atuar. Como São Francisco escreveu em sua famosa "Oração da Serenidade": "Que Deus me dê serenidade para aceitar o que não posso mudar, coragem para mudar o que pode ser mudado, e sabedoria para distinguir a diferença.[4"]

Uma forma de tornar a distinção mais clara em nossa mente é encarar a vida em termos do que eu chamo de Círculo de Influência e Círculo de Preocupação. O Círculo de Preocupação é grande, abrangendo tudo o que possa afligi-lo. O Círculo de Influência, menor, é circunscrito pelo Círculo de Preocupação e abarca as coisas sobre as quais você pode realmente agir.

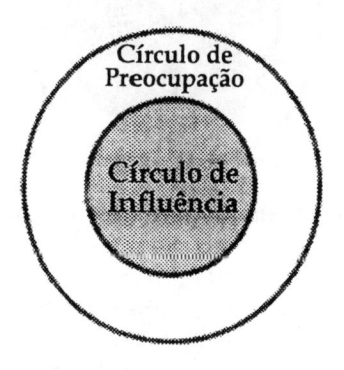

A tendência reativa é concentrar-se no Círculo de Preocupação, mas isso só causa a redução do Círculo de Influência, em seu interior. A natureza da energia concentrada no círculo externo, o de Preocupação, é negativa. E, quando se combina essa energia negativa com a negligência em relação ao Círculo de Influência, este inevitavelmente fica ainda menor.

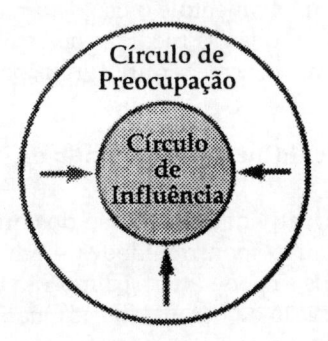

Mas as pessoas proativas se concentram em seu Círculo de Influência. Como resultado, este se expande.

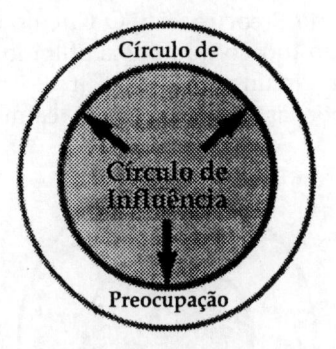

Considere o impacto da decisão desse senhor de trabalhar seu Círculo de Influência:

No final da minha adolescência, percebi que meus pais estavam tornando-se excessivamente críticos um com o outro. Eram comuns as discussões e as lágrimas. Os dois trocavam palavras que feriam... e sabiam escolher "bem" as palavras. Também era comum fazerem de conta que "estava tudo bem". Mas, ao longo do tempo, as brigas aumentaram e a mágoa se aprofundou.

Quando eu tinha cerca de vinte e um anos, eles finalmente se separaram. Lembro-me de sentir, na época, um grande senso de dever e um desejo de "endireitar a situação". Creio que era uma reação natural de filho. Você gosta dos pais e quer fazer tudo o que puder para ajudá-los.

Eu sugeria ao meu pai: "Por que você não procura mamãe e lhe diz: 'Desculpe-me. Sei que a magoei muito, mas, por favor, perdoe-me. Vamos resolver os nossos problemas, eu me comprometo a fazer isso'". E ele respondia: "Não posso. Não vou desnudar minha alma desse jeito e vê-la pisoteada de novo".

E eu propunha a minha mãe: "Pense em tudo o que viveram juntos. Não vale a pena tentar salvar tudo isso?" E ela respondia: "Não dá. Simplesmente não consigo lidar com esse homem".

Havia uma profunda infelicidade, uma profunda angústia, uma profunda raiva de ambos os lados. E tanto mamãe quanto papai faziam um esforço incrível para que nós, os filhos, concordássemos que um estava certo e o outro, errado.

Quando, por fim, percebi que iriam mesmo divorciar-se, não pude acreditar. Senti-me vazio por dentro e muito triste. Às vezes, chorava. Uma das coisas mais sólidas da minha vida se acabara. E me concentrei no meu sofrimento. "Por que eu? Por que não consigo fazer nada para ajudar?"

Eu tinha um excelente amigo que acabou por me alertar: "Sabe o que você precisa fazer? Precisa parar de sentir pena de si mesmo. Olhe só para você. Esse problema não é seu. Claro que o afeta, mas o problema é dos seus pais, não seu. Tem de esquecer essa autocomiseração e pensar no que pode fazer para apoiar e amar cada um deles, porque precisam de você mais do que nunca".

Quando meu amigo me disse isso, algo mudou dentro de mim. Percebi de repente que eu não era uma vítima. Minha voz interior me aconselhou: "Sua maior responsabilidade como filho é amar seu pai e sua mãe, mas seguir o seu caminho. Escolha a sua reação ao que aconteceu".

Aquele foi um momento decisivo em minha vida. Foi o momento da opção. Se eu não era uma vítima, podia fazer alguma coisa a respeito do problema.

Então, concentrei-me em amar e amparar os dois, recusando-me a to-

mar partido. Meus pais não gostaram disso. Acusaram-me de "ficar em cima do muro", de não assumir uma posição firme. Mas, com o tempo, ambos acabaram por respeitar a minha neutralidade.

Quando olho para trás, percebo que é como se de repente eu tivesse me distanciado um pouco de mim mesmo, da experiência da minha família, do casamento dos meus pais, e me tornado um aprendiz. Sabia que um dia eu iria querer casar-me e constituir família. Então, perguntei a mim mesmo: "Qual o significado de tudo isso para você, Brent? Que lições vai tirar do que aconteceu? Que tipo de casamento deseja construir no futuro? De quais das fraquezas que você eventualmente herdou dos seus pais pretende livrar-se?"

Decidi que o que realmente queria era um casamento forte, saudável, que crescesse. E, a partir daí, descobri que, quando se toma esse tipo de resolução, adquire-se uma força interna que permite digerir momentos difíceis — e calar as palavras que magoam os sentimentos, pedir perdão e recuar, porque se está afirmando algo muito mais fundamental do que a simples emoção do momento.

Também decidi jamais esquecer que é mais importante "ser" do que ter razão ou impor a vontade. Esse pequeno triunfo que se conquista ao derrotar o outro numa discussão só causa uma separação maior, o que realmente nos priva da satisfação mais profunda de um relacionamento conjugal. Considero esta a maior das minhas lições de vida. E a partir dela determinei que, quando enfrentasse uma situação em que eu e minha esposa discordássemos ou em que eu fizesse algo tolo e construísse uma barreira entre nós (o que, mesmo naquela época, eu percebia que faria regularmente), resistiria à tentação de ser auto-indulgente e sempre me desculparia. Eu diria: "Perdoe-me", reafirmaria meu amor e comprometimento para com ela e resolveria o problema. E deliberei jamais medir esforços não para ser perfeito, porque sabia que isso seria impossível, mas para continuar tentando me aprimorar com empenho.

Não tem sido fácil. Às vezes, quando defrontamos problemas mais sérios, custa um bocado de esforço. Mas acredito que a minha resolução reflete uma prioridade que jamais me teria ocorrido se eu não tivesse passado pela dolorosa experiência do divórcio dos meus pais.

Reflita sobre a experiência desse homem. Ali estavam as duas pessoas que ele mais amava no mundo, que lhe haviam conferido a maior parte de seu senso de identidade e segurança através dos anos... e seu casamento chegava ao fim. Ele se sentiu traído, ameaçado em sua segurança e em sua visão e sentimentos em relação ao casamento. Sua dor era profunda. Posteriormente, revelou-me que aquele foi o período mais difícil e sofrido de sua vida. Graças ao auxílio de um amigo, percebeu que o casamento dos pais situava-se no Círculo de Preocupação, e não no de Influência. Então, decidiu ser proativo. Deu-se conta de que não tinha como salvar o casamento deles, mas que havia outras coisas que podia fazer. E sua bússola interior lhe indicou o quê. A partir daí, começou a concentrar-se em seu Círculo de Influência — dedicou-se a amar e apoiar os pais, mesmo quando a reação deles era negativa — e adquiriu a coragem de agir baseado em princípios, em vez de reagir à resposta emocional dos pais.

Também começou a refletir sobre o casamento. Identificou os valores que desejava cultivar numa futura relação conjugal. Como resultado, tornou-se capaz de iniciar seu casamento com uma visão clara desse relacionamento. E o poder dessa visão o tem feito superar todos os desafios, dando-lhe a capacidade de pedir perdão e continuar voltando para a rota correta.

Você percebe a diferença que faz o foco sobre o Círculo de Influência?

Considere outro exemplo. Conheço um caso em que os pais de uma garota concluíram que seu comportamento se havia deteriorado a tal ponto que, se permitissem sua permanência na casa, ela destruiria a família. O pai deliberou que naquela noite, quando a filha chegasse, trataria de dar-lhe um ultimato: ou promovia uma série de mudanças, ou teria de morar em outro lugar. Então, sentou-se para esperá-la. Enquanto esperava, resolveu listar numa ficha as mudanças que exigiria como condição para a filha continuar em casa. Quando terminou, ele se sentia de um modo que somente quem passou por uma situação dolorosa como essa pode avaliar.

Mas, esperando o regresso da filha com o coração pesado, aconteceu que ele virou a ficha. O verso estava em branco. Decidiu listar, nesse lado, as melhorias que se dispunha a fazer, caso ela aceitasse modificar o comportamento. Rompeu em pranto quando percebeu que a sua lista era maior do que a da garota. Foi com esse estado de espírito que a cumprimentou quando ela chegou, e os dois iniciaram uma longa e significativa conversa, começando com o lado dele da ficha. Sua escolha de apresentar primeiro as mudanças a que se propunha fez toda a diferença, pois significava transformação de dentro para fora.

Agora, apenas considere a palavra "responsabilidade" — "respons-habilidade" — habilidade de responder, de escolher a própria resposta. Essa é a essência da proatividade. É algo que podemos praticar em nossas vidas. O interessante é que, quando você se concentra no seu Círculo de Influência, ampliando-o, acaba por servir de modelo para os outros, porque lhes deu o exemplo. E eles tenderão a se concentrar no próprio círculo interno também. Às vezes, as pessoas apresentam uma reação raivosa e lhe fazem oposição, mas, se você for sincero e persistente, seu exemplo pode finalmente exercer impacto no espírito de todos, de modo que eles se tornarão proativos e tomarão mais iniciativas, mais "respons-habilidade" na cultura familiar.

Escute a Sua Linguagem

Uma das melhores formas de distinguir se você está no seu Círculo de Influência ou no Círculo de Preocupação é escutar a sua linguagem. Se você estiver no Círculo de Preocupação, seu modo de se expressar será acusador, reativo:

— Não posso acreditar no comportamento dessas crianças! Elas estão me enlouquecendo!

— Meu marido não tem a menor consideração por mim!

— Por que meu pai tinha de ser um alcoólatra?

Se você estiver no Círculo de Influência, sua linguagem será mais proativa, refletindo que você coloca o foco nas coisas sobre as quais você pode atuar.

— Posso ajudar a estabelecer regras na nossa família que possibilitem às crianças aprender quais são as conseqüências de seu comportamento. Posso aproveitar as oportunidades para ensiná-las e reforçar um comportamento positivo.

— Posso demonstrar consideração e dar o exemplo do tipo de interação amorosa que desejo em meu casamento.

— Posso aprender mais sobre meu pai e seu alcoolismo. Posso procurar entendê-lo, amá-lo e perdoá-lo. Posso escolher um caminho diferente para mim mesmo, ensinar e influenciar a minha família para que esse vício deixe de fazer parte das nossas vidas.

A fim de aprofundar a percepção do seu nível de proatividade ou reatividade, talvez você queira tentar a seguinte experiência. É uma boa idéia solicitar ao seu cônjuge, ou a qualquer pessoa de sua escolha, a participação no exercício, dando-lhe *feedback*.

1. Identifique um problema na sua cultura familiar.
2. Descreva-o para outra pessoa (ou faça a sua descrição por escrito), empregando termos completamente reativos. Concentre-se no seu Círculo de Preocupação. Trabalhe exaustivamente. Procure convencer o outro de que esse problema não é culpa sua.
3. Descreva o mesmo problema em termos completamente proativos. Concentre-se na sua "respons-habilidade". Discorra sobre as medidas que pode adotar em seu Círculo de Influência.
4. Agora, compare as duas descrições. Qual delas se aproxima mais do seu padrão habitual de expor os problemas familiares?

Se você achar que está empregando uma linguagem essencialmente reativa, pode tomar providências imediatas para substituí-la por palavras e frases proativas. O simples fato de se forçar a empregar essas palavras o ajudará a reconhecer hábitos de reatividade e começar a mudar.

Ensinar responsabilidade por meio da linguagem é outro modo de auxiliar até mesmo as crianças menores a integrar o Hábito 1.

Colleen (*nossa filha*):
Recentemente, tentei ajudar minha filha de três anos a se tornar mais responsável por sua linguagem. Eu a adverti: "Em nossa família, não dizemos 'odeio' ou 'cale a boca', nem chamamos as pessoas de estúpidas. Você tem de tomar mais cuidado com o seu jeito de falar. Precisa ser responsável". E a todo o momento eu lembro a ela: "Não xingue as pessoas, Erika. Tente ser responsável pelo seu modo de falar e agir".

Então, no outro dia, deixei escapar o seguinte comentário: "Ah, eu odiei aquele filme!" Erika imediatamente interveio: "Não diga odiei, mamãe! Seja responsável".

Agora, minha filha é uma espécie de Gestapo em nossa família. Todos temos de vigiar nossa linguagem quando ela está por perto.

Abrindo uma Conta Bancária Emocional

Uma forma muito prática e útil de entender e de aplicar todo o conceito de proatividade — bem como o enfoque de dentro para fora do Círculo de Influência — é utilizar a analogia ou metáfora da Conta Bancária Emocional.

A Conta Bancária Emocional representa a qualidade dos seus relacionamentos. Funciona como uma conta num banco comercial, onde você efetua "depósitos" — quando proativamente reforça a confiança dentro da relação por meio dos seus gestos e atitudes — ou "retiradas" — quando a sua atuação reativa diminui o nível de confiança. E, a qualquer momento, o saldo da confiança existente na conta determina se você está se comunicando bem e resolvendo de maneira satisfatória os problemas com os outros.

Se o seu saldo na Conta Bancária Emocional com um membro da família estiver alto, então o nível de confiança também está elevado. A comunicação é aberta e livre. Você pode até mesmo cometer um erro no relacionamento, pois a "reserva emocional" fará a compensação.

Mas, se o saldo da conta for baixo ou mesmo negativo, então não existe confiança e, assim, nenhuma comunicação autêntica. É como caminhar num campo minado. Você está sempre em guarda. Tem de medir cada palavra. E mesmo as suas melhores intenções são mal compreendidas.

Lembre-se da história do meu amigo que "reencontrou o filho". Poderíamos afirmar que o relacionamento entre pai e filho correspondia a um saldo negativo de R$ 100,00, ou R$ 200,00 ou mesmo R$ 10.000,00. Não havia confiança, nem comunicação real, tampouco habilidade de trabalharem juntos para resolver seus problemas. E quanto mais o pai se esforçava, pior a situação ficava. Mas, então, meu amigo tomou uma atitude proativa que fez uma tremenda diferença. Adotando um enfoque de dentro para fora, tornou-se agente de mudança. Parou de ser reativo em relação ao filho. Efetuou um enorme depósito na Conta Bancária Emocional do garoto. Ele escutou real e profundamente. E o rapaz se sentiu prestigiado, valorizado, reconhecido como um ser humano importante.

> Você pode escolher fazer depósitos, em vez de retiradas. Não importa a
> * situação, há sempre algo que se pode fazer para melhorar os relacionamentos.

Um dos maiores problemas em muitas culturas familiares é a tendência reativa de efetuar constantes retiradas, em vez de depósitos. Considere, logo a seguir, o que meu amigo dr. Glen C. Griffin sugere como um dia típico na vida de um adolescente.

Que espécie de impacto esse tipo de comunicação — todo o "santo" dia — exerce sobre a Conta Bancária Emocional?

Não se esqueça: amar é um verbo. Um dos grandes benefícios de ser proativo é que você pode escolher depositar em vez de retirar. Não importa a situação, há sempre algo que se pode fazer para melhorar os relacionamentos.

Exigências Diárias Feitas a Um Adolescente

6:55	Levante-se ou chegará atrasado de novo.
7:14	Mas você tem de tomar o café da manhã.

7:16	Parece que você saiu de um filme *punk*. Vista uma roupa decente.
7:18	Não se esqueça de levar a lata de lixo para fora.
7:23	Vista o casaco. Não vê que está frio? Não pode ir para a escola assim, com um tempo desses.
7:25	Volte direto para casa, depois da aula, e faça sua lição de casa antes de sair para qualquer lugar.
17:42	Esqueceu a lata de lixo. Graças a você, teremos lixo até o pescoço por uma semana.
17:46	Tire esse maldito *skate* do caminho. Alguém vai tropeçar nele e quebrar o pescoço.
17:55	Venha jantar. Por que eu sempre tenho de procurar você na hora das refeições? Aliás, a sua obrigação é ajudar a pôr a mesa.
18:02	Quantas vezes terei de dizer que o jantar está na mesa?
18:12	Precisa mesmo vir para a mesa com esses fones no ouvido, escutando essa barulheira que você chama de música? Está ouvindo o que estou falando? Tire esse negócio dos ouvidos.
18:16	Vamos ter de melhorar algumas coisas por aqui. O seu quarto está uma bagunça, e você terá de começar a fazer a sua parte. Isto aqui não é um palácio com criados para servi-lo.
18:36	Desligue esse *videogame*, esvazie a máquina de lavar louça e ponha os pratos sujos lá dentro. Quando eu tinha a sua idade, lá em casa não havia máquina de lavar louça. Éramos obrigados a lavar os pratos com água quente e sabão.
19:08	A que programa você está assistindo? Não me parece muito bom, e não creio que você faça melhor a lição de casa com a tevê ligada.
19:32	Eu lhe disse para desligar a televisão até terminar a lição. E o que aqueles sapatos e papéis de bala estão fazendo no chão? Já lhe falei um milhão de vezes que é mais fácil colocar as coisas em seus lugares na hora do que deixar para depois. Quer que eu comece a gritar?

> 21:59 Esse aparelho de som está tão alto que não consigo ouvir nem os meus pensamentos. Vá dormir, ou amanhã acordará atrasado de novo.[5]

Um pai de uma família mista relatou a seguinte experiência:

Sempre me considerei um homem honesto e trabalhador. Era bem-sucedido na minha profissão e no relacionamento com minha esposa e filhos, com exceção de minha filha de quinze anos, Tara.

Eu tinha feito inúmeros e infrutíferos esforços de salvar a nossa relação, mas cada tentativa resultava num retumbante fracasso. Ela simplesmente não confiava em mim. E sempre que eu tentava resolver nossas diferenças, parecia só piorar a situação.

Então, aprendi sobre a Conta Bancária Emocional e deparei uma questão que me abalou profundamente: "Pergunte a si mesmo se as pessoas ao seu redor ficam mais felizes com a sua presença em casa".

Em meu coração, tive de responder: "Não. Minha presença torna as coisas piores para minha filha Tara".

Essa descoberta quase me partiu o coração.

Depois do choque inicial, acabei por me conscientizar de que essa triste verdade precisava mudar, e que, para que isso ocorresse, era necessário mudar a mim mesmo. Eu tinha apenas de agir de modo diferente em relação a ela: comprometer-me a amá-la de verdade, parar de criticá-la e culpá-la todas as vezes, deixar de responsabilizá-la pela má qualidade do nosso relacionamento. E parar de competir com a minha filha, obrigando-a a curvar-se sempre a minha vontade.

Eu sabia que, a menos que trabalhasse esses sentimentos de imediato, decerto jamais o faria. Assim, decidi pôr mãos à obra. Comprometi-me a, durante um mês, efetuar cinco depósitos diários na minha Conta Bancária Emocional com Tara... e absolutamente nenhuma retirada.

Meu primeiro impulso foi aproximar-me de minha filha e lhe contar o que havia aprendido, mas meu bom senso me advertia de que aquele não era o momento certo de ensinar com palavras. Era tempo de fazer depósitos. Mais tarde, naquele dia, quando Tara chegou da escola, eu a cumprimentei com um sorriso caloroso e perguntei: "Como vai?" Sua lacônica resposta foi: "Como se você se importasse". Eu engoli e tentei pros-

seguir como se não tivesse ouvido. Sorri e repliquei: "Só pensei em como estão indo as coisas com você".

Nos dias que se seguiram, eu me esforcei bastante para manter meu compromisso. Para não esquecer, espalhei "bilhetinhos" por todos os cantos, incluindo o espelho retrovisor do meu carro. Continuei a esquivar-me de suas freqüentes farpas, o que não era nada fácil para mim, habituado a revidar. Cada experiência me possibilitou ver quanto nosso relacionamento se havia tornado cínico. Comecei a perceber que, no passado, eu me limitara a esperar de braços cruzados que ela mudasse, para depois tomar uma providência qualquer para melhorar a situação.

Quando mudei o foco e me concentrei na transformação dos meus sentimentos e ações, em vez dos dela, comecei a ver Tara sob uma luz inteiramente diferente. Passei a me dar conta de sua grande necessidade de ser amada. E, à medida que me acostumava a esquivar-me de suas respostas sarcásticas, sentia-me mais forte para fazê-lo sem ressentimentos, mas com crescente amor.

Quase sem esforço, comecei a esboçar pequenos gestos — modestos favores que eu sabia que não precisava fazer. Enquanto Tara estudava, eu entrava e acendia a luz. Quando ela perguntava: "Para que isso?", eu replicava: "Achei que você leria melhor com mais luz".

Finalmente, depois de duas semanas, minha filha fitou-me com curiosidade e indagou:

— Pai, tem alguma coisa diferente em você. O que está acontecendo? O que foi que houve?

— Cheguei à conclusão de que algumas coisas em mim precisavam mudar, só isso. Estou tão grato que agora posso expressar meu amor por você, tratando-a como sempre deveria tê-la tratado.

Nós começamos a passar mais tempo juntos em casa, apenas conversando e escutando um ao outro. Já se passaram mais de dois meses, e nosso relacionamento se tornou muito, mas muito mais profundo e positivo. Ainda não está perfeito, mas em breve chegaremos lá. O sofrimento acabou. A confiança e o amor aumentam a cada dia, graças à simples, mas sábia, idéia de efetuar apenas depósitos — e nenhuma retirada — na Conta Bancária Emocional... e fazer isso de modo coerente e sincero. Quando se procede assim, começa-se a enxergar o outro de maneira diferente e a substituir motivos egoístas por razões que visem ao bem comum.

Tenho certeza de que, se você perguntar a minha filha o que pensa de mim agora, ela responderá: "Meu pai? Somos amigos. Confio nele".

Você pode ver como esse pai empregou a proatividade para fazer uma diferença real em seu relacionamento com a filha. Observe a utilização de todos os quatro dons humanos. Sem dúvida, ele demonstrou *autoconsciência* ao distanciar-se de si mesmo, da filha e da situação toda para enxergar o que estava acontecendo. Depois, comparou o que viu com o que a sua *consciência* lhe dizia ser o certo. E então veio o senso do que seria possível. Por intermédio da *imaginação*, foi capaz de visualizar algo diferente. Por fim, usou sua *vontade independente* para agir.

Em conseqüência da adoção dos quatro dons, tudo começou a melhorar sensivelmente — não apenas a qualidade do relacionamento, mas também o que cada um dos dois sentia a respeito de si próprio. O que esse senhor fez foi como tratar uma cultura intoxicada com um bálsamo regenerador. Ele conseguiu efetuar tantos depósitos porque deixou de enfocar os pontos fracos da filha e concentrou-se em seu Círculo de Influência — nas coisas sobre as quais podia atuar. Tornou-se, assim, um verdadeiro agente de mudança.

Nunca se esqueça: sempre que construir a sua vida emocional com base nas fraquezas do outro, você abre mão do seu poder — isto é, os seus dons exclusivamente humanos — em favor dessas fraquezas, e, em conseqüência, a sua vida emocional passa a depender da maneira como o outro o trata. Em outras palavras, você transfere o seu poder para os pontos fracos do outro.

Mas, quando se concentra no seu Círculo de Influência e na solidificação de uma Conta Bancária Emocional — a fim de criar relacionamentos de confiança e amor incondicional —, você aumenta substancialmente a sua capacidade de exercer influência positiva sobre os outros.

Deixe-me partilhar com você algumas idéias específicas — alguns "depósitos" que você pode efetuar para a sua família — que lhe podem ser úteis. Estes são modos práticos para você começar a incorporar o Hábito 1 em sua família já.

Praticando a Generosidade

Alguns anos atrás, passei uma noite com dois dos meus filhos. Foi um programa organizado especialmente para pai e filhos, incluindo ginástica, sessões de luta romana, cachorro-quente, laranjada e cinema — uma verdadeira noitada.

Na metade do filme, Sean, que na época estava com quatro anos, dormiu na poltrona. Seu irmão mais velho, Stephen, que tinha seis anos, permaneceu acordado e nós assistimos ao resto do filme juntos. Quando a sessão acabou, peguei Sean no colo, carreguei-o para o carro e deitei-o no banco de trás. Como a noite estivesse muito fria, tirei meu casaco e o estendi gentilmente sobre ele.

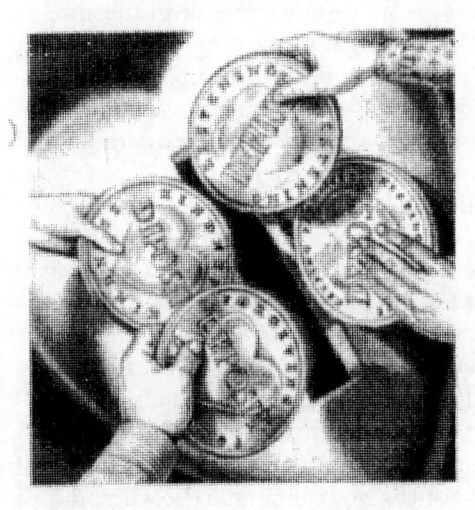

Quando chegamos em casa, entrei depressa com Sean e o coloquei na cama. Depois que Stephen vestiu o pijama e escovou os dentes, acomodei-me ao seu lado para conversarmos sobre o passeio.

— E então, gostou, Stephen?
— Gostei.
— Você se divertiu?
— Sim.
— Do que gostou mais?
— Não sei. Acho que da rede de acrobacias.
— É, aquilo foi demais! Não foi legal pular, dar aqueles saltos-mortais, fazer aquelas brincadeiras no ar?

Stephen não respondia, e eu logo percebi que estava monologando. Fiquei intrigado com seu mutismo. Em geral, aquele garoto não parava de tagarelar quando fazia coisas que o entusiasmavam. Um tanto desapontado, desconfiei de que havia algo errado. Ele quase não falara durante a volta, nem quando se preparava para dormir.

De repente, Stephen virou-se para o lado da parede. Eu me

perguntei por que e me soergui o bastante para constatar que ele estava chorando.
— O que foi, filho? O que aconteceu?
Ele tornou a virar-se e pude notar que se sentia um tanto constrangido por causa das lágrimas. Seus lábios e o queixo tremiam.
— Papai, se eu estivesse com frio, você me cobriria também com o seu casaco?
De todas as atividades daquele programa especial, o que mais lhe chamara a atenção fora um pequeno gesto de generosidade... uma demonstração momentânea, inconsciente, de amor ao seu irmão mais jovem. Essa foi, para mim, uma grande lição sobre a importância da generosidade!
Nos relacionamentos, as pequenas coisas são as mais importantes. Uma senhora me contou que crescera numa casa onde havia uma placa na parede da cozinha com a seguinte frase: "Fazer uma infinidade de *pequenas coisas*, com cuidado, constância e generosidade, *não* é uma *coisa pequena*".

Cynthia (*filha*):
Uma impressão que me ficou dos tempos de adolescente é a sensação de estar sobrecarregada. Lembro-me da tensão em que vivia, tentando ir bem na escola e, ao mesmo tempo, integrar a equipe de debates e me envolver em três ou quatro outros projetos.
E, às vezes, voltava para casa e encontrava meu quarto limpo e arrumado, e um bilhete que dizia: "Com amor, sua fada-madrinha". Eu sabia que era "mágica" de mamãe, preocupada em me ajudar porque me via tão sobrecarregada com tudo o que eu tinha para fazer.
Com isso, ela realmente tirava um peso das minhas costas. E eu ia para a sala e apenas murmurava: "Oh, muito obrigada. Obrigada!"

Pequenos atos generosos são vitais para a construção de relacionamentos de confiança e amor incondicional. Pense no impacto que causaria em sua família o uso de palavras ou frases como *"obrigado"*, *"por favor"*, *"desculpe"*, *"você primeiro"* e *"posso ajudar?"*. Ou a prestação de serviços inesperados, como ajudar com a louça, levar as crianças ao *shopping* para comprar alguma coisa que desejem muito, ou telefonar para casa a fim de perguntar se alguém precisa de alguma coisa da rua. Ou pequenos gestos que expressem amor, tais como mandar flores, colocar bilhetinhos na lancheira ou na pasta, telefonar no meio da tarde para dizer "eu te amo". Ou expressar gratidão e reconhecimento. Ou dar sinceros cumprimentos. Ou demonstrar consideração e admiração — não só nos momentos de realização especial ou em ocasiões como aniversários, mas em dias comuns, e apenas porque seu cônjuge e filhos são quem eles são.

Doze abraços por dia — é disso que as pessoas precisam. Abraços físicos, verbais, visuais, ambientais. Todos nós necessitamos de doze abraços por dia, de diferentes formas de nutrição emocional e talvez até espiritual, por meio de meditação ou orações.

Conheço uma senhora que cresceu num ambiente de pobreza e conflitos, mas acabou por perceber a importância da generosidade e da cortesia no lar.

> "Fazer uma infinidade de pequenas coisas, com cuidado, constância e generosidade, não é uma coisa pequena."

Aprendeu isso trabalhando num hotel de prestígio, onde a cultura da equipe inteira era de cortesia para com cada hóspede. Ela sabia quanto as pessoas gostavam de se sentir regiamente tratadas. Também se deu conta de como lhe fazia bem praticar pequenos gestos de bondade e cortesia. Certo dia, resolveu tentar agir do mesmo modo em casa. Começou prestando pequenos serviços para os membros da família, e utilizando uma linguagem positiva, gentil e generosa. Quando servia o café da manhã, por exemplo, exclamava, como fazia no trabalho: "É um prazer servi-lo!" Ela me contou que isso transformou a ela e à família, iniciando um novo ciclo entre as gerações.

Um costume que meu irmão John e sua esposa, Jane, criaram em sua família é o de dar cumprimentos a um membro da família todas as manhãs, num sistema de rodízio. E que diferença isso faz!

Certa manhã, seu forte e atlético filho — o herói do rúgbi do colégio — desceu as escadas com tanta energia e entusiasmo que Jane ficou intrigada com tanta animação.

— Que euforia é essa? — indagou.
— É a minha manhã de cumprimentos! — ele respondeu com um sorriso.

Uma das dimensões mais importantes da generosidade é expressar admiração. Que depósito importante para efetuar — e ensinar — com a família!

Pedindo Desculpas

Talvez não haja nada melhor para testar a nossa capacidade proativa do que dizer "Desculpe-me" para outra pessoa. Se a sua segurança se baseia na imagem, na posição ou em ter sempre razão, pedir desculpas é como drenar toda a seiva do seu ego. Isso acaba com você. E exige cada um dos seus dons humanos no seu limite máximo.

Sempre que discordamos dos outros, devemos nos apressar a "concordar" com eles — não quanto ao tema em discussão, o que comprometeria nossa integridade, mas sobre o direito de discordar, de ver a situação sob outro ponto de vista. Caso contrário, para se proteger, eles nos colocarão numa "prisão" mental/emocional em suas próprias mentes. E nós não seremos libertados até pagarmos o último vintém — até, humilde e integralmente, reconhecermos nosso erro de não respeitarmos seu direito de discordar. E temos de fazer isso sem dizer, de modo algum: "Eu me desculparei se você também se desculpar".

Se alguém quiser pagar o último vintém apenas tentando ser melhor, mas sem se desculpar, seus credores continuarão desconfiados e, em conseqüência, manterão o prisioneiro atrás das "grades", atrás dos rótulos mentais e emocionais que lhe atribuíram a fim de não esperar muito dele — pois esta é a única forma de garantir a própria segurança.

Todos nós "explodimos" de vez em quando. Em outras palavras, saímos da rota. E, quando o fazemos, precisamos confessar o erro, reconhecendo-o com humildade, e pedir sinceras desculpas.

Querido, lamento tê-lo embaraçado na frente dos seus amigos. Foi um erro. Quero desculpar-me com você e também com os seus amigos.

Eu jamais deveria ter feito isso. Lamento ter ferido o seu ego. Espero que me dê outra chance.

Filhinha, peço-lhe desculpa por tê-la interrompido daquela maneira. Você queria partilhar comigo alguma coisa importante, mas eu estava tão enredado com os meus compromissos que passei por cima de você como um rolo compressor. Será que pode me perdoar?

Mais uma vez, observe a utilização dos quatro dons nesses pedidos de desculpas. Primeiro, você percebe o que aconteceu. Segundo, consulta a sua consciência e recorre ao seu senso moral ou ético. Terceiro, cria a visão do que é possível, do que seria melhor. E quarto, atua com base nos três anteriores. Se qualquer um desses dons for negligenciado, todo o esforço resultará inútil, e você terminará procurando defender-se, justificar-se, explicar-se ou encobrir o comportamento ofensivo de algum modo. Pode até se desculpar, mas será uma atitude superficial e falsa.

Mantendo-se Leal aos Ausentes

O que acontece quando os membros da família não são leais uns com os outros, quando criticam e mexericam sobre os parentes pelas costas? O que acontece com o relacionamento e a cultura quando as pessoas fazem comentários desleais acerca de outros membros da família ou de amigos?

— *Meu marido é um unha-de-fome! Ele se preocupa com cada centavo que gastamos.*
— *Minha mulher tagarela o tempo todo. Se ela fechasse a boca ao menos de vez em quando e me deixasse falar alguma coisa, só para variar...*
— *Você soube o que o meu filho fez no outro dia? Respondeu mal à professora. Fui chamada à escola. Fiquei tão embaraçada! Não sei mais o que fazer com esse moleque. Está sempre me causando problemas.*
— *Não dá para acreditar na minha sogra! Vive querendo controlar tudo o que fazemos. Não sei por que minha mulher não corta de uma vez o cordão umbilical.*

Comentários como esses constituem imensas retiradas, não apenas em relação à pessoa de quem se fala, mas também àquela com quem se fala. Por exemplo, se descobrisse que alguém se referiu assim a seu respeito, qual seria a sua reação? Provavelmente, você se sentiria incompreendido, desrespeitado, injustamente criticado e acusado. Como isso afetaria a confiança no seu relacionamento com essa pessoa? Você se sentiria seguro? Respeitado? Acharia possível confiar nela?

Por outro lado, como se sentiria se alguém dissesse algo desse tipo a *você* sobre uma outra? Inicialmente, talvez se envaidecesse porque a pessoa demonstrou "confiança", mas será que não começaria a imaginar se a mesma pessoa, em circunstâncias diferentes, não comentaria algo igualmente negativo de você?

Depois do pedido de desculpa, o depósito mais difícil e um dos mais importantes que se possa efetuar — ou que uma família inteira possa adotar como valor fundamental e como comprometimento — é a lealdade aos membros da família em sua ausência. Em outras palavras, falar sobre os outros como se estivessem presentes. Isso não significa que você não tenha consciência dos defeitos deles, que seja uma espécie de Poliana ou que "banque a avestruz". Significa que você normalmente se concentra no aspecto positivo, em vez de no negativo — e, se chegar a mencionar os defeitos da pessoa, você o fará de modo tão responsável e construtivo que não se envergonhará, caso ela venha a tomar conhecimento do seu comentário.

Um amigo nosso tem um filho de dezoito anos cujos hábitos irritavam os irmãos casados e também seus cônjuges. Quando o garoto não estava presente (o que era freqüente, pois ele passava a maior parte do tempo fora de casa, com os amigos), a família falava dele. O tema predileto das conversas eram as namoradas do rapaz, seu hábito de dormir tarde e sua exigência de que a mãe ficasse a seu inteiro dispor. Meu amigo participava dessas conversas mexeriqueiras sobre o filho, e as discussões levavam-no a acreditar que o menino era realmente um irresponsável.

Num dado momento, porém, apercebeu-se do que estava acontecendo e da sua participação nisso. Decidiu, então, seguir o princípio da lealdade para com os ausentes, sendo leal ao filho. Daí em diante, quando essas conversas começavam, ele gentilmente interrompia os comentários negativos e dizia alguma coisa positiva que vira o filho fazer. Tinha sempre uma boa história para contrapor a qualquer observação depreciativa. Não tardava para que a conversa perdesse a graça e mudasse para temas mais interessantes.

Nosso amigo contou que logo sentiu que outros membros da família conectavam-se com o princípio da lealdade familiar. Começaram a perceber que ele também os defenderia se não estivessem presentes.

> Sempre se refira às pessoas como se elas estivessem presentes.

E, de algum modo quase inexplicável, talvez porque passasse a enxergar o filho de forma diferente, a mudança também melhorou a Conta Bancária Emocional com o rapaz, que nem sequer chegara a tomar conhecimento das conversas a seu respeito. Moral da história: a maneira como você trata qualquer relacionamento na família acabará afetando os demais relacionamentos familiares.

Recordo certa vez em que saí apressado de casa para ir a algum lugar. Eu sabia que, se parasse para me despedir do meu filho Joshua, de três anos, certamente me enredaria em suas necessidades e perguntas. Isso demandaria tempo e eu andava obcecado por eficiência. Então, disse aos meus outros filhos:

— Até logo, pessoal. Tenho de correr! Não digam para Joshua que estou saindo.

Já estava na metade do caminho até o carro quando percebi o que tinha feito. Dei meia-volta, tornei a entrar em casa e falei para as crianças:

— Foi um erro fugir de Joshua, sem me despedir também dele. Vou procurá-lo para dizer até logo.

Evidentemente, tive de passar algum tempo com o menino. Precisei escutar tudo o que ele queria contar antes de poder ir embora. Mas isso aumentou o meu saldo na Conta Bancária Emocional com Joshua, bem como com os outros filhos.

Às vezes, eu me pergunto: o que teria acontecido se eu não tivesse voltado? E se eu procurasse Joshua aquela noite e tentasse manter um bom relacionamento com ele? Meu filho teria sido

> A maneira como você trata qualquer relacionamento na família acabará afetando os demais relacionamentos familiares.

afetuoso e expansivo comigo se soubesse que fugi dele quando queria e precisava da minha companhia? Como isso teria afetado minha relação com os outros filhos? Será que pensariam que eu fugiria deles da mesma maneira, para defender a minha agenda?

A mensagem enviada para um é na verdade enviada para todos, porque eles sabem que, se você é capaz de tratar um dessa maneira, basta uma mudança nas circunstâncias para que os outros recebam igual tratamento. Por isso é tão importante ser leal com os ausentes.

Observe aqui, também, como os quatro dons foram usados proativamente. Para ser leal, você precisa de autoconsciência. Necessita de consciência, de um senso moral do certo e do errado. Tem de criar uma visão do que é possível, do que é melhor. E precisa de força interior para agir.

Ser leal aos ausentes constitui claramente uma opção proativa.

Fazendo e Cumprindo Promessas

Muitas vezes, ao longo dos anos, as pessoas me perguntam se eu tenho alguma idéia que as ajude a crescer, a enfrentar melhor seus problemas, a aproveitar as oportunidades e a tornar suas vidas mais bem-sucedidas. Eu acabei por dar uma resposta simples, de quatro palavras: "Faça e cumpra promessas".

Embora possa soar como simplificação exagerada, eu acredito mesmo em sua profundidade. De fato, como você descobrirá, todos os três primeiros hábitos corporificam-se nessa simples expressão de quatro palavras. Se uma família inteira cultivar o espírito de reciprocamente fazer e cumprir promessas, acabará por gerar uma multidão de outros benefícios.

Cynthia (*filha*):
Quando eu tinha doze anos, papai prometeu levar-me com ele para San Francisco, numa viagem de negócios. Eu fiquei tão entusiasmada! Falamos sobre a viagem durante três meses. Nós passaríamos dois dias e uma noite lá, e planejamos cada detalhe. Papai ficaria ocupado em reuniões no primeiro dia, por isso eu perambularia pelo hotel. Depois das reuniões dele, nós planejávamos apanhar um táxi até Chinatown para comer comida chinesa, a nossa favorita. Então, iríamos ao cinema, daríamos uma volta de bonde e voltaríamos para o quarto do hotel, a fim de assistir a um vídeo e tomar sundaes *com calda quente de chocolate, que pediríamos ao* room service. *Eu mal podia esperar!*

O dia finalmente chegou. As horas se arrastaram enquanto eu rodava pelo hotel. As seis horas vieram, mas papai, não. Finalmente, às seis e meia, ele apareceu acompanhado de um senhor — um grande amigo dele, com bastante influência nos negócios. Lembro-me de como meu coração se apertou quando o homem propôs:

— Estou tão feliz por tê-lo aqui, Stephen. Esta noite, Lois e eu o levaremos ao cais para um jantar espetacular à base de frutos do mar, e depois você poderá apreciar a vista lá de casa.

Quando papai lhe contou que eu também estava na cidade, o homem replicou:

— Sem problema, ela poderá vir conosco. Seria um prazer.

"Grande!", pensei. Odeio peixe, e ficaria no banco de trás enquanto papai e seu amigo conversariam. Vi minhas esperanças e planos escorrerem pelo ralo.

Meu desapontamento não tinha limite. O homem estava insistindo muito. Eu queria dizer:

— Papai, este é o tempo que planejamos ficar juntos! Você prometeu!

Mas eu tinha apenas doze anos, e me limitei a chorar por dentro.

Jamais esquecerei o que senti quando papai replicou:

— Puxa, Bill, eu adoraria jantar com você e sua esposa, mas reservei a noite para sair com a minha filha. Nós já havíamos planejado cada minuto da nossa estadia. Mas foi muita gentileza nos convidar.

Percebi que o tal Bill ficou desapontado, mas — surpreendentemente para mim — pareceu entender.

Nós fizemos absolutamente tudo o que havíamos planejado para a viagem, sem nenhuma exceção. Aquele foi um dos momentos mais feli-

zes da minha vida. *Acho que nenhuma garotinha jamais amou tanto o pai como eu amei o meu naquela noite.*

Estou convencido de que você não encontrará um depósito que cause um impacto maior sobre a sua família do que fazer e cumprir promessas. Pense nisso! Quanto entusiasmo, expectativa e esperança você gera com uma promessa? E as promessas que fazemos em família são as mais vitais e, freqüentemente, as mais ternas de todas.

A mais básica das promessas que um ser humano faz a outro consiste nos votos do casamento. É a promessa máxima. Similar a essa é a que fazemos implicitamente a nossos filhos — em especial quando são pequenos — de cuidar deles, de nutri-los. É por isso que o divórcio e o abandono constituem retiradas tão dolorosas. As pessoas envolvidas em geral sentem que foram rompidas as promessas máximas. Nesses casos, torna-se até mais importante fazer depósitos que ajudem a reconstruir as pontes de fé e confiança.

Certa vez, um senhor, que me havia ajudado num determinado projeto, confidenciou-me o terrível divórcio por que acabara de passar. E narrou, com uma espécie de orgulho ardoroso, o modo como lograra cumprir a promessa que fizera a si próprio e à esposa, muitos meses antes, de que, não importando o que acontecesse, não falaria mal dela, principalmente diante dos filhos, e que sempre a mencionaria de modo positivo e enaltecedor. Mas manter a promessa enquanto se travavam batalhas legais e emocionais tinha sido a coisa mais árdua que já fizera na vida. Contudo, sentia-se grato por ter conseguido cumpri-la, porque isso fez toda a diferença — não só quanto ao que as crianças sentiram em relação a si mesmas, mas também em relação aos pais e ao sentido de família, a despeito de todas as dificuldades. Ele não tinha como expressar sua felicidade por cumprir a promessa que fizera.

Mesmo quando quebramos promessas, às vezes é possível transformar a situação num depósito. Lembro-me de um senhor que rompeu um compromisso que assumira comigo. Mais tarde, perguntou-me se eu lhe daria a chance de fazer alguma outra coisa, e respondi que não. Baseado na experiência passada, não tinha certeza de que ele não falharia de novo.

Contudo, esse senhor argumentou:

— Eu não me saí bem antes, e devia ter admitido o fato. Não me empenhei muito e isso foi errado. Você poderia fazer-me o favor de conceder-me outra oportunidade? Não só me sairei bem, como serei o melhor.

Eu concordei, e ele fez o que dissera. Saiu-se admiravelmente bem. E, a meus olhos, elevou-se ainda mais alto do que se tivesse cumprido o primeiro compromisso. Sua coragem em admitir o erro, em enfrentar com dignidade um problema difícil, constituiu um maciço depósito na minha Conta Bancária Emocional.

Perdoando

Para muita gente, o teste definitivo da proatividade consiste em perdoar. De fato, você será sempre uma vítima enquanto não perdoar.

Uma senhora relatou o seguinte:

> *Você será sempre uma vítima enquanto não perdoar.*

Eu venho de uma família muito unida. Estávamos sempre juntos — filhos, pais, irmãos, tios, primos, avós — e nos amávamos com grande ternura.

Quando meu pai seguiu minha mãe na morte, ficamos profundamente entristecidos. Nós, os quatro filhos, nos encontramos para dividir os pertences de nossos pais entre nós e nossas famílias. O que aconteceu nesse encontro foi um choque inesperado do qual pensamos que jamais nos recuperaríamos. Sempre constituímos uma família emotiva, e às vezes discordávamos a ponto de discutir e até de ficarmos temporariamente estremecidos. Mas, dessa vez, brigamos de uma forma como jamais fizéramos antes. A discussão se tornou tão acirrada que, quando nos apercebemos, gritávamos uns com os outros com extrema hostilidade. E começamos a nos agredir emocionalmente. Incapazes de resolver nossas diferenças, cada um de nós decidiu e anunciou que procuraria um advogado para resolver a questão na Justiça.

Todos saímos de lá com uma sensação amarga e um profundo ressentimento. Paramos de nos visitar e até mesmo de nos telefonar. E deixamos de nos reunir nos aniversários e nas datas festivas.

Essa situação perdurou durante quatro anos. Foi o fardo mais pesado da minha vida. Com freqüência, sentia a dor da solidão e o espírito implacável das palavras duras e acusadoras que nos separavam. À medida que meu sofrimento aumentava, eu pensava: "Se realmente me amassem, sem dúvida me procurariam. O que há com eles, afinal? Por que não me procuram?"

Então, certo dia, aprendi o conceito da Conta Bancária Emocional. Descobri que não perdoar meus irmãos era reativo da minha parte, e que amar é um verbo, uma ação, algo que se deve praticar.

Naquela noite, quando estava sentada sozinha na minha sala, o telefone parecia implorar para ser usado. Reuni toda a minha coragem e disquei o número do meu irmão mais velho. Ao ouvir sua voz maravilhosa responder "Alô", meus olhos se encheram de lágrimas e eu mal pude falar.

Quando ele descobriu quem era, sua emoção igualou-se à minha. Falamos ao mesmo tempo:

— Perdoe-me.

O diálogo encheu-se de expressões de amor, perdão e saudade.

Telefonei para os outros. Passei a maior parte da noite ao telefone. Cada um respondeu exatamente como meu irmão mais velho.

Essa foi a noite mais importante e significativa da minha vida. Pela primeira vez em quatro anos eu me senti completa. A dor, que fora uma constante, havia desaparecido, substituída pela alegria do perdão e pela paz. Senti-me renovada.

Observe que, mais uma vez, todos os quatro dons entraram em cena nessa incrível reconciliação. Veja a profundidade da percepção que essa senhora teve do que estava acontecendo. Observe a conexão dela com sua consciência, seu senso moral. Também observe como o conceito da Conta Bancária Emocional criou uma visão do que era possível e como esses três dons se aliaram à vontade de perdoar, resgatar a união da família e experimentar a felicidade que uma ligação tão afetiva proporciona.

Uma outra senhora partilhou a seguinte experiência:

Lembro-me que fui uma criança muito feliz e segura. Tenho cálidas recordações de piqueniques com a família, de disputar vários jogos na sala da frente, de cuidarmos juntos do jardim. Eu sabia que meus pais amavam muito um ao outro e a nós, seus filhos.

Contudo, quando cheguei à metade da adolescência, as coisas começa-

ram a mudar. Papai passou a fazer viagens de negócios, a trabalhar até tarde da noite e aos sábados. Seu relacionamento com mamãe parecia tenso. Ele quase não ficava mais com a família. Certa manhã, quando eu voltava do restaurante onde trabalhava no turno da madrugada, vi meu pai chegando. Concluí que ele estivera fora a noite inteira.

Finalmente, meus pais se separaram e se divorciaram. Foi um tremendo golpe para todos nós, especialmente quando descobrimos que papai tinha sido infiel à mamãe. Sua infidelidade, soubemos depois, começara numa de suas viagens de negócios.

Anos mais tarde, casei-me com um excelente rapaz. Nós nos amávamos muito, e fizemos os votos matrimoniais com profunda seriedade. Tudo parecia ir bem — até que um dia ele anunciou que seu emprego exigia que se ausentasse por alguns dias. De súbito, toda a dor do passado desabou sobre mim. Foi numa viagem de negócios, lembrei-me, que papai começou a trair mamãe. Eu não tinha motivo algum para duvidar de meu marido. Não existia nada que justificasse meu medo. Mas ele estava lá — entranhado e doloroso.

Passei a maior parte do tempo em que meu marido esteve ausente chorando e imaginando. Quando tentei explicar-lhe meus temores, percebi que ele não entendeu em absoluto. Estava completamente comprometido comigo e não via sua viagem como um problema. Mas, pelo meu ponto de vista, ele não percebia que precisava estar sempre em guarda, nem fazia a menor idéia sobre o perigo que nos ameaçava, porque ninguém em sua família jamais procedera como meu pai.

Foram inúmeras as viagens de negócios durante os meses seguintes. Eu tentava ser mais positiva em minha interação com ele. Esforçava-me para controlar meus pensamentos e sentimentos. Mas, cada vez que o via partir, entrava em pânico. E, por mais que me empenhasse, parecia não obter nenhum resultado concreto.

Finalmente, depois de anos amargando um terrível sofrimento, consegui perdoar meu pai. Pude enxergar seu comportamento exatamente como era: o comportamento dele. Papai nos havia magoado profundamente, mas descobri que podia perdoá-lo, amá-lo e livrar-me do medo e da dor.

Foi um momento decisivo em minha vida. Constatei, de repente, que a tensão em meu casamento se dissipara. Eu já podia dizer: "Aquele era meu pai, não meu cônjuge". E percebi que podia despedir-me de meu marido com um beijo e depois me concentrar em meus afazeres até ele voltar.

Não pretendo insinuar que tudo se tornou perfeito do dia para a noite. Anos de ressentimento em relação a papai haviam criado e arraigado hábitos negativos. Mas, depois daquela experiência inicial, quando um pensamento ou sentimento ocasional sobrevinha, eu podia reconhecê-lo, resolvê-lo e seguir em frente.

Mais uma vez: você será sempre uma vítima enquanto não perdoar. Quando se perdoa com sinceridade, abrem-se os canais por onde fluem a confiança e o amor incondicional. Você lava o seu coração. E também remove o maior obstáculo que impede a outra pessoa de mudar, porque, quando não a perdoa, você se coloca entre ela e a própria consciência. Fica como uma pedra no caminho, bloqueando a estrada que conduz à transformação. Em vez de investir sua energia num profundo trabalho interior com a própria consciência, a pessoa a desperdiça defendendo e justificando seu comportamento perante você.

> Não é a mordida da cobra que causa o dano mais sério, mas sim persegui-la, pois isso conduz o veneno até o coração.

Um dos maiores depósitos que podemos efetuar nos relacionamentos familiares — e na qualidade básica e riqueza da nossa vida — consiste em perdoar. Lembre-se, não é a mordida da cobra que causa o dano mais sério, mas sim persegui-la, pois isso conduz o veneno até o coração.

As Leis Primárias do Amor

Neste capítulo, nós examinamos os cinco depósitos fundamentais que, de modo imediato e proativo, você pode começar a efetuar na Conta Bancária Emocional dos membros da sua família. Esses depósitos fazem tão significativa diferença na cultura familiar porque se fundamentam nas Leis Primárias do Amor — leis que refletem a realidade de que o amor, em sua forma mais pura, é incondicional.

São três as leis: aceitação, em vez de rejeição; compreensão, em vez de julgamento; e participação, em vez de manipulação. Viver de acordo com essas leis constitui uma escolha proativa que independe do comportamento dos outros ou da posição social, escolaridade, riqueza, reputação, ou de qualquer outro fator que não o valor intrínseco do ser humano.

Tais leis formam os alicerces de uma boa cultura familiar, porque apenas quando as seguimos podemos incentivar a obediência às Leis Primárias da Vida (tais como honestidade, responsabilidade, integridade e solidariedade).

> Quando seguimos as Leis Primárias do Amor, incentivamos a obediência às Leis Primárias da Vida.

Às vezes, quando alguém briga com um ente querido para, de algum modo, induzi-lo ao que se considera o caminho da responsabilidade, é muito fácil cair na armadilha de viver as leis "secundárias" ou caricaturais do amor — julgamento, rejeição e manipulação. Esse alguém ama, na verdade, mais o objetivo que tem em mente do que a outra pessoa. Ama condicionalmente. Em outras palavras, usa o amor para manipular e controlar. Como resultado, o ente "querido" se sente rejeitado e luta para preservar seu modo de ser.

Mas, quando verdadeiramente aceitamos e amamos as pessoas como são, na realidade nós as estimulamos a crescer. Ao aceitar o outro, você não está sendo condescendente com suas fraquezas ou concordando com sua opinião, mas simplesmente afirmando seu valor intrínseco. Está reconhecendo que ele possui uma forma toda sua de pensar ou sentir. Você o está libertando da necessidade de se defender, proteger e preservar. Assim, em vez de desperdiçar energia para manter a individualidade, ele pode concentrar-se na interação com a própria consciência e na revelação do próprio potencial de crescimento.

Amando as pessoas incondicionalmente, você desvela o poder

natural delas de atingir seu nível mais elevado. E só é possível fazer isso quando se separa a pessoa de seu comportamento e se acredita num potencial oculto.

Apenas considere o valor dessa perspectiva quando se lida com um membro da família — principalmente uma criança — que esteja carregado de energia negativa ou que se tenha desviado da rota. O que aconteceria se, em vez de rotular a criança com base no comportamento apresentado, você afirmasse seu amor incondicional e o potencial oculto dela? Como disse Goethe: "Trate um homem como ele é e ele continuará igual. Trate-o como ele poderia e deveria ser, e ele se tornará quem pode e deve ser".

Um amigo meu, diretor de uma conceituada faculdade, planejou e economizou durante anos para dar ao filho a oportunidade de estudar na mesma faculdade, mas, quando chegou o momento, o garoto não quis ir. Ele ficou profundamente preocupado. Graduar-se por aquela escola seria de grande valia para o currículo do filho. Além disso, tratava-se de uma espécie de tradição, pois três gerações se haviam formado ali. O pai conversou, insistiu e suplicou. Também tentou escutá-lo e compreendê-lo, na esperança de conseguir convencê-lo a mudar de idéia.

Argumentou:

— Filho, não percebe o que isso significa para a sua vida? Não se podem tomar decisões de longo alcance com base em emoções momentâneas.

— Você não entende! É a minha vida. Acho que só gosta de mim se eu for como você quer que eu seja. Nem mesmo sei se quero cursar faculdade.

O pai retrucou:

— De forma alguma, filho. É você quem não entende. Eu só quero o que é melhor para o seu futuro. Pare de agir como um tolo.

A mensagem sutil ali implícita era a de amor condicional. O rapaz sentia que, em certo sentido, o desejo do pai de que ele fosse para a faculdade era mais forte do que o valor que lhe atribuía como pessoa e como filho. E isso constituía uma terrível ameaça. Em conseqüência, lutava com e pela própria identidade e integridade, fortalecendo sua resolução em relação ao curso universitário e seus esforços para racionalizá-la.

Depois de muita reflexão introspectiva, o pai resolveu fazer um sacrifício — renunciar ao amor condicional. Ele e a esposa se propuseram amar o filho, mesmo este tendo feito uma escolha diferente daquela que queriam. Essa foi uma meta extremamente difícil de alcançar, porque a experiência educacional tinha um valor imenso para ambos, e também porque se tratava de algo por que haviam trabalhado com empenho desde o nascimento do garoto.

Os pais enfrentaram um processo árduo para reescrever o *script*, utilizando proativamente todos os quatro dons e se esforçando para compreender a natureza do amor incondicional. Por fim, conseguiram sentir esse amor e comunicaram ao filho o que haviam feito e por quê. Disseram-lhe que tinham alcançado um ponto em que podiam afirmar com honestidade que a decisão dele não afetaria o sentimento de amor incondicional que lhe dedicavam. Não tomaram essa medida para manipulá-lo, como estratégia da psicologia para forçá-lo a "adequar-se". Tomaram essa medida em conseqüência do próprio crescimento dos dois como pessoas.

O garoto reagiu com laconismo. Todavia, os pais haviam conquistado uma tal postura, em termos intelectuais e emocionais, de amor incondicional que qualquer resposta não exerceria a menor influência sobre seus sentimentos. Cerca de uma semana mais tarde, o filho lhes confirmou a decisão de não ir para a faculdade. Meu amigo e a esposa estavam perfeitamente preparados para essa resolução e continuaram a demonstrar amor incondicional. Tudo foi assentado e a vida continuou normalmente.

Pouco tempo depois, porém, algo interessante aconteceu. Sentindo que não mais precisava defender sua posição, o rapaz passou a analisar a si mesmo com maior profundidade. E acabou descobrindo que desejava ter aquela experiência educacional. Candidatou-se a uma vaga e então comunicou o fato ao pai, que mais uma vez demonstrou amor incondicional ao aceitar inteiramente a mudança de planos do filho. Nosso amigo ficou feliz, mas sem exagero, porque havia aprendido a amar sem impor condições.

Como resultado de seus pais viverem as Leis Primárias do Amor, o filho pôde perscrutar o próprio coração e escolher viver em harmonia com uma das Leis Primárias da Vida, a que envolve crescimento e educação.

Muitas pessoas que jamais receberam amor incondicional — e, portanto, nunca desenvolveram o senso de valor intrínseco — esforçam-se a vida inteira para obter aprovação e reconhecimento. Para compensar a sensação de pobreza e vazio interiores, buscam força no poder, *status*, dinheiro, bens materiais, credenciais ou fama. Freqüentemente, se tornam narcisistas, interpretando tudo num nível pessoal. E seu comportamento é tão detestável que os outros as rejeitam, atirando lenha na fogueira.

É por isso que as Leis Primárias do Amor são tão importantes. Elas afirmam o valor básico do indivíduo. E as pessoas que foram amadas incondicionalmente são livres para desenvolver a própria força por intermédio da integridade, guiadas por sua bússola interna.

Cada Problema É uma Oportunidade para Efetuar um Depósito

Na medida em que caminhamos pelos 7 Hábitos, perceba como todos se originaram das Leis Primárias do Amor e como criam a Conta Bancária Emocional.

Efetuar depósitos proativamente é algo que está sempre ao nosso alcance. Na verdade, um dos aspectos mais poderosos e excitantes da idéia da Conta Bancária Emocional é que nós podemos escolher com proatividade transformar cada problema familiar numa oportunidade para efetuar depósitos.

- O "dia ruim" de alguém se torna uma oportunidade de ser generoso.
- Uma ofensa se torna uma oportunidade de pedir desculpa ou de perdoar.
- Os mexericos de alguém se tornam uma oportunidade de ser leal, de defender com serenidade os ausentes.

Com a imagem da Conta Bancária Emocional em mente e no coração, os problemas e circunstâncias já não constituem obstáculos em seu caminho: eles são o caminho. As interações cotidianas se tornam oportunidades de construir relacionamentos de amor e confiança. E os desafios se revelam uma espécie de vacina que ativa e reforça o "sistema imunológico" da família inteira. Bem no fundo, todos sabemos que a realização desses depósitos faz uma grande diferença na qualidade dos relacionamentos familiares. Isso brota da consciência, da nossa conexão com os princípios que, no final das contas, regem a nossa vida.

Você pode apreender a extensão dos benefícios que a opção proativa, de dentro para fora, de efetuar depósitos — e não retiradas — traz para a construção de uma boa cultura familiar?

Apenas pense na diferença que faz em sua família quando:

EM VEZ DE RETIRAR	VOCÊ DEPOSITA
Mostrando desrespeito, diminuindo as pessoas ou agindo de modo rude e descortês	*Sendo generoso*
Nunca pedindo desculpas ou pedindo sem sinceridade	*Pedindo desculpas*
Criticando, reclamando e falando dos outros de modo negativo quando não estão presentes	*Sendo leal aos ausentes*

Jamais fazendo promessas a alguém, ou fazendo e não cumprindo	Fazendo e cumprindo
Ressentindo-se com facilidade, guardando rancor, repisando os erros passados das pessoas e alimentando raiva	Perdoando

Lembre-se do Bambu Chinês

Eu conversei com muitos casais ao longo dos anos — na maioria, amigos — que me procuraram dizendo-se frustrados com os cônjuges e no limite da resistência. Em geral, essas pessoas se haviam convencido de que estavam certas e de que seus parceiros eram irresponsáveis e não as compreendiam. Tinham sido atiradas num círculo vicioso em que um dos cônjuges está sempre julgando, fazendo sermões, acusando, condenando, criticando e aplicando punições emocionais, enquanto o outro, em certo sentido, se rebela ignorando, resistindo defensivamente e usando o tratamento recebido para justificar seu comportamento.

Minha sugestão para os que julgam (que normalmente são os que me procuram, na esperança de que eu possa de algum modo "adequar" seus parceiros ou corroborar suas razões para o divórcio) é que se tornem aquele que ilumina, e não o que julga — em outras palavras, que parem de tentar mudar o cônjuge e comecem a aperfeiçoar a si mesmos, que abandonem a postura crítica, que desistam de manipular ou de amar condicionalmente.

Se as pessoas escutarem esse conselho com o coração e adotarem uma postura de humildade, e se forem pacientes, persistentes e não manipuladoras — mesmo quando provocadas —, uma doce ternura recomeça a imperar. O amor incondicional e a mudança de dentro para fora se tornam irresistíveis.

Existem situações, é claro, como as que envolvem violência e abuso reais, em que tal orientação não se aplica. Mas, na maioria dos casos, percebi que esse enfoque conduz as pessoas a sua sabedoria interior, que promove a felicidade na vida conjugal. Dar proativamente o exemplo e efetuar com persistência depósitos de amor incondicional trazem resultados inacreditáveis com o tempo.

Hábito 1: Uma Chave para Todos os Outros Hábitos

O Hábito 1 — Seja Proativo — é a chave que abre a porta de todos os hábitos. Na verdade, você descobrirá que quem evita assumir responsabilidades e tomar iniciativas não pode cultivar plenamente nenhum dos hábitos. Ao contrário, fica preso no Círculo de Preocupação — geralmente culpando e acusando as pessoas por sua situação, porque, quando não se é sincero com a própria consciência, a tendência é jogar a culpa nos outros. Na maior parte das vezes, a raiva consiste em culpa disfarçada.

O Hábito 1 personifica o maior dos dons que só nós, seres humanos, possuímos: o poder de escolha. Depois do dom da vida, existirá algum mais primordial do que esse? O fato é que as soluções básicas para os nossos problemas se encontram dentro de nós. Não podemos escapar da natureza das coisas. Gostando ou não — percebendo ou não —, os princípios e a consciência estão dentro de nós. Como educador e líder religioso, David O. McKay afirmou: "As maiores batalhas da vida são travadas diariamente nos silenciosos compartimentos da alma". De nada adianta lutar nos campos de batalha errados.

> "As maiores batalhas da vida são travadas diariamente nos silenciosos compartimentos da alma."

A decisão de ser uma força criativa em nossas vidas representa a mais fundamental de todas as escolhas. Constitui o coração e a alma de uma pessoa de transição. É a essência mesma de um agente de mudança. Como afirmou Joseph Zinker: "(Uma pessoa pode descobrir que) não importando onde esteja naquele exato instante, ela ainda é a criadora do próprio destino.[6]"

Não apenas os indivíduos podem ser proativos, mas também uma família inteira. Do mesmo modo, uma família pode tornar-

se de transição em relação às suas gerações, expansões ou outros grupos familiares com os quais se relacione. E os quatro dons podem tornar-se coletivos, de forma que, em vez de autoconsciência pessoal, temos a autoconsciência familiar; em vez de consciência individual, consciência social; no lugar de imaginação ou visão de uma pessoa, uma visão partilhada; e, em vez de vontade independente, vontade social. Então, todos os membros da família podem afirmar: "Esse é o nosso modo de ser. Somos pessoas com consciência e visão, capazes de agir de acordo com a nossa percepção do que ocorre e do que precisa ocorrer".

De que maneira essa transformação se processa e como o músculo proativo é desenvolvido e utilizado com eficácia é o que veremos no Hábito 2: Comece com o Objetivo em Mente.

Compartilhando Este Capítulo com Adultos e Adolescentes

Desenvolvendo Nossos Músculos Proativos
- Discuta com os membros da família: "Quando você se sente mais proativo? Quando se sente mais reativo? Quais são as conseqüências?"
- Reveja o material sobre os quatro dons humanos. Pergunte: "O que podemos fazer para trabalhar nossos músculos proativos?"

Criando uma Tecla de Pausa: Pare, Pense e Escolha
- Conversem sobre o conceito de tecla de pausa.
- Peça à família para escolher alguma coisa que represente a sua tecla de pausa. Pode ser um movimento do corpo, como um gesto com a mão, agitando-a ou acenando; uma ação, como acender e apagar a luz; um som, como um assovio, uma sineta, ou a imitação dos ruídos de um animal; ou simplesmente uma palavra. Cada vez que o sinal for dado, todos saberão que a tecla de pausa foi acionada. Então, toda a atividade, incluindo conversas, discussões, debates, ou o que for, deverá cessar. Esse sinal serve como um lembrete para que todos parem, pensem e considerem as conseqüências do que estão fazendo. Conversem sobre como a utilização da tecla de pausa propicia aos membros da família a oportunidade de subordinar o que pode parecer importante no momento (ganhar uma discussão, impor uma opinião, ser o "primeiro" ou o "melhor") ao que realmente importa (criar relacionamentos fortes, ter uma família feliz, construir uma boa cultura familiar).

Trabalhando no Seu Círculo da Influência
- Estimule os membros da família a discutir algumas das coisas sobre as quais não exercem influência direta, tais como os pensamentos e ações alheios, o tempo, as estações e os desastres naturais. Ajude cada um a entender que, embora existam coisas que não nos é dado influenciar, há muitas outras sobre as quais podemos exercer influência.
- Pergunte: "Que medidas podemos tomar para cuidar bem do nosso corpo, a fim de evitar doenças?"
- Conversem sobre o que podem fazer para criar uma Conta Bancária Emocional da família. Incentive seus familiares a comprometer-se a efetuar depósitos e limitar as retiradas durante uma semana. No final desse prazo, discutam a diferença que isso fez.

Compartilhando Este Capítulo com Crianças

Desenvolvendo a Consciência: Uma Caça ao Tesouro
- Escolha um "tesouro" que todos apreciem, cuidando para que haja o bastante para todos partilharem.
- Escolha um lugar seguro para esconder o tesouro. A fim de obter dicas, os participantes devem responder a perguntas que exercitarão sua consciência. Respostas positivas conduzem na direção do tesouro; as negativas afastam do tesouro. Por exemplo:

Pergunta: No caminho para a escola, você percebe que o garoto na sua frente deixou cair uma nota de cinco reais. O que você faz? Respostas positivas podem incluir: Apanha a cédula do chão e devolve-a ao dono. Conta para o professor e lhe entrega a cédula. Respostas negativas podem incluir: Guarda a cédula. Usa a nota para comprar doces. Debocha do garoto.

Pergunta: Alguém roubou o gabarito da próxima prova de matemática e lhe oferece uma cópia. O que você faz? Respostas positivas podem incluir: Recusa a cópia e estuda para tirar uma boa nota. Estimula a pessoa a agir com honestidade. Respostas negativas podem incluir: Aceita, porque precisa tirar A na prova. Divulga as respostas para conquistar a estima dos colegas.

Compreendendo a Conta Bancária Emocional
- Leve as crianças a um banco, abra uma conta e explique-lhes o que é depósito e o que é retirada.
- Crie a sua própria caixa da "CBE". Deixe que as crianças

decorem o "guichê". Coloque-o num lugar especial, onde seja visível e acessível a todos. Utilize fichas para criar "guias de depósito". Estimule as crianças a efetuar "depósitos" durante a semana para os outros membros da família. Alguns exemplos podem incluir: "Pai, obrigado por jogar futebol comigo; eu te amo," ou "Beto, notei que esta semana você separou e dobrou direitinho a roupa para lavar; muito bem!" ou "João arrumou a minha cama hoje, e eu nem tinha pedido isso a ele!" ou "Mamãe me leva ao cinema todos os domingos. Ela é um amor." Encontre tempo para conversar sobre os depósitos efetuados durante a semana. Incentive os membros da família a usar essa oportunidade para revelar o que constitui um "depósito" para eles.

HÁBITO 2
COMECE COM O
OBJETIVO EM MENTE

O Objetivo em Mente: O Seu Objetivo

O Hábito 2 — Comece com o objetivo em mente — consiste em criar uma visão clara e impulsionadora do que é fundamental para você e sua família. Retornando à metáfora do avião, o Hábito 2 define o seu objetivo. E ter o objetivo bem claro na mente determinará cada decisão que tomar ao longo do caminho.

O Hábito 2 se baseia no princípio da visão — e visão é algo poderoso! É o princípio que possibilita a sobrevivência dos prisioneiros de guerra.[1] As pesquisas mostram que é ela que dá às crianças bem-sucedidas o impulso para o sucesso.[2] É o poder mobilizador por trás das organizações e indivíduos de sucesso em cada etapa da vida. A visão é maior do que a "bagagem" —

> *A declaração da missão familiar consiste na expressão combinada e unificada de todos os membros acerca do que é fundamental para a sua família — o que realmente querem fazer e ser — e dos princípios que escolheram para reger sua vida familiar.*

maior do que qualquer bagagem negativa do passado e mesmo da que se acumulou no presente. Recorrer ao senso da visão lhe confere o poder e o propósito de erguer-se acima da bagagem e agir com base no que realmente importa.

Existem muitas formas de aplicar o princípio da visão — começar com o objetivo em mente — na cultura familiar. Você pode iniciar um ano, uma semana ou um dia com o objetivo em mente. Também pode começar uma experiência ou atividade familiar com o objetivo em mente. Ou, quem sabe, dar início a uma temporada de lições de dança ou de piano, ou promover um jantar especial para a família, ou construir uma casa nova, ou "adotar" um animal de estimação para toda a família, com o objetivo em mente.

Mas, neste capítulo, nós nos concentraremos na aplicação mais profunda, significativa e duradoura de "comece com o objetivo em mente" na família — a elaboração de uma "declaração da missão familiar".

Essa declaração consiste na expressão combinada e unificada de todos os membros acerca do que é fundamental para a sua família — o que realmente querem fazer e ser — e dos princípios que escolheram para reger sua vida familiar. Baseia-se na noção de que todas as coisas são criadas duas vezes. Na primeira, surge a idéia — criação mental; na segunda, a idéia concretiza-se na realidade — criação física. É traçar a planta antes de construir o prédio, escrever o *script* antes de encenar uma peça, criar o plano de vôo antes de decolar o avião. É como a regra do carpinteiro: "Meça duas vezes, corte uma".

Ou, retomando a metáfora do avião, faça de conta que você é o piloto e alguém lhe pergunta:
— Para onde voará hoje?
Será que a sua resposta seria:
— Na verdade, não sei. Não temos plano de vôo. Nós apenas recebemos os passageiros e decolamos o avião. Existem muitas correntes de ar lá em cima, que sopram em direções diferentes, em dias diferentes. Então, nós vamos só entrar na corrente mais forte e ver aonde nos leva. Quando chegarmos lá, saberemos para onde estávamos indo.

Na minha profissão, quando estou trabalhando com uma determinada organização ou empresa — principalmente quando se trata da cúpula administrativa —, eu sempre peço a todos os membros que escrevam uma resposta de uma linha para a seguinte questão: "Qual é a missão ou propósito essencial desta organização, e qual é a sua principal estratégia para atingi-la?" Então, solicito-lhes que leiam as respectivas respostas em voz alta. Em geral, todos ficam chocados com as diferenças. Não conseguem acreditar que cada um tenha uma visão tão diferente sobre um tema dessa importância. Às vezes, isso acontece mesmo quando a declaração de missão da empresa está fixada na parede da sala.

Você pode experimentar esse teste com a sua família. À noite, pergunte a cada membro, individualmente: "O que é a nossa família? Qual é o nosso propósito?" Pergunte ao seu cônjuge: "Qual é o propósito do nosso casamento? Qual é a sua razão essencial de ser? Quais são seus objetivos prioritários?" Aposto como as respostas o surpreenderão.

Como diz o provérbio: "Sem visão, o povo perece". O oposto do Hábito 2 na família é não ter criação mental, nenhum vislumbre do futuro — apenas deixar a vida acontecer e ser impelido pela corrente dos valores e tendências da sociedade, sem nenhum senso de visão ou propósito. Trata-se de simplesmente seguir o script que lhe foi dado. Na verdade, trata-se não de viver, mas de ser levado pela vida.

Como todas as coisas são criadas duas vezes, se você não se encarregar da primeira criação, algo ou alguém o fará. Criar uma declaração de missão familiar significa encarregar-se da primeira criação. É decidir que tipo de família vocês realmente querem formar, e identificar os princípios que os ajudarão a atingir o objetivo.

Criando a Nossa Missão Familiar

Espero que você me desculpe pela exposição que se segue de um longo caso pessoal; mas nós não descobrimos o poder de tudo isso lendo, observando, ensinando ou escrevendo, mas *fazendo*.

Entenda, por favor, que esse é um relato muito íntimo da nossa vida familiar, refletindo nossos valores e crenças mais profundos. Mas saiba que reconhecemos e honramos os princípios de respeito para todos, incluindo aqueles que pensam diferente.

Se você perguntasse a Sandra e a mim: "Qual foi o evento mais transformador da história da nossa família?", nós responderíamos sem hesitar que foi a nossa missão familiar. Nossa primeira declaração nasceu numa cerimônia sagrada de casamento, há cerca de quarenta e um anos. A segunda foi desenvolvida em estágios ao longo de quinze anos e vários filhos. Com o passar do tempo, essas declarações nos conferiram o senso de objetivo e de trajetória que têm representado a vontade social e a cultura em nossa família. E, direta ou indiretamente, consciente ou inconscientemente, quase tudo o mais em nossa vida familiar desenvolveu-se a partir daí.

No dia em que nos casamos, logo após a solenidade, Sandra e eu fomos para um parque chamado Memory Grove. Sentamo-nos e conversamos sobre o significado da cerimônia. Decidimos que tentaríamos pautar a nossa vida conjugal pelos valores ali contidos. Discorremos sobre as duas famílias de onde viéramos. Resolvemos quais costumes levaríamos para a família que acabáramos de formar e quais seriam abandonados. Colocar os princípios em primeiro lugar nos tem permitido identificar adequadamente as nossas prioridades. Tem sido uma espécie de telescópio, por intermédio do qual visualizamos a vida inteira. Tem-nos proporcionado o senso de "missão" — o senso de que somos responsáveis e prestamos conta pelo modo como cuidamos das coisas, inclusive da família. E nos tem ajudado a perceber que a família em si constitui um princípio — universal, intemporal e evidente por si mesmo.

Começamos a identificar alguns dos princípios que adotaríamos na educação de nossos filhos. Naquele momento, e ao longo dos anos seguintes, à medida que os filhos foram chegando, indagamos a nós mesmos: "De que tipo de força e habilidades nossas crianças precisarão para obter sucesso na idade adulta?" E dessas discussões extraímos dez habilidades que acreditamos ser de vital importância — dez coisas das quais sentimos que aquelas crianças necessitariam quando se tornassem independentes e iniciassem suas próprias famílias. Tratava-se das seguintes habilidades: trabalhar, aprender, comunicar, resolver problemas, arrepender-se, perdoar, servir, amar a Deus, sobreviver em ambiente hostil, brincar e se divertir.

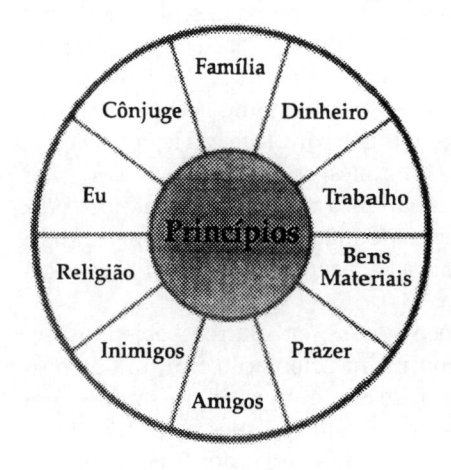

Parte da nossa visão consistia em nos reunirmos à mesa de jantar no final do dia para trocar experiências, rir, estreitar nossos laços afetivos, filosofar e discutir valores. Queríamos que nossos filhos desfrutassem e apreciassem profundamente uns aos outros, que fizessem coisas juntos e amassem a companhia uns dos outros.

Quando eles cresceram, essa visão direcionou muitas das discussões e atividades familiares. E levou-nos a planejar cada um dos nossos verões, férias e lazer de um modo que nos auxiliasse a realizar o nosso sonho. Por exemplo, um dos dez itens da nossa lista era a capacidade de sobreviver em condições adversas; então, para ajudarmos as crianças a desenvolver essa habilidade, inscrevemos toda a família em programas de sobrevivência. Fomos treinados e levados para a selva por vários dias sem nada além de nossa inteligência para nos manter. Aprendemos a sobreviver por meio da nossa engenhosidade e do conhecimento que havíamos adquirido acerca do que podíamos ou não ingerir.

Aprendemos técnicas que nos possibilitaram sobreviver sob temperaturas extremamente baixas, ou altas, e também sem água.

Outro item referia-se ao valor da educação. Desejávamos que nossos filhos se empenhassem para extrair da escola o máximo possível de conhecimentos, em vez de se preocuparem em simplesmente tirar boas notas e obter os diplomas. Por isso, líamos todos juntos. Organizamos a nossa casa de maneira que nossos filhos dispusessem de tempo e lugar para fazer as lições de casa. Nós nos interessamos pelo que eles estudavam e lhes demos oportunidades para nos ensinarem o conteúdo aprendido. Nós nos concentramos no aprendizado, não nas notas, e quase nunca tivemos de estimular as crianças a fazerem suas lições. Raramente vimos uma nota inferior a A (-).

Ao longo dos anos, o foco neste e em outros "objetivos em mente" fez uma diferença enorme na orientação e cultura da nossa família. E então, há cerca de vinte anos, ingressamos num novo nível de unidade e sinergia familiares. Nessa época, principiamos a desenvolver e organizar o material dos 7 Hábitos. Começamos a perceber que as organizações de todos os tipos bem-sucedidas possuíam missão. Muitas dessas missões eram sinceras e se haviam tornado a força principal em todas as tomadas de decisão; muitas eram escritas apenas para fins de relações públicas. Percebemos o que as pesquisas mais recentes mostravam claramente: que uma declaração sincera de missão constitui o ingrediente fundamental das organizações de excelente desempenho — fundamental não só para a produtividade e sucesso empresarial, mas também para a satisfação e felicidade das pessoas que ali trabalhavam.[3]

Nós nos demos conta de que, muito embora a maioria se forme numa cerimônia sagrada de casamento (que representa um modo de "começando com o objetivo na mente"), na maior parte dos casos as famílias não dispõem de declaração de missão — elemento vital para o sucesso de qualquer organização. E, no entanto, a família constitui uma organização basilar, sendo, literalmente, a pedra angular da sociedade. Nenhuma civilização jamais sobreviveu a sua dissolução. Nenhuma outra instituição pode realizar seu propósito essencial. Nenhuma outra instituição exerce o seu impacto, para o bem ou para o mal. Contudo, na

> *Na maior parte dos casos, as famílias não dispõem de missão — elemento vital para o sucesso de qualquer organização. No entanto, a família constitui uma organização basilar, sendo a pedra angular da sociedade.*

maioria das famílias, seus membros não possuem uma profunda visão compartilhada de seu significado e propósito essenciais — e não pagaram o preço que custa o desenvolvimento de uma visão e de um sistema de valores compartilhados, que é a substância mesma do caráter e da cultura da família.

Então, nós nos convencemos de que precisávamos desenvolver uma "missão familiar".

Visualizamos o que queríamos que a nossa família fosse, de que maneira viveríamos, que causas defenderíamos — e pelas quais até morreríamos. Essa visão tinha de ser criada e compartilhada por todos, não apenas por nós dois.

E, assim, iniciamos o processo de criação. Reuníamos a família uma vez por semana para debater o assunto.

Inventamos uma porção de atividades diferentes e divertidas para ajudar as crianças a compreender os quatro dons exclusivamente humanos e a expressar suas idéias. Promovíamos *brain-storms*. Entre uma reunião e outra, cada um de nós refletia sobre os temas examinados. Às vezes, nós os discutíamos com cada um em separado, ou em grupo, na hora do jantar. Certa noite, quando nos reunimos, perguntamos às crianças:

"Na sua opinião, de que maneira poderíamos ser melhores como pais?" Depois de sermos bombardeados por vinte minutos com sugestões que fluíam livremente, replicamos: "Tudo bem, já entendemos a idéia!"

Gradualmente, fomos introduzindo um leque completo de tópicos mais profundos. Indagamos a todos:

Que tipo de família nós realmente queremos ser?
Para que tipo de lar você gostaria de convidar seus amigos?
O que na família lhe causa embaraço?
O que o faz sentir-se bem aqui?
O que o faz ter vontade de vir para casa?
O que o faz sentir-se atraído por nós, como pais, de tal modo que o torne receptivo a nossa influência?
O que nos leva a ser receptivos à influência de vocês?
De que maneira gostaríamos de ser lembrados?

Pedimos às crianças que sabiam escrever para redigir uma lista das coisas a que atribuíam importância. Na semana seguinte, elas apresentaram os itens solicitados e mantivemos uma discussão aberta sobre o motivo por que aquelas coisas eram tão importantes ou desejáveis. Por fim, todos os nossos filhos elaboraram suas respectivas missões pessoais, com base no que consideravam importante. Juntos, lemos e analisamos uma por uma. Todas eram ponderadas e únicas. Tivemos de sorrir ao lermos a de Sean. Fruto do estado de espírito próprio de um adolescente que gosta de rúgbi, dizia: "Nossa família é um time e tanto, e nós batemos um bolão!" Não muito refinado — mas tocou bem no ponto.

Demoramos cerca de oito meses para concluir a nossa declaração de missão. Todos participaram. Até minha mãe se envolveu. Hoje, nós temos netos que também se tornaram parte disso, de modo que agora existem quatro gerações comprometidas com a missão da nossa família.

Um Objetivo e uma Bússola

É quase impossível expressar o impacto que essa missão exerceu sobre a nossa família — direta e indiretamente. Talvez a melhor forma de descrevê-lo seja recorrendo à metáfora do avião: A nossa missão familiar nos deu um *objetivo* e uma *bússola*.

A declaração em si nos proporcionou uma visão *clara e compartilhada do nosso objetivo*. E nos tem servido de guia há já uma década e meia. Nós a dependuramos na parede da sala, contemplamos com freqüência e nos perguntamos: "Será que estamos vivendo de acordo com o que decidimos ser e fazer? Será que a nossa casa é realmente um lugar onde se ouvem os ecos do amor? Nós somos cínicos e críticos? Somos irônicos? Nós nos afastamos uns dos outros e não nos comunicamos? Estamos retribuindo ou apenas recebendo?"

Ao confrontarmos nossas ações com a missão, obtemos um *feedback* que nos alerta quando nos desviamos da rota. Na verdade, é essa missão — esse senso de objetivo — que torna significativo o *feedback*. Sem ela, este se torna confuso e contraproducente. Não há como dizer se é relevante. Não há nada com que se possa compará-la. Mas um senso claro de visão e valores compartilhados nos permite avaliar o *feedback* e usá-lo para promover contínuas correções do curso, a fim de podermos finalmente alcançar a destinação.

Criando Missão Familiar

Primeira Etapa: Defina o Objetivo da Sua Família

A meta aqui é permitir que cada um exponha seus sentimentos e idéias. E, dependendo da sua situação, você pode escolher qualquer uma entre uma infinidade de maneiras para fazer isso.

Uma Missão para Dois

Se a sua família consiste em apenas você e seu cônjuge, talvez você prefira procurar um lugar onde o casal possa ficar sozinho por alguns dias ou mesmo algumas horas. Convém que os dois passem algum tempo apenas relaxando e usufruindo o fato de estarem juntos. Quando a atmosfera for a correta, sugiro que tentem visualizar o que ambos desejam que o relacionamento seja daí a dez, vinte e cinco ou cinqüenta anos. Vocês podem buscar inspiração refletindo sobre as palavras proferidas em sua cerimônia de casamento. Se não puderem lembrá-las, uma boa idéia é prestar atenção quando forem ao casamento de parentes e amigos. Possivelmente, serão palavras como essas:

Sejam fiéis um ao outro.
Observem as leis, pactos e obrigações pertinentes aos sagrados laços do matrimônio.
Amem, honrem e façam felizes um ao outro enquanto viverem.
Sejam abençoados com a felicidade em sua posteridade.
Tenham uma longa vida de felicidade juntos.

Se ressoarem em seus corações, essas palavras podem tornar-se a base de uma poderosa declaração de missão.

Ou vocês talvez encontrem outras que os inspirem. Em nosso casamento, Sandra e eu encontramos grande inspiração no provérbio quacre: "Você me eleva e eu o elevo, e nós ascendemos juntos".

Também é interessante discutir questões tais como:

Que tipo de parceiros conjugais queremos ser?
Como queremos tratar um ao outro?
Como queremos resolver nossas diferenças?
Como queremos administrar nossas finanças?
Que tipo de pais queremos ser?
Que princípios queremos ensinar aos nossos filhos para prepará-los para a idade adulta e para viver com responsabilidade e desvelo?
Como poderemos ajudar a desenvolver o talento potencial de cada filho?
Que tipo de disciplina queremos adotar com nossos filhos?
Que papéis (sustento, administração financeira, tarefas domésticas, e assim por diante) cada um de nós desempenhará?
Como podemos relacionar-nos melhor com as famílias um do outro?
Que tradições das famílias em que nascemos levaremos para a que estamos formando?
Que tradições queremos manter e criar?

Com quais características ou tendências herdadas estamos felizes ou infelizes e como podemos mudar? Como queremos retribuir um ao outro?

Qualquer que seja o método escolhido, lembrem-se de que o processo é tão importante quanto o resultado. Desfrutem a oportunidade de ficarem juntos. Construam a Conta Bancária Emocional. Interajam profundamente sobre cada tópico. Certifiquem-se de que o resultado final representa tudo o que os dois trazem em seus corações e mentes.

> O processo é tão importante quanto o resultado.

Uma senhora contou:

Quando conheci meu marido, há vinte anos, ambos tínhamos muito medo de relacionamentos porque vínhamos de casamentos fracassados. Mas uma das coisas que realmente me impressionaram em Chuck desde o começo foi que ele de fato havia listado tudo o que desejava num relacionamento conjugal e pregado na porta da geladeira. Assim, todas as mulheres que iam ao seu apartamento tinham a opção de dizer: "Sim, é isso o que eu quero" ou "Não, não é isso o que quero." Ele era mesmo muito claro e prevenido em relação a esse aspecto.

Assim, desde o princípio, tivemos condições de trabalhar a partir dessa lista. Eu acrescentei itens que eram importantes para mim, e nós trabalhamos juntos na definição do que desejávamos para o nosso relacionamento. Dissemos: "Não teremos segredos um para o outro", "Não guardaremos ressentimentos", "Ficaremos atentos às necessidades um do outro", e assim por diante.

E esse procedimento fez uma diferença tremenda em nosso casamento. A lista agora está impressa em nossos corações. Nós não precisamos consultá-la para advertir: "Ei, você não está seguindo esse ou aquele item", porque sempre que sentimos ressentimento ou não gostamos do modo como as coisas vão, imediatamente conversamos a respeito. E isso surgiu do nosso acordo inicial.

A razão por que uma missão é tão importante num casamento é que não existem duas pessoas exatamente iguais. Há sempre diferenças. E, quando se juntam duas pessoas nesse relacionamento terno, sensível e íntimo que chamamos de casamento, se não se investir tempo no exame das diferenças e na criação de um senso de visão compartilhada, então essas diferenças podem levar à separação.

Se considerar cuidadosamente os problemas com que as pessoas se defrontam no casamento, você descobrirá que, em quase todos os casos, estes surgem das *expectativas conflitantes em relação aos papéis* que cada cônjuge desempenha e são exacerbados pelas *estratégias de resolução de problemas*. O marido pode achar que cabe à esposa administrar as finanças do casal; afinal, é o que a mãe dele faz. E a esposa pode pensar que essa tarefa cabe ao marido, pois é o pai dela quem cuida do dinheiro em sua família.

Estude os desafios e problemas do seu próprio casamento para ver se estes também não se enraízam em expectativas conflitantes em relação aos papéis e se acumulam em conseqüência de *scripts* conflitantes de resolução de problemas.

> O poder da co-autoria da missão é que esta literalmente transcende o "seu jeito" ou o "meu jeito", criando um novo jeito, um modo mais elevado — o "nosso jeito".

Esse partilhar e concordar acerca das expectativas sobre os papéis desempenhados, das estratégias de resolução de problemas, da visão e dos valores num relacionamento — é chamado "co-autoria da missão". Em outras palavras, é a mescla ou união das missões ou propósitos. Significa uni-los para definir um único objetivo. E o poder da co-autoria da missão é que esta literalmente transcende o "seu jeito" ou o "meu jeito", criando um novo jeito, um modo mais elevado — o "nosso jeito". A co-autoria da missão permite que os parceiros conjugais trabalhem juntos para examinar suas diferenças e resolver problemas de uma forma que construa uma Conta Bancária Emocional e traga resultados positivos.

Essa co-autoria de marido e mulher é tão vital, exerce tamanho impacto sobre o relacionamento e sobre a família como um todo, que você descobrirá — como nós descobrimos — que, mesmo elaborando uma missão familiar que inclua seus filhos, você não dispensará uma "missão conjugal", que refletirá o caráter especial do seu relacionamento com o cônjuge.

Uma Missão para Três ou Mais

A importância da missão se torna ainda mais evidente quando existem crianças na família. Agora, entram em cena pessoas que dependem de vocês, que precisam sentir que são parte de alguma coisa, que precisam ser ensinadas e treinadas — pessoas que serão influenciadas de várias formas diferentes ao longo dos seus anos de crescimento. E, se não dispuserem de visão e valores sólidos, a ausência de identidade familiar ou propósito pode desequilibrá-las. Então, mais uma vez, a declaração de missão familiar se torna sumamente importante.

Quando os filhos são pequenos, geralmente adoram ser incluídos no processo de elaboração da declaração. Adoram compartilhar suas idéias e ajudar a criar algo que lhes confira identidade familiar.

Catherine (*filha*):
Antes de meu marido e eu nos casarmos, conversamos sobre como queríamos que fosse o nosso lar, especialmente quando tivéssemos filhos. Queríamos que fosse divertido, descontraído, educativo etc.? Decidimos que queríamos ter honestidade e integridade em nosso relacionamento, que o nosso amor durasse, que jamais fraquejasse e morresse. Foi com base nessas discussões que escrevemos a nossa declaração de missão familiar.

Hoje nós temos três filhos e, embora tenha permanecido fundamentalmente a mesma, a nossa declaração de missão mudou um pouco com a chegada de cada filho. O nascimento de nossa primogênita praticamente nos lançou numa espécie de looping**, onde tudo girava em torno dela. Mas o bebê seguinte nos colocou mais em perspectiva, e pudemos perceber melhor de que modo queríamos educar nossas crianças — queríamos*

---

* Vôo em espiral (N. do E.)

que elas crescessem e se tornassem cidadãos úteis na comunidade, que servissem aos outros, e assim por diante.

As crianças também acrescentaram itens à declaração de missão. Nossa filha mais velha tem apenas seis anos. Ela diz fazer questão de que nós contemos uma porção de coisas engraçadas em nossa família, de modo que acrescentamos esse pequeno item para ela e para nosso filho de três anos.

Toda passagem de ano nós nos sentamos e trabalhamos na nossa declaração e escrevemos nossas metas para o ano seguinte. Descobrimos que nossos filhos se entusiasmam muito com o processo todo. Então, pregamos nossa declaração na porta da geladeira. As crianças vivem reportando-se a ela. Dizem: "Mãe, você não devia levantar a voz. Lembre-se — em nossa casa, apenas vozes alegres e felizes". É um grande lembrete.

Um marido e pai nos contou a seguinte experiência:

Há cerca de quatro anos, minha esposa, eu, nossos dois filhos e minha sogra, que mora conosco, criamos uma missão familiar. Só recentemente revimos aquela missão, para verificar se era necessário mudar alguma coisa.

No curso da discussão, Sara, nossa filha de onze anos, disse algo realmente importante. Observou que uma única pessoa podia trazer estresse para a família e afetar a todos, sem exceção. Creio que ela se sentisse assim em relação à avó, porque esta no momento enfrentava alguns problemas e, em decorrência, tendia a ser ríspida com as crianças na nossa ausência.

Contudo, ao tecer esse comentário, Sara não se referia a ninguém em particular. Mas a avó "vestiu a carapuça". E confessou: "Sabem, eu realmente faço isso, mas gostaria de melhorar". Minha esposa e eu nos apressamos a tranqüilizá-la: "Ora, vovó, todos nós fazemos isso. Todos precisamos melhorar". E, assim, um dos itens da nossa missão agora estabelece que: "Nós reconheceremos quando estivermos passando por um período de estresse e não passaremos isso para os outros".

Estou convencido de que só o processo em si já é muito bom para a família, porque proporciona um meio ambiente seguro para as pessoas compartilharem. E proporcionar um meio ambiente seguro não é algo comum no comportamento humano. Em geral, a reação das pessoas é mostrar-se crítico ou manter-se na defensiva. Mas, quando diz: "Tudo bem, vamos conversar sobre o que queremos que a nossa família seja", você cria um espaço se-

guro para todos expressarem seus sentimentos e idéias. Não é ameaçador porque não se trata de falar das pessoas, mas de conceitos.

Faça perguntas que ajudem os seus familiares a empregar os quatro dons humanos especiais, tais como:

*Qual é o propósito da nossa família?
Que tipo de família queremos ser?
Que tipo de coisas queremos fazer?
Que tipo de sentimento queremos encontrar em casa?
Que tipo de relacionamentos queremos ter uns com os outros?
Como queremos tratar e falar uns com os outros?
Que coisas são realmente importantes para nós como família?
Quais são as metas de maior prioridade da nossa família?
Quais são os nossos talentos, dons e habilidades especiais?
Quais são as nossas responsabilidades como membros da família?
Quais são os princípios e diretrizes que queremos que
a nossa família siga?
Quem são os nossos heróis? O que há neles que
apreciamos e gostaríamos de imitar?
Que famílias nos inspiram e por que nós as admiramos?
Como podemos contribuir para a sociedade como uma família e
nos voltarmos mais para o serviço comunitário?*

Durante a discussão, você provavelmente ouvirá respostas as mais diversas. Lembre-se de que *cada membro da família é importante. As idéias de todos são valiosas*. Você talvez tenha de lidar com todo o tipo de expressões positivas e negativas. Não as julgue. Respeite-as. Deixe que sejam expressadas livremente. Não tente resolver tudo. Só o que lhe cabe fazer nesse ponto é preparar as mentes e os corações para a reflexão. Em certo sentido, você está preparando o solo e começando a plantar algumas sementes. Não tente iniciar a colheita já.

Você descobrirá que essas discussões provavelmente se desenvolverão melhor se forem observadas três regras básicas:

> Sem envolvimento não há compromisso.

Primeira: escute com respeito. Cuide para que todos tenham a chance de se manifestar. Lembre-se de que o envolvimento no processo é tão importante quanto o resultado. A menos que sintam que participaram da formação da visão e dos valores que as governarão, guiarão, conduzirão e avaliarão seu progresso, as pessoas não se comprometerão. Em outras palavras, "sem envolvimento não há compromisso". Por isso, certifique-se de que todos saibam de antemão que suas idéias serão ouvidas e valorizadas. Ajude as crianças a compreender o significado de ouvir com respeito quando alguém estiver falando. Assegure-lhes de que os outros, em contrapartida, retribuirão demonstrando respeito por suas idéias.

Segunda: repita com precisão para mostrar que entendeu. Uma das melhores formas de você mostrar respeito é repetir o que escutou de uma maneira que satisfaça a pessoa que falou. Por isso, estimule os demais a também repetir as idéias que são expressadas — especialmente se houver desacordos — de modo satisfatório para o outro. Quando os membros da família procedem assim, um entendimento mútuo lhes abranda o coração e libera as energias criativas.

Terceira: escreva as idéias. Talvez você queira convidar alguém para "secretariar" a reunião. Peça a essa pessoa para escrever todas as idéias que surgirem. Mais uma vez: não avalie as idéias, não as julgue, não compare seu valor relativo. Essas são tarefas para depois. Apenas registre-as para que fiquem "sobre a mesa", visíveis para todos.

Então, é hora de começar a refinar o processo. Você descobrirá que a batalha principal, quando se elaboram declarações de missão, consiste na definição de objetivo e valores prioritários — em outras palavras, em escolher os propósitos e valores mais elevados, e em que ordem de prioridade. É um trabalho de fôlego.

Eu fui a uma conferência dos líderes asiáticos em Bangcoc, onde foi apresentada uma pesquisa que comparava os valores prioritários do mundo ocidental com os do mundo asiático. Os representantes das duas culturas afirmaram valorizar a cooperação e o trabalho em equipe, mas este era um valor menor no mundo ocidental e um dos principais, no Oriente. Foi interessante notar que os líderes asiáticos estavam muito preocupados em não perder esse valor, adotando o estilo ocidental, que dá primazia à independência, à liberdade de ação e à individualidade.

Não estou tentando levantar a questão de qual dos valores é o correto ou mais elevado. Apenas procuro demonstrar que o cerne do desafio de elaborar missão é estabelecer prioridades.

Existe uma estratégia, que vi adotarem com eficácia para resolver esse problema, que consiste em as pessoas escreverem seus cinco valores mais importantes e depois, por um processo de eliminação, reduzirem a lista a apenas um. Desse modo, todos são forçados a pensar no que realmente lhes importa. Isso, em si, pode constituir um grande aprendizado. Acaba acontecendo, por exemplo, que os membros da família chegam à conclusão de que, para eles, integridade é mais importante do que lealdade, que honra é mais importante do que boas maneiras, princípios são mais importantes do que valores, missão é mais importante do que bagagem, liderança é mais importante do que administração, eficácia é mais importante do que eficiência, e imaginação é mais poderosa do que o exercício da força de vontade.

O próprio processo de explorar as prioridades da sua família beneficia também a cultura familiar. As missões enfocam as possibilidades, não as limitações. Em vez de discutirem os pontos fracos, em certo sentido todos se empenham pelo que é possível, pelo que são capazes de visualizar. Não importa a causa pela qual lute, você acabará vencendo. Observe que a grande literatura, os melhores filmes e a melhor arte — o tipo que realmente inspira e edifica — essencialmente se concentram na visão e possibilidades e na análise das nossas motivações e impulsos mais nobres, nosso "eu" mais elevado.

> *As missões enfocam as possibilidades, não as limitações.*

Imagine o impacto sobre a Conta Bancária Emocional! Se, na pior das hipóteses, nada mais se obtiver com esse processo, o simples ato de investir tempo, de escutar um ao outro, e de se relacionar nesse nível de profundidade representará depósitos vultosos. Pense no que isso transmite aos membros da família em relação ao valor individual de cada um deles, bem como ao valor de suas idéias.

De resto, esse processo também pode ser muito divertido. De início, talvez pareça um tanto desconfortável, porque retira as pessoas de sua zona de segurança — principalmente se, para elas, for inédito envolver-se em discussões tão profundas e reflexivas. Mas, à medida que se desinibem, uma espécie de excitação começa a desenvolver-se. A comunicação se torna bastante autêntica e os laços, mais estreitos. E pouco a pouco, talvez de modo quase imperceptível, em seus corações e mentes a substância mesma da declaração de missão familiar começa a adquirir contorno.

Segunda Etapa: Escreva a Sua Missão Familiar

Com as idéias sobre a mesa, vocês agora estão prontos para que alguém da família as refine, destile e combine, criando algum tipo de expressão que reflita o sentimento coletivo dos corações e mentes de todos os participantes.

Num certo sentido, é extremamente importante registrar essa expressão no papel. O próprio processo de redigir permite que o pensamento, ao se traduzir em palavras, consubstancie o aprendizado e as descobertas. Além disso, grava e reforça o aprendizado na memória, bem como torna a expressão visível e disponível para todos.

Por outro lado, colocar a missão no papel não é tão poderoso quanto imprimi-la no coração e na mente dos membros da família. Mas os dois não se excluem mutuamente. De fato, um conduz ao outro.

Permitam-me enfatizar aqui que, seja qual for o texto produzido nesse momento, este será apenas um rascunho tosco — possivelmente o primeiro de uma longa série. Cada membro da família terá de lê-lo, refletir a respeito, vivenciá-lo, discuti-lo, modificá-lo. Será necessário trabalhá-lo exaustivamente até que se obtenha um consenso: "Esta é a nossa família. Nossa missão é esta. Acreditamos nela e assumimos o compromisso de viver de acordo com seus princípios".

Veja, agora, alguns exemplos de missões familiares que nasceram desse processo — incluindo a nossa, que é a primeira. Como você perceberá, cada missão é única e espelha os valores e crenças daqueles que a escreveram. Minha intenção ao apresentá-las não é fornecer-lhe modelos de missão, pois a sua deverá refletir as esperanças, valores e crenças da sua família.

Talvez você sinta, como nós, um profundo respeito e gratidão por essas pessoas que nos deram permissão para divulgar suas missões, partilhando algo tão pessoal.

A missão da nossa família é criar um ambiente onde se cultivem a fé, a ordem, a verdade, o amor, a felicidade e a descontração, e dar a cada indivíduo a oportunidade de se tornar responsavelmente independente e eficazmente interdependente, a fim de servir a propósitos de valor na sociedade.

A missão da nossa família é:
Valorizar a honestidade para com os outros e com nós mesmos.
Criar um ambiente onde cada um de nós encontre apoio e estímulo para atingir suas metas pessoais.
Respeitar e aceitar a personalidade e os talentos exclusivos de cada pessoa.
Promover uma atmosfera de amor, bondade e felicidade.
Apoiar os esforços da família em prol da sociedade.
Manter a paciência por meio do entendimento.
Resolver os conflitos sempre, em vez de fomentar a raiva.
Promover a concretização de tudo o que a vida nos oferecer de melhor.

Missão da nossa família:
Amar um ao outro...
Ajudar um ao outro...
Acreditar um no outro...
Empregar com sabedoria nosso tempo, talentos e recursos para beneficiar outros...
Amar a Deus juntos...
Para sempre.

Nosso lar será um lugar onde a nossa família, amigos e convidados encontrarão alegria, conforto, paz e felicidade. Procuraremos criar um ambiente de limpeza e organização que seja acolhedor e confortável. Exercitaremos a sabedoria no que escolhermos comer, ler, ver e fazer em casa. Queremos ensinar nossos filhos a amar, a aprender, a rir, a trabalhar e a desenvolver seus talentos especiais.

Nossa família é feliz e todos se divertem juntos.
Todos nos sentimos seguros e valorizados.
Nós apoiamos integralmente uns aos outros, para que desenvolvamos nossos potenciais visível e oculto.
Nós dedicamos amor incondicional e inspiramos uns aos outros.
Nós somos uma família onde cada um pode crescer continuamente tanto em termos mentais quanto físicos, sociais/emocionais e espirituais.
Nós discutimos e descobrimos juntos todos os aspectos da vida.
Nós cultivamos a vida em todas as suas formas e protegemos o meio ambiente.
Nós somos uma família cujos membros auxiliam uns aos outros e à comunidade.
Nós somos uma família que valoriza a limpeza e a ordem.
Nós acreditamos que a diversidade de raças e culturas constitui uma dádiva.
Nós somos gratos à graça de Deus.
Nós esperamos deixar como legado a força e a importância das famílias.

Lembre-se sempre de que não é necessário que a missão seja um documento extenso e formal. Pode até ser uma palavra ou frase, ou algo criativo e inteiramente diferente, como uma imagem ou um símbolo. Conheço algumas famílias que compuseram uma canção para exprimir o que é mais importante para seus membros. Outras manifestaram seu senso de visão por meio da poesia e da arte. Conheço famílias que estruturaram sua missão na forma de um acróstico, cada frase se iniciando com uma letra de seu sobrenome. Há até o caso de uma família que expressou um senso poderoso de visão com um bastão de quatro pontas! A parte central desse bastão é reta, mas, de súbito, ele se retorce na direção das duas extremidades, e cada uma delas se divide em duas pontas. Dessa forma, "quando se levanta uma delas, forçosamente se ergue também a outra". A mensagem que esse objeto simboliza para a família é que as escolhas que você faz trazem conseqüências para todos; portanto, escolha com muito cuidado.

Terceira Etapa: Use a Missão para Manter-se na Rota

Uma missão não é um item "a fazer" para você eliminar da sua lista. Na verdade, a idéia é fazer dela literalmente a constituição que rege a vida familiar. A constituição da sua família deve ser o documento básico que a unificará e manterá coesa durante décadas — e até mesmo gerações.

Nós falaremos mais sobre como transformar a sua declaração de missão numa constituição no Hábito 3.

> Não é necessário que a missão seja um documento extenso e formal. Pode até ser uma palavra ou frase, ou algo criativo e inteiramente diferente, como uma imagem ou um símbolo.

Por ora, quero apenas fazer menção a esta etapa e resumir todas elas mostrando-lhe como um pai de uma família mista aplicou esse processo de três etapas. Ele revelou:

Nós criamos a nossa declaração de missão familiar ao longo de várias semanas.

Na primeira, chamamos nossos quatro filhos e dissemos:

— Olhem, se nós formos todos em direções diferentes e vivermos brigando uns com os outros, as coisas vão ficar bem difíceis.

Nós argumentamos que tudo seria bem mais fácil se partilhássemos o mesmo sistema de valores. Então, distribuímos cinco fichas para cada um de nós e pedimos a eles:

— Apenas escrevam em cada ficha uma palavra que descreva a nossa família.

Quando juntamos as fichas e eliminamos as repetições, ficamos com vinte e oito palavras diferentes. Na semana seguinte, solicitamos que cada um definisse o significado daquelas palavras, para que pudéssemos compreender o que cada um de nós tinha em mente. Por exemplo, nossa filha de oito anos havia escrito a palavra "legal" em um de seus cartões. Ela queria ter uma família "legal". Então, nós a estimulamos a nos explicar como era uma família "legal". Por fim, todas as definições foram esclarecidas, de modo que obtivemos um profundo entendimento.

Na outra semana, nós afixamos todas as palavras numa lousa grande e atribuímos a todos o direito a dez votos. Era permitido usar até três votos por item, desde que não se excedesse o limite de dez. Depois da votação, restaram apenas dez itens considerados importantes para todos.

Na semana que se seguiu, tornamos a votar nos dez itens, e nossa lista diminuiu para seis. Então, nós nos dividimos em três grupos, e cada qual escreveu algumas frases acerca de duas das palavras, definindo-lhes o significado. Então, nós nos reunimos de novo e lemos as frases em voz alta.

Na última semana, discutimos as frases. E as esclarecemos. Certificamo-nos de que expressavam o que queríamos que expressassem. Fizemos as correções gramaticais. E as transformamos na nossa declaração:

Missão da nossa família:
Ser sempre generoso e respeitoso, e apoiar uns aos outros.
Ser honesto e sincero uns com os outros.
Manter um sentimento religioso no lar.
Amar uns aos outros incondicionalmente.
Ser responsável por viver uma vida feliz, saudável e gratificante.
Fazer desta casa um lar para onde sempre queiramos voltar.

Foi realmente fantástico, porque nos envolvemos do começo ao fim. A missão baseava-se nas nossas palavras e nas nossas frases, e todos podiam ver isso.

Colocamos a missão numa linda moldura e a dependuramos sobre a lareira. Dissemos:

— Tudo bem, quem conseguir decorá-la ganhará uma barra enorme do seu chocolate preferido.

Semanalmente, um de nós discorre sobre o significado de uma daquelas palavras ou frases. Nada muito longo, no máximo três minutos, mas isso serve para manter a chama acesa. Nós também estabelecemos metas com base na declaração, tornando-a uma parte central de nossas vidas.

Todo esse processo tem sido extremamente útil para nós. Numa família tradicional, a tendência é pressupor comportamentos já estabelecidos. Mas, quando se trata de uma família mista, que reúne raças e culturas diferentes, já de início temos de lidar com concepções diferentes acerca da educação dos filhos, por exemplo. Nossa missão realmente nos deu uma certa estrutura, alguns valores comuns e um prisma comum sobre o nosso objetivo.

Duas das mais poderosas forças psicológicas que atuam sobre a memória e ajudam a interiorizar as informações correspondem a escrever e visualizar, ambas envolvidas no processo de elaboração da missão familiar. Quando essas atividades são desempenhadas de modo consciente, o conteúdo se introduz rapidamente no subconsciente e nos recantos mais profundos do coração, ajudando a pessoa a manter-se na rota.

Ao escrevermos ou visualizarmos, cristalizamos a nossa reflexão. E, se todos os sentidos forem empregados de forma conjugada, essa cristalização se torna um verdadeiro *laser*, que imprime no cérebro o conteúdo e os sentimentos corporificados no ato de escrever ou visualizar, permitindo-lhe traduzir a missão nos momentos da vida cotidiana.*

O Poder de uma Missão Familiar

Uma senhora divorciada, mãe de quatro filhos, contou a seguinte experiência:

Há vinte anos, meu marido foi embora de casa, e eu fiquei com quatro crianças — uma de quatro anos, outra de seis, outra de oito e a mais velha com dez anos. Durante algum tempo, senti-me absolutamente perdida. Estava arrasada. Por vários dias, não saí da cama, chorando. A dor era profunda demais. E eu me sentia aterrorizada em relação ao futuro. Não sabia como enfrentar a situação. Havia momentos em que me arrastava de uma hora para a seguinte e pensava: "Bem, consegui não chorar nessa hora que

---

* Para obter exemplos adicionais de declarações da missão familiar e uma folha de trabalho para ajudá-lo a desenvolver a sua, ligue para 1-800-372-6839 ou visite www.franklincovey.com, na Internet.

passou. Vamos ver se consigo também na próxima". E isso era muito duro para as crianças, porque o pai delas havia saído de casa e, durante aquele tempo, era como se a mãe também tivesse "partido".

Foram os meus filhos que finalmente me deram força para seguir adiante. Percebi que, se não assumisse as rédeas, não só destruiria a minha vida como a de quatro seres preciosos para mim. Assim, eles foram a minha motivação real, a razão para a minha escolha consciente.

Comecei a me dar conta de que precisava de uma nova visão. A nossa já não era uma família "tradicional". E, já que a nossa família não "parecia" mais a mesma — aquela que havíamos formado e julgáramos eterna —, eu precisava mudar a "aparência".

Então, reuni meus filhos e conversamos sobre a estrutura dessa nova família. Tomamos algumas decisões fundamentais. Tudo bem freqüentarmos as reuniões da igreja ou as festas da escola. Faltava-nos uma parte essencial — não havia como negar o fato —, mas, quanto a isso, sem problemas. Nós ainda podíamos fazer as coisas que nos agradavam. Ainda tínhamos os valores, os princípios e as pequenas coisas boas da vida.

Eu tinha de resolver internamente os meus sentimentos em relação ao pai das crianças, para ser capaz de valorizar seu lado positivo e aceitar as coisas com as quais não concordava. Eu não queria perdoá-lo. Não queria permitir que ele e as crianças saíssem e fizessem programas divertidos juntos. Mas minha consciência, a melhor parte de mim, advertiu-me que esse tipo de atitude não traria bons resultados. Sabia que meu ódio e minha raiva devorariam e destruiriam a minha família. Então, rezei por coragem. Rezei pela ânsia de desejar fazer o que era certo, porque, se eu pudesse ao menos querer fazer, tudo seria menos difícil.

> 𝒜 missão familiar se torna literalmente o DNA da vida em família.

Não foi fácil. Houve momentos em que eu me sentia tão zangada que desejava matar aquele homem — principalmente quando as escolhas dele magoavam as crianças. Mas, ao longo dos anos, consegui superar a raiva e por fim adquiri serenidade para estimá-lo como a um irmão. Comecei a encará-lo não como o ex-marido, não como o pai dos meus filhos, mas como um homem que cometeu alguns erros realmente trágicos.

Atualmente, cada uma das crianças já passou por crises com ele e desistiu de ter o pai que gostaria e visualizara. Elas atingiram um ponto em que podem valorizar-lhe o lado positivo e ainda permitir que tenha imperfeições que lhes são tão dolorosas. Elas agora sabem que têm de aceitá-lo como é, não como gostariam que fosse, porque ele não é aquela pessoa que idealizaram — não agora, talvez em momento algum.

O que mais nos ajudou foi criar um novo objetivo em nossas mentes. Nós criamos uma nova visão do que a nossa família será.

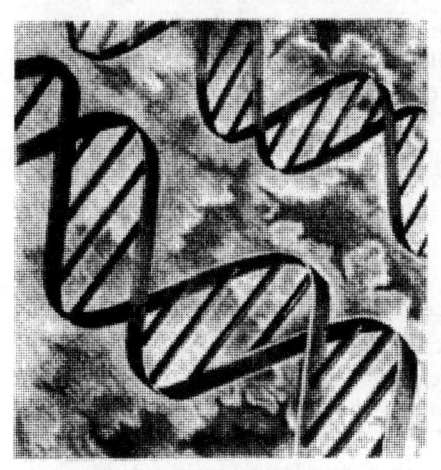

Repare o poder desse senso de visão e valores compartilhados de manter a família centrada e unida — mesmo em meio à adversidade. Esse é o poder da missão familiar. Ela se torna literalmente o DNA da vida em família. É como a estrutura cromossômica dentro de cada célula que contém o projeto de funcionamento do corpo inteiro. Em razão desse DNA, cada célula é, em certo sentido, um holograma do corpo inteiro. E o DNA define não apenas a função daquela célula, mas também seu relacionamento com as demais.

A formação da visão compartilhada cria um elo forte, um senso de união de propósitos, um profundo e ardente "sim!" que é tão poderoso, tão coesivo, tão motivador que literalmente liga a pessoa com um propósito forte o bastante para transcender os obstáculos, os desafios do cotidiano, o *script* negativo do passado, e até mesmo o acúmulo de bagagem do presente.

"O Amor" É um Comprometimento

Por que a missão familiar tem esse tipo de poder? Uma senhora de quarenta e três anos, que acabara de casar-se pela primeira vez, disse o seguinte:

Para mim, a declaração da missão familiar confere um aspecto prático, concreto e factível ao que o amor realmente é. O amor certamente significa as rosas e os jantares e as férias românticas. Mas também implica abraços e roupões de banho e apanhar o jornal da manhã um para o outro, e também preparar o café ou dar comida ao porquinho-da-índia. O amor se revela nos detalhes, como uma sinfonia.

Penso que a missão é uma forma de explicitar o comprometimento. E acho que o processo de elaborá-la pode ser tão valioso como o resultado final, porque é o fato de trabalhar em conjunto para criar aquela visão e torná-la real que define, refina e intensifica o amor.

Uma esposa e mãe de uma família mista relatou o seguinte:

Creio que a diferença de possuir uma missão familiar é que você estabelece uma série de regras e princípios que o comprometem, que lhe dificultam esquivar-se das responsabilidades. Se eu dispusesse desse tipo de base antes, é provável que tivesse lidado com meu primeiro relacionamento de modo completamente diferente. Mas, na época, não havia um senso de visão compartilhada e comprometimento a que eu pudesse recorrer para questionar: "Por que devo manter este casamento? O que posso fazer para que dê certo?" Em vez disso, eu concluí: "Para mim, chega. Estou farta. Vou acabar com tudo". E tudo acabou. Nunca existiu aquele senso de comprometimento real com uma visão em comum.

Agora, porém, as coisas são diferentes. Veja a minha relação com Bonnie, por exemplo. Ela não é minha "enteada", é minha filha. "Madrasta", para nós, é personagem das histórias de fadas. Fizemos um acordo: "Não existem relações indiretas nesta família. Somos todos um só. Fomos todos criados como iguais. Todos temos direitos iguais nesta casa. O fato de morar ou não aqui em tempo integral é irrelevante".

Considerando as nossas personalidades e maneiras de ser, creio que seria muito fácil para uma família como a nossa se desestruturar, deixar de ser funcional. Mas esse senso de visão compartilhada nos tem dado força e comprometimento para permanecermos juntos, para agirmos como uma família, para sermos uma família.

Lembre-se, mais uma vez: amar é um verbo. E amor é comprometimento. A declaração da missão familiar torna explícito o significado desse comprometimento.

Como observamos no Hábito 1, as promessas mais fundamentais são aquelas que fazemos aos membros da nossa família — nos votos matrimoniais, no compromisso tácito de cuidar e nutrir os filhos. Por intermédio da declaração da missão familiar, nossos filhos tomam conhecimento, para além de qualquer dúvida, de que estamos inteiramente comprometidos com eles desde o exato instante de seu nascimento ou adoção, de que os laços jamais se romperam nem se romperão, pois não existe nada capaz de rompê-los. A declaração é uma forma de lhes dizermos: "Nosso comprometimento não depende do seu comportamento, nem da sua atitude ou do seu comprometimento conosco. Ele é total e irrestrito. Sempre os amaremos. Vocês estarão sempre nos nossos corações. Jamais os trairemos. Jamais os abandonaremos. Seremos sempre verdadeiros com vocês, não importa o que façam. Queremos que saibam disso, e continuaremos a repeti-lo ao longo da vida tanto em palavras como em ações. Nosso comprometimento e nosso amor são incondicionais".

> *Por intermédio da missão familiar, nossos filhos tomam conhecimento de que estamos inteiramente comprometidos com eles desde o exato instante de seu nascimento ou adoção.*

Quando sentem esse nível de comprometimento — e quando este é comunicado com coerência entre palavras e ações —, de bom grado eles aceitam os limites e a responsabilidade por seus atos. Mas, quando não se pagou o preço de tomar as decisões profundas contidas na missão, os pais podem facilmente ser obscurecidos pelas forças sociais e pelas pressões que surgem constantemente em sentido contrário ao caminho da responsabilidade, da interdependência, da observância aos padrões familiares, do cumprimento de acordos.

A elaboração da missão familiar permite que você e sua família examinem, esclareçam e renovem essas promessas — e as mantenham sempre diante de vocês, para imprimir esse comprometimento em suas mentes e corações e para vivenciá-lo no cotidiano.

Fortalecendo a Família Ampliada

Como você pode inferir das histórias que partilhamos, as declarações da missão familiar propiciam força e orientação para famílias de todas as configurações: as que têm pai e mãe, as que têm só um dos dois, as mistas, e assim por diante. E também conferem propósito e força aos relacionamentos nas famílias ampliadas e ao longo das gerações. Um senhor me contou o seguinte:

Quando eu trabalhava numa declaração da missão pessoal, uma coisa importante que emergiu foi o que eu sentia em relação a minha família ampliada — meu irmão, irmãs e sobrinhos. Lembro-me de quando era criança e assistia a algumas das guerras mais acirradas entre meus pais. Havia momentos em que papai quebrava tudo dentro de casa — simplesmente arremessava o que encontrasse pela frente, espatifando os objetos nas paredes. Parecia que eram centenas as noites em que mamãe ficava à janela, chorando. E isso realmente deixou uma profunda marca em mim.

Se deixou marcas em minhas irmãs eu não sei dizer com exatidão, mas elas se casaram com homens do tipo ou dominador ou covarde — nada do tipo comum, meio-termo — e alguns dos casamentos fracassaram.

Assim, quando pensei sobre a minha missão, experimentei um senso real de responsabilidade em relação aos meus sobrinhos e um grande desejo de lhes proporcionar um bom modelo. E todas as semanas, quando revejo a declaração, reflito seriamente sobre o que poderia fazer por eles.

A esposa dele acrescentou:

Isso o tem ajudado a se tornar um verdadeiro agente de mudança na família. Meu marido não só abandonou uma cultura de alcoolismo e abuso emocional, mas também estabeleceu um padrão alto de educação e contribuição para os sobrinhos. Ele os procura e questiona:

— Tudo bem, vocês não conseguiram as notas necessárias para entrar na faculdade. E agora, o que farão a respeito?

Nós procuramos recebê-los em casa com bastante freqüência, e esses garotos percebem os nossos hábitos familiares. Não assistimos à tevê à noite. Escola, para nós, é da máxima importância. Nossos filhos estudam música e praticam esportes. Eles nos vêem trabalhando para atingir metas de longo prazo, e isso os impressiona.

Observe como o senso de visão e valores compartilhados desse senhor lhe possibilitou exercer um papel positivo e proativo em sua família ampliada. Ele trabalha de dentro para fora e se tornou um agente de mudança. Imagine a diferença que fará na vida dos sobrinhos.

Não há limites para o bem que você pode fazer a sua família se tiver uma visão clara de seu objetivo, de seu papel e de sua oportunidade. Apenas pense na oportunidade para os avós, por exemplo. Eles podem constituir um elemento vital e ativo para unir seus filhos e netos. Meu irmão John e sua esposa, Jane, eram pais e avós quando desenvolveram a declaração de missão. Tinham filhos casados que moravam em diferentes partes do país, e também filhos que ainda viviam com eles. Passaram dezoito meses comunicando-se com todos os filhos das mais variadas formas, e eles finalmente criaram uma única frase que encarnava a essência do que todos pensavam e sentiam: "Sem cadeiras vazias."

Essas três palavras simples se revestiam de um significado profundo para eles. Tratava-se de um código. Encerravam em si discussões e interações profundas sobre o espírito de amor e comprometimento incondicionais que nutriam uns pelos outros. "Nós nos ajudaremos mutuamente. Não falharemos com ninguém. Rezaremos uns pelos outros. Serviremos uns aos outros. Perdoaremos uns aos outros. Não guardaremos rancores. Não nos ressentiremos."

> "Sem cadeiras vazias."

Apenas pense no poder desse tipo de comprometimento em várias gerações da família! Avalie o impacto que essas palavras exercerão sobre tias, tios e primos enquanto a família se amplia.

Mas você não precisa ser pai/mãe ou avô/avó para iniciar

uma declaração de missão familiar que abranja outras gerações. Parentes adultos também podem tornar-se agentes de mudança.

Um senhor relatou o seguinte:

Algum tempo atrás, meu pai nos chamou e sugeriu que toda a família se unisse numa viagem de férias. A casa de meus pais ficava na Virgínia, uma de minhas irmãs e o marido moravam em Ohio e a outra irmã, bem como meu irmão, estavam em Utah, de modo que vivíamos bastante espalhados.

Naquela época, eu estava mergulhado no estudo dos 7 Hábitos e pensei que seria ótimo se pudéssemos redigir uma missão da nossa família ampliada. Então, antes das férias, escrevi para todo mundo. Expliquei o que era uma missão e incluí algum material que ensinava como elaborá-la. Pedi a cada um que levasse um esboço.

Uma das coisas que realmente me entusiasmavam nessa tarefa era redefinir nosso relacionamento uns com os outros. Estava convencido de que havíamos atribuído rótulos a cada um que já não correspondiam à realidade. "Oh, Johnny — esse é um "cuca-fresca". É realmente simpático, mas nem sempre se pode depender dele. Jenny é a que reclama de tudo. Vive lamentando-se por causa disso ou daquilo. David também reclama, mas acaba fazendo as coisas das quais se queixou." E assim era com a família inteira. Esses rótulos talvez fossem justificados quando tínhamos doze ou treze anos, mas já não nos serviam. Assim, na primeira noite em que nos reunimos, conversamos a esse respeito.

Foi uma noite incrível. Fizemos cópias dos esboços da cada um e as distribuímos. À medida que cada um lia o seu, assinalávamos nossas linhas favoritas. Era realmente incrível como os enfoques divergiam. Meu irmão havia escrito o dele na forma de um belo poema. O de meu pai consistia num parágrafo. O meu tinha três páginas. Cada um era único.

Dos doze esboços, extraímos um slogan da família e o imprimimos em camisetas. Nós não completamos a declaração naquela oportunidade, mas progredimos significativamente.

O mais incrível de toda a experiência foi o impacto do processo em si. Um dos benefícios mais imediatos veio mais tarde, ainda durante as férias, quando o lindo e luxuoso motel que mamãe selecionou de um prospecto se revelou uma "tremenda fria". Antes, isso teria causado a todos nós uma silenciosa infelicidade. Mas a experiência da declaração de missão permitiu que nos comunicássemos abertamente e, em questão de trinta minutos, salvamos a viagem. Estou convencido de que isso foi resultado da sensação de união familiar que experimentávamos.

Outro resultado desse trabalho foi que vários de nós, com as respectivas famílias, acabaram mudando-se para perto de nossos pais. Concluímos que a família era mais importante do que o dinheiro ou uma residência luxuosa. Na verdade, nós até descobrimos que adoraríamos abrir um negócio em sociedade. Percebemos que havia um bocado de desafios para resolvermos, mas sentimos que isso nos daria a chance de nos conhecer melhor. Então, empacotamos nossas coisas e fizemos mudanças de centenas de quilômetros só para ficarmos juntos.

Antes dessa experiência com a missão, nosso relacionamento era do tipo "Ei, vejo você no Natal!". Mas agora nos demos conta de que queremos que nossos filhos cresçam perto uns dos outros. Queremos que conheçam os avós. A missão iniciou uma nova era na nossa família.

Note que, muito embora não fosse o pai nessa família, esse senhor aceitou um papel de liderança proativa.

A realidade é que tudo se torna benefício para você — o que acontece no interior da sua mente e do seu coração e as suas escolhas proativas para transformar a família.

Como Benjamin Franklin expressou de forma tão bonita:

Nós vivemos em encruzilhadas, cada minuto, cada hora, cada dia, fazendo escolhas. Escolhemos os pensamentos que nos permitiremos pensar, as paixões que nos permitiremos sentir e as ações que nos permitiremos praticar. Cada escolha é feita no contexto do sistema de valores que selecionamos para reger as nossas vidas. Ao elegermos esse sistema de valores, nós estamos, de um modo muito verdadeiro, fazendo a escolha mais importante que jamais faremos.[4]

Três "Cuidados"

Quando trabalhar na sua missão familiar, convém você tomar três "cuidados":

1. Não a "comunique". Envolver toda a família no nível de que estamos falando requer tempo e paciência. Talvez você se sinta tentado a apenas redigi-la, sozinho ou com a ajuda do cônjuge, e depois comunicá-la aos filhos. Mas não faça isto! Se os membros da sua família não sentirem que a missão os representa, não lhe darão apoio. Como disse uma mãe: "Todos têm de sentir-se proprietários da missão. Caso contrário, é como perguntar às pessoas: 'Quando foi a última vez que você lavou um carro alugado?' Se não for seu, você não cuida da mesma maneira". Então, vá devagar para assegurar que todos estão envolvidos e comprometidos. Excetuando as crianças pequenas, lembre-se: "Sem envolvimento, não há compromisso". Com as crianças pequenas, identificação (ligação emocional) é até mais poderosa do que envolvimento.

> *É como perguntar às pessoas: "Quando foi a última vez que você lavou um carro alugado?" Se não for seu, você não cuida da mesma maneira.*

2. Não apresse. Se você tentar apressá-los nesse processo, os seus familiares deixarão que você faça ao seu modo só para ficarem livres para fazer outras coisas. Mas a missão final não lhes refletirá os sentimentos nem receberá sua fidelidade. Mais uma vez: o processo é tão importante quanto o resultado. E requer que as pessoas se envolvam de modo profundo e genuíno, que escutem umas às outras, que trabalhem juntas para criar uma declaração que represente os pensamentos e sentimentos de todos os participantes.

3. Não a ignore. Lembre-se, "Começar com o objetivo em mente" é um hábito das famílias eficazes, não um evento isolado. A redação da missão é apenas o começo. Os frutos mais ricos nascem à medida que você introduz a missão na própria tessitura da sua família, em todos os momentos do seu cotidiano. E, para fazer isso, é preciso que você a tenha sempre em mente, que reflita a seu respeito, e que a adote como a constituição da sua vida familiar. Você talvez prefira imprimi-la e distribuir uma cópia para cada membro da família, mantendo um exemplar em sua maleta ou bolsa, ou emoldurá-la e dependurá-la na parede. Uma família mandou confeccionar uma placa e pregou-a na porta da rua, perto da campainha. Nela está escrito: "Nesta casa você encontrará a melodia do amor e o espírito da solidariedade". Com todas as freqüentes idas e vindas, essa placa atuava como um lembrete constante do tipo de família que se empenhavam em ser.

Lembre-se do Bambu Chinês

Talvez seja hora de você relembrar o bambu chinês. "Cultivar" crianças, relacionamentos e todas as coisas boas que desejamos em nossa família exige tempo. E, às vezes, as forças que podem desviar-nos da rota — até dentro da própria família — revelam-se poderosas e intensas. Um pai partilhou conosco este comovente relato de sua penosa e longa experiência com uma filha problemática, que nos mostra que a declaração de missão e a estrutura dos 7 Hábitos podem fazer toda a diferença.

Há cerca de cinco anos, nossa filha — uma menina brilhante, dotada de grande talento musical e que havia acabado de passar para a sétima série — começou a andar com colegas que haviam repetido alguns anos e tomavam drogas. Naquela época, tentamos interessá-la pela elaboração de uma declaração de missão familiar, mas fracassamos.

Num esforço para ajudá-la, na oitava série nós a transferimos da escola pública para um colégio católico. Não permitimos que mantivesse a amizade com a antiga turma. Chegamos até a nos mudar para o outro extremo da cidade. Mas, a despeito do total envolvimento nosso e dos professores, e do fato de a tornarmos responsável pelo próprio comportamento, suas notas continuaram caindo. Ela começou a telefonar para os velhos amigos e ocasionalmente os encontrava. Além disso, tornou-se muito desrespeitosa com a mãe. Tentamos todas as formas de conceder e retirar privilégios pelo comportamento, sem nenhum resultado. Por fim, nós a enviamos numa excursão com um grupo de adolescentes organizado por uma igreja local.

Durante esse período, minha esposa e eu escrevemos uma missão conjugal. Nós passávamos uma hora por dia escutando um ao outro, e levamos a sério as nossas missões pessoais. Aferramo-nos ao princípio da escolha e ao âmago dos valores pelos quais viveríamos — não importando o que acontecesse com a nossa filha.

Quando ela se recusou a cursar o segundo grau numa escola particular, nós saímos do Texas e fomos morar em Nova Jersey, onde tínhamos parentes. Nós nos mudamos de uma comunidade de subúrbio para um ambiente rural de dois mil hectares, numa região rica do Estado, que oferecia excelentes escolas públicas e quase nenhum problema de drogas. Lá ela iniciou o primeiro ano e quase imediatamente teve problemas na escola. Sob pressão dos parentes, que nos acusavam de "cruzar os braços e não fazer nada", tentamos várias formas de "amor severo" sem nenhum resultado positivo. Nossa filha começou a se embriagar, a ameaçar fugir ou suicidar-se.

A escola recomendou seu ingresso no grupo de terapia sob orientação do psicólogo da escola, onde ela encontrou amigos com problemas de alcoolismo, maconha e promiscuidade sexual precoce. Contudo, seu comportamento às vezes tendia à autodestruição, e minha esposa passou a temer por sua segurança física. Nós a levamos para fazer terapia individual, de novo sem resultados concretos.

Durante o segundo ano, ela passou a fracassar em tudo. Recusou-se a continuar a terapia e foi expulsa do grupo da escola. Começou a ausentar-se de casa na companhia de namorados. Minha esposa e eu sentimos que já havíamos esgotado todas as possibilidades. Não queríamos deixá-la fugir nem colocar a polícia atrás dela, mas sentíamos que já havíamos tentado tudo o mais.

Nessa altura, decidimos direcionar nossa fé para os nossos princípios, em vez de dar ouvidos aos conselhos que recebíamos. Continuamos com nossas conversas diárias, e mesmo eu tendo de viajar muito, jamais falhamos nem um dia sequer. Principiamos a separar nossos problemas dos de nossa filha e a acreditar que fazíamos mais diferença do que podíamos ver.

Nós nos concentramos em trabalhar de dentro para fora. Levamos a sério nosso compromisso de ser dignos de confiança. Não importava qual fosse o comportamento de nossa filha, jamais o usamos como desculpa para romper esse compromisso. Também nos concentramos em construir confiança em cada interação com ela. Nós lhe demonstramos nosso amor incondicional, ao mesmo tempo que deixávamos claro o quanto esse tipo de comportamento feria os nossos valores e as conseqüências que acarretava.

Éramos escrupulosos quanto a manter as conseqüências em nosso Círculo de Influência. Se nossa filha fugisse, tentaríamos localizá-la, mas só iríamos ao seu encontro quando e se ela nos chamasse. Expressaríamos o nosso amor e preocupação e a escutaríamos para entendê-la, mas não desistiríamos dos nossos planos e das nossas vidas, tampouco esconderíamos suas atitudes de nossos parentes. Não lhe dedicaríamos confiança incondicional. E lhe explicamos que teria de conquistar a nossa confiança — e nós, a dela.

Nós a tratamos como uma pessoa proativa. Afirmamos seus talentos e deixamos seus níveis de iniciativa se igualarem a sua confiabilidade nessa área.

Desenvolvemos uma missão familiar, mesmo sem a participação de nossa filha. Mas incluímos os itens nos quais sabíamos que ela também acreditava. Constantemente revíamos nossos sistemas formal e informal de recompensas, de tomada de decisões e de troca de informações. A seu pedido, nós a matriculamos nas aulas do CAA (Centro de Aprendizado Alternativo) da escola e, em sua companhia, freqüentamos reuniões semanais com a direção do colégio, apenas para conversar.

Na penúltima série, nossa filha principiou lentamente a responder, embora continuasse a usar maconha e LSD com os amigos. Começou a respeitar a proibição de drogas e cigarros na nossa propriedade. Na escola, passou de ano raspando, mas sua vida em casa melhorava a olhos vistos.

Ao longo do ano seguinte, nosso relacionamento se estreitou sensivelmente. Adquirimos uma compreensão mútua profunda e começamos a ter jantares familiares, todos juntos. Ainda assim, os "amigos" dela deram para visitá-la em nossa casa, mas estávamos sempre presentes quando eles apareciam. As drogas continuaram sendo parte de sua vida, a despeito de não desistirmos de expressar nossa desaprovação e de não confiarmos nela nas áreas onde as drogas pudessem constituir um fator destrutivo.

Nossa filha ficou grávida, e, embora não a aprovássemos, respeitamos sua decisão de praticar um aborto. Continuamos a afirmar seu potencial e a expressar nosso amor incondicional, e estávamos sempre lá quando precisava de nós — em total contraste com os seus "amigos".

No início da última série, ela passou por uma experiência muito ruim com as drogas e imediatamente chamou a mãe, que a levou para o hospital. De súbito, nossa filha parou com todas as drogas e com o álcool, e começou a melhorar o desempenho na escola.

Um ano mais tarde, sua convivência em casa excedeu nossas melhores expectativas. Ela principiou a demonstrar quanto se tornara responsável. Voltou para a escola, para um semestre extra, a fim de concluir o curso, e tirou nota máxima em todas as matérias pela primeira vez no segundo grau. Conseguiu um emprego de meio expediente e passou a custear a parte de suas despesas que seu salário lhe permitia. Pediu-nos para continuar morando em casa por mais dois anos, a fim de preparar-se para entrar na faculdade.

Minha esposa e eu sabemos que não há garantias, mas sentimos que, ao alinharmos nossas vidas de acordo com os princípios corretos, melhoramos substancialmente as nossas chances de sucesso com nossa filha. Os 7 Hábitos nos forneceram uma estrutura para buscarmos princípios que nos amparassem naquela situação. Também nos deram a confiança de que, não importando como as coisas evoluíssem, lograríamos dormir à noite e prosseguir a nossa vida em comum. De um modo totalmente inesperado, nós dois crescemos como pessoas e mudamos tanto quanto nossa filha, se não mais.

COMPARTILHANDO ESTE CAPÍTULO COM ADULTOS E ADOLESCENTES

Todas as Coisas São Criadas Duas Vezes
- Discuta a sentença: "Como todas as coisas são criadas duas vezes, se você não se encarregar da primeira criação, algo ou alguém o fará" por você. Pergunte: "De que maneiras nós nos estamos encarregando da primeira criação?"
- Discuta os exemplos da primeira e da segunda criação (traçar a planta antes de construir, elaborar os planos de vôo antes de decolar). Na vida diária, onde se necessita de criação mental: No trabalho? Na escola? Nos esportes? Jardinagem? Culinária?

O Poder da Visão
- Reveja a metáfora do avião no Capítulo 1. Analise a importância de um destino definido e de uma bússola para um avião.
- Discuta a significância de visão e propósito claros na experiência relatada em "Criando a Nossa Missão Familiar". Discutam, como pais: "Que habilidades queremos que nossos filhos desenvolvam para ser bem-sucedidos quando crescerem?".
- Identifique alguns dos benefícios decorrentes da criação de uma visão. As idéias podem incluir: um senso mais profundo de objetivo e direção, sensação de esperança ou de possibilidades futuras, e foco nas oportunidades, não nos problemas.

Criando a Sua Missão Familiar
- Discuta e aplique o processo de três etapas.

- Discuta os três "cuidados" sugeridos.
- Identifique os quatro dons humanos. Discuta de que maneira a elaboração da missão familiar também desenvolve esses dons.

COMPARTILHANDO ESTE CAPÍTULO COM CRIANÇAS

Desenvolvendo a Consciência: Uma Caça ao Tesouro
- Pergunte: "Se tivéssemos de viajar amanhã, o que levaríamos na mala?" Não lhes diga para onde vão nem quanto tempo ficarão fora. Quando terminarem de listar o que colocariam na bagagem, pergunte-lhes se faria diferença se você lhes tivesse informado que iriam para o Pólo Norte e morariam num iglu durante um mês.
- Pergunte: "Faz sentido costurar um vestido sem ter um modelo em mente, ou sem ter o molde? Preparar uma refeição sem nenhuma receita ou cardápio? Construir uma casa sem uma planta?" Ajude as crianças a entender que uma família também precisa de um plano para obter sucesso.
- Peça-lhes para imaginar o que gostariam que acontecesse em seu futuro. Ajude-as a traduzir a visão em palavras ou desenhos em cartazes, para dependurá-los na parede. As idéias aí expressas serão muito úteis quando vocês começarem a desenvolver a declaração de missão familiar.

Desbravando o Interior de Cada Criança
- Reserve alguns momentos para que cada membro da família revele um ponto forte observado numa determinada criança. Registre esses pontos fortes. Mantenha-os em mente quando elaborar a missão familiar. Prossiga até que todos se tenham manifestado.
- Estimule seus filhos a contribuir para a missão. Distribua fichas para as crianças e peça-lhes que escrevam ou desenhem coisas da vida familiar que as fazem felizes, suas ati-

vidades prediletas com a família, ou qualquer coisa boa que vêem em outras casas e que gostariam de incorporar. Tenha as fichas à mão na hora de elaborar a declaração.
- Numa noite estrelada, leve as crianças para contemplar as estrelas e discorra sobre a vastidão do universo. Ou localize o lugar onde você mora num mapa-múndi e discuta o tamanho do planeta. Converse sobre o que significa integrar a família humana. Considere de que maneiras diferentes cada pessoa e cada família podem contribuir. Pergunte-lhes o que acham que podem fazer para ajudar o mundo. Anote suas idéias e mantenha-as em mente quando desenvolver a declaração.
- Crie uma bandeira, ou um *slogan*, ou escreva uma canção que represente a família.

HÁBITO 3
PRIMEIRO O MAIS IMPORTANTE

Tudo bem, eu sei que as pessoas lhe dirão: "Nós não temos tempo". Mas, se alguém não dispõe de uma noite, ou ao menos de uma hora por semana para se reunir com toda a família, então a família não é sua prioridade.
— Oprah Winfrey

Neste capítulo, examinaremos duas estruturas organizacionais que o ajudarão a dar prioridade a sua família neste mundo turbulento de hoje, e a transformar a sua missão na constituição da família.

Uma dessas estruturas é um "tempo da família" semanal. E, como disse a apresentadora de televisão Oprah Winfrey aos seus telespectadores, quando me entrevistou a respeito deste livro em seu programa: "Se alguém não dispõe de uma noite, ou ao menos de uma hora por semana para se reunir com toda a família, então a família não é sua prioridade".

A segunda estrutura consiste em "tempos de convivência um a um" com cada membro da família. Juntas, essas duas estruturas compõem um instrumento eficaz para conferir prioridade a sua família e para manter "primeiro o mais importante" em sua vida.

Quando o Que É Mais Importante Não Vem Primeiro

Uma das sensações mais desagradáveis do mundo é a de perceber que estamos tratando as prioridades da nossa vida — incluindo a família — como coisas secundárias, às vezes até como o último item da nossa lista. E essa sensação se torna ainda pior quando nos damos conta do que está ocorrendo em conseqüência disso.

Lembro-me de modo vívido da profunda tristeza que amarguei quando me deitei numa cama de hotel, em Chicago. Naquela noite, enquanto eu proferia palestras, minha filha de catorze anos, Colleen, participava do ensaio geral da peça West Side Story (Amor, Sublime Amor). Ela não fora selecionada para o papel principal, mas ficara como suplente. E eu sabia que, na maior parte das apresentações — possivelmente em todas —, seu papel seria outro.

Mas aquela noite lhe pertencia. Na noite do ensaio geral, ela seria a estrela. Eu lhe telefonei para desejar boa sorte, mas o que eu sentia mesmo era um profundo remorso. E o que realmente desejava era estar lá, com a minha filha. E, embora nem sempre seja esse o caso, daquela vez eu poderia ter organizado os meus compromissos de maneira a deixar essa data livre. Mas, de algum modo, em meio à pressão do trabalho e a outras exigências, inadvertidamente esqueci de marcar a peça de Colleen na minha agenda. Como resultado, lá estava eu, sozinho, a cerca de dois mil quilômetros de distância, enquanto minha filha dava o melhor de si cantando e representando para uma platéia que não incluía seu pai.

Aprendi duas coisas naquela noite. A primeira é que não importa se a sua filha é a protagonista ou se apenas integra o elenco de apoio, se um filho seu é zagueiro ou o principal atacante. O que importa é que você torça por eles, que esteja lá, ao seu lado. E pude estar lá em várias das apresentações em que Colleen fazia parte do coro. Eu a valorizei. Eu a elogiei. E sei que ela ficou feliz por eu ter ido.

> "As coisas mais importantes nunca devem ficar à mercê das menos importantes."

Mas a segunda coisa que aprendi é que, se de fato quiser dar prioridade a sua família, você simplesmente tem de planejar com antecedência e ser firme. Não basta dizer que a família é importante. Se de fato considerar o item "família" como sua prioridade máxima, você tem de "ir à luta" e provar com as suas ações.

Na outra noite, depois do noticiário das dez, a emissora de TV exibiu um comercial que eu já tinha visto muitas vezes. A câmera mostra uma garotinha se aproximando da escrivaninha do pai. Atarefadíssimo e rodeado de pilhas de papel, ele está diligentemente escrevendo, sem vê-la. Ela pára perto dele e pergunta: "Papai, o que você está fazendo?"

Sem nem sequer erguer a cabeça, o pai responde: "Ah, não se preocupe, querida. Estou só fazendo um planejamento e organizando as coisas. Estas páginas contêm os nomes de todas as pessoas que preciso visitar para conversar, além de todas as coisas importantes que tenho de fazer".

A menininha hesita e depois pergunta: "Eu estou nessa agenda, papai?"

Como Goethe afirmou: "As coisas mais importantes nunca devem ficar à mercê das menos importantes". Não há como ser bem-sucedido em nossa família se esta não for a prioridade da nossa vida.

E é disso que trata o Hábito 3. Em certo sentido, o Hábito 2 nos mostra quais são as prioridades. Já o Hábito 3 enfoca a nossa disciplina e o nosso comprometimento com a idéia de "primeiro o mais importante" — e constitui o teste que mede a profundidade desse comprometimento e da nossa *integridade*, revelando se nossas vidas realmente integram esses princípios.

Então, Por Que Não Fazemos Primeiro o Mais Importante?

A maior parte das pessoas sente que a família é sua prioridade máxima. A maioria chega até a colocá-la acima da própria saúde — e até da própria vida. Morreriam por ela. Mas, quando lhe pedem para examinar seu estilo de vida e indicar onde concentram seu tempo e atenção, quase sempre você descobre que a família se subordina a outros valores — trabalho, amigos, *hobbies* pessoais.

Em nossas pesquisas, que abrangem um universo de mais de um quarto de milhão de pessoas, o Hábito 3 é, entre todos, aquele em que as pessoas se atribuem as notas mais baixas. A maioria percebe que existe um descompasso entre o que é de fato importante para elas — incluindo família — e a maneira como vivem o cotidiano.

Por que isso acontece? Qual a razão do descompasso?

Após uma de minhas palestras, hospedei-me na casa de um senhor que me disse:

— Stephen, eu realmente não sei se estou feliz com o que fiz da minha vida. Não sei se o preço que paguei para chegar aonde cheguei valeu a pena. Sou o próximo na linha de sucessão para a presidência da minha empresa, e nem tenho certeza se é isso o que eu quero. Estou com quase sessenta anos, mas poderia facilmente ser presidente por vários anos. Só que isso me consumiria. Eu sei quanto esse cargo exige.

— O que mais me faz falta é a infância dos meus filhos. Dói pensar que eu nunca estava lá quando eles precisavam do pai. Mesmo que estivesse presente, o fato é que os meus pensamentos e o meu coração estavam em outras coisas. Tentei dar-lhes qualidade de tempo, porque sabia que não haveria quantidade, mas essa estratégia acabava causando desorientação e confusão. Imagine, tentei até comprar os meus filhos com presentes e viagens. Mas o "estar junto" jamais aconteceu.

— E eles também se ressentem dessa perda irreparável. É exatamente como você disse, Stephen: eu escalei a ladeira do sucesso, e me encontro quase no topo. Só que descobri que a ladeira se inclina na direção errada. Eu não conheço essa sensação de família, essa boa cultura familiar a que você se referiu. E, no entanto, sinto que a verdadeira riqueza reside aí. Não no dinheiro, nem em posição social, mas no relacionamento familiar.

Ele então abriu a maleta.

— Deixe-me mostrar-lhe uma coisa — prosseguiu, retirando uma folha grande de papel. — Este é o meu sonho! — exclamou, esticando a folha na minha direção.

Tratava-se da planta da casa que estava construindo. Batizara a propriedade de "Lar das Três Gerações". Fora projetada para ser um lugar onde netos e avós pudessem divertir-se juntos, interagindo com os primos e outros parentes. Ficava na beira da praia, em Savannah, na Geórgia. Enquanto me mostrava a planta, revelou:

— O que mais me dá prazer nesse projeto é ver quanto meus filhos se entusiasmaram. Eles também sentem falta da sensação de identidade familiar... precisam dela. A construção do nosso "Lar de Três Gerações" nos dá a chance de trabalharmos juntos por um objetivo. E, à medida que trabalhamos, pensamos nas crianças, os meus netos. Em certo sentido, alcanço os meus filhos por intermédio dos seus filhos, e eles adoram isso. Querem meu envolvimento com as crianças.

Depois de enrolar a folha e guardá-la de volta na pasta, acrescentou:

— Isso é tão importante para mim, Stephen! Se para aceitar a presidência eu tiver de me mudar, ou abrir mão da convivência com meus filhos e netos, já decidi que a recusarei.

É óbvio que colocar a família em primeiro lugar não significa necessariamente que você tenha de comprar uma casa nova ou desistir do emprego. Mas com certeza implica coerência entre palavras e atos — que a sua vida realmente espelhe e nutra o valor supremo da família.

> No fim, a vida nos ensina que o que importa é a família.

Em meio às pressões — especialmente as decorrentes de trabalho e carreira —, muitas pessoas deixam de enxergar a prioridade real da família. Contudo, pense nisso: o seu papel como profissional é temporário. Ao se aposentar, seja como comerciante, banqueiro ou projetista, você será substituído. A empresa prosseguirá. E a sua vida mudará substancialmente quando você sair dessa cultura e perder a auto-realização que o trabalho e o seu talento proporcionam.

Mas o seu papel na família é definitivo. Você jamais será substituído. A sua influência, e a necessidade dela, nunca cessarão. Mesmo depois que você se for, os seus filhos, netos e bisnetos ainda pensarão em você como o pai, avô e bisavô. Na família, representamos um dos poucos papéis permanentes na vida — talvez o único realmente permanente.

Então, por que não captarmos a mensagem da prioridade da família assim que nos sentirmos atraídos por alguém, ou quando estivermos casados há pouco tempo, com os filhos ainda pequenos? E por que não nos lembrarmos disso quando nos depararmos com os inevitáveis desafios?

Para muitos de nós, a vida é o que Rabindranath Tagore descreve: "A canção que vim cantar permanece presa na garganta. Passei meus dias afinando e desafinando meu instrumento."[1] Nós somos pessoas ocupadas — incrivelmente ocupadas. Cumprindo as nossas obrigações. Mas parece que jamais alcançamos o nível de vida onde a canção se liberta da garganta.

Pais: Um Papel Não Delegável

Não há dúvida de que mais dinheiro significa um padrão de vida melhor não só para você, mas também para seus filhos. É o meio de lhes garantir melhores escolas, computadores e até mesmo uma assistência médica melhor. E estudos recentes também mostram que o fato de o pai ou a mãe ficar em casa contra a vontade é mais prejudicial para a criança do que se ambos trabalharem fora.

Mas também não há dúvida de que o papel dos pais é único, uma missão sagrada. Implica nutrir o potencial de um ser humano especial que foi colocado sob sua proteção. Existirá realmente alguma coisa, em qualquer escala de valores, que sobrepuje a importância de cumprir bem essa missão — em termos sociais, mentais, espirituais e econômicos?

Nada substitui o relacionamento especial entre pais e filhos. Há momentos em que gostaríamos de acreditar no contrário. Quando escolhemos colocar um filho numa creche, por exemplo, queremos acreditar que essa é uma boa medida, e então acreditamos. Se uma pessoa qualquer nos der a impressão de ter uma atitude positiva e disposição para cuidar de crianças, prontamente nos convenceremos de que ela possui tanto o caráter quanto a competência para nos ajudar a criar um filho. Quanto maior a sinceridade do nosso desejo de crer, maior a facilidade com que cremos. Isso faz parte do processo de racionalização. A realidade, entretanto, é que a maioria das creches é inadequada. Para citar o es-

> *O papel dos pais é único, uma missão sagrada. Existirá realmente alguma coisa que sobrepuje a importância de cumprir bem essa missão?*

pecialista em educação infantil Urie Bronfenbrenner: "Você não pode pagar a alguém para fazer por uma criança o que os pais fazem de graça."[2] Nem a melhor das creches fará o que um bom pai/uma boa mãe faz.

Assim, os pais precisam comprometer-se com seus filhos — com sua família — antes de se comprometerem com o trabalho. E, se de fato precisarem de uma creche, devem pesquisá-la de modo muito mais cauteloso do que fariam ao comprar uma casa ou um carro. Devem examinar o currículo da pessoa responsável para se certificarem de que esta possui o caráter e a competência necessários e submetê-la ao "teste do cheiro" — a intuição e a inspiração que os pais têm em relação ao cuidado com os filhos. Devem construir um relacionamento com a "tia" encarregada de tomar conta deles para estabelecer expectativas e responsabilidades precisas.

A boa-fé é absolutamente insuficiente. Boas intenções jamais ressarcirão um mau julgamento. Os pais necessitam confiar, mas também devem verificar a competência.

Muitas pessoas são confiáveis em termos de caráter, mas simplesmente não são competentes — faltam-lhes conhecimento e habilidade, e muitas vezes nem sequer têm consciência disso. Outras podem ser muito competentes, mas não possuem o caráter adequado — maturidade, integridade, cuidado sincero e capacidade de agir com generosidade e coragem.

> "Se pudéssemos recuar no tempo, daríamos toda a prioridade a nossa família e aos filhos. Seria um investimento incomparavelmente melhor."

E mesmo encontrando boas creches ou babás, a questão que se impõe aos pais é: "Será que não estou confiando meus filhos aos cuidados de terceiros por mais tempo ou com maior freqüência do que a minha situação exige?" Sandra e eu temos alguns amigos que contam que, quando seus filhos eram pequenos, as opções e facilidades de babás eram tantas que eles podiam confiar-lhes as crianças sem preocupações e pelo tempo que desejassem, ficando livres para outras atividades. Agora, porém, começam a colher os frutos desse distanciamento. Não têm bom relacionamento com os filhos, hoje quase adultos, que se entregam a um estilo de vida destrutivo, alarmando os pais. "Se pudéssemos recuar no tempo", eles dizem, "daríamos toda a prioridade a nossa família e aos filhos. Seria um investimento incomparavelmente melhor."

Como John Greenleaf Whittier escreveu: "Pois, de todas as palavras tristes proferidas pela língua ou pela caneta, as mais tristes são: 'Poderia ter sido!'"[3]

Por outro lado, temos uma amiga que nos confidenciou: "Aprendi que, enquanto estiver criando meus filhos, os outros interesses — profissionais, intelectuais e sociais — devem assumir um papel secundário. O fundamental, para mim, é permanecer ao lado dessas crianças, é doar-me a elas inteiramente nessa etapa decisiva de suas vidas." Acrescentou ainda que considera essa dedicação um desafio, porque possui muitos interesses e talentos pessoais, mas está disposta a vencê-lo por saber que o comprometimento com os filhos é de vital importância.

Qual é a diferença entre essas duas situações? Prioridade e comprometimento — uma visão clara e o compromisso de vivenciá-la na prática. Assim, se estivermos realmente dando prioridade à família no nosso cotidiano, o primeiro lugar onde devemos procurar as respostas é no Hábito 2: Será que a declaração de missão familiar que elaboramos é de fato suficientemente profunda?

"Quando se Mexe nos Pilares, a Estrutura Inteira Estremece"

É cada vez mais evidente que as mudanças que afetaram esses pilares estão abalando toda a estrutura. Quase todas as empresas, não importa o setor, estão sendo reinventadas e reestruturadas para se tornarem mais competitivas. A globalização da tecnologia e dos mercados está ameaçando a própria sobrevivência não só das empresas, como também dos governos, hospitais, da assistência médica e dos sistemas educacionais. Todas as instituições, inclusive a família, estão sofrendo esse impacto hoje como nunca antes na História.

Essas mudanças representam uma transformação profunda na infra-estrutura da nossa sociedade. Como Stanley M. Davis, um amigo e colega no desenvolvimento de conferências, afirmou: "Quando se mexe nos pilares, a estrutura inteira estremece".[4] Essas mudanças estruturais são como uma engrenagem grande que movimenta outra menor, a qual, por sua vez, aciona outra menor, e esta move outra ainda menor, e assim sucessivamente até que todas as pequeninas engrenagens lá na ponta são mobilizadas. Cada organização está sendo afetada — inclusive a família.

À medida que a nossa infra-estrutura muda de industrial para informativa, tudo ao nosso redor sofre um processo de desestruturação, precisando encontrar um novo ponto de apoio. Mas, ainda assim, muita gente não tem a menor consciência do que está ocorrendo. Mesmo quando as pessoas percebem e isso gera ansiedade, elas não sabem o que está acontecendo ou por que, nem o que podem fazer a respeito.

Um Número de Alto Risco no Trapézio... Sem Rede de Segurança!

O lugar onde a mudança infra-estrutural nos afeta de modo mais pessoal e profundo é em nossa família, em nossas casas. Tentar ser bem-sucedido na manutenção de uma família, hoje em dia, é como tentar realizar um número de alto risco no trapézio — proeza que requer uma tremenda habilidade e uma interdependência quase sem paralelos — *sem rede de segurança embaixo!*

E tudo isso tem acontecido de modo tão gradual que muita gente nem sequer se dá conta. É como a história que o escritor e comentarista Malcolm Muggeridge conta sobre alguns sapos que foram mortos sem resistência, fervidos vivos num caldeirão de água. Normalmente, ao ser atirado em água fervente, o sapo pula imediatamente para fora, salvando a própria vida. Mas esses sapos não pularam. Nem sequer resistiram. Por quê? Porque, quando foram colocados no caldeirão, a água estava morna. Então, a temperatura se elevou pouco a pouco. A água foi ficando quente... mais quente... muito quente... e ferveu. A mudança foi tão gradual que os sapos se acomodaram ao novo ambiente até ser demasiado tarde.

É isso o que acontece conosco em relação a todas essas forças que atuam no mundo. Nós nos acostumamos e elas se tornam nossa zona de conforto — mesmo que literalmente nos estejam matando e as nossas famílias. Nas palavras de Alexander Pope:

> *O vício é um monstro de tão temível semblante,*
> *Que para ser odiado basta ser visto;*
> *Mas, se visto com freqüência, familiar se torna a sua face,*
> *Primeiro lhe resistimos, depois nos compadecemos,*
> *então o abraçamos.*[5]

Trata-se de um processo de dessensibilização gradual. E é exatamente o que sucede quando nós, pouco a pouco, subordinamos princípios a valores sociais. Essas poderosas forças culturais distorcem nosso senso moral ou ético do que realmente é certo. Nós até começamos a achar que os valores sociais *são* princípios e chamamos o "ruim" de "bom" e o "bom", de "ruim". Nós perdemos a nossa rota moral. A sujeira poluiu as ondas aéreas. A estática dificulta a obtenção de uma mensagem clara pelo rádio.

E — para usar de novo a metáfora do avião — nós sofremos vertigem. É o que ocorre às vezes com o piloto quando voa sem o uso dos instrumentos e entra numa massa de nuvem inclinada, por exemplo. Ele perde os pontos de referência e pode até nem conseguir distinguir, por meio da sensação das pernas contra o as-

> Quando deparamos fontes de influência extremamente poderosas (...), experimentamos uma espécie de vertigem do espírito ou da consciência. Nós nos desorientamos. Nossa bússola moral se quebra.

sento (reação dos terminais nervosos nos músculos e nas juntas) ou dos pequenos órgãos do equilíbrio no ouvido interno, onde fica o céu e onde fica a terra — porque esses mecanismos de *feedback* dependem da orientação precisa do centro de atração da gravidade. Assim, quando o cérebro luta para decifrar as mensagens enviadas pelos demais sentidos sem a ajuda das informações fornecidas pela visão, podem resultar interpretações incorretas ou conflitantes. E a conseqüência de tal confusão sensorial é essa tontura, essa sensação de rodopio, conhecida como vertigem.

Do mesmo modo, na vida, quando deparamos fontes de influência extremamente poderosas, como uma cultura social forte, pessoas carismáticas ou movimentos de grupos, experimentamos uma espécie de vertigem do espírito ou da consciência. Nós nos desorientamos. Nossa bússola moral se quebra e nem percebemos. A agulha, que em tempos menos turbulentos aponta facilmente para o "norte verdadeiro" — ou seja, os princípios que regem a vida —, gira sem cessar, atraída pelos campos elétricos e magnéticos da tormenta.

A Metáfora da Bússola

Para demonstrar esse fenômeno nas minhas palestras — e para demonstrar cinco pontos importantes a ele relacionados —, costumo levantar-me diante da platéia e pedir às pessoas ali presentes para fecharem os olhos. E solicito:

— Agora, sem olhar, todos indiquem o norte.

Nesse momento, em geral ocorre uma pequena confusão, porque todos tentam decidir e apontar na direção que julgam ser o norte.

Então, digo-lhes para abrir os olhos e ver para onde estão apontando. É comum todos rirem, porque se dão conta de que estão apontando em todas as direções — inclusive para cima.

Então, apanho uma bússola e mostro a agulha que indica o norte. Explico que norte é uma direção fixa. Jamais muda. Representa uma força magnética natural da Terra. Eu tenho feito essa demonstração em diversos lugares do mundo — inclusive em navios em alto-mar e até em transmissões via satélite, com centenas de pessoas participando em diferentes pontos do globo. É uma das formas mais eficazes que descobri para comunicar que existe um norte magnético.

Eu recorro a essa ilustração para demonstrar um primeiro ponto: *Assim como existe um "norte verdadeiro" — uma realidade constante que está fora de nós e que jamais muda —, também existem leis ou princípios naturais que jamais mudam. E esses princípios, em última instância, governam todo o comportamento e suas conseqüências.* A partir daí, emprego "norte verdadeiro" como uma metáfora dos princípios e leis naturais.

Eu então prossigo mostrando a diferença entre "princípios" e comportamento. Para tanto, pouso a bússola numa prateleira alta, para que todos possam ver a agulha que indica o norte e a rosa-dos-rumos (ou rosa-dos-ventos), que mostra os pontos cardeais. Movo a bússola na prateleira, a fim de mostrar que, enquanto a direção da rosa-dos-rumos muda, a agulha do norte permanece fixa. Assim, se você quiser ir direto para o leste, basta apontar a seta noventa graus para a direita do norte e seguir nessa direção.

Em seguida, explico que "rosa-dos-rumos" é um nome bastante interessante, porque expressa, de certa forma, o que as pessoas *fazem* — em outras palavras, seu comportamento, que é produto de seus valores básicos ou do que consideram importante. Se considerarem importante rumar para o leste, isso então constituirá um valor e elas se comportarão em conformidade. As pessoas podem mover-se impelidas pelo próprio desejo, mas a agulha que indica o norte independe totalmente desse desejo.

Demonstro um segundo ponto: *Existe uma diferença entre princípios (ou o norte verdadeiro) e o nosso comportamento (ou rosa-dos-rumos).*

Essa demonstração me possibilita introduzir o terceiro ponto: *Existe uma diferença entre sistemas naturais (que se fundamentam em princípios) e sistemas sociais (que se baseiam em valores e comportamento).* Para ilustrar, eu pergunto:

— Quantos aqui já "se mataram" de estudar na véspera da prova?

A platéia quase toda levanta a mão. Então, indago:

— Quantos conseguiram passar?

Praticamente o mesmo número de mãos se ergue. Em outras palavras, "matar-se na véspera" funcionou.

— Quantos aqui já trabalharam numa fazenda?
Em geral, de 10 a 20 por cento levantam as mãos. Pergunto-lhes:
— Quantos de vocês já se mataram de plantar na véspera da colheita?
Nesse ponto, conduzo a análise para a reforma da educação, da previdência, ou política — na verdade, para qualquer reforma em andamento.

Com isso, as pessoas se apercebem do quarto ponto: *A essência da verdadeira felicidade e do sucesso é alinhar a rosa-dos-rumos com as leis ou princípios naturais.*

Finalmente, eu mostro o tremendo impacto que essas tradições, tendências e valores da cultura podem exercer sobre o nosso próprio senso do norte verdadeiro. Eu saliento que, com freqüência, até o edifício onde nos encontramos pode distorcê-lo, porque possui uma atração magnética própria. Quando você sai de um prédio e fica ao ar livre, a agulha oscila ligeiramente. Eu comparo essa atração com o poder de uma cultura mais ampla — as grandes tradições, tendências e valores que podem fazer oscilar ligeiramente a nossa consciência de um modo que nós nem sequer percebemos até sairmos para o ar livre — a natureza, onde a "bússola" realmente funciona, onde podemos reduzir o ritmo, refletir e mergulhar dentro de nós mesmos para escutar a nossa consciência.

Então, mostro que o norte da bússola muda quando eu a coloco em cima do projetor, porque a máquina em si representa uma força magnética. E comparo essa força magnética à "subcultura" de uma pessoa — que pode ser a cultura da família, de uma empresa ou de um grupo de amigos. Existem muitos níveis de "subcultura", e o exemplo do aparelho eletrônico interferindo na bússola é muito bom. É fácil ver como as pessoas perdem seus sustentáculos morais em razão da necessidade de serem aceitas e de se sentirem parte de alguma coisa.

Em seguida, eu apanho a minha caneta, encosto-a na bússola, demonstrando que é possível fazer a agulha girar inteiramente, de modo que o norte pareça o sul. Meu objetivo é explicar que as pessoas podem realmente definir "bom" como "ruim" e "ruim" como "bom", em razão de terem entrado em contato com uma personalidade extremamente poderosa ou de uma experiência emocional muito intensa — como maus-tratos ou traição dos pais — ou de uma grave traição moral. A devastação causada por esses traumas pode minar toda a capacidade de alguém de confiar em qualquer coisa.

Eu uso essa demonstração para abordar o quinto e derradeiro ponto: *É possível, para a nossa sabedoria interior mais profunda — nosso próprio senso moral ou ético das leis ou princípios naturais —, ser transformada, subordinada e até mesmo eclipsada por tradições ou por violações repetidas da própria consciência.*

A despeito do trabalho que a elaboração das missões implica, se não as interiorizarmos em nossos corações e mentes, bem como na cultura da família, essas forças culturais nos confundirão e desorientarão. Elas desestabilizarão nosso senso ético de tal modo que "errado" deixará de ser quem erra para ser quem for surpreendido errando — em outras palavras, se o erro não for descoberto, não será considerado tal.

> *Esse é talvez o papel mais importante dos pais. Mais do que orientar e dizer aos filhos o que fazer, trata-se de ajudá-los a conectar-se com os próprios dons especiais — especialmente o da consciência.*

Essa é uma das razões por que é tão importante que os pilotos sejam treinados no uso dos instrumentos — quer realmente voem ou não com o seu auxílio. E é por isso que é tão importante que as crianças sejam treinadas a usar os instrumentos — os quatro dons humanos que nos ajudam a manter o curso. Esse é talvez o papel mais importante dos pais. Mais do que orientar e dizer aos filhos o que fazer, trata-se de ajudá-los a conectar-se com os próprios dons especiais — especialmente o da consciência — para que sejam bem treinados e tenham acesso imediato aos instrumentos que os situarão e manterão no curso. Sem eles, as pessoas se deixam seduzir pela cultura e acabam por se desintegrar.

Quem Vai Criar os Nossos Filhos?

Se não houver uma conexão interior com os quatro dons humanos e uma influência familiar forte, que impacto o tipo de cultura que descrevemos neste capítulo — força impulsionada pela tecnologia — exercerá sobre o pensamento das crianças? É realista supor que elas serão impermeáveis aos assassinatos e à crueldade que vêem na TV sete horas por dia? Será que podemos mesmo acreditar nos diretores de programação da TV, quando afirmam não haver prova científica conclusiva que estabeleça a relação entre a violência e imoralidade na nossa sociedade e as imagens que eles escolhem para exibir na tela da televisão — enquanto citam provas científicas conclusivas que mostram quanto um anúncio de vinte segundos afeta o comportamento dos telespectadores?[6] É razoável pensar que os adultos jovens, expostos à dieta visual e emocional baseada em prazer sexual que a TV fornece, amadurecerão um senso realista ou holístico de princípios capaz de criar relacionamentos bons e duráveis e uma vida feliz?

Num meio ambiente tão conturbado, como é possível achar que podemos continuar "agindo como sempre" dentro das nossas famílias? Se não construirmos lares melhores, teremos de construir mais prisões, porque "pais substitutos" nutrirão as gangues. Então, o código social abrigará as drogas, o crime e a violência. Cadeias e tribunais ficarão superlotados. "Prenda e solte" se tornará a ordem do dia. E crianças emocionalmente famintas se tornarão adultos zangados, lutando para obter amor, respeito, e "coisas".

A história claramente afirma que a família é a base da sociedade. É a pedra fundamental na construção de cada país. É a nascente do rio da civilização. É a cola que mantém todos juntos. E a família em si é um princípio impresso no âmago de cada indivíduo.

Mas a situação e os desafios da família tradicional passaram junto com os anos. Temos de entender que, mais do que em qualquer outro período histórico, o papel dos pais hoje é absolutamente vital e não delegável. Não podemos mais confiar na sociedade como nossa "substituta" para ensinar aos nossos filhos os princípios do norte verdadeiro que regem a vida. Somos gratos se ela o fizer, mas não podemos contar com isso. Devemos exercer a liderança em nossas famílias. Nossos filhos precisam desesperadamente de nós. Carecem do nosso apoio e orientação. Necessitam do nosso senso crítico e experiência, da nossa força e firmeza. Mais do que nunca, eles precisam que nós exerçamos liderança familiar.

Muito bem, mas de que maneira? Como podemos dar prioridade e guiar nossas famílias de forma significativa e produtiva?

Criando Estrutura na Família

Pense mais uma vez nas palavras de Stanley M. Davis: "Quando se mexe nos pilares, a estrutura inteira estremece".

As profundas mudanças tecnológicas e as outras que mencionamos têm exercido impacto sobre organizações de todos os tipos em nossa sociedade. As empresas e profissões, em sua maioria, estão sendo reinventadas e reestruturadas para se adequar a essa nova realidade. Mas esse mesmo tipo de reestruturação não se verificou na família. A despeito do fato de que "de fora para dentro" já não funciona, e apesar da notícia estarrecedora de que apenas de 4 a 6 por cento das famílias norte-americanas seguem o padrão "tradicional": marido trabalhando, esposa cuidando do lar, nenhum histórico de divórcio para qualquer dos parceiros[7], a maioria das famílias não está preocupada em se reestruturar com eficácia. Continuam tentando agir à maneira antiga — que servia para os problemas do passado — ou reinventar maneiras que, todavia, não se harmonizam com os princípios que criam felicidade e relacionamentos familiares duradouros. De modo geral, as famílias não estão elevando as respostas ao nível exigido pelos desafios.

E é assim que devemos reinventar. A única resposta realmente bem-sucedida para mudanças estruturais é... estrutura.

Quando você considerar a palavra "estrutura", observe cuidadosamente a reação que esta lhe provoca. E, ao proceder assim, constatará que o mar em que navega corresponde a uma cultura popular que rejeita a idéia de estrutura, por considerá-la limitadora, restritiva.

Contudo, consulte a sua bússola interior. Pense nas palavras de Winston Churchill: "Nos primeiros vinte e cinco anos da minha vida eu desejei liberdade. Nos vinte e cinco anos seguintes, descobri que ordem é liberdade". É a própria estrutura do casamento e da família que estabiliza a sociedade. Num antigo e bastante popular programa familiar de televisão — daquela época do "de fora para dentro" —, o pai certa vez disse o seguinte: "Alguns homens consideram as regras do casamento uma prisão; outros, os que são felizes, consideram-nas as linhas que delimitam todas as coisas que lhes são caras". É o comprometimento com a estrutura que constrói a confiança dentro dos relacionamentos.

Pense nisso: quando a sua vida está um caos, o que você diz? "Preciso organizar-me. Tenho de colocar as coisas em ordem!" O que significa criar estrutura e prioridade ou ordem seqüencial. Se o seu quarto estiver uma bagunça, o que você faz? Organiza as suas roupas nos armários e gaveteiros. Organiza dentro de uma estrutura. O que queremos dizer quando comentamos a respeito de alguém: "Fulano tem a cabeça no lugar"? Basicamente, queremos dizer que suas prioridades estão em ordem. Ele vive de acordo com o que realmente tem importância. Quando aconselhamos a alguém com uma doença terminal: "ponha os seus negócios em ordem", o que queremos dizer com isso? Queremos dizer "trate de organizar suas finanças, seguros, relacionamentos, e assim por diante".

Numa família, pôr em ordem significa torná-la prioritária e criar algum tipo de estrutura que garanta essa prioridade. Num sentido mais amplo, o Hábito 2 — elaboração de uma declaração de missão familiar — fornece a estrutura básica para

> "Em última instância, devemos decidir se vamos governar o barco ou deixá-lo seguir para onde o rio o levar. O segredo de governar o barco com sucesso é ser intencional em relação aos rituais familiares."

um enfoque de dentro para fora da vida em família. Além dessa, existem duas outras estruturas principais, ou processos organizadores, que o ajudarão a colocar a família em primeiro lugar na sua vida, de uma forma significativa: o "tempo da família", semanal, e o "tempo de convivência um a um".

Como o preeminente terapeuta conjugal e familiar William Doherty afirmou, "as forças que atuam sobre as famílias são demasiado poderosas no mundo moderno. Em última instância, devemos decidir se vamos governar o barco ou deixá-lo seguir para onde o rio o levar. O segredo de governar o barco com sucesso é ser intencional em relação aos rituais familiares".[8]

Tempo da Família

Com exceção de firmar e honrar o compromisso básico do casamento, parece-me que provavelmente nem uma única estrutura o ajudará a dar mais prioridade a sua família do que designar um horário específico semanal apenas para a família. Você pode chamá-lo de "tempo da família", "hora da família", "conselho de família" ou "noite da família", como preferir. Não importa que nome se dê, o objetivo principal é reservar alguns momentos durante a semana para estar com a família.

Uma senhora de trinta e quatro anos, de Oregon, relatou o seguinte:

Minha mãe promovia, todas as semanas, uma atividade familiar semanal a nossa escolha. Às vezes, íamos patinar no gelo. Outras, jogávamos boliche ou íamos ao cinema. Nós simplesmente adorávamos! E os programas sempre culminavam com uma visita ao nosso restaurante favorito, em Portland. Aqueles dias de atividade me davam uma sensação boa de proximidade e aconchego, de que nós formávamos uma verdadeira família.

Guardo lembranças tão carinhosas desse tempo! Minha mãe faleceu quando eu era adolescente, e essa foi uma experiência muito traumática para mim. Mas meu pai cuidou para que todos os anos, desde a morte dela, nós nos reuníssemos por pelo menos uma semana — genros e noras, filhos, todos — para manter viva a chama desses sentimentos.

Quando meus familiares se despedem e retornam para suas casas, em diferentes Estados, eu me sinto triste, mas gratificada. Existe uma tremenda força numa família que sempre viveu unida sob o mesmo teto. E os novos membros da nossa família de forma alguma prejudicaram esse sentimento — ao contrário, eles o enriqueceram.

Minha mãe nos deixou um legado. Não me casei, mas meus irmãos fielmente mantêm o hábito da atividade semanal com seus filhos. E aquele restaurante em Portland ainda é um ponto de encontro para nós.

Observe a emoção dessa moça ao expressar suas lembranças daquele tempo da família. E veja que impacto isso exerce até hoje sobre a vida dela e sobre seu relacionamento familiar. Percebe o tipo de vínculo que o tempo da família cria? Concorda que essa estrutura constitui um relevante depósito na Conta Bancária Emocional?

Uma senhora da Suécia contou a seguinte história:

Quando eu tinha uns cinco ou seis anos de idade, meus pais conversaram com alguém que lhes falou sobre a importância de promover reuniões regulares com a família. Então, eles resolveram adotar esse hábito em nossa casa.

Eu me lembro da primeira vez em que papai partilhou conosco um princípio básico de vida. Foi algo que me marcou muito, porque jamais o havia visto no papel de professor, e fiquei bem impressionada. Papai era um homem de negócios extremamente ocupado e bem-sucedido, que mal tinha tempo para os filhos.

Lembro-me de que me senti especial e importante por ele nos valorizar a ponto de subtrair um tempo precioso de sua agenda para sentar-se conosco e explicar como se sentia em relação à vida.

Também me lembro de uma noite em que meus pais convidaram um famoso cirurgião dos Estados Unidos para juntar-se a nossa reunião familiar. Eles lhe pediram para narrar suas experiências na medicina e contar como lhe foi possível ajudar pessoas no mundo inteiro.

Esse cirurgião nos revelou que as decisões que tomara ao longo da vida acabaram por levá-lo a atingir e ultrapassar suas metas, permitindo-lhe ir além do que havia imaginado. Jamais esqueci suas palavras sobre a importância de enfrentar os desafios "um passo de cada vez". Mas o mais importante é que sua visita me convenceu de que era realmente produtivo meus pais trazerem convidados para partilhar suas experiências conosco.

Hoje, eu tenho cinco filhos e praticamente todos os meses levo "alguém de fora" para nos visitar, trocar experiências, para nos ensinar. Eu sei que isso é resultado direto do que vivi na casa dos meus pais. Em nosso trabalho e na escola, temos a oportunidade de entrar em contato com pessoas de outros países, e suas visitas têm enriquecido nossas vidas e nos proporcionado amizades em várias partes do mundo.

Em sua infância, essa senhora recebeu uma imensa influência positiva do tempo da família e transmitiu o legado para as filhas. Pense na diferença que isso faz para essas meninas, enquanto sua família tenta navegar por mares revoltos e hostis à família.

Uma noite familiar por semana é algo que faz parte da nossa vida familiar desde o início. Quando as crianças eram muito pequenas, essa reunião servia para uma comunicação profunda e planejamento. À medida que elas foram crescendo, costumávamos aproveitar esse tempo para ensiná-las, brincar com elas e envolvê-las em atividades divertidas e também nas decisões importantes da família. Há ocasiões em que um de nós ou de nossos filhos não pode estar presente. Mas, na maioria das vezes, procuramos reservar ao menos uma noite por semana para o convívio familiar.

Numa típica noite da família, nós revemos nossa agenda juntos, para que todos se inteirem dos eventos importantes previstos. Em seguida, convocamos um conselho de família para discussão de temas e problemas. Depois de cada um dar sugestões, tomamos as decisões em conjunto. Freqüentemente acontece uma exibição de talentos, em que as crianças nos mostram seus progressos nas aulas de música ou de dança. Então, temos uma pequena palestra e uma atividade da família, antes de servirmos uma refeição leve. Nós também sempre rezamos juntos e cantamos uma das nossas canções favoritas, *Love at Home* (*Amor no Lar*), de John Hugh McNaughton.

Dessa forma, nós realizamos o que consideramos os quatro principais ingredientes de uma noite familiar bem-sucedida: *planejamento, ensino, solução de problemas e divertimento*.

Observe como essa única estrutura pode satisfazer as quatro necessidades — física, social, intelectual e espiritual — e constituir um grande elemento organizador dentro da família.

Mas o tempo da família não precisa ser tão extenso — principalmente no início. Se você preferir, comece fazendo apenas algumas dessas coisas durante um jantar especial. Use a sua imaginação. Torne as coisas divertidas. Depois de um certo tempo, seus familiares passarão a sentir que estão sendo nutridos de mais de uma forma, e ficará mais fácil estender o tempo da família. As pessoas — especialmente as crianças pequenas — anseiam por experiências familiares que as aproximem. Elas querem uma família na qual todos demonstrem que gostam uns dos outros. Além disso, quanto mais se promovem atividades como essa, mais naturalmente elas fluem.

E você nem imagina o impacto positivo que isso causará na sua família. Um amigo meu fez sua dissertação de doutorado acerca do efeito das reuniões familiares na auto-imagem das crianças. Em sua pesquisa, comprovou que esse efeito era significativo — o que não o surpreendeu —, e descobriu que beneficiava também os pais — e esse, sim, foi um dado inesperado. Ele me contou a respeito de um senhor que se considerava desajeitado e, em princípio, relutou em promover esse tipo de reunião. Contudo, depois de três meses, ele revelou:

Quando eu era criança, minha família não conversava muito... a não ser para discutir e humilhar uns aos outros. Eu era o mais novo e não fazia nada direito, como eles viviam repetindo incansavelmente. Insistiram tanto nesse ponto que acabei acreditando, por isso não ia muito bem na escola. Cheguei a um ponto em que não tinha autoconfiança suficiente para tentar qualquer coisa que exigisse usar o cérebro.

Eu não queria promover essas noites familiares porque, na verdade, achava que não saberia como fazê-lo. Mas, depois que a minha esposa conduziu uma discussão numa semana e a minha filha, na outra, decidi arriscar-me.

Precisei de um bocado de coragem para fazer isso. Depois que comecei, porém, era como se dentro de mim se rompesse algo reprimido por muito tempo, uma espécie de nó dolorido que trazia na garganta desde que eu era um garotinho. As palavras simplesmente começaram a jorrar direto do meu coração. Eu contei aos meus filhos por que me sentia tão feliz por ser pai deles e por que tinha certeza que poderiam dar um rumo bom às suas vidas. Então, fiz uma coisa que jamais tentara antes. Eu disse a todos, um por um, quanto os amava. Pela primeira vez, eu me senti um pai de verdade — o tipo de pai que gostaria de ter tido.

Desde aquela noite, percebo que estou muito mais próximo da minha esposa e das crianças. É difícil explicar o que quero dizer, mas muitas portas novas se abriram para mim, e as coisas em casa agora parecem diferentes.

O tempo da família constitui uma resposta poderosa e proativa aos desafios da família de hoje — e é um meio muito prático de dar prioridade à família. O próprio comprometimento com essas reuniões mostra às crianças quanto a família é importante. O tempo da família constrói boa parte das suas melhores lembranças. Cria Contas Bancárias Emocionais. Auxilia você a construir a sua própria rede de segurança familiar. E também o ajuda a satisfazer várias das necessidades familiares fundamentais: físicas, econômicas, sociais, intelectuais, estéticas, culturais e espirituais.

Eu ensino essa idéia há mais de vinte anos, e muitos pais — pai e mãe ou apenas um deles — afirmam que o tempo da família é uma idéia simples, mas imensamente valiosa e prática. Segundo eles, essa estrutura mostrou-se mais eficaz para conferir prioridade à família, aproximá-la e entretê-la do que qualquer outra que já tenham visto.

Transformando a Sua Missão na Sua Constituição por Intermédio do "Tempo da Família"

O tempo da família propicia uma grande oportunidade para discutir e elaborar a declaração de missão familiar. E, depois de pronta a missão, ajuda-o a transformá-la na constituição da sua família e a satisfazer quatro necessidades cotidianas: espiritual (planejar), intelectual (ensinar), física (resolver problemas) e social (divertir-se).

Ao criarem e viverem de acordo com uma declaração de missão, as famílias pouco a pouco se tornam capazes de construir autoridade moral dentro de si mesmas. Em outras palavras, os princípios são erigidos diretamente na estrutura e na cultura da família. Com isso, todos têm a percepção de que esses princípios são o centro da família e constituem a chave para mantê-la forte, unida e comprometida com sua destinação. Então, a declaração de missão assume um papel como o da Constituição dos Estados

Unidos — o de última instância de arbitragem de cada lei e estatuto. Os princípios que lhe servem de base e os sistemas de valores por eles engendrados criam uma vontade social permeada de autoridade moral ou ética.

Um Tempo para Planejar

Um marido e pai nos relatou o seguinte:

Alguns anos atrás, minha esposa e eu percebemos que estávamos ficando demasiado ocupados no verão, e não passávamos tanto tempo com os nossos filhos em suas férias escolares como desejávamos. Então, assim que as aulas se encerraram, organizamos uma noite familiar em que pedimos a eles que contassem quais eram as coisas que mais gostavam de fazer no verão. As crianças falaram de tudo, desde pequenas coisas cotidianas, como nadar e tomar sorvete, a atividades de dia inteiro, como caminhadas numa montanha das cercanias e um passeio num parque aquático. Foi interessante porque cada uma revelou em detalhes o que realmente mais lhe agradava.

Depois que anotamos todas essas atividades, começamos a trabalhar para encurtar a lista. Obviamente, não poderíamos fazer tudo, então tentamos descobrir a atividade que cada um considerava a mais divertida. Então, apanhamos uma agenda enorme e planejamos quando as realizaríamos. Reservamos os sábados para as mais longas. Algumas noites dos dias de semana foram reservadas para as que não exigiam muito tempo. Também marcamos uma semana para as férias da família no Lago Tahoe.

Nossos filhos se entusiasmaram ao ver que nós tínhamos na verdade planejado fazer tudo o que era de fato para eles. E nós descobrimos, ao longo do verão, que esse planejamento foi o que garantiu a fe-

> *Ao criarem e viverem de acordo com uma missão, as famílias pouco a pouco se tornam capazes de construir autoridade moral dentro de si mesmas.*

licidade de todos. Por exemplo, as crianças pararam de perguntar com insistência quando iríamos fazer esse ou aquele passeio, porque sabiam para quando estava marcado. Estava na agenda da família. E nós cumprimos o planejamento. Nós o tornamos a prioridade máxima em nossas vidas. Isso nos ajudou a firmar um compromisso coletivo, e esse senso de comprometimento nos fortaleceu e uniu muito.

Esse planejamento também foi fundamental para mim, porque me ajudou a comprometer-me com o que eu realmente queria fazer, mas que, com freqüência, negligenciava por causa das pressões das circunstâncias. Houve momentos em que me sentia tentado a trabalhar até mais tarde para concluir um determinado projeto, mas então percebia que faltar a um compromisso assumido com a família representaria uma grande retirada. Eu tinha de ir até o fim, e fui. E não me senti culpado porque aquilo era o que eu planejara fazer.

Como esse senhor descobriu, o "tempo da família" é excelente para fazer planos. Todos estão presentes e envolvidos. Podem decidir juntos qual a melhor forma de empregar esse tempo. E todos tomam conhecimento do que está acontecendo.

Muitas famílias fazem algum tipo de planejamento semanal. Uma mãe disse:

Planejar ocupa uma boa parte do nosso "tempo de família". Nós procuramos examinar as metas e atividades de cada pessoa, e as anotamos no quadro magnético pendurado atrás da porta. Isso nos permite planejar atividades em conjunto e nos ajuda a saber o que os membros da família farão durante a semana, para que possamos ajudá-los. Isso também nos dá as informações necessárias para organizarmos o transporte, providenciarmos babás, se preciso, e resolver conflitos de horários.

Um dos maiores benefícios da nossa agenda é que ela fica perto do telefone, de forma que quando alguém liga para um membro da família, qualquer um de nós pode responder: "Oh, lamento, ela não está. Foi ao ensaio da peça. Estará de volta lá pelas cinco horas". Nós nos sentimos bem sabendo onde cada um se encontra e sendo capazes de informar com facilidade aos amigos que telefonarem. E nos agrada saber que as crianças podem atender as nossas ligações com a mesma eficiência.

Manter uma agenda familiar lhe permite planejar a qualidade

do tempo da família e do de convivência um a um. Também faz que cada um sinta que a família investe nele. A agenda não é só da mãe ou do pai, pois reflete as prioridades e decisões de todos.

Com um horário semanal dedicado à família, você pode começar a sentir-se mais em paz com a sua consciência. Você sabe que a sua função mais importante está sendo desempenhada. Pode entregar-se mais completamente a sua família — e ao trabalho e a outras atividades também, porque reservou tempo para as coisas mais importantes. E tudo isso pode ser realizado com ferramentas tão simples como uma agenda e o costume de promover reuniões regulares para planejar.*

Um Tempo para Ensinar

Nós também descobrimos que o "tempo de família" é uma excelente ocasião para ensinar os princípios básicos da vida. Sandra e eu temos tido alguns "tempos de família" maravilhosos, ensinando aos nossos filhos os princípios por trás dos 7 Hábitos.

Sandra:
Alguns anos atrás, um grande shopping center estava sendo construído no centro de Salt Lake City. O objetivo era atrair pessoas de volta para a cidade, proporcionando excelentes lojas, teatros, restaurantes e outras comodidades. Numa certa "noite da família", Stephen contou que havia encontrado um dos arquitetos responsáveis pelo shopping. Ele disse que havia arranjado para nós visitarmos as obras, para que esse arquiteto pudesse explicar-nos os detalhes e complexidade de um projeto desse porte.

Fomos para o telhado de um edifício adjacente, de onde podíamos avaliar a solidez da construção. Ficamos estarrecidos ao nos darmos conta de quanto planejamento, visão, tecnologia e perícia em engenharia eram necessários num projeto como aquele. Tudo teve de ser criado duas vezes. O arquiteto teve de se reunir com os proprietários, os construtores e

---

* Para informações sobre a agenda dos 7 Hábitos das Famílias Altamente Eficazes, ligue para 1-800-372-6839 ou visite www.franklincovey.com, na Internet.

outros arquitetos para explicar-lhes em detalhes pormenorizados o tamanho, o espaço de cada piso, o design, o objetivo e o custo de cada área.

Nós observamos, sem fôlego, enquanto ele percorria cada setor do prédio num monitor de TV, explicando o que haveria ali e como seria lá. Então, nós o seguimos até um salão, onde ele nos mostrou centenas e centenas de plantas. Algumas eram relativas aos sistemas de refrigeração e calefação. Outras referiam-se às iluminações interna e externa. Algumas pertenciam às escadas, saídas, elevadores, fiação, argamassa, colunas, janelas, sistemas de som, e assim por diante.

Prosseguindo, ele explicou o projeto para o interior — os planos para pintura, papel de parede, esquemas de cor, pisos, azulejos e ambientes. Estávamos impressionados com os detalhes, previsão, imaginação e planejamento.

Quando o sol se pôs, a cidade se encheu de luzes e sombras, e nós pudemos distinguir os prédios e lugares conhecidos ao nosso redor. Foi então que Stephen e eu aproveitamos a oportunidade para conversar com as crianças sobre como o princípio "comece com o objetivo em mente" se aplica às decisões e planos que fazemos em nossa vida diária.

Se planejamos fazer um curso universitário, por exemplo, temos de cursar o 1º e o 2º graus. Precisamos estudar, preparar-nos para o vestibular, ler jornais, aprender a redigir bem, obter os certificados. Se queremos fazer sucesso no campo musical, necessitamos de força de vontade e talento. Temos de praticar. Temos de abrir mão de outras coisas a fim de nos concentrar e progredir. Para nos destacarmos nos esportes, precisamos desenvolver nossos talentos naturais. Temos de praticar e participar de torneios esportivos. Devemos esforçar-nos, acreditar em nós mesmos, suportar ferimentos, regozijar-nos com as vitórias, mas aprender com as derrotas. Nós dissemos que o sucesso não se obtém por acaso. Você tem de visualizar suas metas. Traçar uma planta. Calcular os custos. Pagar o preço para fazer acontecer.

Aquela "noite familiar" nos propiciou uma oportunidade maravilhosa de partilhar um importante princípio com nossos filhos. Foi uma noite de que sempre nos lembraremos.

O "tempo da família" é excelente para ensinar e treinar habilidades em assuntos práticos. Uma senhora nos relatou o seguinte:

Um dos "tempos da família" que nossos filhos mais recordam foi quando fizemos uma brincadeira para ensinar-lhes alguns princípios de administração financeira.

Nós espalhamos vários cartazes em diferentes lugares da sala que diziam "Banco", "Armazém", "Cartão de Crédito" e "Beneficência". Então, demos a cada uma das crianças um objeto qualquer que representasse o trabalho que poderiam fazer para ganhar dinheiro. Nossa filha de oito anos recebeu toalhas de mão para dobrar. Nosso filho de dez anos ganhou uma vassoura para varrer a sala. Todos dispunham de um "emprego", de forma que todos teriam "salário".

Quando o jogo se iniciou, os "operários" começaram a trabalhar. Depois de alguns minutos, tocamos uma sineta e todos foram "pagos". Demos a cada um uma moeda de dez centavos pelo trabalho. Era, então, chegado o momento de eles decidirem o que fazer com o dinheiro. Podiam depositá-lo no banco, doá-lo para a beneficência, comprar alguma coisa no armazém — onde colocamos uma porção de bexigas coloridas com os nomes de diferentes brinquedos e o respectivo preço. E, se quisessem muito comprar um artigo da loja e o dinheiro fosse insuficiente, podiam ir até a companhia de cartão de crédito e pegar emprestado o que faltasse.

Repetimos a seqüência várias vezes: trabalhar, ganhar, gastar; trabalhar, ganhar, gastar. De repente, nós assobiamos e anunciamos: "Hora dos juros!" Aqueles que haviam depositado no banco receberam os juros do investimento. Os que haviam "feito empréstimos" tinham de pagar juros ao cartão de crédito. Depois de várias rodadas, eles se convenceram rapidamente de que era muito mais interessante ganhar juros do que pagá-los.

À medida que o jogo progredia, as crianças também percebiam que aqueles que escolheram fazer doações para a beneficência estavam ajudando a prover comida, roupas e a satisfazer outras necessidades básicas para pessoas em todo o mundo. E, como estourássemos algumas das bexigas sempre que o assobio dos "juros" soava, eles também perceberam que os bens materiais pelos quais tinham trabalhado com tanto empenho e até contraído dívida não duravam.

Quando perguntamos aos nossos filhos de quais dos "tempos da família" eles mais se lembram, essa atividade ocupa o topo da lista. De fato, a experiência os marcou tanto que agora, já adultos, simplesmente ignoram as malas diretas, repletas de promessas falsas do tipo "compre agora, pague depois", que chegam pelo correio. Além disso, dos nossos quatro filhos casados, nenhum deles possui cartão de crédito, para não pagar juros. E só pedem empréstimos para aquisição de casa própria, transporte ou educação.

Você decerto concorda que foi muito importante, para essas crianças, aprender em casa alguns princípios financeiros básicos — principalmente porque os problemas gerados pela administração das finanças domésticas constituem uma das principais causas de divórcio.[9]

O "tempo da família" também é excelente para ensinar... sobre a própria família. Uma senhora relatou o seguinte:

Uma das melhores "noites da família" que tivemos foi quando trouxemos nosso bebê recém-nascido da maternidade. Aquela era uma ocasião perfeita para educarmos nossas crianças.

Nós já havíamos conversado com elas a respeito de sexo em outras noites da família. Nós lhes explicáramos que sexo era uma parte essencial do casamento e que devia ser tratado com seriedade.

Mas ali, no tranqüilo círculo de amor familiar, pudemos dizer-lhes:

— Vejam, sexo é isso. É o amor entre marido e mulher. É trazer um pequenino ser para o interior da família, onde ele receberá amor, carinho e cuidados. É o compromisso de proteger e amparar essa pequena pessoa até ela crescer e se tornar apta a criar sua própria família.

Não acredito que exista nada que pudéssemos ter feito que as tocasse mais profundamente no coração ou que influenciasse sua atitude de modo mais intenso com relação à intimidade física nos relacionamentos humanos.

> Se não ensinarmos nossos filhos, a sociedade o fará. E eles e nós viveremos para ver as conseqüências.

Como você pode ver, o tempo da família possibilita oportunidades maravilhosas para educar. E a dramática transformação da sociedade torna ainda mais imperativo que nós realmente eduquemos nossas famílias em nossos lares. Se não ensinarmos nossos filhos, a sociedade o fará. E eles e nós viveremos para ver as conseqüências.

Um Tempo para Resolver Problemas

Uma senhora da Dinamarca relatou a seguinte experiência:

Em nossa casa, procuramos reunir a família quase todas as semanas, desde que nossos filhos eram pequenos. Aproveitamos essas reuniões para vários propósitos diferentes. Ocasionalmente, esses encontros funcionam como fórum para abrirmos o jogo com as crianças, revelando-lhes os problemas que enfrentamos e de que modo os enfrentamos.

Certa vez, meu marido perdeu o emprego. Então, dedicamos todo o tempo da nossa reunião para contar-lhes o que acontecera. Nós lhes exibimos o saldo que tínhamos no banco, e explicamos que normalmente demorava seis meses para se encontrar um novo emprego. Mostramos que precisávamos dividir aquele dinheiro em seis grupos — um para cada mês. E dividimos o dinheiro de cada mês em vários subgrupos, relativos às despesas mensais — alimentação, pagamento da casa, gás, energia elétrica, e assim por diante.

Desse modo, nossos filhos puderam visualizar com nitidez para onde o dinheiro estava indo e quão pouco sobrava. Para evitar que entrassem em pânico, nós lhes dissemos que aquele seria um desafio que nós poderíamos vencer, se nos uníssemos. Mas queríamos que eles vissem para onde o dinheiro iria. Desejávamos evitar magoá-los todas as vezes em que tivéssemos de negar roupas novas ou entretenimento.

Nós, então, discutimos como essa responsabilidade era estressante para o pai deles e o que poderíamos fazer em casa para ajudá-lo a relaxar. Decidimos eliminar tudo o que pudesse irritá-lo, coisas do tipo não deixar mochilas e jaquetas espalhadas, sapatos pelo chão — enfim, manter a casa em ordem. Todos concordaram, e nos sentimos realmente unidos e fortes para enfrentar os tempos difíceis que nos aguardavam.

Durante os seis meses seguintes, assamos uma porção de bolos e tortas para nos alegrarmos. Não participávamos de nada que custasse dinheiro nem comprávamos nada que fosse supérfluo. As crianças tentavam sempre encorajar o pai, assegurando-lhe que em breve encontraria outro emprego. Elas faziam de tudo para demonstrar-lhe sua confiança porque todos sabíamos, por experiência, que essa seria uma área bastante sensível para ele.

Quando meu marido finalmente arranjou emprego, a alegria dos nossos filhos foi quase maior do que a nossa, e a comemoração foi tão anima-

da que ficou na memória. Não dá nem para imaginar a dor de cabeça que evitamos só por nos sentarmos com eles e lhes explicarmos a nossa situação, mostrando como poderíamos resolvê-la.

O tempo da família é também um momento excelente para a resolução de problemas. Essas reuniões favorecem a abordagem das necessidades fundamentais e o trabalho conjunto para encontrar os meios de satisfazê-las. É uma oportunidade para envolver os membros da família nos problemas e na busca de soluções, para que todos participem e se comprometam com as decisões que forem tomadas.

Maria (*filha*):
Lembro-me de uma "noite da família" em que meu pai efetuou a lista de todas as responsabilidades e tarefas da casa. E então indagou a cada um de nós quem queria encarregar-se de quê.
Ele perguntou:
— Atenção, pessoal: quem deseja ganhar o dinheiro?
Infelizmente para papai, ninguém se apresentou como voluntário.
— Bem, acho que sobrou para mim. Tudo bem, quem quer pagar os impostos?
De novo, ninguém se mexeu, e ele replicou que teria de encarregar-se disso também.
— Certo, quem quer cuidar da alimentação do bebê?
Bem, mamãe era a única qualificada para a função.
— Quem quer tomar conta do gramado?
Ele prosseguiu, citando todas as coisas que precisavam ser feitas, e ficou muito claro que ele e mamãe faziam um bocado de coisas para a família. Aquele foi um modo excelente de colocar as nossas tarefas, como crianças, em perspectiva. E também serviu para mostrar que todos precisavam colaborar.

Nós conhecemos uma senhora que levou para casa diversos filhos adotivos, que o Estado havia considerado "incorrigíveis". Essas crianças apresentavam um amplo leque de problemas. Quase todas haviam tido conflitos com a polícia. Como essa senhora descobriu, os "tempos da família" são excelentes para que as pessoas se manifestem e partilhem. Ela contou:

Ao lidarmos com esses filhos adotivos e com os nossos próprios filhos ao longo dos anos, descobrimos que as crianças realmente precisam de relacionamentos estreitos. E o "tempo da família" ajuda a estreitá-los. As crianças adoram envolver-se. Gostam de ser encarregadas de alguma coisa — jogos ou brincadeiras ou atividades. E elas apreciam um ambiente "seguro" onde possam expressar seus receios.

Recentemente, um dos nossos garotos adotados enfrentou desafios bastante complexos — em termos físicos, emocionais e mentais. Enquanto ele estava no hospital, nós aproveitamos o "tempo da família" para conversar com os meninos sobre o que deviam esperar depois que ele regressasse. Todos se preocupavam com o comportamento dele — seu hábito de provocar os outros, e assim por diante. Deixamos que manifestassem seus temores. Cuidamos para que se sentissem seguros para falar com honestidade, e isso os ajudou a ficar à vontade, diminuindo o grau de apreensão. Uma das crianças nem sequer desejava o retorno do irmão e, sabendo disso, pudemos preparar-nos melhor para lidar com a situação.

Criar um fórum familiar onde os problemas possam ser abertamente debatidos constrói confiança no relacionamento e na capacidade da família de resolvê-los.

Um Tempo para se Divertir

Um dos ingredientes mais importantes do "tempo da família" é o entretenimento. É isso que aproxima e une os membros da família, proporcionando-lhes não só alegria, mas principalmente prazer em estar juntos.

Mesmo que nada mais aconteça durante o "tempo da família", só a alegria de estar juntos, de rir e de fazer coisas juntos já exercerá um efeito tremendamente positivo nas Contas Bancárias Emocionais. E quando se acrescentam outras dimensões, o tempo da família se torna realmente uma das mais eficazes estruturas organizadoras da família.

Criando o Comprometimento

Como sugeriu o grande filósofo e psicólogo norte-americano

William James, quando se tenta promover uma mudança, é necessário tomar uma resolução com seriedade, aproveitar o primeiro momento de iniciativa para colocá-la em prática e não transigir. O mais importante é criar o comprometimento de levá-la a cabo: "Uma vez por semana, haja o que houver, nós realizaremos uma reunião de família". Se você puder, reserve uma noite específica para isso. Marque na agenda da família. Se surgirem imprevistos que impeçam a reunião, marque outra imediatamente, de preferência na mesma semana. Será mais fácil garantir a regularidade se você designar um dia específico e respeitá-lo. Aproveite enquanto os filhos são pequenos, porque, quando chegarem à adolescência, sua agenda social se tornará uma loucura.

> O mais importante é criar o comprometimento de colocar a resolução em prática: "Uma vez por semana, haja o que houver, nós realizaremos uma reunião de família".

E, não importa o que aconteça no seu "tempo da família", não esmoreça. Nós tivemos noites da família em que dois dos nossos nove filhos (adolescentes, é claro) se estenderam no sofá e dormiram, enquanto alguns dos outros subiam pelas paredes. Algumas de nossas reuniões basicamente se iniciaram com uma grande briga e terminaram com uma oração. Em outras ocasiões, as crianças estavam tão barulhentas, tão irreverentes que fomos obrigados a dizer:

— Tudo bem, já chega! Chamem-nos quando estiverem prontos para a reunião! — E nos movíamos na direção da porta.

Em geral, eles nos pediam para ficar. Mas, quando realmente saíamos, sempre voltávamos depois e pedíamos desculpas.

O que estou querendo enfatizar é: nem sempre é fácil. E geralmente não é conveniente. Às vezes, você até se pergunta se seus filhos estão aproveitando alguma coisa de todo esse esforço. Na verdade, você pode não ver resultados concretos durante anos.

Tempo de Convivência Um a Um

Existe um pôster, não sei se você já o viu alguma vez, que exibe uma esplêndida paisagem montanhosa com a legenda: "Deixe a montanha ter você por um dia". A natureza magnificente nos atrai. Sentimo-nos relaxados, em paz, mais serenos, mais em casa.

A mesma coisa ocorre nos relacionamentos humanos quando se passa o tempo na companhia de outra pessoa. Talvez devêssemos mudar o *slogan* para: "Deixe seu cônjuge ter você por um dia" ou "Deixe seu filho ter você por uma manhã" ou "Deixe seu filho adolescente ter você por uma tarde". Desse modo — num estado mental de tranqüilidade —, você, em certo sentido, transmite ao outro essa sensação de serenidade. Note bem, não se trata de princípios complacentes ou de atitudes brandas, permissivas ou indulgentes em relação aos caprichos volúveis de alguém. Trata-se de estar "completamente presente" diante de outra pessoa, de transcender seu ego, seus interesses, preocupações, medos e necessidades pessoais, de estar inteiramente com seu marido, esposa, filho, filha, permitindo-lhe expressar ou discutir seus interesses e metas, subordinando a sua agenda à deles.

> É nos momentos de convivência um a um que desempenhamos a maior parte da função real da família. É quando se pode nutrir o coração e a alma de modo mais profundo.

Esses momentos têm sido tão significativos e essenciais na vida da nossa família que eu afirmaria, sem sombra de dúvida, que *a segunda estrutura familiar mais absolutamente básica que se pode criar é essa convivência um a um*. É nas horas dedicadas a esse verdadeiro encontro que desempenhamos a maior parte da função real da família. É quando se pode nutrir o coração e a alma de modo mais profundo. É quando se pode partilhar da maneira mais significativa, dar os mais profundos ensinamentos, construir os laços mais estreitos.

É como o falecido Dag Hammarskjöld, ex-secretário-geral das Nações Unidas, afirmou: "É mais nobre doar-se inteiramente a um indivíduo do que trabalhar diligentemente para a salvação das massas". Os tempos de convivência um a um lhe propiciam a oportunidade de doar-se por inteiro a alguém.

Convivência Um a Um no Casamento

Não há como descrever o valor dos meus momentos exclusivos com Sandra. Há muitos anos, nós dois temos partilhado um tempo só nosso todos os dias. Quando estamos na cidade, saímos para dar uma volta na nossa Honda Scooter. Ficamos longe das crianças, do telefone, do trabalho, da casa, das outras pessoas e de tudo o mais que nos pudesse desviar ou distrair. Vamos até o pé das colinas só para trocar idéias. Falamos sobre o que está acontecendo nas nossas vidas. Discutimos temas ou preocupações. Encenamos situações familiares que precisamos analisar e resolver. E quando não podemos estar juntos, conversamos ao telefone — com freqüência, várias vezes por dia. Essa comunicação rica, esses laços, tudo isso constrói o nosso casamento e o fortalece a tal ponto que podemos entrar na arena da família sentindo um pelo outro amor e respeito profundos, bem como um senso de união que nos ajuda a trabalhar em conjunto, em vez de individualmente.

Nós conhecemos um casal que gosta de promover essa convivência um a um de forma diferente. Todas as noites de sexta-feira eles saem juntos — antigamente, providenciavam alguém para ficar com as crianças —, dedicando várias horas à construção de seu relacionamento. Em geral, vão a restaurantes, cinemas ou teatros, ou apenas fazem longas caminhadas nas montanhas, onde gostam de fotografar flores silvestres. E eles repetem esse ritual há quase trinta anos. Também fazem um "retiro" juntos uma ou duas vezes por ano. Costumam usar as promoções de milhagens para voar até a Califórnia, onde caminham descalços pela praia, contemplam o mar, revêem a declaração de missão conjugal e elaboram suas metas para o ano seguinte. Os dois valorizam tanto essa convivência um a um em seu casamento que às vezes ficam com os netos para que seus filhos casados possam desfrutar esses momentos renovadores com os cônjuges.

Esse tipo de "retiro" é vital para o casamento e para a família. É tremendamente necessário que maridos e mulheres se sentem juntos e planejem com detalhes ou, em certo sentido, criem mental e espiritualmente o próprio futuro. Planejar não é fácil. Requer reflexão, e muitos de nós vivem tão ocupados seguindo agendas frenéticas, tiranizados pelo telefone e enfrentando pequenas crises, que passam longos períodos sem se comunicar de modo profundo e significativo com o cônjuge. Contudo, o planejamento é de incomparável relevância em qualquer esforço na vida, e com certeza tem de estar presente no desafio mais importante: criar bem uma família. Devemos conferir-lhe um papel central, considerando os enormes benefícios que nos proporciona. O exercício harmônico das funções primordiais de um casal — principalmente a de educar os filhos — abre as comportas para a sinergia, para o *insight*, e para a tomada de decisões. Os *insights* são mais profundos e as soluções, mais práticas e factíveis — e o processo todo resulta em laços estreitos e união no relacionamento.

Ao elaborar a pesquisa para este livro, descobri que muitos casais encontram formas diferentes de promover a convivência um a um de modo

> *É* tremendamente necessário que maridos e mulheres se sentem juntos e planejem com detalhes ou, em certo sentido, criem mental e espiritualmente o próprio futuro.

regular e significativo. Uma mãe, cujos filhos já são grandes, contou o seguinte:

Três ou quatro noites por semana nossos filhos nos colocam na cama. Costumeiramente, nós nos recolhemos horas antes deles, para relaxar e conversar. Às vezes ouvimos música ou assistimos à TV. Partilhamos nossas experiências profissionais. Discutimos os assuntos de família. Ajudamos a manter o equilíbrio um do outro.

Esse tempo juntos é fundamental para a nossa vida familiar. Quando chegamos do trabalho, não deixamos que as nossas necessidades tenham primazia sobre as de nossos filhos. E cumprimos bem nosso papel de pais porque sabemos que, quando o relógio marcar 10:30, teremos momentos só nossos. Assim, podemos concentrar-nos na família, nas crianças, na arrumação da casa, na lavagem de roupa e na alimentação do cachorro.

As crianças compreendem e não interrompem esses momentos. A menos que algo realmente importante aconteça, não batem na porta. Não chamam. Não tentam entrar. E jamais reclamam porque lhes ensinamos que esse tempo significa muito para um casal. E sentem que, se formos um casal unido, teremos uma família unida.

No meu próprio caso, percebi que meu tempo de convivência um a um com Sandra fortalece, e muito, a família inteira. Como alguém disse: "A melhor coisa que você pode fazer por seus filhos é amar o seu cônjuge". O estreitamento dos laços conjugais gera uma sensação de segurança em todos os membros da família — porque, sem sombra de dúvida, o relacionamento primordial dentro do âmbito familiar é o existente entre marido e mulher. É a sua qualidade que determina, em última instância, a qualidade da vida familiar. E, mesmo quando há problemas, ou ruptura do casamento, é vital que os pais se tratem com cortesia e não falem mal um do outro na presença dos filhos — ou mesmo em sua ausência. As "vibrações" se propagam, e as crianças tomarão as dores

> "A melhor coisa que você pode fazer por seus filhos é amar o seu cônjuge."

para si, elas se identificarão — principalmente se forem muito novas e impressionáveis.

Eu me lembro de certa vez revelar minha antipatia por uma determinada pessoa, e meu filho Joshua, que tinha seis anos, imediatamente me interpelou:

— Papai, você gosta de mim?

Em outras palavras, ele estava dizendo: "Se você é capaz dessa atitude ou sentimento em relação a alguém, também é capaz de se sentir assim em relação a mim. E eu quero certificar-me de que você não nutre esse sentimento negativo por mim".

Os filhos extraem grande parte de seu senso de segurança do modo como os pais se tratam. Portanto, a consolidação da relação conjugal exerce um efeito poderoso sobre toda a cultura familiar.

Convivência Um a Um com os Filhos

Também é vital conviver com cada um dos filhos. O ideal é que eles se encarreguem de agendar os encontros. Essa convivência significa cada um dos pais com cada um dos filhos, separadamente. Lembre-se: sempre que uma terceira pessoa é introduzida, a dinâmica muda. E, às vezes, talvez seja apropriado mudar a dinâmica. A mãe e o pai, em conjunto, podem dedicar o tempo a um só filho, ou dois filhos podem sair com um dos pais. Contudo, a construção básica do relacionamento consiste em um a um. Fazer isso bem e com freqüência ataca a raiz da rivalidade entre os irmãos.

A convivência com cada um dos filhos inclui passeios, programas, momentos de ensino e de privacidade nos quais toda a dinâmica emocional e social se aprofunda, desenvolvendo-se o senso de amor incondicional, de atenção positiva e respeito inalteráveis. Essas ocasiões especiais de união fortalecem em nós a certeza de que, quando as dificuldades e os problemas surgirem, poderemos contar com o relacionamento, depender dele. O tempo de convivência um a um ajuda a criar um núcleo imutável que — junto com os princípios imutáveis — nos permite viver em constante transformação externa.

Nada demonstra mais quanto você valoriza um filho e seu relacionamento com ele do que doar-lhe o seu tempo.

Uma senhora nos contou que sua melhor recordação da infância é o hábito que seu pai tinha de levá-la para tomar o café da manhã no McDonald's, em semanas alternadas, durante quase dez anos. Depois, ele a deixava na porta da escola e ia para o trabalho.

Uma senhora nos relatou seus *insights* acerca do profundo vínculo resultante de sua convivência com cada um dos seus cinco filhos:

No outro dia, levei meu filho Brandon, de vinte e dois anos, para almoçar. Durante a refeição, começamos a conversar sobre uma infinidade de coisas da vida dele, incluindo suas aulas na escola, seus planos e os da esposa para o futuro, e assim por diante. Em dado momento, ele gracejou:

— Mamãe, eu realmente não sei o que vou ser quando crescer!

E eu respondi:

— Bem, eu também não sei o que vou ser quando crescer! A vida vai mudando, mas às vezes você tem de se concentrar numa coisa e permanecer aberto para a possibilidade de mudança.

Nós tivemos um grande debate, um verdadeiro brainstorming *sobre as possibilidades para o seu futuro e terminamos com idéias que ele jamais considerara antes: formar-se em comércio exterior, estudar português e fazer negócios com o Brasil.*

Passamos horas maravilhosas juntos, desfrutando a companhia um do outro e trocando idéias. Quando, mais tarde, relembrei o almoço, percebi que acontecera algo inédito para nós. Em consequência de eu ter elaborado a minha declaração de missão pessoal anos antes, eu decidira estabelecer a meta de investir o tempo em convivência com cada um dos meus filhos ao longo do mês. Eu iniciara essa tradição quando eles ainda estavam no primeiro grau, e certamente não fiz isso com perfeição. Mesmo assim, foi muito bom para o nosso relacionamento. Não vejo como poderia ter esse tipo de convivência com meu filho de vinte e dois anos se não tivéssemos introduzido esse hábito quando ele ainda era criança. Isso é uma coisa que desenvolvemos juntos e nos tem feito bem ao longo de nossas vidas.

Descobri que, quando as crianças crescem, os pais precisam fazer a transição de "pai/mãe" para "melhor amigo/amiga". Ao longo dos anos, meus encontros um a um com os meus filhos têm tornado essa transição muito, muito mais fácil porque nós já construímos essa amizade.

Podemos marcar na agenda da família a maioria dos compromissos do "tempo um a um". Contudo, nem sempre é possível agendarmos com antecedência momentos como esses que uma senhora nos relatou:

Além dos encontros individuais planejados, havia outros que meu marido e eu improvisávamos sempre que percebêssemos que um de nossos filhos não estava bem. Como pais, nós logo detectávamos os problemas e tratávamos de arranjar tempo para conversar. Geralmente, Dave o levava para pescar ou eu o levava para almoçar. Nós nos revezávamos. Não íamos os dois juntos porque não queríamos dar a impressão de "cumplicidade" ou "conspiração".

Quando o garoto se sentia à vontade, em geral contava o que o afligia. Às vezes era o comportamento de algum colega que o aborrecia. Outras, tratava-se de problemas na escola — ele achava que um determinado professor não o estimava ou então havia atrasado as lições de casa e não sabia como atualizá-las.

Eu, ou Dave, indagava:

— Você quer voltar para casa e discutir o assunto? Precisa de ajuda?

A decisão cabia sempre a eles. Nós reconhecíamos que os garotos precisavam aprender a tomar decisões e resolver os próprios problemas. Mas também percebíamos que todo o mundo precisa de alguém com quem conversar, que lhe forneça uma perspectiva diferente, que ajude a analisar as opções.

E isso não é coisa que se possa planejar sempre — depende da sua percepção. Tem de vir do coração, naturalmente, do fato de ser pai/mãe afetuoso e atento, que pode olhar para os filhos e sentir que as coisas não vão bem e que se deve investir mais tempo na convivência um a um. Seu filho precisa de você.

O mais importante é que a família venha em primeiro lugar, haja o que houver. Estamos convencidos de que, se colocarmos a família em primeiro lugar, não sofreremos crises que exijam meses, às vezes anos, para se resolverem. Nós cortamos o mal pela raiz, bem no começo.

Observe que, mais até do que uma questão de agenda, dar prioridade à família é uma postura mental. É restabelecer constantemente a conexão com a importância da família para agir com base nesse valor, em vez de reagir aos desafios do momento.

"Eu Não me Importo com Quanto Você Sabe Até Saber Quanto Você se Importa"

Jamais esquecerei uma experiência que tive com uma das meninas durante um dos nossos encontros de convivência um a um. Ela parecia muito mal-humorada, bastante irritável, e vinha agindo assim com todos da casa. Quando lhe perguntei o que estava errado, ela respondeu:

— Oh, nada.

Uma das grandes regras que Sandra e eu estabelecemos para os nossos encontros um a um com as crianças consiste em deixá-las falar sobre o que quiserem, durante o tempo que quiserem. Elas podem queixar-se de alguma coisa, reclamar ou desabafar o que tiverem no coração, e nós não podemos dar conselho algum, a menos que seja pedido. Em outras palavras, como pais nós procuramos simplesmente compreender.

Então, eu apenas escutei. Como uma jovem adulta, essa filha rememorou essa experiência e escreveu o seguinte:

Cynthia (*filha*):
Quando eu tinha cinco anos, meus pais se mudaram para Belfast, na Irlanda, onde moramos durante três anos. Eu peguei o sotaque irlandês das minhas colegas e, quando regressamos para os Estados Unidos, onde voltei a estudar a partir da terceira série, meu jeito de falar chamava a atenção.

Pelo fato de eu ter morado na Irlanda, acabei não aprendendo várias das brincadeiras norte-americanas, nem a jogar beisebol, e, assim, sentia-me excluída. Podia perceber que as crianças da minha turma me achavam diferente porque não conseguiam entender-me, e eu não tinha como brincar ou jogar com elas.

Meu professor me enviou para a terapia de fala, para livrar-me do sotaque, e tentou ajudar-me a alcançar o nível da classe, porque eu estava bastante atrasada. Enfrentava dificuldade principalmente em matemática, mas receava admitir que não sabia o básico. Estava cansada de ser diferente, e ansiava por novos amigos, por aprovação.

Em vez de pedir ajuda em matemática, eu descobri, num armário no fundo da sala, cartões que continham as respostas de todos os exercícios. Comecei a rondar aqueles cartões e então a copiar as respostas sem ser apanhada. Durante algum tempo, parecia que todos os meus problemas se haviam resolvido. Lá no fundo eu sabia que isso estava errado, mas parecia que o fim justificava os meios. Comecei a ganhar a atenção do professor e dos colegas por me sair tão bem. Na verdade, fui apresentada como "aluna-modelo", porque estudava com empenho, fazia meu trabalho com rapidez e sempre obtinha as notas mais altas da classe.

Foi maravilhoso por algum tempo, pois me tornei popular e muitos colegas gostavam de mim. Mas a minha consciência não me dava sossego. Eu não ignorava que traíra a mim mesma e ao que meus pais sempre ensinavam sobre honestidade. Eu queria parar. Sentia muita vergonha de enganar os outros. Agora, porém, eu estava presa numa armadilha e não sabia como sair dela sem me expor à humilhação total. Tinha de continuar enganando porque o professor esperava que eu me saísse bem todas as vezes. Era infeliz, e o problema parecia insuperável para uma garotinha de oito anos.

Claro que eu tinha de contar para os meus pais o que estava acontecendo, mas estava constrangida demais, por ser a filha mais velha. Comecei a me comportar mal em casa, a perder as estribeiras com facilidade, tudo resultado da tensão por enfrentar esse problema sozinha. Meus pais disseram, mais tarde, que tinham percebido que havia algo errado em minha vida, mas não imaginavam do que se tratava.

Na Irlanda, nós tínhamos iniciado a tradição de "entrevistas particulares" com um dos pais, uma vez por mês. Esse era o momento em que podíamos falar sobre o que quiséssemos, reclamar das tarefas da casa ou de alguma injustiça sofrida, comentar sobre nossos amigos ou qualquer coisa que nos interessasse, dar idéias para atividades, dividir problemas, o que fosse. A regra era que mamãe — ou papai — só podia escutar: nada de replicar ou criticar, nem dar conselhos e sugestões, a não ser que a gente pedisse. Todos nós esperávamos com ansiedade as nossas entrevistas particulares.

Numa dessas entrevistas, meu pai me deixou desabafar — sem se ofender ou se zangar — sobre uma injustiça que eu achava que ele e mamãe tinham praticado comigo. Ele percebeu que aquele não era o problema real, mas me deixou prosseguir. Por fim, quando me senti aceita e absolvida, cautelosamente comecei a revelar um pouquinho, apenas sondando para ver sua reação. Papai perguntou se as coisas iam bem na escola e se eu estava feliz lá. Defensivamente, explodi:

— Se você soubesse, com certeza me odiaria! Não posso dizer!

Durante alguns minutos, meu pai reafirmou que me aceitava e amava incondicionalmente, e senti que era sincero. Em ocasiões anteriores, eu me abrira sem receber reprovação, por isso concluí que podia confiar nele e contar-lhe toda a verdade.

De repente, a confidência simplesmente escapou da minha boca, e eu dei por mim chorando e gritando:

— EU ESTOU COLANDO EM MATEMÁTICA!

E desabei nos braços dele. Era um alívio tão grande despejar tudo, mesmo não vendo solução e temendo as conseqüências. Revelei-lhe o meu terrível segredo e senti que ele me amava e apoiava apesar de tudo.

Lembro-me que ele comentou:

— Oh, que coisa horrível você suportar esse sofrimento por tanto tempo! Gostaria que me tivesse contado antes, para que eu pudesse auxiliá-la.

Papai, então, me pediu autorização para chamar mamãe e eu narrei toda a história para os dois. Eu não via saída, mas, surpreendentemente, eles me ajudaram a encontrar uma solução que não me humilharia muito. Nós procuraríamos o professor juntos. Eu repetiria o ano para aprender matemática.

O importante é que meus pais compreenderam o que havia acontecido e me ampararam, e até hoje posso sentir o alívio que experimentei naquele momento. Quem sabe que padrão ético eu teria estabelecido em minha vida e que caminho teria seguido se continuasse agindo com desonestidade. Mas tive a sorte de partilhar meu problema com pais que já *haviam criado comigo um relacionamento de confiança, amor e encorajamento permanentes. Nossa Conta Bancária Emocional era tão sólida que aquela minha grande retirada não me levou à falência. Ao contrário, eu recebi juros.*

Eu recordo sempre essa experiência. E me pergunto o que teria acontecido se eu estivesse demasiado ocupado, demasiado ansioso para cumprir um compromisso atrás do outro, ou estivesse às voltas com assuntos tão "mais importantes" que não me sobrasse tempo para realmente escutar a minha família. O que mais essa filha teria aprontado? Que escolhas teria feito, sem amparo?

Sinto uma profunda gratidão por, especialmente nessa ocasião, termos reservado tempo para ficar juntos, para nos concentrar no relacionamento. Aqueles minutos de proximidade fizeram uma diferença indiscutível nas nossas vidas.

Uma das maiores funções dos pais é ensinar aos filhos princípios capazes de lhes proporcionar felicidade e sucesso na vida. Mas, para isso, é preciso ter um relacionamento sólido. "Eu não me importo com quanto você sabe até saber quanto você se importa."

Os tempos de convivência um a um constituem uma excelente oportunidade para solidificar a relação e a Conta Bancária Emocional, criando uma atmosfera propícia ao ensino. Sandra e eu descobrimos que, quando nos relacionamos com um filho em separado, quando o levamos a algum lugar onde tenhamos privacidade e lhe damos total atenção — quando estamos inteiramente presentes —, nossos ensinamentos, disciplina ou comunicação em geral atingem um nível de eficácia impressionante. Entretanto, quando, devido à exigüidade do tempo e a necessidades práticas, tentamos ensinar, disciplinar ou corrigir na presença dos outros, nós nos tornamos incrivelmente ineficazes.

Estou convencido de que muitas crianças sabem como devem proceder, mas suas mentes não estão preparadas para fazê-lo. As pessoas não agem com base no que sabem, e sim no que sentem a respeito do que sabem e acerca de si próprias. Se conseguirem sentir-se bem com elas mesmas e com o relacionamento, então se sentirão estimuladas a agir com base no que sabem.

Coloque Primeiro as Pedras Grandes

O "tempo da família" e o de convivência um a um são vitais — básicos mesmo — para lidar com as necessidades fundamentais da família, na construção da Conta Bancária Emocional e na criação de toda a cultura familiar.

A questão é: como se faz isso? Como administrar o tempo para promover reuniões semanais com todos e encontros regulares e significativos com cada membro da sua família?

Eu gostaria de sugerir que você usasse a sua imaginação por um instante. Imagine-se de pé diante de uma mesa, sobre a qual está um pote de boca larga repleto de pequeninas pedras. Ao lado do pote, encontram-se várias pedras bem grandes.

Agora, suponha que esse pote represente a próxima semana da sua vida. As pedrinhas representam todas as coisas que você faz normalmente. As pedras grandes correspondem ao tempo da família, ao de convivência um a um e outras coisas que sejam realmente importantes para você — como praticar exercícios, ou trabalhar na declaração de missão familiar ou apenas se divertir com a família. Coisas, enfim, que lá no fundo do seu coração você sabe que deveria fazer, mas que ainda não conseguiu "encaixar" na sua agenda.

De pé diante da mesa, imagine que a sua tarefa é colocar dentro do pote o máximo de pedras grandes que puder. Você põe mãos à obra. Tenta colocar à força as pedras grandes dentro do pote, mas só cabem duas ou três. Então, só lhe resta retirá-las. Contempla todas as pedras grandes. Estuda-lhes o tamanho. Observa-lhes o formato. Percebe que talvez, se escolhesse pedras diferentes, conseguisse encaixar um número maior. Então, tenta de novo. Trabalha e rearranja as coisas até finalmente conseguir encaixar quatro pedras das grandes no pote. Mas é só isso. Por mais que tente, esse é o máximo que pode realizar.

Como se sente? Olhe para o pote. Está cheia até a borda, e você tem todas essas coisas realmente importantes — incluindo as relacionadas à família — para fazer. E isso se repete todas as semanas. Quem sabe não chegou a hora de tentar um enfoque diferente?

Suponha que você tire as quatro pedras grandes. Suponha que encontre outro recipiente e passe para ele todas as pedrinhas. E, então, *coloca as pedras grandes primeiro!*

Agora, quantas dessas pedras será possível colocar? Muito mais do que antes, com certeza. E, quando tiver enchido o pote com pedras grandes, *então* você pode encaixar as pedrinhas por cima. E veja quantas pedrinhas cabem lá dentro!

A questão é a seguinte: se você não começar pelas pedras grandes, elas dificilmente caberão na jarra! O segredo é colocar primeiro as pedras grandes.

Cynthia (*filha*):
Papai se ausentava da cidade por longos períodos, durante a minha infância, mas nós fazíamos mais coisas juntos do que a maioria das famílias. Eu tinha mais convivência individual com ele do que qualquer um dos meus amigos, cujos pais tinham empregos convencionais, de oito horas de trabalho por dia.

Creio que havia duas razões para isso. Uma era que ele sempre planejava com antecedência. Papai realmente acreditava em ser proativo, em fazer acontecer, em começar com o objetivo em mente. No início de cada ano letivo, sempre indagava: "Quando serão os jogos de rúgbi dos meninos? Quais são as atividades programadas para as meninas?" E quase nunca perdia um evento importante. Era muito raro faltar a uma noite da família. E não deixava de voltar para casa nos fins de semana, para que pudéssemos empreender atividades e ir à igreja juntos.

Havia momentos em que as pessoas observavam:

— Oh, seu pai está viajando de novo!

Mas os meus amigos tinham pais que trabalhavam das nove às dezessete horas e passavam a noite diante da TV, sem nenhuma comunicação com os filhos.

Percebo agora quanto lhe custou manter o esquema de "tempo da família" — para rezarmos, conversarmos e nos divertirmos juntos. Com um trabalho frenético e nove filhos em cinco escolas diferentes, meus pais realmente tiveram de se esforçar... e se esforçaram. A questão é que isso era fundamental para eles, por isso lutaram e descobriram como vencer o desafio.

Acho que a segunda razão para nossa convivência intensa eram as regras. Não marque nenhum programa para o domingo — esse é o dia da família e de ir à igreja. Nunca se ausente nas noites de segunda-feira — é a "noite da família". Nós geralmente fazíamos alguma coisa todos juntos numa noite de fim de semana. Era uma espécie de compromisso. E, às vezes, quando éramos adolescentes, nós nos ressentíamos um pouco. Mas era aceito como parte da cultura, e, depois de um certo tempo, paramos de reclamar.

Para aqueles que dizem "Não temos tempo para fazer isso!", eu diria "Vocês não têm tempo para não fazer!" O segredo é planejar e ser persistente. "Onde existe vontade de resolver, existe solução."

E quando realmente coloca aquelas pedras grandes da família primeiro, você começa a desfrutar uma sensa-

> *Para aqueles que dizem "Não temos tempo para fazer isso!", eu diria "Vocês não têm tempo para não fazer!" O segredo é planejar e ser persistente.*

ção profunda de paz interior. Deixa de se sentir constantemente dividido entre a família e o trabalho. E descobrirá que, com isso, consegue contribuir mais nos outros setores.

O comprometimento com essas estruturas familiares dá vida aos princípios da família eficaz. Cria uma bela cultura familiar que o capacita a resistir à sedução do sistema de recompensas extrínsecas da cultura popular. Quando você não vivencia de fato essa boa cultura familiar, é fácil ser desviado, empurrado em outras direções. Mas quando se encontra no meio dela, sua única questão é "Como poderia existir algo melhor?"

Organizando os Papéis

Em vez de selecionar atividades, Sandra e eu descobrimos que uma das melhores formas de colocar primeiro as pedras grandes em nossas vidas consiste em organizar nossos papéis mais importantes — incluindo os que desempenhamos na família — e estabelecer metas em cada um desses papéis para cada semana. Há semanas em que uma meta nos absorve tanto que decidimos não estabelecer metas para os outros papéis. Por exemplo, quando passa uma semana ajudando uma de nossas filhas com o bebê recém-nascido, Sandra prefere não proferir palestras, nem prestar serviço comunitário, tampouco empreender projetos extras em relação à casa. Mas essa é uma decisão consciente, e ela se sente em paz por saber que na semana seguinte cuidará de cada um de seus papéis e definirá metas novamente. Percebemos que, empregando esse sistema de "papéis e metas", nossas vidas resultam muito mais equilibradas. Cada papel é bem desempenhado, e há menor probabilidade de nos sobrecarregarmos com a urgência de todas as pressões do dia-a-dia.*

Um Breve Olhar para Trás e para a Frente

Agora, antes que sigamos em frente, paremos um momento

---

* Para a obtenção de exemplos complementares sobre papéis e metas do Organizador dos 7 Hábitos, ligue para 1-800-372-6839 ou visite www.franklincovey.com, na Internet.

para olhar para trás e refletir num sentido mais amplo acerca dos Hábitos 1, 2 e 3.

Hábito 1 — Seja Proativo — constitui a decisão mais fundamental de todas: escolher entre ser responsável ou vítima.

Se você decidir ser responsável — tomar a iniciativa, ser a força criativa da sua vida —, então a próxima decisão fundamental refere-se ao que você deseja da vida. Esse é o Hábito 2 — Comece com o Objetivo em Mente — que consiste em criar a familiar. Essa é o que chamamos de decisão estratégica, porque dela decorrem todas as demais.

Já o Hábito 3 — Primeiro o Mais Importante — tem uma natureza secundária ou tática. Mostra de que modo podemos fazer primeiro o mais importante. Nós nos concentramos primordialmente em duas principais intervenções estruturais num mundo em que "de fora para dentro" não dá certo: o "tempo da família" e o tempo de convivência um a um. Na época em que "de fora para dentro" funcionava, essas estruturas não eram tão necessárias, pois essa convivência acontecia de forma espontânea todo o tempo. Entretanto, quanto mais a sociedade se distancia da natureza, quanto mais a globalização da tecnologia e dos mercados muda todo o quadro econômico, quanto mais testemunhamos a secularização de uma cultura distanciada dos princípios, percebemos a erosão das leis, quanto mais vemos a vontade social empurrando a vontade política e transformando as eleições em meros concursos de popularidade e oportunidades de aparecer na televisão — mais precisamos ser fortes e determinados na criação e uso de novas estruturas que nos mantenham na rota.

Enquanto você reflete sobre a implementação desses hábitos em sua família, permita-me lembrar-lhe novamente que *é você o especialista na sua família*, pois só você conhece a sua situação.

Durante uma recente visita à Argentina, conversei com pais de toda a América Latina, que convergiram para lá a fim de assistir à conferência. Eu lhes pedi um *feedback* sobre as idéias contidas neste livro. O *feedback* foi muito positivo e me deu bastante suporte. Contudo, esses pais não viam necessidade de formalizar o "tempo da família" e o de convivência um a um. Como vivem numa cultura voltada para a família, para eles todas as noites constituem o "tempo da família" e a convivência individual faz parte da vida cotidiana.

Entretanto, para outros grupos familiares, a idéia de desenvolver uma missão familiar e criar novas estruturas de convivência em grupo e individual está totalmente fora de cogitação. Eles não admitem nenhum tipo de organização formal. Talvez estejam zangados e se rebelem contra as estruturas já existentes — as quais sentem ter suprimido a liberdade e a individualidade que valorizam. Essas estruturas podem estar tão carregadas de energia negativa e censuras que qualquer outra é condenada por extensão. Simplesmente existe demasiada bagagem social e psíquica.

Se essa for a sua situação, mesmo assim você pode dar prioridade a sua família. Pode, quem sabe, reconhecer algum valor numa declaração de missão familiar e em alguma dessas estruturas, se julgar que adotá-las agora significa ir longe demais. Tudo bem. Comece de onde você está. Não se sinta culpado por não atender à necessidade de interdependência se não estiver pronto para caminhar nessa direção.

Talvez seja preferível começar apenas aplicando algumas dessas idéias em sua vida. É possível que você ache que fazer e cumprir promessas, ou escolher uma meta simples e lutar para alcançá-la, é o máximo que pode empreender. Essa estrutura talvez lhe baste neste momento. Mais tarde, é possível que se sinta preparado para adotar outra, como uma tarefa ou meta um pouco mais complexa, e comece a trabalhar. Finalmente, ao fazer e cumprir promessas, seu senso de honra se tornará maior do que a sua disposição de ânimo ou bagagem negativa. Então, você descobrirá que pode avançar em áreas inteiramente novas — atividades interdependentes tais como a criação de uma missão familiar, o "tempo da família" e o de convivência um a um.

> *Finalmente, ao fazer e cumprir promessas, seu senso de honra se tornará maior do que a sua disposição de ânimo ou bagagem negativa.*

O segredo é reconhecer onde você está e começar a partir daí. Não se podem fazer cálculos enquanto não se entender álgebra. Não se pode correr antes de se aprender a andar. Certas coisas constituem pré-requisito de outras. Seja paciente consigo mesmo. Seja paciente até com a sua impaciência.

Agora, você talvez esteja argumentando: "Mas a minha situação é diferente! Esse desafio é difícil demais. Não há como eu possa fazer tudo isso!" Se for assim, eu o encorajo a pensar sobre a experiência do almirante James B. Stockdale, relatada em seu livro *A Vietnam Experience*. Prisioneiro no Vietnã por vários anos, o almirante Stockdale descreve como os prisioneiros de guerra norte-americanos — que viviam confinados em total solidão, pois eram isolados uns dos outros por longos períodos — conseguiram desenvolver uma vontade social forte o bastante para possibilitar-lhes a criação de uma cultura própria, com regras, normas e processos de comunicação. Sem interagir verbalmente, eles logravam comunicar-se uns com os outros batendo nas paredes e utilizando os fios de arame farpado. Conseguiram até ensinar essa forma de comunicação aos novos prisioneiros que chegavam e, obviamente, não conheciam o código.

O almirante Stockdale escreveu:

O regime comunista colocou cada um de nós em confinamento solitário, numa tentativa de romper os nossos laços uns com os outros e com a nossa herança cultural. Isso nos abalou muito depois de alguns meses — principalmente porque eram meses de tortura e interrogatórios intermitentes. Nas crises de depressão, um homem chega ao fundo do poço e percebe que, a menos que crie alguma estrutura, algum ritual, uma poesia qualquer para a sua vida, acabará por se tornar um animal.

Nessas condições, foi improvisado um código de batidas e sinais luminosos que começou a unir vidas e sonhos. Então, surgiu a necessidade de prática comum e de uma resistência unida, e, no devido curso, se tudo corresse bem, uma lei codificada principiava a emanar da célula do prisioneiro mais antigo. A rede de comunicação fortaleceu os elos de camaradagem e, ao longo de meses e anos, uma irmandade com costumes, lealdade e valores em comum tomou forma.[10]

Apenas pense nisso: esses homens mal se viam. Ainda assim, por intermédio da brilhante utilização de seus quatro dons, os prisioneiros construíram uma civilização — uma poderosa cultura dotada de uma vontade social espantosa. Eles criaram um senso de responsabilidade social para conseguir encorajar e ajudar uns aos outros em tempos incrivelmente difíceis.

Existe muita verdade na expressão: "Onde há vontade de resolver, há solução!"

Embora seja uma situação menos dramática, considere como você poderia empregar o "tempo da família" e o de convivência um a um para criar o mesmo tipo de elo e vontade social na sua família.

COMPARTILHANDO ESTE CAPÍTULO COM ADULTOS E ADOLESCENTES

Dê Prioridade à Família
- Pergunte: "Qual é a importância da família para nós? Quanto tempo dedicamos às atividades familiares na semana passada? Como nos sentimos a esse respeito? Estamos fazendo da família uma prioridade em nossas vidas?"
- Discutam juntos: "Quais são as forças na sociedade que tendem a destruir a família? Como podemos vencer essas forças?"
- Discutam a idéia do "tempo da família" e o de convivência um a um. Pergunte: "De que maneira promover o tempo da família todas as semanas seria útil para nós? Como isso poderia ajudar no planejamento? No ensino? Na resolução de problemas? Na diversão em conjunto?" Discutam o comprometimento com a realização do tempo da família. Trabalhem juntos para gerar uma variedade de idéias para as atividades do "tempo da família".
- Conversem sobre o tempo de convivência um a um. Estimule-os a contar encontros especiais que promoveram uma boa convivência individual com membros de outras famílias. Considere: "Que tempo especial você gostaria de planejar para você e seu cônjuge? Você e cada um dos seus filhos?"
- Reveja o exemplo das "pedras grandes" e tente fazer a experiência com a sua família. Discuta o que as "pedras grandes" representam para cada um e para a família como um todo.

Para Reflexão
- Discutam a idéia: "Este é talvez o papel mais importante

dos pais: ajudar os filhos a conectar-se com os próprios dons especiais — especialmente o da consciência". De que modo você pode ajudar os seus filhos a se conectar com seus quatro dons exclusivamente humanos?

COMPARTILHANDO ESTE CAPÍTULO COM CRIANÇAS

Algumas Atividades Divertidas
- Sente-se com a sua família e programe atividades familiares para o mês seguinte (ou os dois meses seguintes). Planeje coisas como visitas a parentes, festas, tempo de convivência um a um, eventos esportivos ou artísticos a que vocês queiram assistir juntos e passeios no parque. Cuide para que seus filhos contribuam com idéias.
- Visite um parente e mostre a importância de valorizar cada membro da sua família ampliada. No caminho para a casa desse parente, conte histórias de momentos divertidos e interessantes que você viveu com a sua família, na sua infância.
- Peça às crianças para ajudá-lo a fazer um quadro das tarefas e também das coisas divertidas que vocês farão todas as semanas.
- Faça a demonstração das "pedras grandes" e peça a cada criança para identificar suas pedras grandes — as coisas mais importantes que elas tenham de fazer durante a semana. Vale incluir atividades como treino de futebol, aulas de piano, natação, comparecer à festa de aniversário de algum amigo, e fazer a lição de casa. Você pode usar nozes para as pedras grandes e feijões para as pedrinhas, ou as crianças podem apanhar pedras de verdade no jardim e pintá-las ou enfeitá-las.
- Organize um álbum de retratos da família.
- Crie com as crianças o comprometimento de realizar reuniões de família, de planejamento, ou dias para atividades.

Elas sentirão grande alegria e orgulho da família quando você revir semanalmente tudo o que realizaram e fizer o planejamento para a semana seguinte.
- Ensine as crianças que souberem escrever a programar suas atividades numa agenda. Oriente-as também a reservar horários para realizar atividades especiais e prestar serviços que sirvam para estreitar os relacionamentos. Lembra-os de trazer sempre a agenda para os tempos da família.
- Identifique que tipo de atividades de convivência um a um cada membro da família apreciaria. Marque encontros individuais com um de seus filhos em cada semana. Você pode chamar esse compromisso de "Dia especial de Susana", por exemplo, ou de qualquer outro modo que você ache que o destacará.

HÁBITO 4
PENSE GANHA/GANHA

Ao iniciarmos este capítulo, gostaria de traçar-lhe um panorama dos Hábitos 4, 5 e 6. Você talvez se pergunte: "Por que falar dos Hábitos 5 e 6 se estamos apenas começando o Hábito 4?" A razão é que os três estão muito interligados, criando juntos um processo que será de imensa valia para você na realização de tudo sobre o que conversamos até agora, porque uma vez compreendida a essência deste processo, você tem a chave para o trabalho.

Para ilustrar a utilidade desse processo, deixe me contar-lhe uma demonstração que faço com freqüência nas minhas palestras. Em geral, escolho um rapaz da platéia que seja jovem, alto, forte e tenha boa forma física. Convido-o para subir ao palco e então desafio-o para uma queda-de-braço. Enquanto ele se encaminha para o palco, eu o previno de que jamais fui derrotado e não pretendo começar agora. Garanto-lhe que irá perder e, portanto, deve preparar-se para a derrota. Quando meu "adversário" chega ao palco, eu o fito direto nos olhos e repito tudo de novo. Mostro-me cada vez mais atrevido, agressivo e irritante. Digo-lhe que, em poucos segundos, acabarei com a sua raça. Contemplo-o com desdém, afirmo que a qualidade de suas roupas é infinitamente inferior à das minhas. E declaro que, apesar de ele ter o dobro do meu tamanho, eu o aniquilarei. É inevitável que toda essa provocação desperte seu instinto de luta e um desejo enorme de levar a melhor sobre mim.

Então, peço às pessoas da primeira fileira para levantar fundos para o combate, a fim de conferir ao vencedor um prêmio de dez centavos. Elas sempre concordam. Peço a outro membro da audiência para registrar a luta, porque, cada vez que um de nós abaixasse o braço do outro, ganharia mais uma moeda de dez centavos. Solicito-lhes que marquem trinta segundos e dêem o sinal de início da disputa. Então, agarro a mão direita do meu adversário, mantenho uma postura empertigada e lanço-lhe um olhar sinistro, de intimidação, enquanto aguardamos o sinal para começar.

A essa altura, o outro quase sempre está ferreamente empenhado em ganhar. O sinal é dado e, ato contínuo, eu amoleço o braço. Meu opositor me derruba. Quase sempre, ele tenta manter o meu braço encostado na mesa. Às vezes, sentindo-se confuso, ergue um pouco o meu braço e começa a abaixá-lo de novo, e eu deixo. Então, luto para levantar o braço, e encontro resistência. Quando por fim consigo erguer o braço, ele o empurra de novo.

Essa situação em geral se prolonga por alguns segundos, até que eu proponho:

— Escute, que tal se nós dois ganharmos?

Meu adversário entende a mensagem e permite que eu derrube seu braço uma vez. Mas ainda há tensão e resistência. Então, torno a amolecer o braço e permito que ele o derrube de novo. Só demora mais alguns segundos para que nós dois estejamos trabalhando juntos — quase sem esforço —, movendo os braços de um lado para o outro com rapidez, alternando-nos para abaixar o braço um do outro.

Nesse momento, dirijo o olhar para a fileira da frente e pergunto:
— Muito bem, quanto vocês nos devem?
Todos vêem o grande número de pontos e riem.
Você percebe a tremenda diferença entre o que ocorre no início e no fim da demonstração? Em princípio, o sentimento é de rivalidade. Trata-se da relação ganha/perde: "Eu ganho, você perde". Não há esforço para entender, para cooperar. Não se busca uma solução que beneficie os dois. Existe apenas o senso de competição e o desejo de ganhar, de derrotar o outro. Você consegue ver de que modo a tensão dessa relação ganha/perde se traduz nas disputas familiares cotidianas — nas discussões entre marido e mulher, entre pais e filhos, entre os membros da família ampliada?

Mas, no final de demonstração, verifica-se uma mudança significativa na postura interna. Não é mais: "Eu ganho, você perde", mas sim: "Ei, nós dois podemos ganhar — e ganhar muito! Por meio da combinação criativa de compreensão e cooperação, podemos fazer algo totalmente diferente que seja muito melhor para ambos do que se apenas um de nós 'ganhasse', no outro sentido". Você pode avaliar a liberdade, a criatividade, a sensação de unidade e realização compartilhada que obtemos quando adotamos esse enfoque para resolver os problemas da família?

Até certo ponto, todos temos interações familiares semelhantes à situação inicial da demonstração. Contudo, quanto mais caminhamos na direção de uma interação sinérgica e criativa em que todos ganhem, maior e mais eficaz se torna a nossa cultura familiar.

Eu costumo pensar nesses três hábitos em termos de a *raiz*, o *caule* e o *fruto*.

- Hábito 4 — Pense em ganha/ganha — corresponde à *raiz*. Constitui o paradigma fundamental da busca do benefício mútuo, ou a "Regra de Ouro". É o motivo subjacente, a atitude nutridora da qual brotam a compreensão e a sinergia.
- Hábito 5 — Procure primeiro compreender para depois ser compreendido — corresponde ao *caule*. Oferece o método, o caminho que conduz a uma rica interação interdependente. É a habilidade de sair da sua autobiografia e realmente penetrar na cabeça e no coração de outra pessoa.

- Hábito 6 — Crie Sinergia — é o *fruto*. É o resultado, o produto final, a generosa recompensa pelo esforço. É criar uma terceira alternativa de soluções transcendentes. É abandonar o "seu modo" e o "meu modo", adotando um modo melhor, mais elevado.

Juntos, esses três hábitos formam o processo que conduz à mais fantástica magia na vida familiar — a habilidade de trabalhar em conjunto para criar novas idéias, novas soluções que sejam superiores às que qualquer membro da família poderia conceber sozinho. Além disso, constroem autoridade moral na cultura porque integram princípios de compreensão e respeito mútuos e de cooperação criativa dentro das próprias estruturas, sistemas e processos da família. Trata-se de algo que vai além da bondade dos indivíduos e da qualidade de seus relacionamentos — de algo que promove a perpetuação, a interiorização e institucionalização desses princípios em normas, costumes e tradições da própria cultura.

E quanta diferença isso faz! Voltando à metáfora do avião, digamos que, embora possa ser um desafio chegar à sua destinação quando há turbulência *do lado de fora* da aeronave, é muito mais difícil chegar quando a turbulência se encontra na atmosfera social *dentro* do avião — quando há contendas, provocações, brigas, reclamações e críticas entre os pilotos ou entre estes e a tripulação ou a torre de controle.

A criação de uma excelente atmosfera social dentro da cabine é o tema dos Hábitos 4, 5 e 6 — que visam essencialmente ajudar os membros da família a formular uma questão e a empenhar-se num comprometimento.

> A questão é essa: "Você gostaria de buscar uma solução melhor do que essa que um de nós está propondo?"

A questão é: "Você gostaria de buscar uma solução melhor do que essa que um de nós está propondo?"

O comprometimento é o seguinte: "Deixe-me escutá-lo primeiro" ou "Ajude-me a compreender".

> *O comprometimento é o seguinte: "Deixe-me escutá-lo primeiro" ou "Ajude-me a compreender".*

Se tiver a segurança pessoal, a habilidade e a vontade de fazer essas duas coisas com sinceridade e constância, você será capaz de viver os Hábitos 4, 5 e 6.

A maioria dos processos encontra-se inteiramente no seu Círculo de Influência. Voltando à demonstração da queda-de-braço, observe que tudo de que se precisa para mudar a situação é que uma pessoa pense ganha/ganha — não necessariamente duas, apenas uma. Esse é um ponto extremamente importante, pois a maior parte das pessoas se mostra disposta a pensar ganha/ganha se os outros também o fizerem. Contudo, se apenas uma pessoa desejar convicta e genuinamente uma solução do tipo ganha/ganha, já será o suficiente. Você deve pensar ganha/ganha — e não ganha/perde ou perde/ganha —, mesmo quando e até porque os outros não pensam do mesmo modo.

Também basta uma pessoa para procurar primeiro compreender. No exemplo da queda-de-braço, essa disposição se manifestou quando eu imediatamente amoleci o braço, buscando atender primeiro aos interesses do outro. Na vida, isso significa entender as necessidades, desejos e preocupações do outro.

Como vê, tanto o Hábito 4 quanto o 5 podem ser seguidos por uma única pessoa proativa.

Mas, para o Hábito 6 — Crie Sinergia —, são necessárias duas pessoas. Trata-se da excitante aventura de criar algo inédito com alguém, que brota da relação vencer/vencer e da compreensão propostas nos Hábitos 4 e 5. O aspecto mágico da sinergia é que não só produz novas alternativas, mas também constitui um elo imensamente forte dentro do relacionamento, em razão dessa criação em conjunto. É como o que acontece entre os pais que criam um filho juntos. Essa criança se torna uma poderosa força coesiva no relacionamento. Ela os une, fornece-lhes um laço em comum, uma visão comum aos dois, um objetivo partilhado, uma função em comum que transcende e subordina outros interesses. Percebe como isso constrói o relacionamento, como solidifica a Conta Bancária Emocional?

Esses três hábitos representam a essência da "família" — a profunda mudança interna de "eu" para "nós". Então, examinemos mais detidamente cada um deles, começando pelo Hábito 4 — Pense em ganha/ganha.

Ninguém Gosta de Perder

Ninguém gosta de perder — especialmente em relacionamentos familiares muito próximos. Mas em geral nós entramos nas situações com a disposição mental de ganha/perde. E, na maioria das vezes, nós nem sequer nos apercebemos disso.

Muitos de nós viemos de lares onde sempre nos compararam com um irmão ou irmã. Na escola, éramos avaliados com o sistema de "curva de distribuição forçada", ou seja, para que um tirasse A, alguém tinha de tirar C. Nossa sociedade vive literalmente imersa em ganha/perde — sistemas de curva forçada, obtenção de vagas nas escolas, competições atléticas, conquista de emprego, disputas eleitorais, concursos de beleza, jogos na televisão e processos judiciais.

E tudo isso se entranha na nossa vida familiar. Assim, quando nossos filhos em idade pré-escolar lutam por autonomia e os adolescentes lutam por sua identidade, os parentes competem por atenção, os pais tentam manter ordem e disciplina, ou os casais brigam, cada cônjuge querendo fazer prevalecer sua opinião, nós naturalmente caímos nos padrões de comportamento do tipo ganha/perde.

A Conseqüência de Ganha/Perde

Lembro-me que, certo dia, quando regressei de uma viagem para a festa do terceiro aniversário da minha filha, eu a encontrei num canto da sala, agarrando com ar de desafio todos os seus presentes, disposta a impedir que as outras crianças brincassem com eles. A primeira coisa que percebi foi que vários pais observavam com interesse essa exibição de egoísmo. Fiquei duplamente constrangido porque, naquela época, eu dava aulas sobre relacionamentos humanos na universidade. E eu sabia, ou ao menos sentia, que os pais me fitavam expectantes.

A atmosfera na sala estava muito carregada. As crianças se acotovelavam ao redor da minha filha com as mãos para cima, pedindo para brincar com os presentes que haviam acabado de lhe dar, e ela recusava terminantemente. Disse a mim mesmo: "Eu preciso ensinar minha filha a partilhar. Entre os valores em que acreditamos, partilhar é um dos mais fundamentais".

Minha primeira tentativa consistiu num simples pedido:

— Querida, você poderia, por favor, emprestar a seus amigos os brinquedos que eles lhe deram?

— Não! — ela respondeu com franqueza.

Meu segundo método foi argumentar um pouco:

— Querida, se você aprender a dividir seus brinquedos quando seus amiguinhos vêm aqui, quando você for visitá-los, eles dividirão os brinquedos deles com você.

De novo, a resposta foi "Não!"

Eu estava cada vez mais embaraçado, pois era evidente que não estava conseguindo exercer influência alguma. A terceira estratégia foi suborno. Bem suavemente, propus:

— Querida, se você emprestar os seus brinquedos, ganhará uma surpresa especial. Eu lhe darei um chiclete.

— Não quero chiclete! — ela explodiu.

Na minha quarta tentativa, apelei para a ameaça:

— Se você não dividir os brinquedos, estará numa grande encrenca!

— Não me importo! — ela gritou. — Eles são meus, eu não tenho de emprestar nada!

Finalmente, recorri à força. Simplesmente arranquei alguns brinquedos e os joguei para as outras crianças.

— Tomem, crianças! Brinquem com estes — bradei.

Desde a festa de aniversário de nossa filha, Sandra e eu trilhamos um longo caminho como pais até compreendermos que as crianças atravessam vários estágios de desenvolvimento. Agora entendemos que não é realista esperar esse tipo de compartilhamento de uma criança com menos de cinco ou seis anos. E mesmo então, cansaço, confusão ou questões especiais de propriedade podem criar dificuldades.

Mas, na hora em que você se vê num momento desse — com toda a emoção, com toda a pressão —, *é muito difícil!* Você sente que está certo. Na verdade, você sabe que está certo. Você é maior. É mais forte. E parece *tão mais fácil* ceder ao ganha/perde para impor a sua vontade.

Mas qual é o resultado dessa escolha em termos de relacionamento, em termos da Conta Bancária Emocional? E o que acontecerá se você continuar pensando ganha/perde pelo resto da vida? E o casamento,

> *V*ocê está certo. Você é maior. É mais forte. E parece tão mais fácil ceder ao vencer/perder para impor a sua vontade.

como fica? O que acontece quando ganha/perde constitui a interação habitual?

Conheço um senhor cuja profissão não despertava o interesse da esposa. Ela não gostava do que ele fazia nem das pessoas com quem trabalhava. Eles não eram "do nível dela". Quando seus colegas de trabalho planejaram uma festa de Natal, ele a convidou num misto de esperança e ceticismo. A esposa recusou de imediato, afirmando que jamais iria a uma festa promovida por pessoas cuja atividade profissional lhe era repulsiva. O marido foi sozinho. Ela ganhou. Ele perdeu.

Dois meses mais tarde, o círculo social que essa senhora freqüentava patrocinou uma palestra de um escritor famoso, precedida por uma recepção. Ela seria uma das anfitriãs. E presumiu que o marido a acompanharia. Por isso ficou chocada quando ele lhe comunicou, de manhã, que não compareceria. Em tom aborrecido, ela indagou:

— Por que não?

E ele replicou com secura:

— Eu quero a companhia dos seus amigos tanto quanto você quis a companhia dos meus, na festa de Natal.

Ele ganhou. Ela perdeu.

A esposa não lhe dirigiu a palavra quando voltou do trabalho, naquela tarde. Saiu para a recepção sem se despedir, e ele foi para a sala, ligou a TV e assistiu a um jogo de futebol.

Agora, qual é o impacto no relacionamento e na família quando o casamento se torna um campo de batalha entre egos, quando os parceiros se preocupam mais em impor a própria vontade do que em cultivar um relacionamento sólido? Será que alguém realmente "ganha"?

A Conseqüência de Perde/Ganha

Por outro lado, o que acontece se a interação habitual for do tipo perde/ganha?
Uma senhora contou a seguinte experiência:

Eu ia muito bem na escola — líder da equipe de debate, editora do livro do ano, primeira estante do naipe das clarinetas. Parecia que eu sempre me destacava em qualquer atividade que tentasse. Mas, quando entrei para a faculdade, descobri que na verdade eu não queria uma carreira. Senti que ser esposa e mãe era a coisa mais importante que poderia fazer na minha vida.

Depois do meu ano de caloura, casei-me com Steve, um rapaz com quem vinha namorando desde os meus quatorze anos. Sendo a "Supermulher", tive vários filhos num curto espaço de tempo. Contudo, vivia sobrecarregada de trabalho, cuidando de tantas crianças.

Meu problema era não poder contar com nenhuma ajuda do meu marido. Seu emprego o mantinha na estrada por longos períodos, mas, mesmo quando estava em casa, ele nada fazia, por achar que sua função era prover, e todas as responsabilidades em relação à casa e às crianças cabiam a mim.

A minha expectativa tinha sido bem diferente. Eu pensara que nós funcionaríamos juntos como uma unidade. No meu entender, minha obrigação era alimentar as crianças, ajudar a atender as suas necessidades básicas e todas essas coisas, competindo a nós dois, como marido e mulher, decidir em conjunto o curso que nossas vidas deveriam seguir. Mas não era isso o que acontecia.

Lembro-me de enfrentar dias em que olhava para o relógio e pensava: "Tudo bem, são nove horas, eu posso concluir esta tarefa sem perder a calma". Eu tinha de organizar o meu trabalho em períodos de quinze minutos porque, se pensasse no dia inteiro, simplesmente não daria conta.

Quanto às expectativas de meu marido em relação a mim, essas eram muito altas. Eu tinha de ser uma dona de casa perfeita, uma cozinheira perfeita e uma mãe perfeita. Quando Steve chegava, depois de uma semana de ausência, encontrava a casa inteira imaculada e as crianças dormindo. Então, eu lhe oferecia uma fatia de torta de cereja que havia preparado. Era seu doce predileto. Ele se sentava à mesa, olhava a torta e comentava:

— Sabe, acho que queimou um pouco no fundo.

Eu me sentia uma incompetente. Achava que tinha fracassado. Não importava quanto me empenhasse, nada parecia bom o bastante. Nunca recebia um tapinha nas costas ou um elogio — sempre críticas e, por fim, agressões.

Meu marido se tornou cada vez mais violento. E também se envolveu em casos extraconjugais. Em suas viagens a negócios, freqüentava lugares com o objetivo de encontrar pessoas com quem pudesse ter sexo. Eu até descobri, mais tarde, que ele tinha carteira de sócio desses clubes em oito cidades diferentes ao longo do país.

A certa altura, eu lhe pedi para me acompanhar numa terapia de casal. Steve acabou concordando, mas não havia interesse real de sua parte. Certa noite, ele chegou especialmente zangado ao consultório. O terapeuta lhe perguntou:

— Você parece muito agitado, hoje. Alguma coisa o aborrece?

Meu marido respondeu:

— Sim. Estou farto de ter de consertar as burradas dos outros.

Eu me senti morrer por dentro, pensando que investira tanto trabalho, tanta energia e tantos anos de esforço para construir o lar perfeito. Eu mesma confeccionara todas as cortinas da casa, todas as almofadas e as roupas das crianças. Assava pão, mantinha a casa impecavelmente limpa, e vivia lavando e passando roupa. Onde eu havia errado?

O terapeuta indagou a Steve:

— Você pode ajudar-me a compreender exatamente quais são as burradas alheias que você tem consertado?

Houve um prolongado silêncio, e nós quase podíamos ouvir Steve pensando. Ele pensava e pensava, e finalmente explodiu, com muita raiva:

— Esta manhã, quando estava tomando banho, alguém havia deixado o frasco de xampu sem tampa!

A minha sensação foi a de encolher na cadeira, diminuindo de tamanho cada vez mais. E pensei: "Alguma coisa aqui não está certa".

Então, o terapeuta formulou outra pergunta:

— Steve, que outra burrada você teve de consertar hoje?
Mais uma longa pausa. E Steve refletiu, e refletiu, até responder:
— Bem, essa foi suficiente!

Foi exatamente nesse momento, em que me sentia com um centímetro de altura, que percebi pela primeira vez que, não importava o que eu fizesse, ele continuaria criticando e encontrando falhas. Pela primeira vez, comecei a me dar conta de que o erro não era meu... mas de Steve.

Eu enfrentara uma série de batalhas internas ao longo daqueles anos. Passara um bocado de tempo tentando agradá-lo e corrigir meus erros. Cheguei até a procurar um pronto-socorro de um hospital para pedir que me internassem. Quando me perguntaram por que achava que precisava de internação, respondi:

— Encontrei uma solução para o meu problema, mas essa solução me assusta.

E eles indagaram:

— Como assim?

— É que tomei uma decisão... Comprei uma arma para atirar em cada um dos meus filhos quando chegassem da escola e depois atirar em mim mesma, porque a vida é insuportável.

Naquela época, eu achava que o mundo era mesmo um lugar imenso e hostil, de modo que a melhor coisa a fazer pelas minhas crianças seria levá-las comigo. Fiquei aterrorizada quando percebi que havia tomado essa decisão. Felizmente, tive lucidez suficiente para correr para o hospital e dizer:

— Eu decidi isso, tenho a arma para pôr a decisão em prática, e planejo fazê-lo. Mas sei que não está certo. Por favor, ajudem-me.

Agora, quando olho para trás, acho interessante o fato de que não pensei em atirar em Steve. Mas em mim. O problema era sempre comigo.

No último instante, essa senhora revelou uma coragem tremendamente proativa ao perceber que o problema estava no marido. Ela concluiu a faculdade, mudou-se com os filhos para outra casa e construiu uma vida nova — sem "Steve". Contudo, observe as conseqüências de todos aqueles anos em que sua atitude era essencialmente perde/ganha, e em que dependeu inteiramente de um parceiro chauvinista e irresponsável.

Para a maioria das pessoas, a atitude perde/ganha corresponde a "Sou um mártir. Vá em frente, pise em mim. Faça o que quiser comigo. Todo mundo faz." Mas quais são os efeitos desse tipo de atitude num relacionamento? Existe algum modo de esse padrão construir um rico e duradouro relacionamento de confiança e amor?

Ganha/Ganha — A Única Alternativa Viável a Longo Prazo

Realmente, a única alternativa viável a longo prazo é a relação ganha/ganha. Na verdade, é a essência de uma boa cultura familiar. Tanto ganha/perde como perde/ganha, em última análise, resultam em perde/perde.

Se você é pai/mãe, a prática habitual de vencer/perder seguramente levará à bancarrota a sua Conta Bancária Emocional. Você pode impor a sua vontade a curto prazo, especialmente quando os filhos são pequenos. Você é maior, mais forte, tem tudo para se impor. Entretanto, o que acontece quando eles chegam à adolescência? Será que se tornarão indivíduos equilibrados, capazes de fazer boas escolhas sozinhos? Ou será que se envolverão em lutas reativas por identidade, tão concentrados em ser a parte "vencedora" no relacionamento que não terão nenhuma chance real de se conectar com seus quatro dons, ou com você, como uma fonte genuína de amparo?

Por outro lado, a atitude perde/ganha possibilita gozar de popularidade por algum tempo, porque se opta pelo caminho da menor resistência, permitindo que os outros imponham sempre sua vontade. Mas não há visão, não há modelo nem respeito. E os filhos acabam aprendendo a tomar decisões míopes, sem contar com a perspectiva da orientação, da experiência e da força decisiva dos pais. Não há dúvida de que, a longo prazo, essa prática redunde em perda para as crianças, que crescem sem os valores baseados em princípios e sem um relacionamento de respeito com os pais. E, quando o relacionamento se fundamenta em manipulação e popularidade, em vez de confiança, pais e filhos perdem.

E quanto ao casamento? Que impacto sobre o relacionamento e sobre a cultura exerce um casamento em que os parceiros travam permanentes batalhas entre seus egos, empenhados em definir quem está certo, em vez de o *que* está certo? Ou qual é o impacto so-

> Não há dúvida de que, a longo prazo, essa prática redunde em perda para as crianças, que crescem sem os valores baseados em princípios e sem um relacionamento de respeito com os pais.

frido quando um dos cônjuges se torna um capacho, um mártir? Não existe vitória nisso, mas sim uma derrota para toda a família.

Eu trabalho com essa postura ganha/ganha, no contexto dos 7 Hábitos, há mais de vinte anos, e muitos me perguntam, especialmente quando o tema é família, se é possível adotá-la sempre. A minha experiência me ensinou que é sempre possível desenvolver um relacionamento ganha/ganha, mas nem todas as decisões e acordos serão necessariamente desse tipo.

Às vezes, você pode ter de tomar uma decisão impopular ou do tipo ganha/perde com uma criança, por ser essa a atitude mais sábia. Você sabe que uma criança não "ganha" quando falta às aulas, quando deixa de ser vacinada, ou brinca na rua em vez de no *playground* — mesmo que ela realmente queira isso. Mas você pode explicar as decisões impopulares de uma forma respeitosa, evitando que se transformem em retiradas. Se a questão for *muito* importante para a criança, talvez convenha você investir mais tempo compreendendo e explicando, para que ela possa perceber o espírito de ganha/ganha, mesmo que a decisão não lhe agrade — e às vezes nem a você — a curto prazo.

Em outras ocasiões, quando a questão não tem relevância e a pessoa é importante para você, é possível adotar a postura perde/ganha sem conseqüências negativas. O princípio é o seguinte: o que é importante para outra pessoa deve ser tão importante para você quanto a própria pessoa. Em outras palavras, em seu coração você diz: "Meu amor por você é tão grande e a minha felicidade está tão entrelaçada à sua, que eu não me sentiria bem se impusesse a minha vontade e você ficasse infeliz — especialmente quando a questão é tão importante para você".

Alguém poderia argumentar que, ao proceder assim, você está desistindo, capitulando ou se comprometendo. Mas não é verdade. Você apenas desviou o seu foco emocional de uma determinada questão ou decisão para o valor da pessoa que você ama e para a qualidade do seu relacionamento com ela. E, ao fazer isso, o que parecia perde/ganha na realidade é ganha/ganha.

> **O princípio é o seguinte: o que é importante para a outra pessoa deve ser tão importante para você quanto a própria pessoa.**

Há situações nas quais o que é importante para a outra pessoa também o é para você. Nesse caso, deve-se caminhar para a sinergia — para a busca de um propósito ou valor transcendente que una os dois. Assim, libera-se a seiva criativa necessária para encontrar um modo melhor de colocar em prática aquele valor ou de atingir a meta ou propósito. Mas, como você pode ver, em todos esses exemplos, o espírito e o resultado final são sempre ganha/ganha.

A base ganha/ganha é a única realmente sólida para uma interação familiar eficaz. É o único padrão de pensamento e de interação que constrói relacionamentos duradouros de confiança e amor incondicional.

De "Eu" para "Nós"

Um senhor relatou a seguinte experiência:

Certo dia, há muitos anos, minha esposa e eu recebemos a notícia de que minha mãe e meu padrasto haviam morrido num desastre de avião. Ficamos arrasados. Vieram membros da família de todos os cantos do país para o funeral. Antes do enterro, porém, nós assumimos com pesar a tarefa de cuidar de todos os seus pertences.

Enquanto cumpríamos essa tarefa, ficou evidente que alguns de meus parentes nutriam um forte desejo de ficar com determinados objetos e peças do mobiliário, e eles não hesitaram em indicá-las:

— Quem disse que você pode ficar com essa arca?
— Não acredito que ele pense que vai ficar com esse quadro antigo!
— Vejam só como ela está "voraz", e é apenas uma nora.

Eu dei por mim sendo contaminado por esse espírito de crítica maldosa, e logo percebi que a divisão daqueles bens poderia dividir profundamente a família, criando uma atmosfera de mágoa e isolamento durante o velório. Para evitar que isso ocorresse, decidi concentrar-me no que eu podia influenciar positivamente.

Primeiro, sugeri que nos déssemos algum tempo — semanas ou até meses, se necessário —, antes de tentar decidir quem ficaria com o quê. Enquanto isso, tudo ficaria num guarda-móveis.

Depois, propus que trabalhássemos em conjunto para encontrar uma fórmula de divisão daqueles bens que nos unisse como família e estreitasse o nosso relacionamento, além de nos possibilitar ficar com os itens desejados, como uma lembrança de mamãe e John. Todos pareceram gostar das idéias e concordaram.

Mas não foi tão simples. Nos meses que se seguiram, foi fácil ceder a pensamentos como: "Ei, espere um minuto! Eu também queria aquilo". Mas uma parte de mim dizia: "Tudo bem, o que é mais importante aqui? Os relacionamentos. Esse é o meu objetivo. Então, como poderemos fazer isso?" Eu continuei tentando afirmar que precisávamos trabalhar para que todos ficassem felizes.

Por fim, elaboramos juntos uma lista completa dos itens, para todos saberem o que estava disponível. Demos uma cópia para cada um, com um lembrete sobre a nossa meta como família. Nós pedimos:

— Por favor, poderia examinar esta lista e numerar na ordem de importância os cinco itens que mais lhe interessam? Ao fazer isso, lembre-se dos outros membros da família, porque desejamos que todos fiquem felizes.

Instruímos todos para que viessem preparados para ajudar os parentes que se sentissem demasiado embaraçados a expressar sua vontade.

Quando chegou o dia da divisão dos bens, percebi que, a despeito de todas as nossas boas intenções, a situação era potencialmente explosiva. Sentindo a necessidade de restabelecer conexão com os nossos propósitos, eu disse:

— Lembrem-se, estamos aqui porque amamos essas duas pessoas e amamos uns aos outros. Queremos sair desta experiência felizes. Queremos ser, nas próximas horas, algo que faria mamãe e John felizes, se estivessem aqui.

E assim, todos concordamos:

— Não sairemos deste lugar até nos darmos por satisfeitos com o que cada um de nós recebeu.

Reafirmamos o afeto que nos unia àquelas duas pessoas e a nossa responsabilidade de manter um espírito de amor, generosidade e consideração para com os membros da família. Reafirmamos também as nossas boas qualidades. E os resultados foram surpreendentes.

Cada um de nós, na sua vez, expressou o que havia colocado na lista e por quê. Ao partilharmos as lembranças evocadas pelos objetos, acabamos trocando reminiscências das nossas experiências com mamãe e John. Nós rimos e brincamos, e realmente desfrutamos o fato de estarmos juntos, compartilhando lembranças que nos eram tão caras.

Depois que todos tivemos a nossa vez, percebemos que, na verdade, eram poucos os casos de conflito de interesse. E, quando duas pessoas expressavam o desejo pela mesma coisa, uma dizia:

— Ora, isso estava na minha lista, mas eu compreendo o que significa para você. Eu sinceramente gostaria que ficasse com ele.

E até o final da reunião sentimos um grande amor uns pelos outros, e amor e gratidão por mamãe e John e suas vidas. E o que poderia ter sido uma batalha revelou-se uma homenagem a eles.

Observe como esse senhor conseguiu tornar-se um agente de mudança em sua família, e como ele foi capaz de desenvolver uma *mentalidade da abundância* — a idéia de que há o bastante para todos e de que existe um número infinito de alternativas de solução, de formas melhores de atuar para que todos se beneficiem.

Essa mentalidade da abundância é o espírito de "família". É o espírito do "nós". E essa é a essência do casamento e da família. O espírito de almejar o melhor para todos e a disposição de amar e sacrificar-se por eles constituem a verdadeira postura de ganha/ganha.

> *Essa mentalidade da abundância é o espírito de "família". É o espírito do "nós". E essa é a essência do casamento e da família.*

A realidade é que — não a despeito, mas em razão de seus desafios — o casamento e a vida familiar representam o cadinho em que se constrói o caráter, e do qual advêm a alegria e a realização genuínas. Como Michael Novak observou:

O casamento é uma agressão ao ego solitário e atômico. É uma ameaça ao indivíduo solitário. O casamento de fato implica extenuação, humildade, desprendimento e frustrantes responsabilidades. Contudo, se considerarmos que esses são o pré-requisito para a verdadeira liberdade, o casamento deixará de ser visto como inimigo do desenvolvimento moral dos adultos. Exatamente o oposto...

O fato de ser casado e de ter filhos imprimiu em minha mente certas lições, por cujo aprendizado não posso evitar ser grato. Na maioria, trata-se de lições difíceis e árduas. A maior parte do que fui forçado a aprender sobre mim mesmo não é agradável. ... Minha dignidade como ser humano depende talvez mais do marido e pai que sou, do que do trabalho profissional que sou convocado a desempenhar. Meus liames (e principalmente minha esposa) com (minha família) me impedem de aproveitar várias oportunidades. E, no entanto, não os sinto como liames. Eles são, bem sei, a minha libertação. E me compelem a ser um tipo diferente de ser humano, do modo como eu quero e preciso ser compelido.[1]

É absolutamente surpreendente — e muito triste — que lindas cerimônias de casamento, realizadas com todo o entusiasmo, apoio social, esperança e romantismo resultem em casamentos que se deterioram e se rompem com amargura, espírito de vingança, dividindo em dois pólos os familiares e até os amigos do casal — casal outrora tão apaixonado e unido.

Quando examinamos a questão, constatamos que os dois parceiros não mudaram muito. O que houve foi o movimento da independência para a interdependência, que, em última análise, provoca uma grande transformação em todo o contexto. Com a chegada dos filhos e com as responsabilidades, os rigores e exigências da interdependência — em termos emocionais, intelectuais, sociais e espirituais — excedem de muito qualquer compreensão ou visão que o "casal em lua-de-mel" teve. Se os dois amadurecerem juntos de modo contínuo, as crescentes responsabilidades e obrigações servirão para uni-los e aproximá-los de uma forma profunda. Senão, acabarão por conduzi-los à separação.

É interessante notar que, nos rompimentos, cada um dos ex-parceiros em geral se mostra convicto de estar com a razão. O errado é sempre o outro. E são duas pessoas basicamente boas, que não mudaram muito. Contudo, postura interna independente simplesmente não funciona num relacionamento e num ambiente de interdependência. O casamento e a vida familiar representam uma verdadeira "escola" para a humanidade.

Como Cultivar o Espírito de Ganha/Ganha

Pensar ganha/ganha significa imprimir esse espírito em todas as interações familiares, visando sempre o melhor para todos.

Como pai/mãe, você sabe que há momentos em que seus filhos querem coisas que não constituem um ganho para eles. A maioria dos jovens, em sua inexperiência, tende a agir com base em seus desejos, não em suas necessidades. Seus pais, ou responsáveis, são geralmente mais maduros, mais experientes e sábios, e se concentram nas necessidades deles, não nos desejos. Em conseqüência, tomam quase sempre decisões impopulares e aparentemente do tipo ganha/perde.

> Ser pai/mãe não significa ser popular e ceder aos caprichos e vontades do filho. Significa tomar decisões que sejam de fato ganha/ganha — não importa o que o filho pense no momento.

Mas ser pai/mãe não significa ser popular e ceder aos caprichos e vontades do filho. Significa tomar decisões que sejam de fato ganha/ganha — não importa o que o filho pense no momento.

Tenha sempre em mente que ser pai/mãe é basicamente uma atividade de "desapontamento", e exige um alto nível de maturidade e comprometimento para que os pais percebam isso e ajustem suas expectativas em bases realistas. Lembre-se, o que faz as crianças felizes não é o oposto do que as faz infelizes ou desconfortáveis. A falta de ar, por exemplo, é um desconforto. O ar, na verdade, não lhe proporciona conforto — mas, se lhe faltar, você sem dúvida se sentirá desconfortável. "Ar" em casa é o que você, como pai/mãe, provê em termos de compreensão, apoio, estímulo, amor e firmeza. Não ter essas coisas é desconfortante. Sem elas, as crianças serão infelizes. Mas tê-las não as fará felizes. Assim, os pais têm de equilibrar suas expectativas.

Frederick Herzberg foi o primeiro a introduzir a idéia de satisfação/insatisfação em sua "teoria da motivação higiênica", que apresenta implicações desconcertantes para os pais.

1. Não espere uma porção de elogios e gratidão por parte de seus filhos. Se eles vierem, ótimo. Mas não alimente grandes esperanças.

2. Seja feliz e elimine ao máximo os fatores de insatisfação.

3. Não defina "satisfação" para seus filhos pequenos. Não se podem forçar processos naturais.

Como pai/mãe, você enfrentará todos os tipos de expressão de insatisfação dos seus filhos. Todavia, lembre-se que nada do que você faz para prover os pilares básicos da felicidade e da segurança deles será comentado. Então, não cometa o erro de pensar que as expressões de insatisfação dos filhos representam a qualidade do seu trabalho como pai/mãe.

O segredo é o relacionamento. As pessoas lhe permitem concentrar-se nas necessidades delas, e não nos seus desejos, quando confiam em você e na sinceridade do seu interesse. Portanto, se cultivar o espírito de ganha/ganha sempre que possível, seus filhos terão o contexto para compreender e aceitar decisões aparentemente do tipo ganha/ganha. Há várias formas de você fazer isso.

Você pode deixá-los ganhar nas pequenas coisas. Quando os filhos são pequenos, 90% das coisas são pequenas. Em nossa própria família, se nossos filhos quisessem fazer bagunça na sala de visitas, brincar lá fora, sujar-se, ou deixar um forte apache montado num canto da sala durante semanas, em geral não nos opúnhamos. Era um ganho para eles; e era um ganho para nós, porque estreitava o relacionamento. Procuramos distinguir entre as questões de princípio e as de preferência, e fincar o pé apenas com relação às coisas realmente importantes.

Você pode interagir com eles sobre as coisas grandes. Desta forma, eles saberão que você visa seu bem-estar, que você não está atendendo ao próprio ego ou se concentrando nas suas preocupações egoístas. Você pode abrir-se à influência deles. Envolva-os o máximo que puder no problema e busquem a solução juntos. Eles podem ter uma idéia genuinamente melhor do que a sua. Ou talvez, por meio dessa interação, você possa promover sinergia e criar uma nova alternativa melhor do que a sua ou a deles.

Você pode tomar algumas medidas para tirar o foco da competição. Certa vez, fui ver minha neta jogar numa partida de futebol. Ela é uma boa jogadora, e todos estávamos entusiasmados porque aquele era um jogo decisivo entre os melhores times de duas cidades. Os pais das jogadoras, nos dois lados do campo, realmente se envolveram na disputa, vendo as jogadoras correndo de um lado para o outro, num combate acirrado. Por fim, o jogo terminou empatado — o que, para o técnico do nosso time, não era tão ruim quanto uma derrota, mas quase.

Depois que a partida acabou, as jogadoras das duas equipes tiveram de se cumprimentar, apertando as mãos e dizendo: "Bom jogo, bom jogo". Mas o nosso time estava desmoralizado. Via-se no semblante delas. E o treinador tentava consolá-las, porém as garotas sabiam que ele também se sentia profundamente desapontado. E assim elas atravessaram o campo, cabisbaixas.

Quando se aproximaram do grupo de pais onde eu me encontrava, exclamei com entusiasmo:

— Muito bem, meninas! Foi um excelente jogo! Vocês tinham cinco metas: dar o melhor de vocês, divertir-se, trabalhar em equipe, aprender e ganhar. E vocês atingiram quatro metas e meia. Isso equivale a noventa por cento! É demais! Meus parabéns!

Dava para ver os olhos se iluminarem, e não demorou para que jogadoras e pais celebrassem os noventa por cento da meta que as meninas alcançaram.

Uma adolescente contou a seguinte experiência:

Quando eu estava no segundo ano, jogava no time de basquete feminino da faculdade. Eu era muito boa para a minha idade e alta o bastante para ser uma principiante do time principal da universidade, apesar de ser pouco mais do que uma caloura. Minha amiga Pam, também do segundo ano, foi igualmente promovida para o time principal como principiante.

Eu tinha um "suave" arremesso capaz de acertar a cesta a uma distância de três metros. Comecei fazendo quatro ou cinco desses arremessos por jogo e a ser reconhecida pela façanha. Logo ficou patente que Pam não gostava da atenção que eu vinha recebendo e decidiu, conscientemente ou não, evitar que eu pegasse a bola. Não importava que eu estivesse na melhor posição para recebê-la, Pam parou de passar a bola para mim.

Certa noite, depois de uma partida terrível, em que Pam manteve a bola longe de mim durante a maior parte do jogo, eu estava mais enfurecida do que nunca. Passei várias horas conversando com meu pai, analisando tudo, e expressando a minha raiva pela "amiga-da-onça", Pam, a idiota. Depois de uma longa discussão, meu pai me disse que a melhor atitude a adotar, naquelas circunstâncias, era dar a bola a Pam sempre que eu a recebesse. Sempre. Pensei comigo que aquela era a sugestão mais estúpida que alguém já me fizera. Ele me garantiu que daria certo e me deixou sentada à mesa da cozinha para refletir a respeito. Mas eu não refleti. Sabia que não funcionaria e pus o conselho de lado como bobagem de pai.

Para o jogo seguinte, planejei um esquema e fui para a quadra com a missão de arruinar o jogo dela. Na minha primeira posse de bola, ouvi a voz de papai destacando-se no burburinho geral. Sua voz era tonitruante, e, embora eu conseguisse ignorar tudo ao meu redor enquanto jogava, não podia deixar de ouvi-la. No momento em que toquei na bola, ele gritou:

— Passe a bola para ela!

Hesitei por um segundo e então fiz o que sabia ser o certo. Embora estivesse preparada para arremessar, localizei Pam e passei-lhe a bola. Ela ficou chocada por um instante, então virou-se e arremessou, enterrando a bola na cesta. Dois pontos.

Quando eu corria para a outra extremidade, para defender a nossa rede, senti algo inédito para mim: alegria genuína pelo sucesso de outro ser humano. E, mais do que isso, percebi que aquela cesta nos colocara na frente, no placar. Era gostoso estar ganhando. Continuei dando a bola para ela todas as vezes em que a recebia durante o primeiro tempo.

Todas as vezes. No segundo tempo eu fiz o mesmo, arremessando apenas se fosse cobrança de falta ou se tivesse um espaço muito amplo para isso. Nós ganhamos aquela partida e, nas seguintes, Pam começou a me passar a bola tanto quanto eu passava para ela. Nosso trabalho de equipe foi ficando cada vez melhor, e nossa amizade, também. Vencemos a maioria dos nossos jogos, naquele ano, e nos tornamos uma lendária dupla de cidade pequena. O jornal local até publicou um artigo sobre a nossa habilidade em trocar a bola e em sentir a presença uma da outra. Era como se nós realmente pudéssemos ler os pensamentos uma da outra. Acima de tudo, eu bati o meu recorde de pontos. Quando eu marcava ponto, podia sentir a alegria sincera de Pam. E quando ela marcava mais pontos do que eu, sentia-me especialmente bem por dentro.*

Mesmo em situações essencialmente ganha/perde como as competições esportivas, existem coisas que você pode fazer para ajudar a criar um espírito ganha/ganha e a enfatizar seu contexto global. Na nossa família, descobrimos que nos divertimos mais quando marcamos pontos como um time.

Existem muitas formas de criar situações ganha/ganha — mesmo para as crianças menores. Como ficou claro na festa de aniversário de nossa filha, as crianças pequenas passam por vários estágios de desenvolvimento, incluindo a necessidade de ter ou possuir seus brinquedos antes de se disporem a partilhá-los. Uma vez que nós, como pais, entendemos esses conceitos, podemos ajudar nossos filhos a caminhar na direção ganha/ganha:

— Mas que choradeira é essa? Oh, veja, Johnnie não se sente bem. Por que será? Você acha que é porque você tirou o brinquedo dele? Esses brinquedos são seus. Pertencem a você. O que acha que podemos fazer para que Johnnie se sinta feliz e você também fique alegre? Você quer emprestar o brinquedo a ele? Mas que boa idéia! Agora, os dois ficarão contentes.

Sandra:
Lembro que nossa filha de dois anos ficava um tanto ressentida e an-

---

* Para obter informações adicionais sobre como os adolescentes podem aplicar os 7 Hábitos, aguarde o próximo lançamento do livro de Sean Covey, *Os 7 Hábitos dos Adolescentes Altamente Eficazes*.

siosa por causa do tempo que eu passava cuidando de seu irmão mais novo. Por fim, eu sugeri:

— Por que você não apanha aquele seu livro de histórias predileto para eu ler para você enquanto cuido do bebê? Ele é tão pequeno, só come e dorme, e nós duas temos todo esse tempo para ficarmos juntas.

Assim, criamos o nosso horário de leitura de histórias e resolvemos o problema.

Criando Acordos Ganha/Ganha

Alguns dos mais vultosos depósitos e retiradas na família advêm da forma como você lida com as expectativas. Às vezes, as pessoas pressupõem certas coisas acerca dos relacionamentos. Essas coisas nunca são discutidas, mas as pressuposições, as expectativas, estão lá. E, quando não se corresponde a essas expectativas, ocorre uma imensa retirada.

O segredo é criar expectativas claras de antemão e "acordos ganha/ganha" com a família que possam ajudá-lo. Uma senhora contou a seguinte experiência de negociação de um acordo ganha/ganha com uma filha que enveredava por caminhos pouco recomendáveis:

Nós temos uma filha que é bastante sociável. Ela aprecia todo o tipo de atividades e sempre se envolve em bailes, liderança de torcida, esportes, teatro e música.

Quando passou para o segundo grau, parecia o paraíso para ela, com uma vida social mais intensa e tantas oportunidades de se divertir — e especialmente de conhecer rapazes. Mas não demorou para que suas notas começassem a cair e o lar se tornasse pouco mais que um hotel. Minha filha dava a impressão de ter perdido o bom senso e não media conseqüências em seu afã de fazer parte do "mundo real", de encaixar-se nele.

Nós estávamos profundamente preocupados porque podíamos ver uma menina inteligente enveredando por um caminho improdutivo e nada saudável. Assim, certa noite nós nos sentamos com ela e explicamos em detalhes o que era um acordo ganha/ganha e como funcionava. Nós lhe pedimos para pensar a respeito, e combinamos nos reunir nova-

mente na noite seguinte para fazermos um acordo de convivência que satisfizesse a todos.

Na noite seguinte, nós nos reunimos na sala com nossos caderninhos de anotação. Primeiro, nós a estimulamos a nos contar suas necessidades. Eram muitas: ela precisava de maior liberdade, maior envolvimento nas atividades da escola, maior flexibilidade no limite de horário para voltar para casa, permissão para passear com rapazes, dinheiro para ir a bailes, para aulas extracurriculares, a fim de se desenvolver numa área que pretendia seguir, melhores roupas, pais mais compreensivos e menos "antiquados", e assim por diante. Enquanto ouvíamos, percebíamos que tudo isso era muito importante para ela naquele estágio de sua vida.

Então, perguntamos se podíamos expressar nossas preocupações — e o fizemos. E nós também tínhamos muito a dizer. Listamos coisas como notas aceitáveis, planejamento para o futuro, auxílio nas tarefas de casa, obediência aos limites de horário para voltar para casa, hábito de ler com regularidade, ser boa com os irmãos, e fazer amizades com adolescentes que tivessem bons valores e hábitos.

Naturalmente, ela tinha objeções a opor a muitas das nossas reivindicações. Mas o fato de termos feito isso numa reunião, de anotarmos tudo e parecermos tão organizados, e de mantermos uma atitude de genuíno interesse em alcançar uma solução boa para todos, causou-lhe uma impressão bastante positiva. Nós conseguimos fechar um acordo ganha/ganha rapidamente, um acordo que envolvia cada aspecto de sua vida. Ambos os lados fariam concessões. Ela insistiu em que todos assinássemos o acordo, e o guardou no quarto, como o seu contrato conosco.

Desde aquela noite, nossa filha se descontraiu totalmente. É como se ela não tivesse mais de provar a ninguém que estava crescendo e precisando de novos horizontes. Não havia mais razão para desafiar a nossa autoridade e provar o seu ponto de vista.

Ela se reportou ao acordo muitas vezes desde então — sempre quando nos esquecíamos de algo com que havíamos concordado. O "contrato" lhe trouxe paz. Ela sabe onde pisa. Tudo isso porque nós lhe mostramos nossa disposição de negociar, de mudar, de tentar compreender o que se passava em sua vida.

Uma mãe divorciada relatou essa experiência de acordo ganha/ganha com um filho viciado em drogas:

Meu filho tinha dezesseis anos quando meu marido e eu nos divorciamos, e esse foi um problema muito difícil para ele enfrentar. Sua dor foi tão grande que o levou às drogas e a outros problemas.

Quando tive a oportunidade de fazer um curso sobre os 7 Hábitos, convidei esse filho problemático para ir comigo, e ele concordou. Foi o início de uma grande transformação em sua vida.

Em princípio, meu filho na verdade afundou ainda mais. Mas finalmente conseguiu adotar esses hábitos para reerguer-se. Juntos, estabelecemos um acordo ganha/ganha. Parte do acordo implicava que eu o ajudaria a comprar um carro, coisa de que ele necessitava desesperadamente, ficando a seu cargo o pagamento das prestações. Meu filho estava em dificuldades financeiras, por isso não podia fazer um empréstimo, mas eu podia. Ele também teria de fazer uma terapia para livrar-se das drogas. Nós fomos bastante específicos sobre cinco ou seis itens que mereciam tratamento especial, e chegamos a um consenso. Ele redigiu o acordo e nós dois o assinamos. Estava muito claro para nós o que precisava acontecer.

Meu filho tinha passado por grandes apuros e enfrentado desafios muito árduos, mas tornou-se inteiramente responsável por seu passado e corajosamente começou a trilhar um caminho diferente. Ele honrou cada comprometimento a que se havia proposto. Num período de três meses, estava apto a dar uma virada completa em sua vida.

Agora, está bem empregado e irá para a universidade. É o primeiro aluno de sua classe. Quer ser médico e está de volta à rota, embora antes parecesse que ele jamais atingiria essa meta.

Você percebe que, em cada uma dessas situações, os acordos alimentaram um espírito de ganha/ganha na cultura?

Pode ver como esses acordos ajudaram a consolidar a Conta Bancária Emocional? Eles se basearam em compreensão mútua. Ajudaram a criar visão compartilhada. Esclareceram as expectativas. Envolveram comprometimento. Construíram confiança. E representaram um ganho para todos os envolvidos.

Deixe o Acordo Ser o Guia

A melhor coisa sobre a experiência toda é que o acordo me ajudou a manter a calma e a deixar que meus filhos aprendessem. Eles esco-

lheram; e suportaram as conseqüências. Eu os amava, dava-lhes amparo, mas não passei a mão em suas cabeças. Ninguém me procurou para dizer: "Mamãe, por favor, compre uma camisa nova para mim!" ou "Por favor, será que podemos ir ao shopping comprar calças novas?" O acordo era o guia. Eles sabiam que não podiam pedir-me dinheiro para comprar roupas.

Percebe como esse enfoque pode influir na Conta Bancária Emocional? O relacionamento não se transforma numa batalha porque o acordo garante a paz. Essa senhora estava agindo conforme o acordo. Pemitiu que os filhos aprendessem enfrentando as conseqüências de suas escolhas. E ficou livre para ser amorosa e solidária quando eles não obtinham o resultado desejado.

O "Quadro Mais Amplo" — O Segredo para Pensar Ganha/Ganha

Obviamente, pensar ganha/ganha está na própria essência de "família". Mas, como afirmei no início deste capítulo, quando você se deixa dominar pela emoção e pelo comportamento do momento, adotar essa postura pode ser incrivelmente difícil. Então, aquela pausa entre o que nos acontece e a nossa resposta assume uma importância vital.

Na nossa vida familiar, Sandra e eu descobrimos que o maior segredo para viver o Hábito 4 é usar a pausa para estabelecer uma conexão com "o grande fato".

Vários anos atrás, Sandra cobriu as paredes da nossa sala, do chão ao teto, com fotografias da família em todos os estágios da vida. Lá estão os retratos dos nossos pais, mães, avós e bisavós: fotografias em preto-e-branco tiradas logo após o nosso casamento, fotos dos nossos nove filhos desde o berço, ao longo dos anos, retratos deles sem dentes, com sardas, aparelho nos dentes, fotografias do segundo grau, da faculdade, e fotos de casamentos. Há retratos de grupos familiares e uma parede só dos netos. Há até fotografias minhas do tempo em que eu tinha cabelos!

Quase sempre me vem o desejo de ampliar aquela parede para incluir fotografias do futuro — para contemplar a nós mesmos, nossos cônjuges e filhos daqui a dez, vinte e até cinqüenta anos. Como expandiria a mente e o coração poder ver os desafios que enfrentaremos, a força de caráter que desenvolverão, as contribuições que farão! E que diferença faria em nossa interação uns com os outros se pudéssemos enxergar além do comportamento do momento — se pudéssemos tratar cada um da família sob a perspectiva de tudo o que eles têm sido e de tudo o que podemos ajudá-los a se tornar, e de tudo o que eventualmente façam num determinado momento.

Agir sob a luz desse tipo de visão — em vez de movido pela emoção ou pelo comportamento do momento — é fundamental para o papel de pai/mãe. Considere um tema vital como, por exemplo, disciplinar uma criança. Uma das coisas mais valiosas que Sandra e eu aprendemos como resultado de pensar "no grande fato" é a diferença entre *punição* e *disciplina*. Talvez eu possa ilustrar com a prática comum de colocar a criança de "castigo".

A maioria das pessoas usa o "castigo" como uma punição para a criança malcomportada, para obrigá-la a entrar nos eixos. A maneira como se emprega o tempo que dura esse "castigo" representa claramente a distinção entre punição e disciplina. Punir seria dizer à criança: "Tudo bem, você vai ficar de castigo no quarto por trinta minutos". Disciplinar seria dizer: "Tudo bem, você precisa de um tempo sozinho para refletir e decidir-se a viver conforme o que combinamos". Se a criança ficará no quarto por um minuto ou uma hora não importa, contanto que ela exercite a proatividade necessária para fazer a escolha certa.

Se, por exemplo, um filho se comporta mal, ele precisa ir para o quarto e ficar lá até resolver mudar de comportamento. Se ele sair e persistir no mau comportamento, fica claro que não tomou a decisão certa, de modo que o assunto terá de ser discutido. Mas o ponto é que você está mostrando respeito e afirmando que ela tem o poder de escolher um comportamento coerente com os princípios contidos no acordo. Disciplinar não é uma atitude emocional. Deve-se fazê-lo de forma bastante direta e natural, conforme as conseqüências previstas no acordo.

Sempre que uma criança se comporta mal, é importante rememorar o Hábito 2 (Comece com o Objetivo em Mente) e ser claro sobre o que exatamente você está tentando fazer. O objetivo em mente dos pais é ajudar o filho a aprender e a crescer, é criar uma pessoa responsável. O objetivo da disciplina é ajudar o filho a desenvolver disciplina interna — a capacidade de fazer as escolhas certas mesmo quando influências externas o impelirem em sentido contrário.

Sob essa perspectiva, uma das coisas mais importantes que você pode fazer é adaptar o Hábito 1 (Seja Proativo) para o nível da criança e afirmar sua capacidade de ter "respons-habilidade". Deixe claro que a questão é o seu comportamento, não ela. Afirme, em vez de negar, a capacidade dela de fazer escolhas. Você também pode ajudá-la a aperfeiçoar sua capacidade de escolher bem estimulando-a a manter um diário pessoal. Dessa forma, ela fortalece seus dons exclusivamente humanos por intermédio da observação do próprio envolvimento e da educação da própria consciência. Você também pode utilizar o Hábito 4 para estabelecer de antemão, num acordo ganha/ganha, as regras e implicações de seu descumprimento.

Sandra e eu descobrimos que, quando vivenciavam esse tipo de disciplina, nossos filhos tinham uma atitude completamente diferente a seu respeito. A energia deles se concentrava em confrontar a própria consciência, em vez de nos confrontar. Tornavam-se mais receptivos e prontos para aprender. E, freqüentemente, a disciplina consolida a Conta Bancária Emocional, porque no relacionamento existe boa vontade, em vez de severidade e rejeição. As crianças podem até continuar fazendo escolhas erradas, a diferença é que elas confiam na segurança e na estabilidade conferidas por um ambiente familiar centrado em princípios.

A capacidade de visualizar "o grande fato" eleva a qualidade de todas as interações familiares. Quando olhamos para os membros da nossa família (incluindo nós mesmos), talvez devêssemos imaginar cada um usando uma camiseta com os seguintes dizeres: "Seja paciente, ainda estou em construção". Devemos sempre presumir boa-fé. Se partirmos do pressuposto de que todos tentam fazer o melhor que lhes é possível, da maneira como vêem a situação, poderemos exercer uma poderosa influência para despertar-lhes o que tiverem de melhor.

Se pudermos sempre olhar um para o outro e ver um ser em constante transformação e crescimento, que age com boa-fé — e se pudermos manter o nosso objetivo em mente —, teremos a motivação e o comprometimento necessários para buscarmos sempre uma relação ganha/ganha.

Compartilhando Este Capítulo com Adultos e Adolescentes

Aprendendo a Pensar Ganha/Ganha
- Discuta a demonstração da queda-de-braço. Por que a forma ganha/ganha de pensar vista na queda-de-braço é muito melhor para os relacionamentos familiares?
- Discuta de que maneira uma pessoa com uma atitude ganha/ganha pode transformar uma situação.
- Pergunte: "Por que os conflitos internos são mais destrutivos para a família do que as turbulentas pressões externas?"

Interdependência É a Meta
- Pergunte: "O que é preciso para que os membros da família trabalhem juntos para criar soluções que sejam melhores do que aquelas que cada um poderia criar sozinho? De que modo a idéia de 'uma questão, um comprometimento' seria útil?"
- Discuta as conseqüências das atitudes ganha/perde e perde/ganha. Pergunte: "Você pode pensar em alguma situação em que qualquer dessas alternativas funcionasse melhor do que ganha/ganha?"

Caminhando de "Eu" para "Nós"
- Reveja a história do funeral como exemplo de que maneira uma situação bastante delicada transformou-se em ganho para todos, graças a um homem que tinha uma visão e um plano. Discuta de que maneira vocês podem desenvolver e moldar a atitude e o comportamento ganha/ganha em alguma situação da sua vida.
- Comente a diferença entre a mentalidade da "escassez" e a

da "abundância". Identifique uma situação em que a mentalidade da abundância beneficiaria a sua família. Tente adotar a postura da abundância por uma semana. Converse sobre a diferença que faz na cultura da sua família.

Desenvolvendo Acordos Ganha/Ganha com os Membros da Família
- Discuta as histórias contadas neste capítulo acerca da criação de acordos familiares ganha/ganha. Comente a diferença que esses acordos fazem para os filhos e para os pais. Tente criar um acordo ganha/ganha com outro membro da família. Viva em conformidade com ele por uma semana. Discuta os benefícios e os desafios.
- Discuta a diferença entre disciplina e punição. Pergunte: "Como podemos disciplinar sem punir?"
- Discuta o que significa enxergar o grande fato. Quando um membro da família está sendo desagradável, como a capacidade de enxergá-lo para além do comportamento do momento o ajuda a pensar ganha/ganha?

Compartilhando Este Capítulo com Crianças

O Bastante para Todos
- Passe uma tarde ao sol com seus filhos. Vá para a praia, ou para um parque, ou para a montanha e converse com eles sobre quanto o sol é maravilhoso e existe para todos. Saliente que o sol não gasta, não importa que uma pessoa ou um milhão delas o aproveitem. Existe abundância de luz solar, assim como existe abundância de amor. Amar uma pessoa não significa que você não possa amar outras também.
- Proponha um jogo. Diga às crianças que, dessa vez, "ganhar" significa que a vitória tem de ser de todos. Invente novas regras que estabeleçam que ser generoso e mostrar consideração com os outros jogadores é mais importante do que conquistar a maioria dos pontos. Veja o que acontece. As crianças podem decidir desistir de uma rodada ou outra, dividir o dinheiro ou os doces, tentar marcar pontos para o time ou oferecer conselhos sobre como fazer uma jogada melhor. Depois do jogo, faça-os discutir como se sentiram ajudando todos a ganhar. Ajude-os a entender que o mundo tem espaço para muitos ganhadores.
- Convide a família para um jogo de bola e explique no caminho que o plano é que todos anotem o "melhor" que virem no campo — melhor jogada, melhor trabalho de equipe, melhor espírito esportivo, melhor coordenação —, não apenas do time pelo qual estiverem torcendo, mas também do adversário. Depois do jogo, compare as anotações e faça-os apontar todas as coisas boas que observaram. Peça-lhes para descrever seus *insights* e sentimentos.

- Selecione um problema que tenha provocado uma briga entre você e seus filhos. Algo como um brinquedo que eles desejavam muito, uma visita a um parque de diversões ou qualquer coisa que você não tinha certeza de querer que eles fizessem. Sente-se e discuta. Ponha todas as cartas na mesa. Determine o que constituiria um ganho para cada pessoa envolvida e tente produzir uma solução ganha/ganha. Discutam como se sentiram quando a solução foi alcançada.
- Escolha áreas da sua vida familiar que precisem de cooperação adicional, de trabalho de equipe ou de atitudes mais positivas. Escreva cada uma num papel e coloque os papéis dentro de um chapéu. Faça as crianças sortearem um papel, uma de cada vez, e explique o que elas poderiam fazer para tornar a situação um ganho para todos.

HÁBITO 5
PROCURE PRIMEIRO COMPREENDER... DEPOIS SER COMPREENDIDO

Aprender a procurar primeiro compreender e só depois ser compreendido abre as comportas para uma convivência familiar coração a coração. Como disse a raposa no clássico *O Pequeno Príncipe*: "E eis aqui o meu segredo, um segredo muito simples: é só com o coração que se pode ver corretamente; o que é essencial é invisível aos olhos".

Ao iniciarmos este capítulo, gostaria de pedir-lhe que fizesse uma experiência. Por favor, pare alguns segundos e apenas contemple o desenho nesta página.

Agora, observe este desenho e descreva cuidadosamente o que vê.

Vê um índio? Como é ele? Como está vestido? Para que lado está virado?

Você provavelmente dirá que o índio tem um nariz proeminente, que está usando um cocar e está virado para o lado esquerdo da página.

Mas e se eu lhe disser que está enganado? E se eu lhe disser que não está vendo um índio, mas sim um esquimó, vestido com um casaco com capuz que lhe cobre a cabeça, segurando uma lança na mão, de costas para você, virado para o lado direito da página?

Quem estaria certo? Observe o desenho novamente. Consegue visualizar o esquimó? Se não conseguiu, continue tentando. Consegue ver a lança e o casaco com capuz?

Se estivéssemos conversando lado a lado, poderíamos discutir o desenho. Você poderia descrever-me o que vê, e eu lhe descreveria o que vejo. Nós continuaríamos a trocar idéias até você me mostrar o que vê no desenho e eu lhe mostrar o que vejo.

Como isso não é possível, vá até a página 292 e observe o desenho lá. Então, contemple este novamente. Consegue enxergar o esquimó, agora? É importante que você o veja com nitidez antes de prosseguir a leitura.

Por muitos anos, utilizei esses tipos de gravuras perceptivas para levar as pessoas a perceber que o modo como vêem o mundo não coincide necessariamente com o modo como os outros o vêem. Na verdade, as pessoas não vêem o mundo como *ele* é, mas como *elas são* — ou foram condicionadas a ser.

Quase sempre esse tipo de experiência resulta numa atitude mais humilde e muito mais respeitosa, mais reverente, mais aberta à compreensão.

> *As* pessoas não vêem o mundo como *ele é*, mas como *elas são* — ou foram condicionadas a ser.

Freqüentemente, quando ensino o Hábito 5, eu percorro a platéia e tiro um par de óculos de um dos espectadores e tento convencer outro a colocá-lo. Em geral eu os previno de que usarei vários métodos de influência humana para convencê-los a experimentar os óculos.

Quando coloco os óculos na pessoa — digamos, numa mulher —, ela normalmente recua, especialmente se tiver um grau muito forte. E então eu apelo para a motivação. Digo: "Tente com mais empenho". E ela se esquiva ainda mais. Ou, quando se sente intimidada por mim, exteriormente cooperará comigo, mas não haverá um acordo interno real. Então, eu comento: "Bem, noto que você é um tanto rebelde. Tem "personalidade". Contudo, precisa ser mais positiva, pensar de modo mais positivo. Você pode fazer esta experiência dar certo". Então ela esboçará um sorriso, mas o meu argumento não funciona, e a mulher sabe disso. Então, em geral replica: "Isso não adianta nada".

Então, eu tento fazer uma certa pressão ou coagi-la de alguma forma. Assumo o papel de pai e digo: "Olhe, faz alguma idéia dos sacrifícios que sua mãe e eu temos feito por sua causa, as coisas que fazemos por você, o que negamos a nós mesmos para ajudá-la? E você resolve tomar esse tipo de atitude! Agora, coloque isto, vamos!" E às vezes isso desperta um sentimento de rebeldia ainda maior. Passo para o papel de chefe e tento exercer alguma pressão no nível econômico: "Seu currículo talvez não seja assim tão bom, afinal de contas!" Apelo para a pressão social: "Oh, mas eles ficam tão bem em você! Olhem, todos. Estes óculos não combinam com os traços dela?"

Recorro à motivação, atitude, vaidade, pressões econômica e social. Eu a intimido. Eu a faço sentir-se culpada. Eu lhe digo para pensar positivamente, para tentar com mais empenho. Mas nenhum desses métodos de influência funciona. Por quê? Porque todos eles vieram de mim — não dela ou de seu ponto de vista exclusivo.

Isso nos conduz à importância de procurar compreender antes de tentar exercer influência — de diagnosticar antes de receitar, como o oftalmologista faz. Sem compreensão, você acabará falando com as paredes. Ninguém lhe dará ouvido. O seu esforço pode satisfazer o seu ego por um momento, mas na verdade não exercerá influência alguma.

Todos nós olhamos para o mundo através dos nossos próprios óculos — óculos que advieram do nosso *background* exclusivo e de experiências condicionadoras, óculos que criam nosso sistema de valores, nossas expectativas, nossas pressuposições implícitas sobre como o mundo é e como deveria ser. Apenas pense sobre a experiência do índio/esquimó no início deste capítulo. O primeiro desenho condicionou sua mente a "ver" ou interpretar o segundo desenho de forma similar. Mas existia uma outra forma de vê-lo que é igualmente acurada.

Uma das principais razões por trás dos problemas de comunicação é que as pessoas envolvidas interpretam o mesmo evento de maneiras diferentes. Sua natureza e experiências anteriores as condicionam a agir assim. Se interagirem sem levar em conta o motivo por que vêem as coisas de formas diversas, elas começarão a julgar reciprocamente. Por exemplo, considere uma questão de pouca relevância, como a diferença na temperatura de uma sala. O termostato na parede registra 24ºC. Uma pessoa reclama: "Está quente demais", e abre as janelas; então, a outra reclama: "Está frio demais", e fecha as janelas. Quem está certo? Está demasiado quente ou demasiado frio? O fato é que ambas estão certas. A lógica diria que, se duas pessoas discordam e uma está certa, a outra está necessariamente errada. Mas não se trata de lógica, mas de psico-lógica. Ambas estão certas — cada uma do seu ponto de vista.

Quando projetamos nossas experiências condicionadoras no mundo exterior, acreditamos estar vendo o mundo como ele é. Mas não estamos. Estamos vendo o mundo como *nós* somos — ou como fomos condicionados a ser. E, enquanto não adquirirmos a capacidade de nos distanciar de nossa autobiografia — de tirar os óculos e realmente ver o mundo através da ótica dos outros —, nós não seremos capazes de construir relacionamentos profundos e autênticos e de influenciar de modo positivo.

E é disso que trata o Hábito 5.

No Cerne do Sofrimento na Família Está o *Mal*-Entendido

Anos atrás, eu tive uma profunda e quase devastadora experiência que me obrigou a aprender a essência do Hábito 5 e a ser humilde.

Nossa família estava no Havaí havia cerca de quinze meses. Sandra e eu tínhamos iniciado o que se tornaria uma das grandes tradições em nossas vidas. Eu a apanhava pouco antes do meio-dia numa velha Honda *trail* vermelha. Costumávamos levar nossos dois filhos em idade pré-escolar — um acomodado entre nós dois e o outro no meu colo — e percorríamos o canavial perto do meu escritório. Íamos devagar, rodando por cerca de uma hora, conversando. Geralmente terminávamos numa praia deserta; estacionávamos a moto e caminhávamos cerca de duzentos metros até uma praia isolada, onde fazíamos um lanche, numa espécie de piquenique. As crianças brincavam na beira da água e nós tínhamos grandes e profundos bate-papos sobre todo o tipo de assuntos. Podíamos conversar sobre quase tudo.

Certo dia, abordamos um tema bastante delicado para nós dois. Eu costumava ficar furioso com o que me parecia uma predileção irracional de Sandra pelos eletrodomésticos Frigidaire. Era uma verdadeira obsessão, que eu não conseguia entender de modo algum:

ela nem sequer cogitava de comprar produtos de outras marcas. Mesmo quando estávamos apenas começando e nosso orçamento era bastante apertado, ela insistia em pegar a estrada e viajar cerca de setenta quilômetros até a "cidade grande", onde se vendiam eletrodomésticos Frigidaire — porque nenhuma loja da nossa pequena cidade universitária os vendia, na época.

O que mais me incomodava não era a sua "mania" pela Frigidaire, mas a insistência com que empregava argumentos ilógicos e sem nenhum fundamento, a meu ver, para defender a marca. Se ela apenas concordasse que sua reação era puramente emocional, creio que eu poderia ter lidado melhor com a situação. Mas suas justificativas me irritavam. Na verdade, esse assunto nos causava tamanha tensão que, nessa ocasião em particular, continuamos rodando, adiando o passeio até a praia. Creio que tínhamos medo de fitar os olhos um do outro.

Mas, graças ao espírito de união que existia entre nós, acabamos ficando bastante receptivos. Começamos a conversar sobre os eletrodomésticos que tínhamos no Havaí, e eu comentei:

— Sei que você preferiria que fossem Frigidaire.

— É verdade — ela concordou —, mas estes parecem funcionar muito bem.

Então, ela começou a se abrir. Contou que, quando menina, percebeu que o pai trabalhava muito para sustentar a família. Lecionava história no colegial e foi treinador do time da escola por muitos anos, e, para equilibrar o orçamento, ingressou no ramo de eletrodomésticos. Uma das principais marcas que vendia na loja era Frigidaire. Quando voltava para casa, depois de passar o dia inteiro dando aulas e boa parte da noite na loja, deitava-se no sofá e ela lhe massageava os pés, cantando para confortá-lo. Foram momentos maravilhosos que os dois partilharam quase diariamente durante muito tempo, nos quais ele costumava confidenciar suas preocupações com os negócios e sua profunda admiração pela Frigidaire. Durante uma crise econômica, enfrentara sérias dificuldades financeiras e só não falira porque a Frigidaire financiara seu estoque.

Sandra me fez essas revelações devagar, com longos hiatos, os olhos cheios de lágrimas. Era uma história que envolvia suas emoções mais intensas. Sua comunicação com o pai havia ocorrido do modo mais espontâneo e natural, num clima propício a ensinamentos e à criação de um poderoso *script*. E talvez ela se tivesse esquecido de tudo isso até aquele instante, quando o nosso relacionamento, naquele ano de comunicação profunda, proporcionou-lhe a segurança necessária para lembrar-se com a mesma naturalidade e espontaneidade.

Meus olhos também se haviam enchido de lágrimas. Eu finalmente começara a entender. Até então, nunca lhe dera segurança para falar a respeito. Jamais mostrara empatia — apenas julgara. Limitara-me a empregar minha lógica irretorquível, meus conselhos e reprovação, sem envidar esforço algum para de fato compreender. Mas, como disse Blaise Pascal: "O coração tem razões que a própria razão desconhece".

> Não há como manter relações familiares ricas e gratificantes sem verdadeira compreensão.

Nós passamos um longo tempo nos canaviais, naquele dia. E, quando finalmente chegamos à praia, sentíamo-nos tão renovados, tão unidos, tão convictos da preciosidade do nosso relacionamento, que ficamos simplesmente abraçados. Não precisávamos falar.

Não há como manter relações familiares ricas e gratificantes sem verdadeira compreensão. Os relacionamentos podem ser superficiais. Ou funcionais. Ou transacionais. Mas não podem ser transformadores — e plenamente satisfatórios —, a menos que se fundamentem em genuína compreensão.

Na verdade, no cerne da maior parte do sofrimento real dentro da família está o *mal*-entendido.

Pouco tempo atrás, um pai me contou uma experiência que ilustra bem essa idéia. Ele começou a castigar seu filho pequeno, que, contrariando suas ordens, dobrava a esquina constantemente para ir brincar na outra rua. Cada vez que ele fazia isso, o pai o castigava e lhe dizia para não dobrar a esquina novamente. Mas o garotinho persistia no erro. Finalmente, depois de ter sido punido mais uma vez, ele olhou para o pai com os olhos cheios de lágrimas e perguntou:

— O que é "esquina", papai?

Um vizinho nosso relatou uma experiência com uma filha que estava no início do primeiro grau. Todos os outros filhos eram brilhantes e a escola não lhes oferecia nenhum problema. Ele se surpreendeu quando essa filha começou a mostrar dificuldade em matemática. A classe estava estudando subtração e ela simplesmente não conseguia entender. E voltava para casa frustrada e em pranto.

O pai decidiu passar uma tarde com a filha e chegar à raiz do problema. Explicou-lhe cuidadosamente o conceito de subtração e deixou-a tentar resolver alguns exercícios. Mas ela ainda não conseguia estabelecer a conexão. A menina simplesmente não compreendia.

Pacientemente, o pai dispôs cinco maçãs vermelhas e reluzentes em fila. Tirou duas maçãs. De súbito, o semblante da filha se iluminou. Era como se uma lâmpada se acendesse em sua mente. Ela exclamou:

— Oh, ninguém tinha explicado que estávamos tirando alguma coisa.

Nem o pai nem os professores haviam percebido que ela não tinha idéia de que "subtrair" significava "tirar".

Daquele momento em diante, ela compreendeu. Quando lidamos com crianças pequenas, precisamos entender seus estágios de desenvolvimento e o que estão pensando naquele momento, porque geralmente elas não têm palavras para explicar.

Os erros que cometemos com nossos filhos, cônjuges, enfim, com todos os membros da família,

> Os erros que cometemos com nossos filhos, cônjuges, enfim, com todos os membros da família, em sua maioria não são intencionais. Apenas, nós não compreendemos. Não vemos claramente o coração uns dos outros.

em sua maioria não são intencionais. Apenas, nós não compreendemos. Não vemos claramente o coração uns dos outros.

Se víssemos — se uma família inteira pudesse desenvolver o tipo de receptividade de que estamos falando —, mais de 90 por cento das nossas dificuldades e problemas poderiam ser resolvidos.

Uma Série de Testemunhos

As pessoas começaram a se dar conta de que o sofrimento nas famílias, em sua maior parte, é causado pela falta de entendimento. E se você olhar os campeões de venda no mercado editorial de hoje que tratam do tema "família", terá uma idéia do quanto esse sofrimento e essa crescente consciência são significativos.

Livros como *You Just Don't Understand*, de Deborah Tannen, e *Os Homens São de Marte, As Mulheres São de Vênus*, de John Gray, tornaram-se tremendamente populares porque falam desse sofrimento. E esses livros lideram a enxurrada de estudos em que se reconhece o problema. Num passado recente, houve vários outros escritores que escreveram a respeito da família, incluindo Carl Rogers, Thomas Gordon e Haim Ginott, que identificaram essa questão e tentaram analisá-la. Eles oferecem uma série de testemunhos que proclamam a importância vital de se buscar o entendimento.[1]

O fato de todos esses livros, programas e movimentos permanecerem valiosos até hoje ilustra quanto as pessoas estão ávidas por compreensão.

Satisfações e Julgamentos Cercam as Expectativas

A maior contribuição desse material talvez seja ajudar-nos a perceber que a compreensão das diferenças entre as pessoas é fundamental para o ajustamento das expectativas. Muito do material enfoca as diversidades de gênero, mas também existem outras dimensões igualmente importantes, tais como as experiências passadas e presentes, tanto na família quanto no trabalho. Compreendendo-as, podemos adequar nossas expectativas de modo realista.

Entender a realidade — e ajustar as expectativas de acordo

com ela — representa, em grande medida, controlar nossa própria satisfação.

Nossas expectativas também são a base para o nosso julgamento. Se soubesse, por exemplo, que crianças em fase de crescimento, na faixa dos seis ou sete anos, apresentam uma forte tendência a exagerar, você não reagiria com veemência a esse comportamento — você entenderia. Por isso é tão importante compreender os estágios do crescimento e necessidades emocionais não satisfeitas, bem como as mudanças no meio ambiente que despertam essas necessidades e geram um determinado comportamento. A maioria dos especialistas em crianças concorda que quase toda a "pantomima" pode ser explicada em termos de estágios de crescimento, necessidades emocionais, mudanças no meio ambiente, apenas pura ignorância, ou uma combinação desses fatores.

> Quando você compreende, não julga.

Quando você compreende, não julga. Não é interessante? Nós até dizemos aos outros:

— Ah, se você entendesse, não julgaria.

Daí você vê por que o sábio rei Salomão orava por um coração compreensivo, quando escreveu: "Em tudo o que obtiveres, obtenha compreensão". A sabedoria advém de tal compreensão. Sem ela, as pessoas agem sem sabedoria. Embora, de acordo com sua estrutura de referência, seu comportamento faça sentido perfeitamente.

Nós julgamos para nos proteger. Para evitar um confronto com a pessoa; confrontamos apenas o rótulo que lhe atribuímos. Além disso, quando não esperamos nada, jamais nos desapontamos.

Mas o problema em julgar ou rotular é que você começa a interpretar todas as informações de maneira a confirmar o julgamento. E esse é o significado de "preconceito" ou "prejulgamento". Se julgar um filho ingrato, por exemplo, inconscientemente, você procurará provas no comportamento dele que corroborem o julgamento. Outra pessoa, observando exatamente o mesmo comportamento, poderia interpretá-lo como prova de gratidão e reconhecimento. E o problema se agrava quando você age com base no que considera julgamento confirmado — e isso origina outros comportamentos similares. Torna-se uma profecia que cumpre a si mesma.

Se você rotular seu filho de indolente e agir com base nesse rótulo, seu filho provavelmente o verá como autoritário, dominador e crítico. O seu comportamento provocará uma reação de resistência no seu filho, que você interpretará como mais uma prova de sua preguiça — o que servirá de justificativa para você ser mais autoritário, dominador e crítico. Cria-se uma espiral descendente, uma forma de dependência mútua e conluio que se alimenta de si mesma até ambas as partes se convencerem de que estão certas e realmente precisarem do mau comportamento do outro para confirmar que estão certas.

Essa é uma das razões por que a tendência a julgar constitui um grande obstáculo para relacionamentos saudáveis. Ela o leva a interpretar todas as informações de modo a ratificar seu julgamento. E qualquer que fosse o mal-entendido anterior, este se torna dez vezes maior pela energia emocional que permeia essa conspiração.

Dois grandes problemas de comunicação consistem em falha de percepção — como as pessoas interpretam a mesma idéia — e em divergência semântica — como as pessoas definem a mesma palavra. Por meio da compreensão empática, é possível evitá-los.

Procurar Compreender: O Depósito Fundamental

Considere o seguinte relato das peripécias de um pai procurando compreender sua filha e como isso influenciou profundamente os dois:

Mais ou menos na época em que completou dezesseis anos, nossa filha Karen começou a nos tratar de modo muito desrespeitoso. Fazia comentários sarcásticos, disparando uma porção de farpas. E isso começou a se estender aos irmãos mais novos.

Não fiz nada a respeito até certa noite, quando aconteceu a "gota d'água". Ela estava comigo e com minha esposa no nosso quarto. De repente, teceu uma série de comentários bastante impróprios. Decidi que já tinha agüentado o suficiente e disse:

— Ouça, Karen. Deixe-me dizer-lhe como funcionam as coisas nesta casa.

E a bombardeei com um longo e autoritário sermão que, a meu ver, com certeza a convenceria a tratar os pais com respeito. Mencionei todas as coisas que havíamos feito por ela desde seu nascimento. Falei do vestido que lhe havíamos comprado. Lembrei-lhe de como a havíamos ajudado a tirar carta de motorista e como agora a deixávamos guiar. E fui em frente, recitando uma lista bastante impressionante. Quando finalmente terminei, esperava que minha filha praticamente se ajoelhasse em adoração aos pais. Em vez disso, ela indagou em tom um tanto beligerante:
— E daí?
Fiquei furioso. Repliquei, zangado:
— Karen, vá para o seu quarto. Sua mãe e eu vamos conversar sobre o que você merece por esse comportamento. Depois eu lhe comunicarei o que vai lhe acontecer.

Ela saiu irada, batendo a porta do quarto. Eu estava tão zangado, literalmente andava de um lado para outro espumando de raiva. E então, de repente, dei-me conta de que não havia feito nada para tentar compreendê-la. Certamente, não estava pensando em ganha/ganha. Minha única e exclusiva preocupação fora comigo mesmo. Essa constatação provocou uma profunda mudança na minha postura interna e nos meus sentimentos em relação a minha filha.

Quando me dirigi ao seu quarto, minutos depois, a primeira coisa que fiz foi pedir desculpas pelo meu comportamento. Note, eu não estava perdoando o comportamento dela, mas me desculpando pelo meu. Inegavelmente, eu tinha sido um bocado abrupto. E acrescentei:
— Olhe, sinto que algo não vai bem por aqui, mas não sei o que é.
Eu lhe disse que queria mesmo compreendê-la e, por fim, consegui criar uma atmosfera de confiança para Karen se abrir.

Algo hesitante, ela começou a me contar o que sentia por ser nova na escola: a batalha que travava na tentativa de tirar boas notas e fazer novas amizades. Confessou seus receios em dirigir o carro. Era uma experiência inédita, e preocupava-se com a própria segurança. Além disso, havia começado a trabalhar num emprego de meio expediente, e não sabia o que o chefe pensava do seu desempenho. Além disso, estudava — e lecionava — piano. Sua agenda era uma verdadeira loucura.

Por fim, eu repliquei:
— Oh, filha, você deve estar se sentindo completamente sobrecarregada.
E era isso. Bingo! Ela se sentiu compreendida. Karen andava estressada com todos esses desafios, e seus comentários sarcásticos e o desres-

peito pela família constituíam basicamente um grito por socorro. É como se clamasse: "Alguém me escute, por favor!"

Então eu lhe disse:

— Suponho que, quando lhe pedi para nos tratar com um pouco mais de respeito, isso soou como uma coisa a mais para você fazer.

— Isso mesmo! — ela concordou. — Mais uma coisa para eu fazer, e não dou conta das obrigações que já tenho.

Chamei minha esposa e nós três nos sentamos e pusemos a cabeça para funcionar, num verdadeiro brain-storm, para descobrir um modo de simplificar a vida de Karen. Por fim, ela resolveu parar de estudar e ensinar piano — e a decisão lhe fez muito bem. Nas semanas que se seguiram, tornou-se uma pessoa inteiramente mudada.

A partir dessa experiência, minha filha ganhou maior confiança na própria capacidade de fazer escolhas em sua vida. Sabia que os pais a compreendiam e apoiavam. E, logo depois disso, decidiu sair do emprego porque este não era exatamente o que desejava. Encontrou outro, bem melhor, onde foi promovida a gerente.

Analisando retrospectivamente, creio que boa parte dessa confiança adveio do fato de que nós não lhe dissemos: "Tudo bem, não há desculpa para o seu comportamento. Você está de castigo!" Em vez disso, nós nos mostramos desejosos de escutá-la e compreendê-la.

Observe como o pai de Karen conseguiu superar a preocupação com o comportamento exterior da filha para compreender o que estava acontecendo em sua mente e em seu coração. Só depois de fazer isso ele pôde chegar ao problema real.

As discussões de Karen com os pais representavam a ponta do *iceberg*. O comportamento dela camuflava sua verdadeira angústia. E, enquanto seus pais enfocassem apenas esse comportamento, não veriam o problema real. Mas, então, o pai abandonou o papel de juiz e tornou-se um ouvinte e amigo genuinamente interessado e disposto a ajudar. Ao perceber isso, Karen começou a sentir-se segura para dividir seus problemas mais profundos. Talvez nem ela mesma tivesse percebido o que a afligia até encontrar um interlocutor desejoso de escutá-la, de lhe dar a oportunidade de deixar a verdade aflorar. Uma vez que se esclareceu o problema e ela se sentiu realmente compreendida, Karen então quis a orientação que os pais podiam fornecer-lhe.

Enquanto nos mantemos no papel de juiz e júri, nós raramente exercemos o tipo de influência que desejamos. Talvez você se lembre da história do primeiro capítulo deste livro, do senhor que "reencontrou o filho". Você se recorda das "retiradas" ocorridas naquele relacionamento, do quanto a relação era tensa, do quanto carecia de comunicação autêntica? (Você talvez queira rever a história, porque se trata de um magnífico exemplo do poder do Hábito 5.) Aquela era outra situação na qual havia problemas difíceis e dolorosos entre pais e filho — e não existia comunicação real. Só quando cessou de julgar e realmente tentou compreender o filho, o pai pôde começar a fazer diferença.

> Enquanto nos mantemos no papel de juiz e júri, nós raramente exercemos o tipo de influência que desejamos.

Em ambos esses casos, os pais lograram transformar a situação, porque efetuaram o mais significativo dos depósitos na Conta Bancária Emocional: eles buscaram compreender.

Fornecendo "Ar Psicológico"

Uma das razões básicas por que a busca da compreensão constitui o primeiro e mais importante depósito que se pode realizar é que, por seu intermédio, fornecemos às pessoas "ar psicológico".

Tente recordar uma ocasião em que você perdeu o fôlego e teve de esforçar-se para respirar. Naquele momento, alguma outra coisa poderia ser mais importante do que o ar?

Ser compreendido é o equivalente emocional e psicológico do "ar". E, quando as pessoas estão lutando por um pouco de ar — ou compreensão —, até consegui-lo, nada mais importa. Nada.

Lembre-se da frase: "Eu não me importo com quanto você sabe até saber quanto você se importa". As pessoas não ligam a mínima para o que você tem a dizer quando precisam de ar psicológico — e compreendê-las é a primeira prova de que você se importa.

Pense nisso: por que as pessoas gritam e brigam umas com as outras? Porque querem ser compreendidas. Basicamente, elas estão suplicando: "Compreendam-me! Ouçam-me! Respeitem-me!" O problema é que gritar é algo tão emocionalmente carregado e desrespeitoso para com o outro que acaba provocando uma reação defensiva e ainda mais raiva — e até desejo de vingança —, formando um círculo vicioso. À medida que a interação prossegue, a raiva se aprofunda e cresce, e as pessoas terminam sem lograr nada de positivo. O relacionamento é abalado, e exige muito mais tempo e esforço para resolver os problemas criados pela briga do que a simples prática do Hábito 5: exercitar paciência e autocontrole para primeiro escutar.

> *Do que o coração mais avidamente precisa é de compreensão.*

Logo abaixo da sobrevivência física, nossa necessidade mais intensa consiste na sobrevivência psicológica. E do que o coração mais avidamente precisa é de compreensão, pois esta implicitamente afirma, valida, reconhece e aprecia o seu valor intrínseco. Quando realmente escuta o outro, você reconhece e responde à sua mais premente necessidade.

Conhecendo o Que Constitui um "Depósito" na Conta de Alguém

Eu tenho uma amiga que é muito feliz no casamento. Seu marido não se cansava de repetir: "Eu te amo", e com freqüência a presenteava com uma única e linda rosa. Ela ficava encantada com essa expressão especial de afeto. Era um depósito em sua Conta Bancária Emocional.

Mas, às vezes, sentia-se frustrada por ele não se envolver em projetos que ela considerava necessários para a manutenção da casa: pendurar cortinas, pintar um quarto, fazer um armário para a cozinha. Quando o marido finalmente se envolvia com essas coisas, para ela era como se ele houvesse subitamente depositado cem dólares em sua conta, enquanto as rosas equivaliam a um depósito de dez dólares.

Essa situação se prolongou por anos. Nenhum dos dois realmente compreendia o que estava acontecendo. E então, certa noite, quando conversavam, ela começou a lembrar-se do pai, que costumava cuidar da casa, consertando tudo o que estivesse quebrado, pintando ou fazendo qualquer reparo que julgasse importante para a conservação do imóvel. Ao contar ao marido essas recordações, de repente percebeu que, para ela, as coisas que o pai fazia representavam a mais profunda expressão de seu amor pela esposa. Ele procurava ajudá-la e tornar a casa mais bonita para agradá-la. Em vez de lhe levar rosas, plantava roseiras. A prestação de serviços constituía a sua linguagem amorosa.

Sem se dar conta, nossa amiga havia projetado a importância dessa forma de comunicação em seu próprio casamento. Quando o marido não atendia imediatamente às necessidades da casa, efetuava grandes, mas não reconhecidas, retiradas. E a declaração "Eu te amo" e as rosas — embora fossem importantes para ela — não equilibravam a conta.

Quando os dois descobriram isso, ela pôde empregar seu dom da autoconsciência para compreender o impacto que a cultura da sua família havia exercido sobre ela. Usou sua consciência e imaginação criativa para ver sua situação atual sob uma nova perspectiva. E utilizou a vontade independente para começar a atribuir um valor maior às formas de expressão do marido.

Ele, por sua vez, também se valeu de seus quatro dons humanos. Percebeu que o que julgara constituir grandes depósitos ao longo dos anos não era tão importante para a esposa como a prestação desses pequenos serviços. Assim, começou a adotar essa linguagem amorosa em sua comunicação com ela.

Essa história demonstra outra razão por que procurar compreender representa o mais importante dos depósitos que se podem efetuar: *Enquanto você não compreender o outro, não saberá o que constitui um depósito em sua conta.*

Maria (*filha*):
Certa vez, planejei para o aniversário do meu marido uma elaborada

festa-surpresa, achando que ele fosse achar o máximo. E ele não gostou! Na verdade, odiou. Detestava festa-surpresa. Não lhe agradava que fizessem todo aquele estardalhaço por sua causa. O que realmente lhe teria dado prazer seria sair comigo para jantar num restaurante tranqüilo e aconchegante, e depois ir ao cinema para encerrar o programa. Eu aprendi do modo mais difícil que é indispensável descobrir o que, na verdade, é importante para alguém antes de tentar efetuar um depósito.

É comum a tendência de projetar sentimentos e motivações no comportamento de outra pessoa. "Se isso significa muito para mim, certamente significa muito para você." Mas ninguém sabe o que constitui um depósito para os outros, a menos que compreenda o que eles consideram importante. As pessoas vivem em seus mundos particulares. O que para você consiste numa verdadeira missão de vida, para o seu vizinho pode representar um mero detalhe, ou não ter a menor relevância.

> Como cada pessoa é única, cada uma necessita ser amada do seu próprio modo especial. O segredo para efetuar depósitos na conta de uma pessoa, portanto, é compreender — e falar — a linguagem amorosa dela.

Como cada pessoa é única, cada uma necessita ser amada do seu próprio modo especial. O segredo para efetuar depósitos na conta de uma pessoa, portanto, é compreender — e falar — a linguagem amorosa dela.

Um pai contou a seguinte experiência, mostrando que compreender — em vez de tentar "consertar" as coisas — deu certo em sua família:

Eu tenho uma filha de dez anos, Amber, que gosta mais de cavalos do que de qualquer outra coisa no mundo. Recentemente, o avô dela convidou-a para participar de uma jornada de um dia para transportar uma boiada. Ela ficou entusiasmada. Estava deslumbrada com a idéia da aventura e também com o fato de que passaria o dia inteiro na companhia do avô, que também adora cavalos.

Na véspera do grande dia, voltei de uma viagem e encontrei minha filha de cama, com uma gripe forte. Perguntei-lhe:

— Como vai, Amber?

Ela olhou para mim e respondeu:

— Estou tão doente! — E começou a chorar.

Exclamei:

— Puxa, você deve estar se sentindo mal mesmo!

— Não é isso — ela retrucou, fungando. — Eu não vou poder levar a boiada com vovô. — E recomeçou a chorar.

Pela minha cabeça passaram todas as coisas que imaginei que um pai deveria dizer: "Oh, não tem importância, haverá outras oportunidades. Nós poderemos fazer outra coisa". Mas, em vez disso, apenas fiquei ali, do lado dela, e a abracei em silêncio. Pensei nas vezes em que me senti amargamente desapontado. Eu me limitei a apertá-la nos braços e a sentir a sua dor.

Bem, o dique se rompeu. Amber simplesmente berrou. Seu corpo inteiro tremeu por alguns minutos, enquanto eu a abraçava forte. E então, passou. Ela me deu um beijo no rosto e murmurou:

— Obrigada, papai. — E foi só isso.

Pensei novamente em todas aquelas coisas maravilhosas que eu poderia ter dito, todos os conselhos que poderia ter dado. Mas minha filha não precisava de nada disso. Precisava apenas de alguém que lhe dissesse: "Não há nada de errado em se sentir magoada, em chorar quando está tão desapontada".

As Pessoas São Muito Frágeis, Muito Vulneráveis por Dentro

Todas as pessoas são muito, muito frágeis e sensíveis. Algumas aprendem a proteger-se, a esconder-se, a usar uma "máscara" para segurança. Mas o amor incondicional, a bondade e a cortesia freqüentemente penetram a fachada. E encontram um lar no coração do outro. E o outro começa a responder.

Por isso é tão importante criar um meio ambiente de amor e amparo no lar — um ambiente em que haja segurança para ser vulnerável —, sem máscaras. De fato, o consenso entre quase todos os especialistas no campo das relações familiares e conjugais e na área do desenvolvimento de crianças é que criar um meio ambiente caloroso, de amor, amparo e estímulo, é provavelmente a coisa mais importante que você pode fazer por sua família.

E isso não apenas para as crianças pequenas. Mas também para o seu cônjuge, seus netos, tios, sobrinhos, primos — todo mundo. A criação de tal cultura — de amor incondicional e sentimentos nutridores — é mais importante do que quase tudo o mais reunido. Num sentido muito real, criar uma cultura tão nutridora equivale a ter tudo o mais reunido.

> Criar um meio ambiente caloroso, de amor, amparo e estímulo é provavelmente a coisa mais importante que você pode fazer por sua família.

Lidando com Bagagem Negativa

Criar uma cultura assim às vezes é bem difícil — principalmente quando você lida com bagagem negativa do passado e com emoções negativas do presente.

Um senhor contou a seguinte experiência:

Quando conheci minha esposa, Jane, ela possuía um filho de seis meses, chamado Jared. Jane se casara com Tom quando ambos eram muito jovens e nenhum dos dois estava nem por sombra preparado para o casamento. A realidade e o estresse da vida conjugal os atingiram para valer. Houve até agressões físicas, e ele a abandonou no quinto mês de gravidez.

Quando Jane e eu nos vimos pela primeira vez, Tom havia requerido o divórcio e a guarda do filho que jamais viru. Eru uma situação difícil, complicada. Havia muita mágoa e ressentimento. Inexistia qualquer tipo de comunicação entre Jane e Tom. Como era de esperar, o juiz foi totalmente favorável a Jane.

Depois que nós nos casamos, arranjei um emprego que nos obrigou a mudar para outro Estado. Em meses alternados, Tom iria visitar Jared. Nos demais meses, nós deveríamos enviar o menino para a Califórnia, onde o pai morava.

As coisas se acomodaram de uma forma aparentemente satisfatória. Mas eu acabei por me tornar uma espécie de ponte na comunicação entre Jane e Tom. Uma em cada três vezes que Tom telefonava, Jane batia o telefone na cara dele. Freqüentemente, ela saía antes que Tom chegasse para visitar o filho, e era eu que devia ficar com Jared até o pai chegar. Em geral, ele ligava e questionava:

— Devo falar sobre isso com você ou com Jane?

Era muito desagradável para mim.

Na primavera, Tom me telefonou e propôs:

— Ei, Jared vai fazer cinco anos em agosto, e então estará legalmente autorizado a viajar de avião sozinho. Em vez de eu ir visitá-lo aí, o que é ruim para mim, porque tenho de ficar num hotel, sem carro e sem amigos, não seria melhor eu pagar a passagem para ele vir para cá?

Eu respondi que transmitiria a proposta a Jane.

— Nem pensar! — ela objetou com veemência. — De jeito nenhum! Ele é só um garotinho. Não saberia nem sequer ir ao banheiro do avião sozinho.

Minha mulher não queria nem sequer discutir o caso comigo — muito menos com Tom. A certa altura, ela disse:

— Deixe comigo. Eu cuidarei disso.

Mas os meses se passavam e nada acontecia. Finalmente, Tom me ligou, indagando:

— E então? Jared vai poder viajar sozinho? Qual é o acordo?

Eu estava convencido de que havia um bom potencial tanto em Tom quanto em Jane. Sabia que, se os dois se concentrassem no que era melhor para Jared, conseguiriam comunicar-se, compreender um ao outro e extrair algo positivo da situação. Mas havia tanta animosidade, tantos ressentimentos pessoais que nenhum deles lograva enxergar nada além disso.

Tentei estimulá-los a conversar. Disse-lhes que deveriam estabelecer regras rígidas para evitar ataques verbais e coisas dessa natureza. Os dois confiaram em mim e concordaram com a sugestão. Mas eu fiquei incrivelmente nervoso, receando não ser capaz de funcionar como mediador por estar tão envolvido. Senti que um deles, ou os dois, poderia acabar por me odiar, por uma razão ou outra. Certa vez, quando Jane e eu estávamos discutindo e eu tentava analisar o problema objetivamen-

te, ela me acusou de "tomar o partido dele". Por outro lado, Tom suspeitava que Jane e eu tramávamos alguma coisa. Eu não sabia o que fazer.

Finalmente, decidi telefonar para Adam, um amigo e colega que orienta sobre os 7 Hábitos, e ele concordou em conversar com os dois. Adam ensinou-os a escutar com empatia. Ensinou-lhes como deixar de lado as respectivas autobiografias e realmente escutar as palavras e sentimentos que estavam sendo expressados. Depois que Jane revelou alguns dos seus sentimentos, Adam indagou a Tom:

— O que foi que Jane acabou de nos contar?

Tom respondeu:

— Ela tem medo de mim. Tem medo de que, um dia, eu perca a paciência e bata em Jared.

Jane arregalou os olhos. Percebera que Tom tinha sido capaz de apreender mais do que o que ela expressara com palavras. E replicou:

— É exatamente isso o que sinto lá no fundo do meu coração. Preocupa-me a possibilidade de um dia esse homem perder o controle e machucar Jared.

E, depois que Tom se expressou, Adam indagou a Jane:

— O que Tom acabou de dizer?

— "Tenho medo da rejeição. Tenho medo de ficar só. Tenho medo de que ninguém se importe comigo."

Muito embora o conhecesse havia quinze anos, jamais lhe passara pela cabeça que o ex-marido havia sido abandonado pelo pai quando era pequeno e que estava determinado a não fazer o mesmo com o filho. Jane nunca se dera conta do quanto ele lamentava ter-se afastado da família dela após o divórcio. Para Tom, era como se tivesse sido abandonado de novo. Ela começou a perceber a sua solidão ao longo dos últimos cinco anos. Começou a entender que sua declaração de insolvência, anos antes, tornara-lhe impossível obter um cartão de crédito, e, por isso, quando vinha visitar Jared, não podia alugar um carro. Ficava sozinho num quarto de hotel, sem amigos nem transporte. E nós havíamos levado Jared embora.

Depois que se sentiram realmente compreendidos, Jane e Tom descobriram que não existia conflito entre os desejos manifestados nas listas que ambos tinham elaborado. Conversaram por três horas e meia, e o tema da reunião não surgia. Os dois, cada um por seu turno, comentaram comigo mais tarde:

— Sabe, não se trata de Jared. A questão é a desconfiança entre nós. Se resolvermos isso, o problema com Jared estará resolvido.

Depois desse encontro com a intermediação de Adam, a atmosfera tornou-se muito mais descontraída e agradável.

Fomos todos juntos a um restaurante, e Jane prometeu a Tom:

— *É um pouco difícil conversar com as crianças por aqui, mas, quando eu levar Jared para visitá-lo, vamos reservar um tempo para bater papo.*

Pensei comigo: "Essa é Jane falando?" Jamais a ouvira dizer nada parecido antes.

Quando levamos Tom e Jared ao hotel, ela indagou:

— *A que horas devemos vir buscar Jared amanhã?*

Ele respondeu:

— *Bem, meu avião sai às dezesseis horas.*

— *Nós o levaremos ao aeroporto — ela ofereceu.*

— *Se vocês quiserem, seria ótimo.*

— *Sem problema.*

Novamente eu pensei: "Uau, que mudança!"

Duas semanas depois, Jane levou Jared para ver o pai. Uma de suas maiores queixas em relação ao ex-marido era jamais ter admitido o que lhe havia feito. Mas, quando tiveram a primeira conversa, Tom se desculpou por cada coisa. "Lamento ter puxado os seus cabelos. Lamento ter tomado drogas. Desculpe-me por tê-la deixado." E isso a levou a dizer: "Bem, eu também lamento".

Quando voltou a nos visitar, Tom começou a dizer "muito obrigado". Ele jamais havia agradecido por nada. Sua conversa agora era permeada de agradecimentos. E, na semana seguinte à visita dele, Jane recebeu esta breve carta:

Prezada Jane,

Acho necessário colocar em palavras, e por escrito, a minha gratidão a você. Nós alimentamos muitos sentimentos negativos um pelo outro, no passado, mas os passos iniciais que juntos demos, no último sábado, para solucioná-los devem ser documentados. Portanto... muito obrigado.

Obrigado por concordar com aquele encontro com Adam. Obrigado por tudo o que partilhamos. Obrigado por me escutar. Obrigado pelo amor por meio do qual nós geramos nosso filho. Obrigado por ser mãe dele.

Digo isso sinceramente, de coração,

Tom

Na mesma ocasião, ele enviou-me também uma carta.

Prezado Mike,
Eu queria esperar uma oportunidade mais formal para agradecer a você pela reunião com Adam. Isso fez mais pela minha visão do meu relacionamento com Jared e Jane do que é possível descrever com palavras...
O seu desejo de agir do modo certo, tanto agora como nos anos que se passaram, é admirável. Sem sua boa intervenção, é impossível dizer o que poderia ter ocorrido entre mim e Jane...
Minha profunda gratidão,

                                                                   Tom

Quando recebemos essas cartas, ficamos atônitos. E, depois da conversa telefônica que se seguiu, Jane comentou:
— Nós conversamos quase como velhos colegas de escola.
A compreensão, a tolerância, o perdão, tudo se desencadeava.
Tantas coisas boas estão acontecendo agora. Minha mulher até chegou a ponto de me dizer:
— Quando Tom vier, talvez a gente possa emprestar-lhe um dos nossos carros.
Eu já pensara em fazer isso várias vezes, mas jamais me atrevi a sugerir, por medo de ser acusado de "estar tomando o partido dele". Imaginei que sua resposta seria: "Como ousa?! Você está tentando reconciliar-se com o inimigo!" Mas, agora, a idéia partira dela. E Jane ainda foi além:
— O que você acha de deixarmos Tom ficar no quarto de hóspede para poupá-lo das despesas com o hotel?
E eu pensei: "Será que essa é mesmo Jane?" Ela sofrera uma mudança de 180 graus.
Estou certo de que ainda enfrentaremos desafios, mas acredito que as bases já foram lançadas. As ferramentas apropriadas estão aí. Existe agora um sentimento bem próximo de um profundo respeito entre Jane e Tom, além de uma preocupação genuína de um pelo outro e pelos nossos filhos.
Às vezes é realmente difícil, mas para mim está muito claro que qualquer coisa menos que isso tornaria a vida pior para todos.

Observe como Tom e Jane conseguiram erguer-se acima do ódio, da culpa e da troca de acusações. Os dois foram capazes de resolver o conflito e agir com base em princípios, em vez de reagirem um ao outro. Como eles fizeram isso?

Buscando a compreensão mútua, ambos obtiveram ar psicológico. Isso os libertou para que cessassem a luta e se conectassem a seus próprios dons, especialmente consciência e autoconsciência. Eles se tornaram receptivos, vulneráveis. Puderam reconhecer a participação de cada um na situação, pedir desculpas e perdoar. E essa cura, essa limpeza abriu a porta para relacionamentos mais autênticos, para a criação da sinergia por meio da qual puderam estabelecer uma situação melhor para o filho, para eles mesmos e para todos os envolvidos.

Como você pode ver nessa história — e em qualquer outra história neste capítulo —, *não* buscar a compreensão conduz a julgamentos (geralmente *maus* julgamentos), à rejeição e à manipulação. Buscar a compreensão conduz ao entendimento, à aceitação e à participação. Obviamente, apenas um desses caminhos é construído sobre princípios que geram vida familiar de qualidade.

Superando a Raiva e o Ressentimento

Provavelmente mais do que qualquer outro fator isolado, o que desvia as famílias da rota e impede a sinergia são as emoções negativas, incluindo a raiva e o ressentimento. O temperamento instável nos cria problemas e o orgulho os preserva. Como C. S. Lewis afirmou: "O orgulho é competitivo por natureza. O orgulho não se compraz em possuir algo, mas em possuir algo melhor do que o do vizinho... É a comparação que o torna orgulhoso: o prazer de estar acima do resto. Uma vez que o elemento de competição seja suprimido, o orgulho desaparece".[2] Uma das formas mais comuns e debilitantes de orgulho é a necessidade de estar "certo", de impor o seu ponto de vista.

> O temperamento instável nos cria problemas, e o orgulho os preserva.

Novamente, lembre-se: mesmo que correspondam a apenas

um décimo de um por cento do tempo, os momentos de raiva afetarão a qualidade do tempo inteiro, porque as pessoas nunca saberão ao certo quando o nervo sensível será tocado novamente.

Conheço um senhor que era simpático e agradável a maior parte do tempo, excetuando as ocasiões em que seu temperamento forte explodia. E isso prejudicava a qualidade de todo o resto do tempo, porque seus familiares tinham de se preparar para uma eventual explosão a qualquer instante. Eles evitavam os eventos sociais temendo passar por algum constrangimento. Era como se andassem num campo minado o dia inteiro, tomando cuidado para não pisar no lugar errado. Jamais se mostravam espontâneos, autênticos ou receptivos. Ninguém ousava dar-lhe *feedback* por medo de exacerbar-lhe a raiva. E, sem *feedback*, esse senhor perdeu contato com a sua realidade familiar.

Quando alguém da família se zanga e perde o controle, acaba por ferir e intimidar tanto, tornando-se tão ameaçador, tão esmagador, que os outros perdem a paciência. Eles tendem a revidar, o que só agrava o problema, ou capitulam e desistem do espírito de ganha/ganha. E então nem mesmo o comprometimento é possível. A conseqüência mais provável é que as pessoas se separem e sigam seus próprios caminhos, recusando-se a manter qualquer comunicação significativa. E tentem viver com as satisfações da independência, já que a interdependência parece tão difícil, inalcançável, utópica mesmo. E nenhuma terá postura mental ou capacidade de lutar por ela.

Por isso, é fundamental, quando se desenvolve esse tipo de cultura, que as pessoas mergulhem em si mesmas. Só assim podem realizar o trabalho interno necessário para admitir suas tendências negativas e superá-las, para pedir desculpas e para processar as experiências de modo a, gradualmente, levar os outros a rever os rótulos que lhes atribuíram, voltando a confiar na estrutura e no relacionamento básicos.

É claro que o trabalho interno mais importante é o de natureza preventiva. Implica a adoção de uma postura mental em que não se diz nem faz nada que possa ofender e aprende-se a superar a raiva ou a expressá-la no momento certo, de forma produtiva. É preciso ser profundamente honesto consigo mesmo e perceber que a raiva, na maioria das vezes, consiste na culpa que aflora

> Ressentir-se é uma escolha. Nós podemos ser magoados, mas existe uma grande diferença entre magoar-se e guardar ressentimento.

diante da fraqueza do outro. Também se pode adotar a postura mental de não guardar ressentimentos. Ressentir-se é uma escolha. Nós podemos ser magoados, mas existe uma grande diferença entre magoar-se e guardar ressentimento. Magoar-se significa ter os sentimentos feridos — e isso dói por algum tempo —, mas ressentir-se é escolher cuidar da ferida revidando, ficando quites, virando as costas, queixando-se para os outros, ou julgando o "ofensor".

Na maioria das vezes, as ofensas não são intencionais. Mesmo quando o são, nós podemos lembrar que *perdoar* — assim como *amar* — é um verbo. É escolher, em vez de ser reativo, ser proativo, tomar a iniciativa da reconciliação — não importa se você magoou alguém ou se foi magoado. É escolher cultivar e depender de uma fonte interna de segurança pessoal para que não sejamos tão vulneráveis a ofensas externas.

E, acima de tudo, é a opção pela prioridade da família. É a percepção de que a família é importante demais para que se permita que, por ressentimentos, seus membros deixem de se comunicar. É terrível não poder reunir dois irmãos num mesmo evento social — e é terrível ver enfraquecerem-se ou se romperem os laços entre gerações ou parentes da família ampliada, que constituem um reservatório de força e amparo.

A interdependência é difícil. Demanda um imenso e constante esforço e coragem. É muito mais fácil, a curto prazo, levar uma vida independente da família — fazer tudo o que quiser, ir e vir sem dar satisfações, cuidar apenas das próprias necessidades e interagir o mínimo possível com os outros. Mas as alegrias reais da vida familiar se perderão. Quando crescem com esse tipo de modelo, os filhos pensam que família é isso, e o ciclo se reproduz. O efeito dessas guerras frias cíclicas é quase tão devastador quanto a destruição das guerras "quentes".

É sempre importante processar as experiências negativas — discuti-las, resolvê-las, criar empatia e buscar o perdão. Sempre que experiências ruins acontecem, você pode torná-las produtivas reconhecendo a sua participação no ocorrido e escutando com empatia para compreender o ponto de vista e os sentimentos do outro a esse respeito. Ou seja, trabalhando a sua vulnerabilidade, você pode ajudar os outros a expor e lidar com a própria vulnerabilidade. Os laços mais profundos surgem dessa vulnerabilidade mútua. Você não só minimiza as cicatrizes psíquicas e sociais, como também prepara o solo para a criação de uma rica sinergia.

Tornando-se um "Tradutor Fiel"

"Escuta empática" consiste em escutar de verdade para penetrar na mente e no coração de outra pessoa. Significa escutar com empatia, tentar ver o mundo pelos olhos do outro. Dos cinco tipos diferentes de escuta, esse é o único que realmente entra na estrutura de referências do seu interlocutor.

Você pode ignorar as pessoas. Pode fingir que as escuta. Pode escutar seletivamente ou mesmo atentamente. Mas, a menos que escute com empatia, você permanecerá dentro da sua própria estrutura de referências. Não saberá o que constitui um ganho para os outros. Não saberá realmente como vêem o mundo, como vêem a si próprios, e como vêem você.

Certa vez eu estava em Jacarta, Indonésia, ensinando os princípios da escuta empática. Quando olhei para a platéia e vi todas aquelas pessoas com fones de ouvido, um pensamento me ocorreu. Eu disse:

— Se vocês querem um bom exemplo de escuta empática, apenas pensem no que o intérprete ou tradutor está fazendo neste exato instante, através dos seus fones de ouvido.

Aqueles tradutores estavam interpretando simultaneamente, o que significava que tinham de ouvir as palavras que eu proferia naquele momento e, ao mesmo tempo, repeti-las em outro idioma. Isso exigia uma concentração e um esforço mental incríveis, tanto que eram necessários dois tradutores, que se revezavam conforme seu nível de fadiga. Os dois tradutores foram procurar-me, depois, e me confidenciaram que aquele tinha sido o melhor cumprimento que já haviam recebido.

5	**Escuta Empática**
	DENTRO DA ESTRUTURA DE REFERÊNCIAS DE OUTROS
4	**Escuta Atenta**
3	**Escuta Seletiva**
2	**Escuta Falsa**
1	**Ignorar**
	DENTRO DA PRÓPRIA ESTRUTURA DE REFERÊNCIAS

Por mais emocionalmente que esteja envolvido numa determinada comunicação com alguém, você pode acionar sua tecla de pausa para distanciar-se da emoção, se mudar o modo como encara o seu papel — se você assumir a postura de um "tradutor fiel". A sua tarefa, então, consistirá em decodificar uma mensagem e retransmiti-la, expressando com outras palavras a essência do seu significado (tanto verbal quanto não-verbal). Ao fazer isso, você se abstém de tomar uma posição em relação ao que é dito para simplesmente espelhar a sua essência.

O psicólogo e escritor John Powell afirmou:

> **Um dos meios mais eficazes de aprender a escutar com empatia consiste em mudar a forma como você vê o seu papel — passando a ver-se como um "tradutor fiel".**

Escutar, num diálogo, é apreender mais os significados do que as palavras... Na verdadeira escuta, nós ultrapassamos as palavras, vemos através delas, para encontrar a pessoa que se está desvelando. Escutar é buscar o tesouro da verdadeira pessoa conforme revelado verbal e não-verbalmente. Existe o problema semântico, é claro. As palavras possuem para você uma conotação diferente da que possuem para mim.

Em conseqüência, jamais poderei dizer-lhe o que você disse, mas apenas o que escutei. Terei de parafraseá-lo e verificar com você para certificar-me de que o que saiu da sua mente e do seu coração entrou intacto e sem distorções na minha mente e no meu coração.

Como Fazer Isso: Princípios da Escuta Empática

Agora, vamos criar juntos um cenário que nos ajude a alcançar o cerne da resposta compreensiva — ou "tradutor fiel".

Suponha que, há vários dias, você venha notando que a sua filha adolescente está infeliz. Quando você lhe pergunta o que há de errado, ela responde: "Nada. Está tudo bem". Mas, certa noite, enquanto lavam a louça juntos, ela começa a fazer confidências:

— Essa regra da nossa família que me proíbe de sair com rapazes até ficar mais velha está me causando embaraços. Todas as minhas amigas fazem isso, e esse é o tema de todas as conversas. Eu me sinto excluída. John vive me convidando para sair, e eu vivo repetindo que ainda não tenho idade para isso. Eu sei que ele me convidará para ir à festa de sexta-feira, e, se eu recusar de novo, ele desistirá de mim. Carol e Mary também desistirão de mim. Todo mundo só fala nisso.

O que você diria a sua filha?

— Não se preocupe, querida. Ninguém vai desistir de você.
— Apenas fique na sua. Não se preocupe com o que os outros dizem.
— Conte-me o que estão comentando a seu respeito.
— Quando eles falam de você, estão na verdade admirados com os seus padrões. O que você sente é uma insegurança normal.

Qualquer dessas constituiria uma resposta comum, mas não uma resposta compreensiva.

— Não se preocupe, querida. Ninguém vai desistir de você — esta é uma resposta que expressa *avaliação* ou julgamento, baseado nos *seus* valores e nas *suas* necessidades.

— Apenas fique na sua. Não se preocupe com o que os outros dizem — *conselho* que expressa o *seu* ponto de vista ou as *suas* necessidades.

— Conte-me o que estão comentando a seu respeito — *sondagem*, para extrair informações que *você* julga importantes.

Quando eles falam de você, estão na verdade admirados com os seus padrões. O que você sente é uma insegurança normal — *interpretação* do que ocorre com os amigos de sua filha e com ela, conforme o *seu* ponto de vista.

A maioria de nós procura primeiro ser compreendido, ou, se procurar primeiro compreender, freqüentemente prepara a resposta enquanto "escuta". Assim, *avalia, aconselha, sonda* ou *interpreta* a partir do seu ângulo de visão. E nada disso constitui uma resposta compreensiva. Tudo advém da nossa autobiografia, do nosso universo, dos nossos valores.

Então, o que seria uma resposta compreensiva?

Primeiro, a mãe tentaria espelhar o que a filha sente e diz de um modo que a faça sentir-se realmente compreendida. Você, por exemplo, poderia replicar:

— Filha, está se sentindo um tanto dividida, não é? Por um lado, compreende a regra estabelecida pela família com relação a sair com rapazes, mas também se sente constrangida porque todas as outras garotas fazem isso, enquanto você é obrigada a recusar. É isso?

A menina, então, talvez respondesse:

— É, foi isso o que eu quis dizer. Mas o que realmente me amedronta é que não sei como agirei com os rapazes, quando começar a sair com eles. Todas as garotas estão aprendendo, mas eu, não.

Novamente, uma resposta compreensiva espelharia:
— Você tem um pouco de medo de, quando chegar a hora, não saber o que fazer.

A filha provavelmente aquiesceria e continuaria, aprofundando-se nos próprios sentimentos, ou não: talvez discordasse e procurasse descobrir o que de fato a incomoda.

— Bem, não exatamente. O que quero dizer é... — E ela prosseguiria tentando mostrar-lhe um quadro mais preciso do que tem enfrentado e sentido.

Se você examinar as respostas anteriores, verá que nenhuma delas obteve os mesmos resultados que a resposta compreensiva. Quando você dá uma resposta compreensiva ao interlocutor, ambos adquirem uma compreensão maior do que ele realmente pensa e sente. Você lhe dá segurança para abrir-se e desabafar, deixando-o à vontade para acessar os próprios dons interiores para resolver o problema. E você constrói o relacionamento, o que resultará imensamente útil pelo resto da vida.

Vamos analisar outra experiência que demonstra a diferença entre a resposta comum e a empática. Considere o contraste entre essas duas conversas entre Cindy, líder de torcida da equipe principal da universidade, e sua mãe. Na primeira, a mãe de Cindy procura primeiro ser compreendida:

CINDY — *Oh, mãe, tenho más notícias. Meggie foi cortada da equipe de torcida hoje.*
MÃE — *Por quê?*
CINDY — *Ela foi vista no carro do namorado no parque da faculdade, e ele estava bebendo. Se você for surpreendido bebendo no parque da faculdade, estará em maus lençóis. Na verdade, isso não é justo porque Meggie não estava bebendo. Só o namorado estava embriagado.*
MÃE — *Bem, Cindy, que isso sirva de lição a Meggie por andar em más companhias. Eu já avisei você que as pessoas a julgarão pelos seus amigos. Já lhe disse mil vezes. Não entendo por que você e suas amigas não compreendem. Espero que você também aprenda a lição com o que aconteceu. A vida já é bastante dura sem termos de agüentar gente como esse rapaz. Por que é que ela não estava na aula? Espero que você estivesse na aula, quando tudo aconteceu. Você estava, não?*
CINDY — *Mãe, está tudo bem! Fique fria. Não precisa ficar preocu-*

pada. Não foi comigo, foi com a Meggie. Puxa, tudo o que eu queria era comentar o incidente com você, e acabei levando um belo sermão sobre más companhias. Vou dormir.

Agora, veja a diferença quando a mãe de Cindy procura primeiro compreender:

CINDY — *Oh, mãe. Tenho más notícias. Meggie foi cortada da equipe de torcida hoje.*
MÃE — *Oh, querida, você realmente parece chateada.*
CINDY — *Estou mesmo. Não foi culpa dela. Foi do namorado. Ele é um idiota.*
MÃE — *Hum. Você não gosta dele.*
CINDY — *Claro que não. Ele sempre se mete em encrencas. Ela é uma boa garota, mas ele a puxa para baixo. Isso me deixa triste.*
MÃE — *Você sente que ele exerce uma influência negativa sobre ela, e isso a magoa porque Meggie é uma grande amiga sua.*
CINDY — *Gostaria que ela terminasse esse namoro e encontrasse um cara legal. As más companhias só nos colocam em fria.*

Observe de que maneira o desejo dessa mãe de compreender se traduziu no modo como ela respondeu à filha no segundo diálogo. Nesse momento, ela não tentou partilhar com a filha sua experiência ou opiniões — mesmo que tivesse algo valioso para acrescentar. Ela não avaliou, nem sondou, aconselhou ou interpretou. E não entrou em conflito com Cindy, mesmo que eventualmente discordasse de suas opiniões.

O que ela fez foi responder de um modo que a ajudou a tornar mais clara a sua compreensão do que Cindy dizia e a transmitir essa compreensão de volta para Cindy. E como esta não teve de envolver-se num diálogo ganha/ganha com a mãe, pôde conectar-se com seus quatro dons e chegar ao cerne do problema por si mesma.

A Ponta e a Parte Submersa do *Iceberg*

Contudo, para criar empatia nem sempre é preciso devolver

em palavras o que o outro diz e sente. O âmago da empatia é compreender como as pessoas vêem a situação e o que sentem a respeito, e também a essência de suas palavras. Não se trata de mímica. Não é necessariamente um resumo. Não é nem mesmo uma tentativa de espelhar em todos os casos. Às vezes, você não precisa dizer absolutamente nada. Ou talvez uma expressão facial comunique o que você entendeu. O importante é não ficar preso à técnica de espelho, mas, em vez disso, concentrar-se em criar verdadeira empatia, permitindo que a emoção genuína lhe sugira a técnica adequada.

O problema surge quando as pessoas pensam que técnica *é* empatia. Elas fazem mímica, repetem as mesmas frases e parafraseiam o que o outro diz de uma forma que parece manipuladora e ofensiva. É como a história do soldado que foi desabafar com o capelão, e contou-lhe quanto abominava a vida militar.

O capelão respondeu:

— Ah, você não gosta da vida militar.

— Detesto — aquiesceu o soldado. — E aquele sargento! Não confiaria nele nem com uma arma apontada para mim.

— Você sente que não confiaria nele nem com uma arma apontada para você.

— É. E a comida... é tão insossa!

— Acha a comida realmente insossa.

> *A* técnica é apenas a ponta do *iceberg*. A maior parte dele consiste num profundo e sincero desejo de compreender.

— E as pessoas... são de um nível tão baixo!

— Considera o nível das pessoas muito baixo.

— É... e que diabo há de errado com o meu jeito de falar, hein?

Pode ser útil treinar a técnica. Pode até aumentar a motivação para escutar com empatia. Entretanto, lembre-se sempre de que a técnica é apenas a ponta do *iceberg*. A maior parte dele consiste num profundo e sincero desejo de compreender.

Esse desejo, em última instância, baseia-se no respeito. É isso o que impede que a escuta empática se reduza a uma mera técnica.

Se não houver um lídimo desejo de compreender, os esforços para criar empatia serão recebidos como manipuladores e falsos. Manipulação significa que o motivo real está oculto, a despeito das boas técnicas empregadas. Quando se sentem manipuladas, as pessoas não se comprometem. Podem dizer "sim", mas o significado é "não" — e isso se evidenciará em seu comportamento posterior. A "pseudodemocracia" finalmente se revelará em cores verdadeiras. E quando as pessoas se sentem manipuladas, ocorre uma imensa retirada, e os seus esforços seguintes — mesmo que sinceros — serão percebidos como outra forma de manipulação.

Quando você estiver disposto a admitir o motivo real por trás dos seus métodos, então a verdade e a sinceridade substituirão a manipulação. Os outros podem não concordar ou não o seguir, mas, ao menos, você foi franco. E nada desconcerta tanto uma pessoa cheia de subterfúgios e ambigüidade do que a simples e direta honestidade de outra pessoa.

Baseadas no respeito e no sincero desejo de compreender, outras respostas que não as "do tipo espelho" também podem tornar-se empáticas. Se alguém lhe perguntasse: "Onde fica o banheiro?", você não poderia responder: "Você está realmente apertado".

Também existem momentos em que, tendo realmente compreendido, você percebe que a pessoa quer ser sondada. Ela talvez precise do *insight* e da perspectiva adicional das suas perguntas. Podem-se comparar essas situações a uma consulta médica. Queremos que o médico nos sonde, que indague sobre os sintomas. Sabemos que as perguntas se basearão em seu conhecimento e experiência profissional e que são necessárias para o estabelecimento de um diagnóstico correto. Nesse caso, então, a sondagem se torna empática, em vez de controladora e autobiográfica.

Quando achar que alguém de fato quer que você lhe faça perguntas para ajudá-lo a se abrir, sugiro que formule questões como estas:

— *O que o preocupa?*
— *O que é realmente importante para você?*

— Que valores deseja preservar?
— Quais são as suas necessidades mais prementes?
— Quais são as suas prioridades reais nessa situação?
— Quais são as possíveis conseqüências indesejadas desse plano de ação?

É interessante combinar esses tipos de pergunta com declarações reflexivas tais como:
— Percebo que a sua preocupação principal é...
— Corrija-me se eu estiver enganado, mas me parece que...
— Estou tentando ver a situação pelo seu ponto de vista, e creio que...
— O que escuto você dizer é...
— Você acha que...
— Percebo que você quer dizer que...

Na situação certa, qualquer dessas perguntas e frases demonstra a sua tentativa de compreender ou de criar empatia. O importante é que se cultive, em primeiro lugar, a atitude — ou desejo. A técnica é secundária e flui do desejo.

Empatia: Algumas Questões e Orientações

Talvez lhe seja útil, ao trabalhar o Hábito 5, conhecer as respostas a algumas das questões que outras pessoas têm formulado ao longo dos anos.

A empatia é sempre indicada? A resposta é "sim!" Sem exceção, a empatia é sempre indicada. Mas refletir, resumir e espelhar por vezes é extremamente inadequado e ofensivo. São atitudes que podem ser percebidas como manipulação. Por isso, não se esqueça de que o ponto vital é o desejo sincero de compreender.

O que fazer se a outra pessoa não quiser abrir-se? Lembre-se de que a maior parte — de 70 a 80 por cento — de toda a comunicação é não-verbal. Nesse sentido, é impossível *não* comunicar. Se tiver de fato um coração empático, um coração que deseja compreender, você sempre lerá as mensagens não-verbais. Perceberá a linguagem do corpo e do rosto, o tom de voz e o contexto. A inflexão e o tom de voz são as chaves para discernir o coração através do telefone. Você tentará "ouvir" o espírito e o coração do

> *Lembre-se de que a maior parte — de 70 a 80 por cento — de toda a comunicação é não-verbal. Se tiver de fato um coração empático, um coração que deseja compreender, você sempre lerá as mensagens não-verbais.*

outro, por isso não force. Seja paciente. Talvez até sinta que deve desculpar-se ou redimir-se de algum erro. Aja com base na compreensão e faça o que deve. Em outras palavras, se julgar que está com saldo negativo na Conta Bancária Emocional, trate de efetuar alguns depósitos.

Que outras expressões de empatia existem além das técnicas de espelhar, resumir e refletir? Novamente, a resposta é fazer o que a parte submersa do *iceberg* lhe ditar — o que a sua compreensão da pessoa, a necessidade e a situação o instruírem a fazer. Às vezes, o silêncio é empático. Às vezes, questionar ou usar conhecimento especializado mostrando percepção conceitual é empático. Às vezes, um gesto ou uma única palavra são empáticos. Empatia é um processo muito sincero, não manipulador, flexível e humilde. Você percebe que está pisando em solo sagrado e que o outro é talvez até mais vulnerável do que você.

Você também pode considerar úteis as seguintes orientações:

- Quanto maior o nível de confiança, com mais facilidade você poderá alternar respostas autobiográficas e empáticas — especialmente sondagem e reflexão. As energias positiva e negativa constituem com freqüência, embora nem sempre, um indicador do nível de confiança.
- Se a confiança for grande, você e seu interlocutor serão extremamente francos e eficientes um com o outro. Mas, se estiver tentando reconstruir a confiança — ou se esta estiver abalada e, por isso, a pessoa preferir não se arriscar a

expor a própria vulnerabilidade —, você deve manter-se empático por mais tempo e com maior paciência.
- Se não tiver certeza de que compreendeu ou de que o outro se sente compreendido, diga-o claramente e tente de novo.
- Assim como você emerge da parte submersa do *iceberg*, aprenda a escutar a parte submersa do *iceberg* dentro da outra pessoa. Em outras palavras, concentre-se primeiro no significado subjacente, que é detectado mais no sentimento e na emoção do que no conteúdo das palavras que o outro pronuncia. Escute com os olhos e com o "terceiro ouvido" — o coração.
- A qualidade do relacionamento é talvez o principal fator para determinar o que é apropriado. Lembre-se de que as relações familiares requerem constante atenção, porque a expectativa de ser nutrido e amparado emocionalmente é constante. É aí que as pessoas enfrentam problemas — quando se sentem seguras em relação às outras, especialmente as que lhes são queridas, e dispensam a um estranho que lhes bata à porta um tratamento melhor do que o dispensado àqueles a quem mais amam na vida. Deve haver um esforço constante na família para desculpar-se, para pedir perdão, para expressar amor, reconhecimento e para valorizar o outro.
- Leia o contexto, o meio ambiente, a cultura, para que a técnica que usar não seja interpretada de maneira diversa da que você pretendia. Às vezes, é preciso ser bastante explícito e anunciar: "Vou tentar compreender o que você me diz. Não vou avaliar, concordar nem discordar. Não vou 'analisá-lo'. Quero compreender apenas o que você quer que eu compreenda". E, em geral, só se obtém essa compreensão quando se entende também a "grande fato".

Quando você é realmente empático, adquire uma idéia bastante nítida do que está acontecendo no relacionamento e na natureza da comunicação entre você e o outro. A sua empatia abrange não só as palavras, mas todo o contexto e o significado do que está sendo comunicado. E, então, pode agir com base nessa compreensão empática mais ampla.

Por exemplo, se todo o histórico do relacionamento consiste em julgamento e avaliação, o próprio esforço para ser empático provavelmente será visto dentro desse contexto. Para mudar o relacionamento, será indispensável pedir desculpas e realizar um trabalho interno para verificar se a atitude e o comportamento estão coerentes com o pedido de desculpas. Só então você poderá mostrar-se sensível e receptivo às oportunidades de compreender.

Lembro-me de uma vez em que Sandra e eu passamos várias semanas supervisionando as lições de casa de um dos nossos filhos. Certa tarde, nós o convidamos para jantar fora conosco, como se fosse uma data especial. Ele disse que gostaria de ir e perguntou quem mais iria. Dissemos: "Ninguém mais. Esta é uma noite especial com você".

Ao ouvir isso, nosso filho declarou que mudara de idéia. Nós o convencemos a nos acompanhar, mas sua receptividade era quase nula, a despeito dos nossos melhores esforços para mostrar compreensão. Perto do final do jantar, começamos a conversar sobre um tema indiretamente ligado às lições de casa, e a energia emocional foi tamanha que acabou por nos conduzir ao delicado assunto, provocando em todos nós sentimentos negativos e atitudes defensivas. Mais tarde, quando pedimos desculpas, esse filho comentou: "Era por isso que eu não queria ir ao jantar". Ele sabia que seria uma experiência de julgamento. Tivemos de efetuar depósitos por algum tempo para reconquistar sua confiança na relação, a fim de que se tornasse novamente receptivo.

Uma das maiores lições que aprendemos é que as refeições devem sempre constituir momentos felizes, em que tenhamos prazer de comer, de conversar, e de aprender — às vezes até de manter conversas sérias sobre tópicos intelectuais ou espirituais —, mas nunca um momento para disciplinar, corrigir ou julgar. Quando as pessoas são extremamente ocupadas, é comum disporem apenas da hora das refeições para se reunir com a família, e, assim, tentam cuidar de todos os assuntos importantes nessas ocasiões. Mas há outras oportunidades bem mais adequadas para tratar disso. Quando a hora das refeições é agradável e desprovida de julgamento ou de instrução, as pessoas a esperam com ansiedade, desejosas de se reunirem. Valem a pena o planejamento cuidadoso e a considerável disciplina necessários para preservar a felicidade e o prazer das refeições e para fazer do jantar um momento em que os membros da família apreciem a companhia uns dos outros e se sintam descontraídos e emocionalmente seguros.

Quando os relacionamentos são bons — e permeados de genuína compreensão —, é comum as pessoas se comunicarem com inusitada rapidez e franqueza. Às vezes, apenas alguns gestos ou um "hum-hum" são suficientes. Nessas situações, as pessoas abordam vários assuntos com grande economia de tempo. Alguém de fora, observando esse processo sem entender a qualidade da relação e o contexto mais amplo, pode pensar que não ocorreu escuta reflexiva ou compreensão empática, quando, na verdade, a comunicação foi profundamente empática e eficiente.

Sandra e eu pudemos alcançar esse nível de comunicação em nosso casamento na temporada no Havaí. Ao longo dos anos, recorremos várias vezes a esse tipo de comunicação dos velhos tempos. E descobrimos que é possível retomá-lo com facilidade. Depende muito da quantidade de emoções que estão sendo geradas, da natureza do tema, da hora, do dia, do nível do nosso cansaço físico, e da natureza do nosso foco mental.

Muitas pessoas têm dificuldade para adotar o "enfoque do *iceberg*" em relação à empatia porque não se trata de algo tão fácil quanto desenvolver uma habilidade. É preciso um grande trabalho interno, e exige mais a abordagem de dentro para fora. Quando é uma questão de desenvolver habilidade, você se aperfeiçoa apenas com a prática.

A Segunda Metade do Hábito

"Procure primeiro compreender" não significa buscar *apenas* compreender. Não significa assumir o papel de ensinar e influenciar os outros. Significa simplesmente escutar e compreender *primeiro*. E, como se pode ver nos exemplos dados, essa é de fato a chave para influenciar as pessoas. Quando estiver aberto a sua influência, você quase sempre exercerá uma influência maior sobre elas.

Agora nós chegamos à segunda metade do hábito — "buscar ser compreendido". Ser compreendido, em outras palavras, é partilhar o modo como você vê o mundo, dando *feedback*, educando os seus filhos, tendo a coragem de confrontar o amor. E, no instante em que tentar realizar qualquer dessas coisas, você perceberá prontamente outra razão prática para buscar primeiro compreender: quando realmente se compreende alguém, é mais fácil partilhar, educar, confrontar o amor. Você saberá falar com as pessoas numa linguagem que elas entendam.

Uma senhora narrou a seguinte experiência:

Por muito tempo em nosso casamento, meu marido e eu não chegávamos a um acordo em relação aos nossos gastos. Ele queria comprar coisas que eu considerava supérfluas e caras. Parecia que eu não conseguia explicar-lhe a dor que me causava ver os débitos se amontoando, obrigando-nos a gastar mais e mais da nossa renda em juros e em cartões de crédito.

Finalmente, decidi que eu precisava encontrar um jeito diferente de expressar meu ponto de vista e mudar a situação. Tentei escutar mais, compreender seu modo de pensar. Cheguei a perceber que meu marido pensava mais em termos de "grande fato" do que eu, mas às vezes ele simplesmente não via a conexão entre suas decisões em relação aos gastos e suas conseqüências.

Assim, quando ele dizia: "Sabe, seria realmente muito bom ter (qualquer coisa)", em vez de discutir, eu passei a responder: "Seria mesmo. Vejamos o que aconteceria se nós comprássemos isso. Vamos olhar a grande fato". Então, apanhava o orçamento e demonstrava: "Se gastarmos esse valor para comprar isso, não teremos dinheiro para fazer aquilo lá". Descobri que, quando ele visualizava as implicações das suas decisões de gasto, freqüentemente chegava à conclusão por si mesmo de que seria melhor não comprar o item em questão.

Procedendo desse modo, também me dei conta de que, em algumas compras que meu marido queria fazer, os benefícios eram superiores aos custos. Ele quis comprar um computador, por exemplo. Em princípio fui contra, porém, quando calculei a diferença que faria na nossa capacidade de ganhar dinheiro, pude constatar que minha reação negativa resultava da bagagem que trazia do passado, e não da lógica do presente.

Outra descoberta que fiz foi a de que ter uma declaração de missão financeira ajudou a manter-nos na rota. Quando estabelecemos um objetivo em comum, ficou muito mais fácil, para nós, trabalhar em conjunto para realizá-lo.

Observe como o entendimento ajudou esse casal a unir esforços para tomar decisões melhores. Mas observe, também, como o fato de compreender o modo de pensar do marido tornou possível para essa senhora "buscar ser compreendida" com uma eficácia muito maior. Ela conseguiu comunicar-se melhor porque sabia de que maneira expressar suas idéias na linguagem que ele entendia.

Dando *Feedback*

Conheço um senhor que as pessoas em geral consideram condescendente e cordato. Certo dia, a esposa dele lhe disse:
— Nossos filhos casados me contaram que acham você demasiado dominador. Eles o adoram por muitos motivos, mas se ressentem do modo como você tenta controlar suas atividades e energia.
Esse senhor ficou arrasado. Sua primeira reação foi:
— Não é possível que as crianças tenham dito uma coisa dessas! Você sabe que não é verdade. Jamais interfiro seja lá como for em seus assuntos. Essa conversa é ridícula, e você sabe disso tão bem quanto eu.
— Seja como for, é assim que eles se sentem — ela replicou. — E eu devo admitir que também percebi isso. Reparei na sua mania de pressioná-los para fazer o que *você* julga melhor.
— Quando eu fiz isso? Quando? Apenas me mostre uma vez em que eu tenha agido assim.
— Quer mesmo ouvir?
— Não, eu não quero ouvir porque não é verdade!
Existem ocasiões em que "ser compreendido" significa dar *feedback* aos outros membros da família. E isso pode revelar-se bastante difícil. As pessoas quase nunca querem escutar o *feedback*. Ele não coincide com a imagem que têm de si mesmas, e ninguém deseja ouvir nada que reflita uma imagem inferior à que tem na mente.

Todos nós possuímos "pontos cegos" — áreas em nossas vidas que nem sequer vemos, mas que precisam ser modificadas ou melhoradas. Assim, se você ama alguém de verdade, é necessário que se importe com essa pessoa o bastante para confrontá-la —

mas com energia positiva e respeito. Você tem de ser capaz de dar *feedback* de uma forma que realmente solidifique a Conta Bancária Emocional, em vez de constituir retiradas.

As cinco sugestões abaixo talvez o auxiliem na hora de dar *feedback*:

> *Assim, se você ama alguém de verdade, tem de importar-se com essa pessoa o bastante para confrontá-la — mas com energia positiva e respeito.*

1. Sempre pergunte a si mesmo: "Será que este *feedback* será realmente útil para essa pessoa, ou será que apenas satisfaz minha própria necessidade de controlar seu comportamento?" Se houver alguma raiva dentro de você, esse provavelmente não será o momento ou o lugar adequados para dar *feedback*.
2. Procure primeiro compreender. É indispensável saber o que é importante para a pessoa e como o seu *feedback* a ajudará a atingir as suas metas. Tente sempre utilizar a linguagem amorosa dela.
3. Separe a pessoa de seu comportamento. Devemos esforçar-nos continuamente para fazer essa distinção e nunca julgar a pessoa. Podemos julgar o comportamento com base em padrões e princípios, expressar nossos sentimentos e comentar as conseqüências desse comportamento. Mas é imperioso recusar-nos de maneira categórica a rotular a pessoa. Isso é extremamente prejudicial tanto para ela quanto para a relação. Em vez de descrevê-la como "preguiçosa", ou "estúpida", ou "egoísta", ou "dominadora", ou "chauvinista", é sempre melhor descrever o que observamos das conseqüências de seu comportamento e/ou os sentimentos, preocupações e percepções que este provoca em nós.
4. Seja particularmente sensível e paciente com relação a esses pontos cegos, pois são "cegos" justamente por serem demasiado delicados para que a pessoa os admita conscientemente. A

menos que esteja preparada para resolver problemas que ela já sabe que deve solucionar, dar-lhe informações sobre os pontos cegos é ameaçador e contraproducente. Também não se deve dar *feedback* quando se trata de algo a respeito do que ela não pode fazer nada.

5. Use mensagens "eu". Quando der *feedback*, é importante lembrar que você está partilhando a sua percepção — o modo como *você* vê o mundo. Assim, dê mensagens "eu": "Isso é o que *eu* percebo". "A *minha* preocupação é..." "Isso é como *eu* vejo." "Isso é o que eu *sinto*." "Isso é o que eu observei." No momento em que você começar a enviar mensagens "você" — "*Você* é tão centrado em si mesmo!" "*Você* me causa tantos problemas!", assumirá o papel de Deus. Você se promoverá a juiz de última instância dessa pessoa. É como se ela fosse realmente daquele modo. E isso se torna uma enorme retirada. O que mais nos ofende — especialmente quando nosso coração está certo, o nosso comportamento é que está errado — é a idéia de sermos rotulados, categorizados, julgados. A idéia de que não podemos mudar. As mensagens "eu" são horizontais — entre seres humanos iguais. As mensagens "você" são verticais, indicando que uma pessoa é melhor ou tem mais valor do que a outra.

> As mensagens "eu" são horizontais — entre seres humanos iguais. As mensagens "você" são verticais, indicando que uma pessoa é melhor ou tem mais valor do que a outra.

Sempre que você der *feedback*, lembre-se de que o relacionamento — o saldo de confiança na Conta Bancária Emocional — determina o nível de comunicação. Lembre, também, que as mensagens "eu" solidificam a conta. Elas são assertivas, especialmente quando você expressa um *feedback* positivo no melhor estilo de mensagem "eu": "Eu amo você. Considero você uma pessoa de valor infinito. Sei que esse comportamento é apenas uma diminuta parte de tudo o que é você. E eu amo tudo o que é você!"

Sem dúvida, essas três palavras mágicas "eu amo você" constituem a mais desejável mensagem de todas. Lembro-me de uma noite em que voltei para casa, após um dia inteiro de viagem — percorrendo centenas de quilômetros de avião, transitando por aeroportos apinhados e dirigindo num trânsito terrível. Eu me sentia literalmente exausto.

Quando entrei em casa, encontrei um dos meus filhos, que passara o dia limpando a pequena oficina que tínhamos na garagem. O projeto demandara um esforço tremendo — carregar coisas pesadas, limpar, jogar a "tranqueira" fora. Ele era apenas um garotinho, mas com idade suficiente para julgar o que deveria ser mantido e o que poderia ser descartado, com base na orientação que eu lhe dera.

Assim que entrei na oficina para inspecioná-la, minha primeira observação foi negativa: "Por que você não fez isso?" "Por que não fez aquilo?" Já nem recordo mais do que se tratava. Mas o que eu recordo — e jamais esquecerei — é que a luz foi se apagando do olhar dele. Ele se havia mostrado tão entusiasmado com o resultado do seu empenho — e tão ansioso pela minha aprovação. Durante as árduas horas de trabalho, alimentara-se da energia positiva dessa expectativa. E a minha primeira reação foi negativa.

Quando vi a luz se extinguir em seu olhar, percebi de imediato que tinha cometido um erro. Tentei desculpar-me. Tentei explicar. Procurei concentrar-me nas coisas boas que ele havia feito e expressar meu amor e reconhecimento por tudo isso, mas a luz não retornou mais. Ao menos, não naquela noite.

Não foi senão vários dias mais tarde, conversando de forma mais direta sobre a experiência e processando-a, que seus sentimentos vieram à tona. A duras penas, isso me ensinou que, quando as pessoas dão o melhor de si, é irrelevante se o produto satisfaz aos seus padrões ou não. Esse é o momento de mostrar reconhecimento e aprovação. Quando alguém realizou uma tarefa ou um projeto importante, ou conseguiu algo à custa de um esforço supremo, expresse sempre admiração, reconhecimento e aprovação. Jamais dê *feedback* negativo — mesmo que este fosse merecido e mesmo que você o fizesse de modo construtivo e com bons motivos, a fim de ajudar a pessoa a se aperfeiçoar. Dê o *feedback* construtivo em outro momento, quando a pessoa estiver pronta para recebê-lo.

Mas, nesse instante, elogie o esforço. Elogie o coração que se empenhou na tarefa. Elogie o valor da pessoa, a identidade pessoal que foi impressa no projeto ou tarefa. Você não estará comprometendo a sua integridade ao adotar um enfoque de estímulo, reconhecimento e afirmação. Estará simplesmente se concentrando no que é mais importante do que qualquer definição exigente de excelência.

Nutrindo a Cultura do Hábito 5

Como em qualquer outro hábito, os verdadeiros frutos do Hábito 5 não se encontram no "ah-ah!" momentâneo, que ocorre quando você tem um breve vislumbre de compreensão real de outra pessoa. Eles estão no *hábito* — no esforço cumulativo da busca constante de compreender e ser compreendido nas interações cotidianas da vida familiar. E há diversas maneiras de desenvolver esse tipo de cultura do Hábito 5 na sua casa.

Uma senhora relatou a seguinte experiência:

Vários anos atrás, nós tínhamos dois filhos adolescentes que viviam brigando. Quando aprendemos o Hábito 5, decidimos que esse poderia constituir a chave para obtermos uma harmonia maior em nossa casa.

Durante um de nossos "tempos da família", apresentamos a idéia aos rapazes. Nós lhes ensinamos o processo da escuta empática. Dramatizamos situações em que duas pessoas discordavam, e mostramos como uma delas podia abrir mão do julgamento ou desistir de impor seu ponto de vista para simplesmente compreender. Então, quando a outra se sentisse inteiramente compreendida, ela poderia buscar ser também compreendida. Dissemos aos meninos que, se entrassem em conflito durante a semana, nós os colocaríamos juntos numa sala de onde não poderiam sair até estarem ambos convictos de terem sido compreendidos.

Quando o primeiro desentendimento surgiu, eu os levei para uma sala onde poderiam ficar sozinhos. Acomodei-os em duas cadeiras e disse:

— Muito bem, Andrew, conte a David exatamente como você se sente.

Ele começou a falar, mas, antes que concluísse duas frases, David o interrompeu:
— Ei, não foi isso o que aconteceu!
Eu intervim:
— Espere um minuto! Não é a sua vez de falar. A sua tarefa consiste em entender o que seu irmão está dizendo e reproduzir o ponto de vista dele de modo satisfatório.
David revirou os olhos. Nós tentamos de novo.
Cerca de cinco frases depois, David ergueu-se da cadeira de um salto.
— Isso não está certo! — *bradou.* — Foi você que...
— David! — *exclamei em tom de advertência.* — Sente-se. Sua vez chegará. Mas não antes de você expressar a opinião de Andrew de uma forma que o satisfaça. Agora, fique quieto e escute. Você não tem de concordar com seu irmão; tem apenas de compreendê-lo. E só poderá contar a sua versão dos fatos depois de repetir a dele.
David sentou-se. Por alguns minutos, produziu ruídos de desaprovação ao ouvir algumas das coisas que Andrew dizia. Mas, quando percebeu que de fato não iria a lugar algum até fazer a sua parte, acalmou-se e tentou compreender.
Cada vez que ele achava ter entendido, eu lhe pedia para refletir de volta para Andrew o que este acabara de dizer.
— Está certo, Andrew? Foi isso mesmo o que você disse?
E a cada vez Andrew replicava "Está certo" ou "Não. David não compreendeu o que eu quis dizer", e nós tentávamos de novo. Por fim, chegamos ao ponto em que David teve condições de explicar como o irmão se sentia de uma forma que o satisfez.
Aí, chegou a vez de David. Foi quase engraçado, porque, quando tentou defender sua posição anterior, ele se deu conta de que seus sentimentos haviam mudado. Seu ponto de vista era realmente diferente em relação a alguns itens, mas grande parte da raiva se havia dissolvido depois que percebeu como Andrew via a situação. E, sentindo-se inteiramente compreendido, o irmão estava muito mais disposto a escutar sua versão. Assim, os meninos conseguiram conversar sem acusar nem culpar. E, depois de desabafarem seus sentimentos, os dois acharam relativamente fácil encontrar uma solução satisfatória para ambos.
Essa primeira experiência consumiu cerca de quarenta e cinco minutos do tempo deles e do meu. Mas como valeu a pena! Na outra vez em que aconteceu, eles sabiam o que íamos fazer. Continuamos trabalhando

nisso ao longo dos anos, e descobrimos que nem sempre era fácil. Às vezes, estavam envolvidos divergências e sentimentos demasiado profundos. Houve até ocasiões em que eles iniciavam uma discussão e de repente paravam, percebendo que fariam melhor se gastassem o tempo passeando com os amigos, em vez de ficarem meia hora trabalhando fechados numa sala. Mas, quanto mais praticavam o método, melhor se saíam.

Um dos meus melhores momentos como mãe aconteceu vários anos depois que os dois se mudaram de casa. Um deles havia residido em outro Estado e o segundo, num país estrangeiro. Assim, havia anos não se encontravam. Eles voltaram para dividir algumas coisas que o bisavô lhes deixara. A camaradagem entre os irmãos era inacreditável. Riam e brincavam, desfrutando imensamente a companhia um do outro. E, quando chegou a hora de decidir quem ficaria com o quê, foram mutuamente solícitos. "Você poderia usar isto — leve-o." "Sei que você gostaria de ficar com isto. Fique."

Era fácil concluir que estavam adotando uma postura ganha/ganha que nascera da compreensão mútua. Estou convencida de que isso não teria sido possível se não houvessem buscado compreender um ao outro na adolescência.

Observe como essa senhora pacientemente empregou o tempo da família para ensinar os princípios da escuta empática em seu lar. Repare em seu acompanhamento do processo, para ajudar os filhos a integrar esses princípios a sua rotina diária. E veja os frutos desses esforços, colhidos anos mais tarde.

Em nossa família, descobrimos que essa única e simples regra básica possui um grande poder para instituir a escuta empática na cultura: *Sempre que houver diferenças ou divergências, uma das partes só poderá defender seu ponto de vista depois de ser capaz de explicar o ponto de vista da outra, de uma forma que a satisfaça.* Isso é incrivelmente eficaz. Para introduzir essa regra, especialmente se você sentir que as pessoas já decidiram e estão basicamente prontas para brigar umas com as outras, pode-se empregar o seguinte "prefácio": "Nós vamos conversar sobre coisas importantes, que provocam sentimentos fortes e negativos. Para nos ajudar nessa difícil comunicação, adotemos essa simples e fantástica regrinha..." — e então declare a regra. Inicialmente, pode parecer que esse enfoque retarda a resolução do conflito, mas, a longo prazo, poupa dez vezes mais tempo, nervos, e relacionamentos.

Nós também tentamos organizar as coisas para que todos os membros da família saibam que enfrentarão "seu dia na tribuna" nos dias de convivência um a um ou nos tempos da família. Com relação a este último, nós criamos um processo de resolução de problemas no qual a parte interessada assume a responsabilidade de conduzir o debate sobre o conflito em questão. Nós pregamos um papel na porta da geladeira, e qualquer um que queira conversar sobre um determinado problema, esperança ou plano pode simplesmente anotar o tema e o seu nome no papel. Esse papel nos ajudava a desenvolver o conteúdo para a discussão do conselho de família. E cada um que inscrevesse um item na pauta era responsável pela condução do processo, devendo tomar todas as medidas que se fizessem necessárias.

> Quando sabe que terá o seu dia na tribuna, a pessoa pode relaxar. Não precisa ficar impaciente e reativa porque sabe que sua vez de ser escutada e compreendida chegará.

Nós constatamos que, quando a cultura basicamente recompensa aqueles que falam e agem primeiro, as outras pessoas têm a impressão de que sentem que seu "dia na tribuna" jamais chegará. Em decorrência, os sentimentos gradualmente se interiorizam, jamais encontrando expressão. E os sentimentos não expressados não morrem nunca. São enterrados vivos e emergem mais tarde das piores maneiras — em comentários extremamente reativos, em raiva, em expressões verbais ou físicas violentas, em doenças psicossomáticas, na dispensa de um tratamento de silêncio às pessoas, em afirmações ou julgamentos radicais, ou simplesmente numa atuação disfuncional e perniciosa.

Entretanto, quando uma pessoa sabe que disporá de um dia na tribuna — ou seja, quando está convencida de que lhe será dada a oportunidade de falar e de processar as reações dos outros ao que foi dito —, ela pode relaxar. Não precisa ficar impaciente e reativa porque sabe que sua vez de ser escutada e compreendida chegará. Isso dissipa a energia negativa e ajuda a desenvolver paciência e autocontrole interno.

Esse é um dos grandes pontos fortes do Hábito 5. E, se você puder cultivar uma cultura familiar em que o Hábito 5 esteja no centro de todos os procedimentos em relação aos conflitos, então todos sentirão que seu dia na tribuna chegará. E isso elimina muitas das reações tolas e impulsivas que as pessoas têm quando acham que não serão escutadas.

Contudo, temos de admitir que, mesmo com todo o nosso esforço para assegurar que cada membro da família será escutado, algumas vezes foi necessário ser realmente proativo para garantir esse direito.

Jenny (*filha*):
Crescer numa família de nove filhos às vezes tornou muito difícil, para mim, conseguir a atenção que eu desejava. Havia sempre tanta coisa acontecendo em nossa casa, todo o mundo constantemente falando ou fazendo alguma coisa. Assim, para atrair atenção, eu pedia a papai ou mamãe para se abaixar e cochichava em seu ouvido o que eu tinha para dizer. E falava bem baixinho, para que eles tivessem de prestar inteira atenção e mandar todo o mundo ficar quieto. Funcionava.

Certificar-se de que é escutado — e compreendido — é do que trata a segunda metade do Hábito 5.

Estágios de Desenvolvimento da Compreensão

Outra forma de você praticar o Hábito 5 em casa é procurando tomar consciência das "idades e estágios" dos seus filhos, para compreender como eles vêem o mundo.

O crescimento se baseia em princípios universais. Uma criança aprende a virar-se, a sentar-se, a engatinhar, e por fim a andar e a correr. Cada etapa é importante e não pode ser suprimida. Por necessidade, algumas coisas podem vir antes de outras.

O mesmo ocorre na área das emoções e relações humanas. Entretanto, enquanto no plano físico as etapas são visíveis e verificáveis, nos planos mais abstratos — como o emocional, por exemplo —, esses estágios são invisíveis e sua verificação não é direta nem simples. Portanto, é tremendamente importante entender não apenas os estágios físicos de desenvolvimento mas também o mental, o emocional e o espiritual, e jamais tentar abreviar, violar ou desviar o processo.

Se não nos empenharmos sinceramente para compreender o desenvolvimento dos nossos filhos e para nos comunicar com eles em seu nível de percepção, acabaremos alimentando expectativas não razoáveis a seu respeito, o que resultará em frustração quando estas não se concretizarem.

Lembro-me de uma tarde em que critiquei nosso filho pequeno por atirar suas roupas no chão do quarto, formando uma pilha. Eu o interpelei:

— Você não percebe que não deve fazer isso? Não entende o que acontecerá, como suas roupas ficarão sujas e amassadas igual a essa aí?

Ele não ofereceu resistência. Não se rebelou. Na verdade, concordou comigo. Eu até senti que ele queria fazer o que eu pedia. Mas, mesmo assim, todo santo dia ele jogava as roupas no chão.

Finalmente, um dia eu pensei: "Talvez ele simplesmente não saiba como pendurar as roupas no armário. Afinal, é só um garotinho". Então, passei meia hora treinando-o a pendurar as roupas nos cabides. Ensaiamos como ele apanharia a calça do seu terno domingueiro pela barra, para em seguida colocá-la na parte inferior do cabide, e então penduraria o cabide na barra mais baixa do *closet*. Praticamos a maneira de abotoar a camisa, dobrá-la e colocá-la na gaveta.

Ele gostou muito de treinar. De fato, chegamos até a tirar todas as roupas do *closet* para pendurá-las novamente, pois nos estávamos divertindo. Havia camaradagem entre nós, e ele aprendeu. Tornou-se apto a realizar bem a tarefa.

Como descobri com esse filho, não se tratava de ele não reconhecer a importância de pendurar as roupas. Ou de não querer fazê-lo. A questão era que ele apenas não tinha competência; não sabia como executar a tarefa.

Anos depois, já adolescente, esse filho tornou a apresentar o mesmo comportamento. Mas a natureza do problema, a essa altura, já não era competência, e sim motivação. E foi necessária uma solução motivadora para resolvê-lo.

A primeira coisa para resolver qualquer problema de treinamento é diagnosticar corretamente. Você procuraria um cardiologista para tratar de uma dor no pé? Chamaria o encanador para consertar telhas quebradas? Tampouco poderia resolver um problema de competência com uma solução de valor ou de motivação — ou vice-versa.

Quando queremos que uma criança realize uma tarefa em casa, constatei que é útil formular sempre essas três perguntas:

A criança *deve* fazer isso? (uma questão de valor)
A criança *pode* fazer isso? (uma questão de competência)
A criança *quer* fazer isso? (uma questão de motivação)

Com base na resposta, descobrimos para onde dirigir nosso esforço com eficácia. Se for uma questão de valor, a solução se encontra na construção da Conta Bancária Emocional e na educação. No caso de uma questão de competência, a resposta é o treinamento. Existe uma diferença entre educar e treinar. Educar significa "extrair" — fornecer uma explicação profunda e apropriada para extrair o sentido de "é isto o que eu devo fazer". Treinar significa "introduzir" — inserir na mente da criança os procedimentos necessários para a realização da tarefa. Tanto a educação quanto o treinamento são importantes, sendo a natureza do problema o critério para adoção de um ou de outro. Se a questão de valor implicar alternativas mutuamente excludentes — "Devo realizar as minha tarefas ou sair com meus amigos?" —, o segredo estará na qualidade do relacionamento e no caráter e cultura da família.

Se for uma questão de motivação, a resposta consistirá em reforçar o comportamento desejado de modo extrínseco ou intrínseco, ou ambos. Você pode oferecer recompensas extrínsecas (tais como uma mesada ou reconhecimento ou algum privilégio) ou enfatizar as recompensas intrínsecas (a paz e a satisfação interiores que desfrutamos quando fazemos o que é certo simplesmente por ser o certo, quando escutamos e obedecemos à consciência). Ou você pode mesclar os dois métodos. Determinar a natureza do problema é um tema do Hábito 5 (Procure primeiro compreender, depois ser compreendido).

Ao longo dos anos, Sandra tem trazido para a nossa família esclarecimento e sabedoria intuitiva inacreditáveis na área dos estágios de desenvolvimento de nossos filhos. Ela se formou na faculdade com especialização em desenvolvimento infantil e tem estudado e praticado esse tema em sua vida adulta. Como resultado, adquiriu tremendos *insights* sobre a importância de escutar o próprio coração e sobre os estágios naturais de desenvolvimento pelos quais a criança passa.[3]

Sandra:
No outro dia, eu estava na mercearia e vi uma jovem mãe lutando com seu filho de dois anos. Ela tentou confortá-lo, consolá-lo e argumentar, mas o garoto estava completamente fora de controle — tremendo, berrando, soluçando e segurando o fôlego até explodir num acesso de fúria, para desgosto de sua embaraçada e desesperada mãe.

Por ser mãe também, meu coração se comoveu com ela, com suas tentativas de resolver a situação. Tive vontade de dar-lhe todas as sugestões racionais que corriam pela minha mente numa rápida sucessão: "Não tome isso como pessoal. Aja com naturalidade. Não recompense esse tipo de comportamento. Não deixe o menino se aproveitar desse episódio. Lembre-se de que as crianças de dois anos não estão emocionalmente aptas para lidar com emoções complexas (exaustão, irritação, estresse), por isso, 'queimam o fusível' e provocam um curto-circuito com um acesso de fúria".

Depois de enfrentar isso algumas vezes, você começa a reconhecer que a criança se comporta desse modo em parte porque está num determinado estágio do crescimento. O desenvolvimento se dá com um passo de cada vez, numa espécie de seqüência previsível. Freqüentemente ouvimos frases como "os terríveis dois anos", "os confiantes três anos", "os frustrantes quatro anos", e "os fascinantes cinco anos" usados para descrever fases do comportamento — sempre predizendo tempos difíceis nas idades pares e esperança de águas mais tranqüilas nas ímpares.

Cada criança é um indivíduo único, diferente de todos os outros, embora todos pareçam seguir um caminho similar. Brincadeiras solitárias evoluem gradualmente para jogos em grupo. Assim, essas pequenas pessoas, que brincam lado a lado com brinquedos separados e diálogos dife-

rentes, por fim se tornarão capazes de interagir umas com as outras em jogos cooperativos, à medida que crescerem e amadurecerem. Da mesma forma, a criança precisa experimentar o senso de propriedade e necessita possuir antes de poder partilhar, bem como deve engatinhar antes de andar, e entender antes de falar. É importante que tenhamos consciência desse processo — temos de observar, ler a respeito e aprender a identificar os padrões e estágios de desenvolvimento em nossos filhos e em seus pares.

Ao proceder assim, você não interpretará como uma provocação pessoal quando seu filho de dois anos fizer malcriação, e a desafiar com um "não!", tentando estabelecer-se como uma pessoa independente. Você não reagirá de modo desproporcional quando seu filho de quatro anos usar uma linguagem chocante para atrair a sua atenção e hesitar entre ser uma criança autoconfiante e capaz e regredir ao comportamento de bebê chorão. Não telefonará aos prantos para a sua mãe, confessando que seu filho de seis anos engana, mente e rouba para ser o primeiro ou o melhor, e que seu filho de nove anos a considera desonesta e sem caráter porque às vezes ultrapassa o limite de velocidade ao guiar e foi apanhada contando uma mentira. Nem desculpará o comportamento irresponsável em nome do crescimento e desenvolvimento, tampouco rotulará seu filho por ele ser o mais velho, o do meio ou o caçula, por sua posição sócio-econômica ou por seu QI.

Cada família aprende a compreender e a resolver os próprios problemas aplicando seus melhores conhecimentos, insight *e intuição. Talvez você tenha de repetir para si mesma frases como: "Isto também vai passar", "Não perca a calma", "Não seja crítica", "Um dia ainda riremos de tudo isso" — ou talvez precise prender a respiração e contar até dez antes de responder.*

O Segredo É a Seqüência

Quando ensinar o Hábito 5 a sua família e começar a operar em seu Círculo de Influência para vivenciá-lo, você se surpreenderá com o impacto que isso exercerá sobre a cultura da sua família — até mesmo sobre os filhos pequenos. Um pai relatou o seguinte:

No outro dia, quando observava meus três filhos interagindo, constatei o impacto sobre a minha família do Hábito de procurar primeiro compreender.

Jason, de um ano e meio, acabara de derrubar os brinquedos de Matt, e este, que tem quatro anos e não é muito articulado, estava prestes a bater no irmão menor.

Nesse momento, Todd, de seis anos, correu para Matt e disse:

— Você está muito zangado, não é? Jason acabou de derrubar os seus brinquedos, e você ficou tão furioso que quer bater nele.

Matt fitou-o por um momento, resmungou alguma coisa, levantou as mãos e saiu correndo da sala.

Pensei: "Uau, não é que funciona!"

Lembre-se: o segredo do Hábito 5 está na seqüência. Não se trata apenas do que fazer, mas também de por que e quando. O Hábito 5 nos ajuda a escutar — e a falar — do fundo do coração. Também abre a porta para a incrível sinergia familiar de que trataremos no Hábito 6.

COMPARTILHANDO ESTE CAPÍTULO COM ADULTOS E ADOLESCENTES

Procure Primeiro Compreender
- Reveja a experiência do índio/esquimó. Mostre como é fundamental perceber que as pessoas não vêem o mundo da forma que ele é, mas como elas são, ou foram condicionadas a ser.
- Discutam: "Qual é a importância de realmente compreender e criar empatia com cada membro da família? Será que realmente conhecemos bem os membros da nossa família? Será que conhecemos seu estresse? Sua vulnerabilidade? Suas necessidades? Sua visão da vida e de si mesmos? Suas esperanças e expectativas? Como podemos conhecê-los melhor?"
- Pergunte: "Nós vemos alguns dos resultados da *falta* de compreensão em nossa casa, tais como frustração decorrente de expectativas ambíguas, críticas, portas que batem, acusações e condenações, rudeza, relacionamentos pobres, tristeza, solidão ou lágrimas?" Discuta o que os membros da família podem fazer para assegurar que cada um tenha a oportunidade de ser ouvido.
- Reflita um pouco sobre o modo como você lida com a comunicação na sua família. Discuta as quatro principais respostas autobiográficas — avaliação, conselho, sondagem e interpretação. Pratiquem juntos para aprender a dar uma resposta compreensiva.

Depois Procure Ser Compreendido
- Discuta por que compreender primeiro é fundamental

para ser compreendido. Como isso pode ajudá-lo a comunicar-se melhor na linguagem do ouvinte?
- Considerem juntos como podem nutrir o Hábito 5, "cultura compreensiva", na sua casa.

COMPARTILHANDO ESTE CAPÍTULO COM CRIANÇAS

- Faça com as crianças a experiência do índio/esquimó. Quando elas conseguirem ver as duas figuras, explique que em geral existem dois ou mais modos de olhar para as coisas, e que nem sempre vemos ou experimentamos as coisas da mesma maneira que os outros. Estimule-as a contar quaisquer situações em que se tenham sentido mal interpretadas.
- Arranje vários pares de óculos — sem grau, alguns escuros, para o sol. Deixe cada criança olhar para o mesmo objeto através de diferentes óculos. Uma pode dizer que parece um borrão, que ficou escuro, azulado, ou mais claro, dependendo dos óculos que estiver usando. Explique que as diferenças no que vêem representam as diferentes maneiras como as pessoas vêem as coisas na vida. Deixe-as trocar os óculos para terem uma idéia de como é enxergar as coisas da forma como o outro as enxerga.
- Prepare uma travessa "de gostosuras" com vários alimentos diferentes. Deixe cada criança experimentar todos. Compare as reações, e explique que algumas pessoas podem realmente adorar um determinado alimento, como picles ácidos, que outras consideram detestáveis ou amargos. Saliente como isso simboliza os modos diferentes de as pessoas terem suas práticas de vida, e saliente quanto é importante para todos nós realmente compreender como as outras pessoas podem vivenciar as coisas de maneira diversa da nossa.
- Leve as crianças para visitar um membro mais velho da

família, ou um amigo, e peça a este para contar uma experiência do passado. Depois da visita, partilhe quaisquer informações que você tenha que aumentem a compreensão das crianças de como as coisas eram quando aquela pessoa era jovem. "Você sabia que o senhor Jacobs era um policial alto e bem-apessoado?" "A senhora Smith era uma professora e todas as crianças a adoravam." "Vovó era conhecida por preparar a melhor torta da cidade." Mostre que o conhecimento e a compreensão das pessoas nos ajudam a vê-las mais claramente.

- Convide para a sua casa pessoas que tenham alguma coisa para partilhar — um talento musical, uma viagem recente ou uma experiência interessante. Converse sobre quanto podemos aprender escutando e compreendendo os outros.
- Comprometam-se a ser uma família mais compreensiva, escutando melhor e sendo mais observadores. Ensine seus filhos a escutar — não apenas com os ouvidos, mas também com os olhos, mente e coração.
- Brinquem de "fazer caretas". Peça às crianças para demonstrarem, por meio das caretas, emoções como raiva, tristeza, felicidade, ou desapontamento, e deixe o resto da família adivinhar o que estão sentindo. Saliente que você pode aprender um bocado sobre os outros simplesmente observando seus rostos e movimentos do corpo.

HÁBITO 6
CRIE SINERGIA

Um amigo meu partilhou uma experiência inspiradora que teve com o filho. Enquanto estiver lendo a história, pense no que você faria na situação dele.

Depois de uma semana de treinos, meu filho anunciou que queria abandonar o time de basquete da escola. Eu o adverti de que, se deixasse o time de basquete, ele adquiriria o hábito de desistir das coisas. Contei-lhe que também quis desistir de muitas coisas quando era jovem, mas não o fiz, e isso foi fundamental para a minha vida. Argumentei que todos os seus irmãos tinham jogado basquete e que o trabalho árduo e cooperativo de equipe que desenvolveram no time os ajudara bastante e tinha certeza de que o ajudaria igualmente.

Meu filho não parecia disposto a compreender-me. Um tanto chocado, ele replicou:

— Pai, eu não sou os meus irmãos. Não jogo bem. Estou cansado de levar bronca do técnico. Eu tenho outros interesses além do basquete.

Fiquei tão aborrecido que me afastei.

Nos dois dias seguintes, senti-me frustrado todas as vezes em que pensei na decisão tola e irresponsável desse filho. Nosso relacionamento era muito bom, mas me magoava a idéia de que ele não se preocupava com os meus sentimentos a respeito disso. Tentei abordar o assunto em inúmeras ocasiões, mas não consegui ser ouvido.

Por fim, comecei a me perguntar o que o teria levado a tomar aquela decisão. Resolvi descobrir. Em princípio, ele não queria nem sequer mencionar o problema, por isso fiz-lhe perguntas sobre outras coisas. Ele respondia "sim" ou "não", mas recusava-se a pronunciar uma palavra além disso. Depois de algum tempo, começou a ficar com os olhos cheios d'água e disse:

— Pai, sei que você pensa que me entende, mas não entende. Ninguém sabe como me sinto mal.

Comentei:

— Muito difícil, hein?

— Difícil?! Às vezes, nem sei se vale a pena.

E então desabafou. Contou-me muitas coisas que eu desconhecia. Expressou sua dor por ser constantemente comparado com os irmãos. Revelou que o técnico do time esperava que seu desempenho fosse tão bom quanto o dos irmãos. Acreditava que, se seguisse um caminho diferente, se escolhesse uma trilha nova, as comparações cessariam. Disse que sentia que eu favorecia seus irmãos por me terem trazido uma glória maior do que a que ele poderia trazer. Também me confidenciou suas inseguranças — não só no basquete, mas em todas as áreas da vida. E acrescentou que tinha a sensação de que nós dois, de algum modo, havíamos perdido contato.

Fui obrigado a admitir que suas palavras me abalaram. Percebia que o que ele dissera sobre as comparações com os irmãos era verdade e que eu era culpado. Reconheci meu pesar e, com muita emoção, pedi desculpas. Mas ponderei que o trabalho de equipe do basquete só lhe traria benefícios. Disse-lhe que a família e eu poderíamos trabalhar juntos para tornar as coisas melhores para ele, se quisesse permanecer no time. Meu filho escutou com paciência e compreensão, mas não mudou sua decisão de abandonar o time.

Por fim, perguntei-lhe se gostava de basquete. Ele disse que adorava, mas não lhe agradava nem um pouco a pressão que sofria ao jogar na equipe da escola. Revelou que, na verdade, pretendia entrar para o time *da igreja. Explicou que gostaria de poder divertir-se com o jogo, sem ter de conquistar o mundo. Enquanto o escutava, percebi que me sentia bem com suas palavras. Admito que ainda estava um tanto desapontado por vê-lo sair do time da escola, mas ficava contente com o fato de ele, ao menos, querer jogar.*

Meu filho começou a citar os nomes dos garotos que jogavam pela igreja e senti seu entusiasmo e interesse. Perguntei-lhe quando o time da igreja costumava treinar, para eu poder assistir. Ele me disse que não tinha certeza, e acrescentou:

— Nós precisamos arranjar um técnico, ou nem sequer nos deixarão jogar.

Nesse ponto, como por mágica, uma idéia ocorreu a nós dois. Uma idéia nova, que nos invadiu a mente ao mesmo tempo:

— Eu/você poderia treinar o time da igreja!

De súbito, meu coração ficou leve. Pensei em como seria divertido ser o técnico do time e ser meu filho um dos jogadores.

As semanas que se seguiram foram as mais felizes da minha experiência como atleta. E elas propiciaram algumas das mais memoráveis experiências como pai. Nosso time jogou pelo puro prazer de jogar. Oh, claro, queríamos ganhar e obtivemos algumas vitórias, mas ninguém foi pressionado. E meu filho — que detestara todas as vezes em que o técnico do time da escola gritara com ele — ficava radiante cada vez que eu gritava:

— Vá por ali, filho! Vá por ali! Bom arremesso, filho! Ótimo passe!

A temporada de basquete transformou o relacionamento entre mim e meu filho.

Essa história capta a essência do Hábito 6 — sinergia — e do processo dos Hábitos 4, 5 e 6, que a cria.

Observe como, em princípio, pai e filho pareciam encerrados numa situação "perde/ganha". O pai queria que o filho jogasse basquete. Seus motivos eram bons. Acreditava que essa experiência constituiria um ganho a longo prazo para o filho. Mas o rapaz pensava diferente. Jogar basquete no time da escola nao representava um ganho para ele, e sim uma perda. Ele era sempre alvo de comparação com os irmãos. Não gostava de ser pressionado. Aparentemente, tratava-se de uma questão "do seu jeito" ou "do meu jeito". Qualquer que fosse a decisão, alguém sairia perdendo.

Foi então que esse pai promoveu uma importante mudança em sua forma de pensar, procurando compreender por que, para o filho, jogar basquete não seria um ganho. À medida que conversavam, foram capazes de parar de defender seus pontos de vista para discutir o que realmente importava. E, juntos, descobriram um jeito *melhor*, uma solução inteiramente nova que representava um ganho para os dois. E esse é o significado de sinergia.

Sinergia — o *Summum Bonum* de Todos os Hábitos

A sinergia é o *summum bonum* — o fruto supremo ou mais elevado — de todos os hábitos. É a mágica que faz 1 + 1 ser igual a 3 ou mais. E ela ocorre porque o próprio relacionamento entre as partes também constitui uma parte. Seu poder é tão dinâmico e catalisador que afeta o modo como as partes interagem umas com as outras. Advém do espírito de respeito mútuo (ganha/ganha) e de compreensão mútua para produzir algo novo — não para transigir ou fazer concessões mútuas.

Um bom meio para compreendermos a sinergia é utilizando a metáfora do corpo. O corpo é mais do que apenas mãos, braços, pernas, pés, cérebro, estômago e coração reunidos. É um todo miraculoso e sinérgico, capaz de incríveis realizações porque suas partes trabalham em conjunto. Duas mãos, por exemplo, podem fazer mais juntas do que cada uma em separado. Dois olhos trabalhando juntos podem enxergar mais nitidamente e com maior percepção de profundidade do que se trabalhassem separados. Dois ouvidos trabalhando juntos podem distinguir a direção do som, o que não ocorre sem essa parceria. O corpo inteiro pode fazer muito mais do que cada uma de suas partes sozinha — ou todas juntas, mas sem conexão.

Assim, a sinergia lida com a parte existente entre as partes. Na família, essa parte consiste na qualidade e na natureza do relacionamento entre seus membros. Quando marido e mulher interagem, ou quando os pais interagem com os filhos, a sinergia reside no relacionamento entre eles. É onde se encontra a mente criativa — a mente nova que produz a opção inédita, a terceira alternativa.

Você pode até pensar nessa parte como uma terceira pessoa. O sentimento de "nós" num casamento implica mais do que dois cônjuges; é o relacionamento entre eles que cria a terceira "pessoa". E o mesmo se aplica a pais e filhos. A outra "pessoa" criada pelo relacionamento constitui a essência da cultura familiar dotada de um propósito profundamente estabelecido e de um sistema de valores centrado em princípios.

Na sinergia, você não tem apenas vulnerabilidade mútua e criação de visão e valores compartilhados, soluções novas e alternativas melhores, mas também um senso de responsabilidade recíproca em relação às normas e aos valores envolvidos nessa criação. Novamente, é isso o que confere autoridade moral ou ética à cultura. É o que nos estimula a agir com honestidade, a falar com maior franqueza e a enfrentar os problemas mais difíceis, em vez de tentar escapar deles ou ignorá-los, ou ainda evitar a companhia das pessoas para minimizar a possibilidade de ter de enfrentá-los.

Essa "terceira" pessoa se torna algo com autoridade maior, algo que encarna a consciência coletiva, a visão e os valores compartilhados, os costumes sociais e as normas da cultura. Ela impede que nos tornemos aéticos ou sequiosos por poder, ou que nos apoiemos no *status* conferido por posição social ou coisas do gênero. Quando respeitamos essa autoridade maior, percebemos que posição, poder, prestígio, dinheiro e *status* fazem parte das nossas funções — ou seja, algo de que fomos incumbidos e pelo qual somos responsáveis e prestamos contas. Contudo, quando não obedecemos a essa autoridade maior e nos tornamos a única lei que nos governa, esse senso de "terceira pessoa" se desintegra. Em conseqüência, nós nos alienamos, totalmente obcecados pela posse de bens materiais e encerrados em nós mesmos. A cultura se torna independente, em vez de interdependente, e a mágica da sinergia se desfaz.

O segredo, em última análise, jaz na autoridade moral da cultura — perante a qual todos são responsáveis e prestam contas.

Sinergia É um Negócio de Risco

Por constituir um passo rumo ao desconhecido, o processo de criar sinergia pode às vezes beirar o caos. O "objetivo em mente" com o qual você começa não é o *seu* objetivo, a *sua* solução. É o movimento do conhecido para o desconhecido e a criação de algo inteiramente novo. E é a construção de relacionamentos e desenvolvimento da capacidade ao longo do processo. Assim, você não ingressa na situação visando impor o seu ponto de vista. Você entra ignorando o que vai resultar disso, mas sabendo que será muito melhor do que qualquer coisa que se possuía no início.

E esse é um negócio de risco — uma aventura. Um momento mágico da vulnerabilidade mútua. Você não sabe o que vai acontecer. Você se arrisca.

> Sinergia é o momento mágico da vulnerabilidade mútua. Você não sabe o que vai acontecer. Você se arrisca.

Os três primeiros Hábitos são tão básicos porque lhe possibilitam desenvolver uma segurança interna que lhe dá coragem para conviver com esse risco. Por paradoxal que pareça, é preciso um bocado de autoconfiança para ser humilde. É necessária uma grande segurança interna para você se dar ao luxo de se arriscar a ser vulnerável. Contudo, quando possuem a autoconfiança e a segurança interna baseada em princípios que originam humildade e vulnerabilidade, as pessoas deixam de constituir uma lei para si mesmas. Em vez disso, tornam-se canais para a troca de *insights*. E nessa troca jaz a dinâmica que desvela os poderes criativos.

Na verdade, nada é mais excitante e coesivo nos relacionamentos do que a criação em conjunto. E os Hábitos 4 e 5 lhe conferem a postura mental e a aptidão para fazer isso. Você precisa pensar ganha/ganha e buscar primeiro compreender e depois ser compreendido. Em certo sentido, você tem de aprender a escutar com o terceiro ouvido, a fim de criar a terceira mente e a terceira alternativa; em outras palavras, tem de escutar coração a coração com empatia e respeito genuínos. E é necessário alcançar o ponto em que ambas as partes se mostram receptivas à influência e dispostas a aprender, com humildade e vulnerabilidade, antes que a terceira mente — que constitui uma parte entre as duas mentes — se torne criativa e produza alternativas e opções que nenhuma das partes havia considerado inicialmente. Esse nível de interdependência requer duas pessoas independentes que reconheçam a natureza interdependente da circunstância, do tema, problema ou necessidade, para que possam escolher exercitar aqueles músculos interdependentes que possibilitam a ocorrência da sinergia.

Realmente, o Hábito 6 é o *summum bonum* de todos os hábitos. Não se trata da cooperação transacional em que 1 + 1 = 2. Nem da cooperação transigente em que 1 + 1 = 1,5. Tampouco da comunicação adversária — ou sinergia negativa — em que se desperdiça metade da energia em brigas e atitudes defensivas, resultando em 1 + 1 = 0,9 ou menos.

Sinergia é a situação na qual 1 + 1 = 3 ou mais. É o nível mais elevado, produtivo e gratificante da interdependência humana. Representa o melhor fruto da árvore. E não há como colher esse fruto, a menos que a árvore tenha sido plantada e nutrida, e esteja madura o suficiente para produzi-lo.

O Segredo da Sinergia: Celebrar a Diferença

O segredo para criar sinergia está em aprender a valorizar — e até celebrar — a diferença. Voltando à metáfora do corpo, se este fosse composto só de mãos, ou só de corações, ou ainda só de pés, jamais funcionaria do modo como funciona. São as próprias diferenças que lhe permitem realizar tanto.

Um membro da nossa família ampliada contou essa história, mostrando como chegou a valorizar a diferença entre ela e a filha:

Quando fiz onze anos, meus pais me deram uma bela edição de um dos grandes clássicos da literatura. Eu li aquelas páginas com amor e, quando virei a última, chorei. Eu vivera através delas.

Cuidadosamente, guardei o livro durante anos, esperando para dá-lo a uma filha. Quando Cathy completou onze anos, presenteei-a com o livro. Muito contente com o presente, ela lutou para ler os dois primeiros capítulos e então guardou-o na estante, onde permaneceu fechado por meses. Fiquei profundamente desapontada.

Por alguma razão, eu havia sempre suposto que minha filha seria igual a mim, que apreciaria ler os mesmos livros que eu li na infância, que teria um temperamento similar ao meu e que gostaria do que eu gostava.

— Cathy é uma garota encantadora, esfuziante, de riso fácil e ligeiramente travessa — seus professores a descreviam.

— É uma companhia divertida — comentavam suas amigas.

— É entusiasmada com a vida, dotada de grande senso de humor, uma alma sensível — o pai a elogiava.

— Para mim, é realmente difícil — eu disse ao meu marido, certo dia. — Seu gosto por atividades, seu desejo insaciável de "brincar", seu riso transbordante e suas piadas, tudo isso é demais para mim. Eu nunca fui assim.

Ler foi a única alegria que tive na infância. Em minha mente, sabia que estava errada por desapontar-me com a diferença entre nós, mas, nos recessos do meu coração, era o que sentia. Cathy constituía uma espécie de enigma para mim, e eu me ressentia com isso.

As crianças captam os sentimentos não expressados. Eu não ignorava que ela os perceberia e ficaria magoada, se já não estivesse. Torturava-me o fato de ser tão pouco generosa. Sabia que meu desapontamento não tinha sentido, mas, por mais que amasse minha filha, meu coração permanecia inalterado.

Noite após noite, quando todos dormiam e a casa ficava escura e quieta, eu rezava por compreensão. Então, certa manhã em que eu estava deitada, algo aconteceu. Desfilando com rapidez pela minha mente, em questão de segundos, vislumbrei Cathy adulta. Nós, duas mulheres adultas, de braços dados, sorrindo uma para a outra. Pensei em minha irmã e em como éramos diferentes. E, contudo, jamais desejara que ela fosse igual a mim. Percebi que Cathy e eu um dia seríamos como minha irmã e eu. E que os melhores amigos do mundo não precisam ser iguais entre si.

As palavras vieram a minha mente: "Como ousa tentar impor a sua personalidade a ela? Regozije-se com as diferenças!" Embora não tenha durado mais do que alguns segundos, esse flash, esse verdadeiro despertar, mudou meu coração quando nada mais havia conseguido.

Minha gratidão se renovou. E meu relacionamento com minha filha assumiu toda uma dimensão nova de riqueza e alegria.

Observe que inicialmente essa senhora supôs que a filha seria igual a ela. Essa suposição causou-lhe frustração e a impediu de enxergar as características únicas e preciosas da menina. Só quando aprendeu a aceitá-la como era e a regozijar-se com as diferenças, ela pôde criar o relacionamento rico e completo que desejava.

E é isso o que ocorre em todos os relacionamentos na família.

Um dia, eu estava numa empresa em Orlando, na Flórida, apresentando um seminário sobre as diferenças entre os hemisférios direito e esquerdo do cérebro. Eu dera ao seminário o título "Administração com o Esquerdo, Liderança com o Direito". Durante o intervalo, o presidente da empresa me procurou e disse:

— Stephen, é curioso, mas o fato é que tenho pensado em aplicar esse material mais no meu casamento do que nos meus negócios. Minha esposa e eu temos um problema sério de comunicação. Será que você aceitaria almoçar conosco só para observar o modo como conversamos?

— Por que não? — concordei.

Nós três nos sentamos à mesa e trocamos algumas amabilidades. Então, esse senhor virou-se para a esposa e anunciou:

— Bom, querida, eu convidei Stephen para almoçar conosco para ver se ele pode ajudar-nos em nossa comunicação. Sei que você acha que eu deveria ser um marido mais sensível e compreensivo. Você poderia citar algo específico que gostaria que eu fizesse? — Seu hemisfério esquerdo, predominante, queria fatos, números, especificidades, partes.

— Bem, como já lhe disse antes, não é nada específico. Tem mais a ver com as prioridades, de um modo geral. — Seu hemisfério direito, predominante, lidava com sensibilidade e com gestaltismo, o todo, a relação entre as partes.

— Como assim, "prioridades de um modo geral"? O que quer que eu faça? Diga algo específico com que eu possa trabalhar.

— Bem, é só uma sensação. — Seu hemisfério direito lidava com imagens, sentimentos e intuições. — Só acho que o casamento não é tão importante para você quanto diz.

— E o que posso fazer para torná-lo mais importante? Fale alguma coisa concreta e específica, para que eu possa agir.

— É difícil verbalizar.

A essa altura, ele apenas virou os olhos para cima e depois me fitou como se dissesse: "Stephen, você suportaria esse tipo de idiotice em seu casamento?"

— É apenas uma sensação — ela repetiu —, uma sensação muito forte.
— Querida — ele retrucou —, esse é o seu problema. E é o problema da sua mãe. Na verdade, é o problema de todas as mulheres que conheço.
Então ele começou a interpelá-la como se fosse algum tipo de interrogatório legal.
— Você mora onde quer morar?
— Não é isso — ela respondeu com um suspiro. — Não é nada disso.
— Eu sei — ele replicou com forçada paciência. — Mas, como você não me diz exatamente o que é, creio que o melhor modo de descobrir é eliminando o resto. Você mora onde quer morar?
— Acho que sim.
— Querida, Stephen vai ficar aqui apenas alguns minutos, tentando ajudar-nos. Por isso, dê apenas respostas objetivas, do tipo "sim" ou "não". Você mora onde quer morar?
— Sim.
— Ótimo, esse fato já está estabelecido. Você tem tudo o que quer?
— Sim.
— Tudo bem. Você faz tudo o que quer?
Esse interrogatório continuou mais um pouco e, percebendo que não estava ajudando em nada, eu intervim:
— É assim que vocês se relacionam?
— Todos os dias, Stephen — ele aquiesceu.
— É a história do nosso casamento — ela acrescentou, suspirando.
Olhei para os dois e ocorreu-me que eles eram duas pessoas com meio cérebro vivendo juntas.
— Vocês têm filhos?
— Sim, dois.
— É mesmo? — indaguei com incredulidade. — Como conseguiram?
— O que quer dizer, como conseguimos?
— Vocês foram sinérgicos! — exclamei. — Um mais um normalmente dá dois. Mas vocês fizeram um mais um dar quatro. Isso é sinergia. O todo é maior do que a soma de suas partes. Então, como conseguiram?

— Você sabe como conseguimos! — ele replicou.
— Vocês devem ter valorizado as diferenças!
Agora, compare essa experiência com a seguinte, de alguns amigos nossos que estavam na mesma situação, exceto que seus papéis eram o inverso. A esposa disse:

Meu marido e eu temos maneiras de pensar muito diferentes. Eu tendo a ser mais lógica e seqüencial, mais "hemisfério esquerdo". Ele tende a ser mais "hemisfério direito", a olhar as coisas de modo mais holístico.

Logo que nos casamos, essa diferença criou um certo problema em nossa comunicação. Parecia que meu marido estava sempre perscrutando o horizonte, buscando novas alternativas, novas possibilidades. Para ele, era fácil mudar o curso no meio do rio, se julgasse ter visto uma rota melhor. Por outro lado, eu tendia a ser diligente e precisa. Uma vez que tivéssemos uma direção definida, eu cuidava dos detalhes, trabalhava e mantinha o curso, houvesse o que houvesse.

Isso deu margem a inúmeros conflitos, quando tínhamos de tomar decisões juntos sobre cada coisa, desde estabelecer metas a comprar material escolar para as crianças. Nosso comprometimento um com o outro era muito sólido, mas esbarrávamos em nossos modos de pensar e ficava um bocado difícil tomar decisões em conjunto.

Por algum tempo, tentamos separar áreas de responsabilidade. Ao fazer o orçamento, por exemplo, ele se encarregava do planejamento de longo prazo, e eu ficava com o cronograma dos pagamentos. E esse expediente revelou-se útil. Ambos estávamos contribuindo para o casamento e para a família em nossas áreas de aptidão.

Contudo, quando descobrimos a forma de usar nossas diferenças para criar sinergia, atingimos um novo nível de riqueza em nosso relacionamento. Percebemos que podíamos revezar-nos para escutar um ao outro e manter nossos olhos abertos para um modo inteiramente novo de enxergar as situações. Em vez de abordar os problemas de lados "opostos", nós conseguimos unir-nos e abordar os problemas com uma compreensão partilhada e muito maior.

Isso abriu as portas para todos os tipos de soluções novas. Também nos deu algo maravilhoso para fazermos juntos. Quando finalmente nos demos conta de que nossas diferenças eram partes de um todo maior, começamos a explorar as possibilidades de juntar essas partes de maneiras inéditas.

Descobrimos que adoramos escrever juntos. Ele se encarrega dos con-

ceitos amplos, com as idéias holísticas e com as formas de ensino do hemisfério direito. Eu o desafio e interajo com ele nas idéias, ordeno o conteúdo e faço o trabalho de garimpagem das palavras. E nós amamos trabalhar assim! Isso nos uniu num nível inteiramente novo de contribuição. Nós descobrimos que ficar juntos é muito melhor por causa das diferenças, e não a despeito delas.

Observe como os dois casais lidaram com suas diferenças de hemisfério cerebral. No primeiro caso, as diferenças conduziram a frustrações, mal-entendidos e alienação. No segundo, conduziram a um novo nível de união e riqueza no relacionamento.

De que modo o segundo casal conseguiu obter resultados tão positivos?

Eles aprenderam a valorizar a diferença e a usá-la para criar algo novo. Como resultado, *eles se saem melhor juntos do que separados.*

De acordo com o que dissemos no Hábito 5, cada pessoa é única. E essa unicidade, essa diferença, constitui a base da sinergia. Na verdade, toda a fundação da criação biológica de uma família depende das diferenças físicas entre um homem e uma mulher, capazes de gerar filhos. E esse poder criativo físico serve como metáfora para outros tipos de bons resultados que podem advir das diferenças.

> *Você tem de ser capaz de afirmar com sinceridade: "o fato de nós vermos as coisas de maneiras diferentes constitui um ponto forte — não um ponto fraco — do nosso relacionamento".*

Não basta simplesmente tolerar diferenças na família. Você não pode apenas aceitá-las ou diversificar as funções da família para acomodá-las. Para obter o tipo de mágica criativa de que estamos falando, você deve na verdade *celebrar* as diferenças. Você tem de ser capaz de afirmar com sinceridade: "o fato de nós vermos as coisas de maneiras diferentes constitui um ponto forte — não um ponto fraco — do nosso relacionamento".

Da Admiração à Irritação

Por ironia, com freqüência o que atrai duas pessoas, no início da relação, são as diferenças, o fato de alguém ser tão deliciosa, agradável e excitantemente diferente. Todavia, quando elas aprofundam o relacionamento, de algum modo a admiração se transforma em irritação, e algumas das diferenças se tornam justamente o que causa maior dissabor.

Às vezes, é difícil conviver com as diferenças e apreciar a unicidade das outras pessoas. Temos a tendência de querer moldar as pessoas de acordo com a nossa própria imagem. Quando baseamos nossa segurança nas nossas opiniões, ouvir uma opinião diferente — especialmente a de alguém tão próximo quanto o cônjuge ou os filhos — ameaça essa segurança. Queremos que eles concordem conosco, que pensem como nós, que sigam as nossas idéias. Mas, como alguém já disse: "Quando todos pensam exatamente da mesma forma, ninguém pensa muito". Outra pessoa observou: "Quando dois concordam, um é desnecessário". Sem diferenças não há base para sinergia, não há opção para criar novas soluções e oportunidades.

O segredo está em misturar o melhor de cada um de um modo que se crie algo inteiramente novo. Você não pode ter um delicioso guisado sem diversidade. Nem uma salada de frutas sem diversidade. É a diversidade que cria o interesse, o sabor, é a nova combinação que reúne o melhor de todos os elementos diferentes.

Ao longo dos anos, Sandra e eu chegamos à conclusão de que as nossas diferenças estão entre as melhores coisas do nosso casamento. Nós compartilhamos comprometimento, sistema de valores e objetivos, mas, dentro disso, temos grande diversidade. E adoramos isso! A maior parte do tempo, quero dizer. Nós contamos com as diferenças de perspectiva para melhorar nossos julgamentos, para nos auxiliar a tomar decisões melhores. Contamos com a força um do outro para ajudar a compensar nossas fraquezas individuais. Contamos com a unicidade um do outro para dar tempero e sabor ao nosso relacionamento.

Nós *sabemos* que somos melhores juntos do que separados. E sabemos que uma das principais razões é que nós somos diferentes.

Cynthia (*filha*):
Quando a gente queria um conselho sobre alguma coisa, procurava papai. Ele diria: "Eu faria isso". E resumiria tudo.

Mas, às vezes, a gente não queria conselho. A gente queria apenas alguém que dissesse: "Você é a melhor. Você é o máximo. Deviam ter escolhido você para líder da torcida (ou representante da classe, ou qualquer coisa assim) em vez da outra menina". Nós só queríamos alguém que realmente nos apoiasse e tomasse o nosso partido, não importava o que houvesse. E a pessoa certa era mamãe. Na verdade, minha mãe era tão leal que eu sempre receava que ela procurasse quem quer que fosse com quem eu estivesse enfurecida e dissesse: "Por que você está sendo tão rude com a minha filha?" ou "Por que você não a escolheu para o papel principal da peça?"

Para mamãe, nós éramos insuperáveis. Não se tratava de nos achar melhores do que as outras crianças, mas ela nos tinha em alta conta. E nos impregnávamos da sua confiança, embora soubéssemos que ela era parcial em relação a nós e geralmente exagerava os nossos méritos. Mas era bom saber que alguém acreditava tanto na gente. E isso era o que ela instilava em nós: "Você pode fazer qualquer coisa. Você atingirá as suas metas se apenas se esforçar um pouco. Eu acredito em você, sei que pode conseguir".

De algum modo, cada um deles nos ensinou o que tinham de melhor.

O Processo em Ação

Sinergia não é apenas trabalho de equipe ou cooperação. Sinergia é trabalho *criativo* de equipe, cooperação *criativa*. Cria-se algo novo, algo que não existia antes e que não poderia ter sido criado sem a celebração das diferenças. A terceira alternativa nasce por intermédio da escuta profundamente empática e da produção e expressão corajosa de novos *insights*.

Agora você pode aplicar os Hábitos 4, 5 e 6 para criar uma terceira alternativa de solução inédita para qualquer problema familiar. Na verdade, gostaria de lhe propor que tentasse a seguinte experiência:

Vou contar-lhe uma situação da vida real e pedir-lhe que empregue os seus quatro dons humanos para ver como você resolveria o caso.

Eu interromperei esta experiência de quando em quando e lhe farei perguntas para que você use a sua tecla de pausa e reflita especificamente sobre o modo como empregaria os seus dons e o que faria. Sugiro que você faça isso com calma, para pensar profundamente, e responda a cada pergunta antes de prosseguir a leitura.

> Sinergia não é apenas trabalho de equipe ou cooperação. Sinergia é trabalho *criativo* de equipe, cooperação *criativa*. Cria-se algo novo, algo que não existia antes.

Meu marido não ganhava muito, mas nós finalmente havíamos conseguido comprar uma pequena casa. Estávamos entusiasmados por termos uma casa nossa, a despeito de as prestações serem tão altas que mal teríamos condições de nos mantermos solventes.

Depois de morarmos um mês na casa, nós nos convencemos de que nossa sala parecia mal arrumada por causa do sofá puído que minha sogra nos dera. Decidimos que, embora não tivéssemos condições, teríamos de comprar um sofá novo. Fomos até uma loja de móveis perto de casa e examinamos os sofás. Vimos um lindo sofá no estilo colonial americano que era exatamente o que queríamos, mas nos assustamos com o preço. Mesmo o sofá mais barato custava o dobro do que havíamos imaginado.

O vendedor nos perguntou sobre a nossa casa. Nós lhe contamos, com um certo orgulho, que nós a adorávamos. Então, ele indagou:

— Como ficaria esse sofá colonial americano na sua sala?

Nós respondemos que ficaria muitíssimo bem. O vendedor afirmou que poderia entregar o sofá em nossa casa na quarta-feira seguinte. Quando lhe perguntamos como isso seria possível sem nenhum pagamento, ele nos assegurou que não haveria problema, pois a loja poderia dar-nos um prazo de dois meses para pagar.

Meu marido se animou:

— Tudo bem. Ficamos com ele.

(Pausa: use a sua autoconsciência e a sua consciência. O que você faria se estivesse no lugar da esposa dele?)

Eu disse ao vendedor que precisávamos de mais tempo para pensar. (Observe como essa senhora usou a proatividade do Hábito 1 para criar uma pausa.)

Meu marido replicou:

— O que há para pensarmos? Precisamos do sofá agora, e podemos pagar mais tarde.

Ainda assim, expliquei ao vendedor que daríamos uma olhada nas outras lojas e então talvez voltássemos. Eu percebi que meu marido estava aborrecido quando segurei sua mão e caminhamos em direção à porta.

Andamos até uma pracinha e nos sentamos num banco. Ele estava aborrecido e não tinha dito uma palavra desde que pusemos o pé fora da loja.

(Pausa: use a sua autoconsciência e a sua consciência de novo. Como você lidaria com essa situação?)

Resolvi deixar que ele me contasse como se sentia, para compreender seus sentimentos e seu ponto de vista. (Observe a postura ganha/ganha do Hábito 4 e o uso do Hábito 5.)

Finalmente, ele revelou que ficava embaraçado todas as vezes que alguém nos visitava e via o velho sofá. Argumentou que trabalhava muito e não entendia por que ganhávamos tão pouco. Não achava justo que seu irmão e outros tivessem salários tão maiores do que o dele. Disse que às vezes se sentia um fracasso. Um sofá novo seria uma espécie de símbolo de que estava se saindo bem.

Suas palavras penetraram em meu coração e quase me convenceram a voltar e comprar o sofá. Mas então lhe perguntei se estaria disposto a escutar como eu me sentia. (Observe o uso da segunda metade do Hábito 5.) *Ele respondeu que sim.*

Eu lhe disse quanto me orgulhava dele e que o considerava o maior sucesso do mundo. Contei-lhe que às vezes passava a noite em claro pensando em como pagaríamos as contas. Adverti-o de que, se comprássemos aquele sofá, dentro de dois meses teríamos de pagá-lo — e não teríamos dinheiro.

Ele replicou que sabia disso, mas ainda se sentia mal por não ser capaz de viver com o mesmo conforto das outras pessoas.

(Pausa: use a sua imaginação criativa. Você pode pensar numa terceira alternativa de solução?)

De algum modo, começamos a conversar sobre o que poderíamos fa-

zer para melhorar o aspecto da sala sem gastar rios de dinheiro. (Observe o início da sinergia do Hábito 6.) *Mencionei que a loja de móveis usados poderia ter um sofá com um preço acessível. Ele riu e comentou:*

— Talvez tenham um colonial americano mais autêntico do que aquele que acabamos de ver.

Segurei a mão dele e ficamos ali sentados por um longo instante, apenas fitando os olhos um do outro.

Finalmente, decidimos ir à loja de móveis usados. Encontramos um sofá com estrutura de madeira. As almofadas eram todas removíveis. Pareciam terrivelmente gastas, mas não achei que seria muito difícil forrá-las com um tecido que combinasse com as cores da sala. Nós compramos o sofá por treze dólares e cinqüenta centavos e voltamos para casa. (Observe o uso da consciência e da vontade independente.)

Na semana seguinte, eu me matriculei num curso de estofamento de móveis. Meu marido refez o acabamento das partes de madeira. Três semanas depois, nós tínhamos um lindo sofá colonial americano.

Ao longo dos anos, nós nos sentávamos sobre as almofadas douradas de mãos dadas e sorríamos. Aquele sofá era o símbolo da nossa recuperação financeira. (Finalmente, observe os resultados.)

Que soluções você encontrou durante a experiência? Como você se conectou com os seus dons, talvez até tenha encontrado respostas que funcionariam melhor para você do que a solução adotada pelo casal.

Qualquer que tenha sido a sua solução, pense na diferença que ela faria em sua vida. Pense na diferença que a sinergia do casal fez na vida deles. Percebeu como eles usaram os quatro dons, como criaram a pausa que lhes possibilitou agir em vez de reagir? Observou o modo como empregaram os Hábitos 4, 5 e o processo do Hábito 6 para produzir uma sinérgica terceira alternativa de solução? Você pode ver o valor que se agregou à vida deles com o desenvolvimento de seus talentos e com a criação conjunta de uma coisa bela? É capaz de imaginar o prazer que eles sentiram cada vez que olharam para o sofá e viram algo que compraram à vista e que tornaram bonito com seu trabalho conjunto em vez de algo comprado a crédito, com pagamento de juros todos os meses?

Uma esposa descreveu sua convivência com esses hábitos com as seguintes palavras:

Com os Hábitos 4, 5 e 6, meu marido e eu estamos sempre procurando desenvolver as potencialidades um do outro. É como um balé ou uma dança de dois golfinhos — um movimento a dois bastante natural. Tem a ver com respeito e confiança mútuos, e o modo como esses hábitos determinam nossas decisões cotidianas — quer se trate de decisões importantes, como a que envolveu a casa em que moramos depois que nos casamos, quer se trate do que preparar para o jantar. Esses hábitos em si se tornaram um hábito entre nós.

O Sistema Imunológico da Família

Esse tipo de sinergia é a expressão máxima de uma boa cultura familiar — uma expressão criativa e divertida, cheia de variedade e humor, que tem um profundo respeito pelas pessoas, cada uma delas, e por seus diferentes interesses e enfoques.

A sinergia revela uma tremenda capacidade. Dá à luz novas idéias. Leva vocês juntos de maneiras multidimensionais, efetuando imensos depósitos na Conta Bancária Emocional, porque criar algo novo com outra pessoa constitui um dos elos mais fortes.

Também o ajuda a criar uma cultura em que você possa enfrentar com sucesso qualquer desafio familiar que possa surgir. Na verdade, é possível comparar a cultura criada pelos Hábitos 4, 5 e 6 com um saudável sistema imunológico do corpo humano. Essa cultura determina a capacidade da família de enfrentar qualquer tipo de desafio. Protege seus membros de modo que, quando cometerem erros ou quando forem atingidos por um totalmente inesperado desafio físico, financeiro ou social, a família não seja derrotada pela situação. A família tem a capacidade de se acomodar à situação e erguer-se acima dela, de adaptar-se — de lidar com o que quer que a vida lhe apresente e a usar essa experiência, aprender com ela, incorporá-la, otimizá-la e tornar-se mais forte.

Com esse tipo de sistema imunológico, você na verdade enxerga "problemas" de modo diferente. Um problema se torna uma espécie de vacina. Ele aciona o sistema imunológico para produzir anticorpos de forma que você jamais volte a sofrer dessa doença. Assim, você pode olhar para qualquer problema na sua vida familiar — um conflito conjugal ou com filhos adolescentes, desemprego, problemas de relacionamento com irmãos mais velhos — e vê-lo como uma vacina em potencial. Sem dúvida, a vacina causará alguma dor e talvez deixe uma pequena cicatriz, mas também acionará uma resposta imunológica, o desenvolvimento da capacidade de lutar.

Então, não importa que dificuldade sobrevenha, o sistema imunológico pode cuidar dela — aquele revés, aquele desapontamento, a profunda fadiga ou o que quer que possa ameaçar a saúde da família — e transformá-la numa experiência de crescimento que torne a família mais criativa, mais sinérgica, mais capaz de resolver problemas e lidar com qualquer tipo de desafio. Assim, os problemas não *des*encorajam você; ao contrário, eles o *en*corajam a desenvolver novos níveis de eficácia e imunidade.

> A chave da sua cultura familiar é a maneira como você trata o filho que mais o testa.

Encarar os problemas como vacina lhe fornece um novo ângulo de visão dos desafios, até mesmo o de lidar com o filho mais problemático. Isso fortalece você e também a cultura inteira. Na verdade, a chave da sua cultura familiar é a maneira como você trata o filho que mais o testa. Quando você pode mostrar amor incondicional ao seu filho mais problemático, os outros saberão que seu amor por eles também é incondicional. E esse conhecimento constrói confiança. Assim, lute para sentir-se grato pelo filho mais difícil, sabendo que esse desafio pode fortalecer não só você, mas também a cultura.

Quando compreendemos o sistema imunológico familiar, passamos a ver os pequenos problemas como novas inoculações no corpo familiar. Essas inoculações ativam o sistema imunológico e, por meio da comunicação apropriada e da sinergia que cria ao redor, a família constrói maior imunidade, de modo que outros problemas pequenos não assumam proporções maiores.

A razão por que a Aids é uma doença tão terrível é que ela destrói o sistema imunológico. As pessoas não morrem de Aids, mas de outras enfermidades que se desenvolvem porque encontram um sistema imunológico danificado. As famílias não morrem por causa de um determinado revés, mas por causa de um sistema imunológico danificado. Elas fizeram retiradas excessivas na Conta Bancária Emocional e não dispõem de processos organizadores para instituir — ou para inserir nos processos e padrões familiares cotidianos — princípios ou leis naturais em que a família se possa apoiar.

Um sistema imunológico saudável o protege contra quatro tipos de "câncer" que são letais para a vida familiar: crítica, reclamação, comparação e competição. Esses cânceres são o oposto de uma boa cultura familiar, e sem um sistema imunológico familiar saudável, pode haver metástases, espalhando energia negativa pela família inteira.

"Você Vê Isso de Outra Forma. Ótimo! Ajude-me a Compreender."

Outra maneira de enxergar a cultura dos Hábitos 4, 5 e 6 é por intermédio da metáfora do avião. Nós dissemos no início que ficaríamos fora da rota 90% do tempo, mas podemos ler o *feedback* e voltar para o curso.

"Família" significa aprender as lições da vida, e *feedback* é uma parte natural desse aprendizado. Os problemas e desafios lhe dão *feedback*. Uma vez que as pessoas percebem que cada problema requer uma resposta, em vez de apenas provocar uma reação, elas começam a aprender. Tornam-se uma família que aprende. Darão as boas-vindas aos desafios que testam sua capacidade de serem sinérgicas e responderem com níveis mais altos de caráter e competên-

> *Uma vez que as pessoas percebem que cada problema requer uma resposta, em vez de apenas provocar uma reação, elas começam a aprender. Tornam-se uma família que aprende.*

cia. Elas têm diferenças, e dizem: "Você vê isso de outra forma. Ótimo! Ajude-me a compreender". E também acessam a consciência coletiva, a natureza moral ou ética de cada um da família.

Mas, para você conseguir isso, é necessário parar de culpar e acusar. Precisa parar de criticar, reclamar, comparar e competir. Tem de pensar em ganha/ganha, procurar compreender e ser compreendido e criar sinergia. Caso contrário, na melhor das hipóteses você terminará satisfazendo, mas não otimizando; e, na pior delas, rugindo ou fugindo.

Você também precisa viver o Hábito 1. Como disse um senhor: "Esse processo é mágico! E tudo de que se precisa é caráter". E assim é. É preciso caráter para pensar em ganha/ganha quando você e seu cônjuge têm opiniões divergentes sobre a compra de um carro, quando seu filho de dois anos quer vestir calça cor-de-rosa e camiseta laranja para ir à mercearia, quando os seus filhos adolescentes insistem em chegar em casa às 3 horas da manhã, quando a sua sogra quer comandar a sua casa. É necessário caráter para procurar primeiro compreender quando você acha que sabe exatamente o que o outro está pensando (geralmente, você não sabe), quando você está convicto de ter a melhor solução para o problema (geralmente, você não tem), e quando um compromisso importante o espera dentro de cinco minutos. É necessário caráter para celebrar as diferenças, para buscar uma terceira alternativa de solução, para trabalhar com os membros da sua família a fim de criar esse senso de sinergia na cultura.

É por isso que a proatividade é fundamental. Só quando desenvolvemos a capacidade de agir com base em princípios, em vez de reagirmos à emoção ou circunstância, e só quando reconhecemos a prioridade da família e nos organizamos em função dela, temos condição de pagar o preço para criar essa poderosa sinergia.

Um pai contou a seguinte experiência:

Quando eu refletia sobre os Hábitos 4, 5 e 6 e trabalhava para desenvolvê-los na nossa família, percebi que precisava trabalhar meu relacionamento com minha filha de sete anos, Debbie. Ela freqüentemente reagia de modo muito emocional e, quando as coisas não eram feitas como queria, sua tendência era correr para o quarto e chorar. Parecia que, não importava o que minha esposa e eu fizéssemos, nós lhe provocávamos um colapso nervoso.

E sua frustração causava a nossa frustração. Acabávamos reagindo ao seu comportamento e a repreendíamos constantemente. "Fique quieta! Pare de chorar! Vá para o seu quarto e fique lá até se controlar!" E esse feedback *negativo só agravava a situação.*

Mas, um dia, quando eu estava pensando nela, tive um insight. *Meu coração ficou apertado quando me dei conta de que sua natureza emocional era um dom muito especial, que constituiria uma grande fonte de energia em sua vida. Eu costumava observar sua compaixão incomum pelos amiguinhos. Era sempre ela que se preocupava em cuidar para que as necessidades de todos fossem satisfeitas, para que ninguém fosse esquecido. Debbie possuía um coração enorme e uma grande capacidade de expressar amor. E, quando não tinha um de seus acessos emocionais, sua alegria era como um raio de sol aquecendo nossa casa.*

Percebi que o "dom" dela era uma capacidade vital que poderia abençoá-la pela vida afora. E que, se eu mantivesse aquela postura crítica e negativa, provavelmente extinguiria o que poderia tornar-se sua maior força. O problema era que minha filha não sabia como lidar com todas as suas emoções. Precisava de alguém que tivesse paciência com ela, que acreditasse nela, que a ajudasse a trabalhar as emoções.

Assim, quando voltou a se descontrolar, eu não reagi. E quando sua tempestade interior se dissipou, nós nos sentamos juntos e conversamos sobre o que era realmente necessário para resolver problemas, para encontrar alternativas que fossem boas para todos. Eu percebi que, para desejar continuar no processo, ela precisava de algumas vitórias, por isso conscientemente ajudei a dar-lhe experiências em que a sinergia realmente funcionava. E isso lhe possibilitou desenvolver a coragem e a crença de que, se pressionasse sua tecla de pausa e tivesse paciência conosco, ela seria recompensada.

Nós ainda temos nossos momentos difíceis, mas descobrimos que Debbie está muito mais cooperativa, muito mais disposta a trabalhar as emoções. E eu descobri que, quando ela enfrenta suas tormentas, as coisas funcionam melhor se eu tiver paciência e não a deixar fugir. Eu não digo: "Não fuja". Eu digo: "Venha aqui. Vamos enfrentar e resolver isso juntos".

Observe como o *insight* e a visão desse pai acerca da verdadeira natureza da filha ajudaram-no a valorizar a característica especial que a distinguia e a ser proativo ao trabalhar com a menina. E observe, também, como mesmo as crianças pequenas podem aprender e praticar os Hábitos 4, 5 e 6.

Dependendo das variáveis, você pode atingir níveis diferentes de proatividade em momentos diferentes. As circunstâncias, a natureza da crise, a intensidade da sua resolução a respeito de um propósito ou de uma visão em particular, o seu nível de fadiga física, mental e emocional, e a força da sua vontade independente, tudo isso afeta o nível de proatividade que você leva para uma experiência potencialmente sinérgica. Mas quando tem tudo isso alinhado e pode valorizar as diferenças, é incrível a sabedoria engenhosa, energética e intuitiva que você acessa.

Você também tem de viver o Hábito 2. Esse é o trabalho de liderança, é criar a unicidade que torna a diversidade significativa.

> *Há* quem diga que *feedback* é "o desjejum dos campeões". Mas não é. A visão é o desjejum. *Feedback* é o almoço. A autocorreção é o jantar.

Você precisa ter o objetivo porque esta define o *feedback*. Há quem diga que *feedback* é "o desjejum dos campeões". Mas não é. A visão é o desjejum. *Feedback* é o almoço. A autocorreção é o jantar. Quando você tem o seu objetivo em mente, então você sabe o que o *feedback* significa, porque este lhe permite saber se você está na direção certa ou se saiu da rota. E mesmo quando é obrigado a se desviar do curso em razão das condições climáticas, você pode continuar voltando para a rota, de modo a finalmente alcançar o seu destino.

Você também tem de viver o Hábito 3. Os momentos de estreitamento dos laços individuais lhe dão a Conta Bancária Emocional para interagir de modo autêntico e sinérgico com os membros da sua família. E os tempos da família lhe possibilitam a interação sinérgica.

Como pode perceber, esses hábitos se entrelaçam e juntam, reforçando uns aos outros para criar essa boa cultura familiar de que falamos.

Envolva as Pessoas no Problema e Busquem Juntos a Solução

Outra forma de expressar os Hábitos 4, 5 e 6 pode ser resumida numa simples idéia: *Envolva as Pessoas no Problema e Busquem Juntos a Solução.*

Nós tivemos uma experiência interessante em nossa família há alguns anos. Sandra e eu tínhamos lido um bocado sobre o impacto da televisão na mente das crianças, e começáramos a sentir que, de muitas maneiras, era como se tivéssemos um cano de esgoto aberto dentro da nossa casa. Nós havíamos estabelecido regras e orientações quanto aos limites para assistir à TV, mas parecia sempre haver exceções. As regras viviam mudando. Éramos constantemente obrigados a fazer concessões e já estávamos cansados de tanto negociar com as crianças. Isso se tornara uma batalha tão acirrada que por vezes provocava sentimentos bastante negativos.

Embora concordássemos a respeito do problema, não concordávamos com a solução. Eu queria adotar uma postura autoritária, inspirado num artigo que havia lido sobre um senhor que literalmente jogara o aparelho de TV na lata de lixo! De algum modo, esse tipo dramático de atitude me parecia adequado para a mensagem que queríamos enviar. Mas Sandra se inclinava mais por um enfoque baseado em princípios. Ela não queria que as crianças se ressentissem com a decisão, que achassem que aquele não era um ganho para elas.

Quando criamos sinergia juntos, percebemos que estávamos tentando decidir como poderíamos resolver esse problema para as crianças, quando o certo seria ajudá-las a resolver o problema para si mesmas. Decidimos empregar os Hábitos 4, 5 e 6 em âmbito familiar. No nosso tempo da família seguinte, apresentamos o tema "TV: quanto é o bastante?" O interesse de todos foi imediatamente atraído, porque esse era um assunto muito importante para todos.

Um filho disse:

— O que há de tão terrível em assistir à tevê? Há uma porção de programas bons. E eu não deixo de fazer o meu dever de casa. Na verdade, posso até estudar com a televisão ligada. Minhas notas são boas, e as de todo mundo, também. Então, qual é o problema?

Uma filha acrescentou:

— Se vocês têm medo que a gente se deixe corromper pela tevê, estão muito enganados. Nós não costumamos assistir aos maus programas. E, se um não for bom, nós geralmente mudamos de canal. Além disso, o que é chocante para vocês pode não ser para nós.

Outra delas disse:

— Se não assistirmos a alguns programas, seremos excluídos das conversas. Todo o mundo assiste. Nós até discutimos sobre eles na escola, todos os dias. Esses programas nos ajudam a ver como as coisas realmente são no mundo, para não sermos apanhados de surpresa por tudo o que acontece lá fora.

Nós não interrompemos as crianças. Todos queriam expressar por que julgavam que nós não devíamos tomar medidas drásticas contra os hábitos de assistir à TV. Enquanto escutávamos suas preocupações, podíamos constatar como eram fortes seus sentimentos em relação à televisão.

Por fim, quando parecia que toda a energia fora consumida, nós dissemos:

— Agora, vamos ver se realmente compreendemos o que acabaram de dizer.

E nós reproduzimos tudo o que havíamos escutado. Então, perguntamos:

— Acham que nós realmente compreendemos o ponto de vista de vocês?

Todos concordaram.

— Agora, gostaríamos que escutassem o nosso.

A resposta não foi tão favorável.

— Vocês só querem nos dizer todas as coisas negativas que as pessoas estão falando sobre a televisão.

— Vocês querem tirar o fio da tomada e levar embora a nossa única válvula de escape da pressão que sofremos na escola.

Nós escutamos empaticamente e então lhes asseguramos que aquela não era absolutamente a nossa intenção.

— Na verdade — acrescentamos —, depois que lermos esses artigos juntos, vamos sair da sala e deixar que vocês decidam o que nós devemos fazer em relação a assistir à tevê.

— Vocês estão brincando! — eles exclamaram. — E se a nossa decisão for contrária ao que vocês querem?

— Nós a respeitaremos — replicamos. — Tudo o que lhes pedimos é que cheguem a um consenso sobre o que nos recomendarão fazer.

Pudemos ver pelas expressões deles que haviam gostado da idéia. Assim, todos juntos, lemos as informações contidas em dois artigos que tínhamos selecionado para a reunião. As crianças perceberam que esse material seria importante para a sua tomada de decisão, por isso escutaram com muita atenção. Começamos com a leitura de alguns fatos chocantes. Um dos artigos revelava que a média da "dieta" de televisão por pessoa — na faixa entre um e dezoito anos de idade — era de seis horas por dia. Se houver TV a cabo na casa, essa média sobe para oito horas por dia. Na época em que os jovens americanos tiverem se formado no segundo grau, terão passado treze mil horas na escola e dezesseis mil horas na frente da televisão. Durante esse tempo, terão testemunhado vinte e quatro mil assassinatos.[1]

Dissemos às crianças que, como pais, esses fatos nos assustavam e que, quando assistíamos à TV tanto quanto eles, esse costume se tornava de longe a mais poderosa força sociabilizante em nossas vidas — mais do que a educação, mais do que o tempo que passávamos com a família.

Salientamos a incoerência dos diretores de programação das emissoras, que argumentavam não haver evidência científica que ligasse o fato de assistir à TV com o comportamento dos telespectadores e, em seguida, citavam provas mostrando o tremendo impacto que um comercial de vinte segundos exercia sobre o comportamento deles.

— Apenas pensem na diferença existente entre o que vocês sentem ao assistir a programas e o que sentem ao assistir a comerciais. Quando aparece um comercial de trinta a sessenta segundos, vocês sabem que se trata de propaganda. E não acreditam muito no que vêem e ouvem. Suas defesas estão acionadas porque se trata de campanhas publicitárias, é tudo exagerado, e todos já sofremos desilusões por causa delas uma porção de vezes. Mas, quando assistem a um programa, suas defesas não estão acionadas. Vocês se tornam emocionais e vulneráveis. Deixam que as imagens entrem em sua cabeça, e nem sequer refletem a respeito. Apenas as absorvem. Claro, os comerciais exercem impacto sobre nós, a despeito de nossas defesas. Imaginem então o impacto que os programas regulares exercem sobre nós quando nos encontramos numa postura bem mais receptiva?

Continuamos discutindo o tema à medida que avançávamos na leitura. Um autor enfatizou o que acontece quando a televisão se torna uma espécie de babá de crianças cujos pais não tomam cuidado com o que os filhos vêem. Afirmou que deixar as crianças assistirem à TV sem supervisão é como convidar um estranho para dentro da sua casa, por duas ou três horas todos os dias, para contar a elas histórias sobre um mundo perverso em que a violência resolve todos os conflitos e onde as pessoas, para serem felizes, só precisam da cerveja certa, de um carro veloz, de roupas e cosméticos maravilhosos, e de muito sexo. Claro, os pais não estão presentes quando tudo isso acontece, porque confiam na capacidade da televisão de manter as crianças quietas, interessadas e entretidas pelo máximo de tempo. Esse professor poderia causar um grande dano durante sua longa visita diária, plantando em suas mentes visões distorcidas, que ninguém mais poderia mudar, e causando problemas que ninguém conseguiria resolver.

Um estudo feito pelo governo norte-americano associou o hábito de assistir à televisão com obesidade, hostilidade e depressão. Nesse estudo, os pesquisadores descobriram que as pessoas que assistiam à TV por quatro horas ou mais diariamente tinham duas vezes mais probabilidade de fumar cigarros e se tornar fisicamente inativas do que aquelas que assistiam por uma hora ou menos.[2]

Depois de discutirmos o impacto negativo do excesso de televisão, nós nos voltamos para algumas das conseqüências positivas que poderiam advir se alterássemos esse hábito. Um dos artigos citava um estudo que mostrava que as famílias que restringiam as horas dedicadas à TV encontravam mais tempo para conversar em casa. Uma pessoa revelou: "Antes disso, nós víamos papai de manhã, antes de ele ir para o trabalho. Quando voltava, ele se sentava diante da TV conosco e isso era equivalente a um 'Boa noite, papai'. Agora, nós conversamos o tempo todo, estamos realmente muito mais próximos".[3]

Outro autor destacou uma pesquisa que indica que as famílias que limitaram o tempo diante da televisão a um máximo de duas horas por dia, assistindo apenas a programas cuidadosamente selecionados, constataram as seguintes mudanças significativas em seus relacionamentos familiares:

- Valores foram estabelecidos, ensinados e reforçados pela família. As famílias aprenderam a definir valores e a raciocinar em conjunto.
- Os relacionamentos entre pais e filhos adolescentes melhoraram.
- As lições de casa passaram a ser executadas com menor pressão do tempo.
- O diálogo aumentou substancialmente.
- A imaginação das crianças se reavivou.
- Cada membro da família se tornou um cuidadoso selecionador e avaliador de programas.
- Os pais voltaram a liderar suas famílias.
- Bons hábitos de leitura substituíram o da televisão.[4]

Depois que partilhamos essas informações, nós nos levantamos e saímos da sala. Cerca de uma hora mais tarde, fomos convidados a retornar para ouvirmos o veredicto. Uma de nossas filhas depois nos forneceu um relato completo do que acontecera durante aquela vitalmente importante hora.

Ela nos contou que, depois que saímos, seus irmãos imediatamente apontaram-na como mediadora do debate. Sabiam que ela advogava a favor da televisão e previram uma pronta solução.

Em princípio, a reunião foi caótica. Todos queriam falar ao mesmo tempo e expor suas opiniões o mais rápido possível para que pudessem tomar uma decisão liberal — talvez apenas diminuir um pouco o número de horas diante da TV. A fim de nos contentar, alguém sugeriu que todos prometessem executar suas tarefas em casa com alegria e fazer os deveres sem que ninguém tivesse de lembrá-los disso.

Foi então que nosso filho mais velho pediu a palavra. Todos se voltaram para escutá-lo comentar quanto os artigos o haviam impressionado. Ele confidenciou que a TV havia colocado algumas idéias em sua cabeça que não lhe agradavam, e que achava que se sentiria muito melhor se assistisse bem menos à TV. Também observou que os irmãos mais novos estavam vendo coisas ainda piores do que ele vira quando era bem pequeno.

Em seguida, um dos mais novos se pronunciou. Revelou que havia visto um filme que o fizera sentir medo na hora de dormir. Nesse ponto, a atmosfera da reunião se tornara bastante séria. À medida que as crianças continuavam discutindo o tema, um novo sentimento começou a emergir. E uma nova forma de pensar pouco a pouco ganhou vida.

Uma delas comentou:

— Acho que estamos vendo TV demais, mas não quero parar de todo de assistir à televisão. Há alguns programas de que eu gosto e realmente queria continuar vendo.

Então, as outras conversaram sobre os shows que apreciavam e não queriam perder.

Uma outra disse:

— Não acho bom estabelecer um número de horas diárias, porque há dias em que nem quero ver nada e há outros em que quero ver um pouco mais.

Então, decidiram determinar quantas horas por semana — e não por dia — seriam apropriadas. Alguns deles consideraram que vinte horas não seria exagerado; outros acharam que cinco horas seria bem melhor. Por fim, concordaram que sete horas semanais estaria bem, e encarregaram essa filha de monitorar, para garantir que a resolução seria colocada em prática.

Essa decisão revelou-se um ponto de mutação em nossa vida familiar. Começamos a interagir mais, a ler mais. Nós finalmente atingimos o ponto em que a televisão deixou de ser um problema. E hoje — com exceção dos noticiários e de ocasionais filmes e eventos esportivos — nós praticamente não ligamos o aparelho.

Ao envolvermos nossos filhos no problema, nós os fizemos participar conosco para encontrar uma solução. E como se tratava de uma decisão deles, investiram em seu sucesso. Não tivemos de nos dar ao trabalho de supervisioná-los para mantê-los na rota.

Além disso, ao partilharmos as informações sobre as conseqüências de se assistir excessivamente à TV, pudemos superar o conflito entre "do nosso jeito" ou "do seu jeito". E não só entramos nos princípios envolvidos no problema, como também acessamos a consciência coletiva de todos. Nós pudemos ajudá-los a perceber que o comprometimento com ganha/ganha significa mais do que o comprometimento com a satisfação temporária de cada um com os resultados. É um comprometimento com princípios, porque uma solução que não se baseie em princípios jamais constitui um ganho para ninguém, a longo prazo.

Um Exercício Sobre Sinergia

Se você quer saber como esse processo dos Hábitos 4, 5 e 6 pode funcionar em sua família, tente a seguinte experiência:

Escolha algum problema em que seus familiares tenham opiniões divergentes. Tente trabalhar junto com eles para responder às quatro perguntas abaixo:

1. *Qual é o problema pelo ponto de vista de cada um?* As partes devem escutar-se de verdade com a intenção de compreender, não de replicar. Ajude-as a proceder desse modo até todas terem expressado o ponto de vista umas das outras de maneira satisfatória. Faça-as concentrarem-se nos interesses, não nas posições.
2. *Quais são os pontos-chave envolvidos?* Expressadas as opiniões, e alcançada a compreensão recíproca, estimule as partes a examinar juntas o problema e a identificar os pontos que devem ser resolvidos.
3. *O que constituiria uma solução inteiramente aceitável?* Determine a rede de resultados que representaria um ganho para cada pessoa. Coloque os critérios sobre a mesa, refine-os e lhes dê prioridade para que cada uma sinta que esses critérios atendem a todas as necessidades.
4. *Que novas opções satisfariam esses critérios?* Encoraje as partes a buscar novos e criativos enfoques e soluções, por intermédio da sinergia.

Ao transitarem por esse processo, todos se surpreenderão com as novas opções que se abrem e com o entusiasmo geral que se desenvolve quando a ênfase recai sobre o problema e os resultados desejados, e não sobre as personalidades e a defesa de posições.

Um Tipo Diferente de Sinergia

Até aqui, nós nos concentramos basicamente na sinergia que ocorre quando as pessoas interagem, compreendem as necessidades e propósitos umas das outras, têm objetivos em comum, e produzem *insights* e opções que sejam realmente melhores do que os inicialmente propostos. Nós podemos afirmar que uma integração ocorreu no processo de pensamento, e que a terceira mente criou o resultado sinérgico. Chamemos esse enfoque de *transformacional*. Na linguagem da mudança nuclear, é possível comparar esse tipo de sinergia com a formação de uma substância inteiramente nova resultante das mudanças no nível molecular.

Mas existe outro tipo de sinergia. Trata-se daquela que surge por meio de uma abordagem de complementação — na qual os pontos fortes de uma pessoa compensam os pontos fracos de outra, e vice-versa. Ou seja, as duas trabalham juntas como um time, mas não há esforço para integrar seus processos de pensamento na produção de soluções melhores. Esse tipo de sinergia pode ser chamado de *transacional mais*. Novamente em linguagem nuclear, as propriedades características da substância permanecem imutáveis, e seria sinérgico num sentido diferente. Na sinergia *transacional mais*, a cooperação entre as pessoas envolvidas — e não a criação de algo novo — constitui a essência do relacionamento.

> *Na sinergia transacional mais, a cooperação entre as pessoas envolvidas — e não a criação de algo novo — constitui a essência do relacionamento.*

Essa abordagem requer uma significativa autoconsciência. Quando uma pessoa tem consciência de um ponto fraco, isso lhe confere a humildade suficiente para buscar o ponto forte de alguém para compensar. Esse ponto fraco, então, transforma-se em forte, porque possibilita a ocorrência de complementaridade. Entretanto, quando as pessoas não têm consciência de suas fraquezas e agem como se seus pontos fortes fossem suficientes, estes se transformam em fracos — acarretando a própria anulação por falta de complementaridade.

Por exemplo, se os pontos fortes de um marido são sua coragem e iniciativa, mas a situação requer empatia e paciência, então esses pontos fortes se transformam em fracos. Se os pontos fortes de uma esposa são sensibilidade e paciência, e a situação requer decisões e atitudes firmes, seus pontos fortes se transformam em fracos. Mas, se marido e mulher tiverem consciência de seus pontos fortes e fracos e humildade para trabalhar em conjunto, como um time complementar, seus pontos fortes serão bem empregados e seus pontos fracos se tornarão irrelevantes — e um resultado sinérgico ocorrerá.

Certa vez, trabalhei com um executivo que estava absolutamente carregado de energia positiva, mas o diretor a quem ele se reportava estava cheio de energia negativa. Quando o questionei a esse respeito, ele respondeu:

— Eu encaro como minha responsabilidade descobrir o que está faltando no meu chefe e suprir a deficiência. Meu papel não é criticá-lo, mas complementá-lo.

A escolha desse senhor de ser interdependente exigiu grande segurança pessoal e independência emocional. Maridos e mulheres, bem como pais e filhos, podem fazer o mesmo uns com os outros. Em resumo, complementaridade significa que nós decidimos ser uma luz, não um juiz; um modelo, não um crítico.

Quando as pessoas são receptivas a *feedback* acerca de seus pontos fortes e fracos — e quando têm segurança interna suficiente para que o *feedback* não as destrua emocionalmente, e humildade para reconhecer os pontos fortes do outro e trabalhar em equipe —, coisas maravilhosas começam a acontecer. Voltando à metáfora do corpo: a mão não pode substituir o pé, nem pode a cabeça tomar o lugar do coração. Todos trabalham de forma complementar.

Isso é exatamente o que acontece numa grande equipe esportiva ou numa grande família. E requer muito menos interdependência intelectual do que a outra forma de sinergia. Talvez requeira também um pouco menos de interdependência emocional, mas também demanda grande autoconsciência e consciência social, segurança interna e humildade. Na verdade, você pode dizer que essa humildade constitui a parte a *"mais"* entre as duas partes, aquela que possibilita a complementaridade. A energia transacional *mais* é provavelmente a forma mais comum de cooperação criativa, e acessível ao aprendizado até das crianças menores.

Nem Todas as Situações Requerem Sinergia

Nem todas as decisões da família requerem sinergia. Por meio de sinergia, Sandra e eu chegamos a um método que descobrimos constituir um modo bastante eficaz de tomar decisões sem sinergia. Um de nós simplesmente pergunta ao outro: "Qual é a sua nota?" Isso significa: "Numa escala de um a dez, qual a importância que isso tem para você?" Se um responder: "A minha é nove", e o outro replicar: "A minha é mais ou menos três", então nós seguimos a abordagem da pessoa para quem o assunto assume maior importância. Se nós dois dissermos cinco, podemos fechar rapidamente um acordo. Para fazer isso funcionar, nós dois concordamos que seremos sempre honestos um com o outro sobre a posição na escala.

> "Numa escala de um a dez, qual a importância que isso tem para você?"

Nós temos o mesmo tipo de acordo com os nossos filhos. Se, ao entrarmos no carro, cada um quiser ir a um lugar diferente, nós às vezes perguntamos:

— Que importância isso tem para você? Qual é a sua nota na escala de um a dez?

Então, nós todos tentamos mostrar respeito por aqueles para quem a questão é realmente importante. Em outras palavras, nós tentamos desenvolver um tipo de democracia que mostre respeito pela profundidade do sentimento por trás da opinião ou desejo de uma pessoa, de modo que seu voto tenha um peso maior.

O Fruto da Sinergia não Tem Preço

Esse processo dos Hábitos 4, 5 e 6 é uma poderosa ferramenta para resolução de problemas. E revela-se extremamente útil na elaboração de declarações de missão familiar e agradáveis tempos da família. Por essa razão, com freqüência eu ensino os Hábitos 4, 5 e 6 *antes* de ensinar os Hábitos 2 e 3. Os Hábitos 4, 5 e 6 abrangem todo um leque de necessidades de sinergia na família — desde as pequenas decisões cotidianas até os problemas mais profundos, com maior potencial de conduzir a rupturas e mais emocionalmente carregados. Certa vez, eu estava treinando duzentos alunos de administração de empresas numa universidade do leste, e estudantes de várias faculdades, além de inúmeros outros convidados, também se achavam presentes. Nós escolhemos o mais árduo, delicado e vulnerável dos temas que eles puderam sugerir: aborto. Duas pessoas foram para a frente da sala de aula — uma pessoa a favor da vida e uma a favor do direito de escolha, ambas bastante convictas de suas posições. Sua tarefa consistia em interagir uma com a outra na frente de mais de duzentos espectadores. Eu estava lá para insistir que eles praticassem os hábitos da interdependência eficaz: pensar em ganha/ganha, procurar primeiro compreender, e usar sinergia. O diálogo abaixo resume a essência do intercâmbio:

— Vocês desejam buscar uma solução ganha/ganha?

— Não sei que solução seria essa. Eu não acho que ela...

— Espere um minuto. Vocês não vão perder. Ambos vão ganhar.

— Mas como pode ser isso? Se um de nós ganhar, o outro perderá.

— Vocês desejam encontrar uma solução que os satisfaça, que seja até melhor do que qualquer uma em que estejam pensando agora? Lembrem-se de não fazer concessões. Não cedam e não transijam. A solução tem de ser melhor.

— Não vejo que solução seria essa.

— Compreendo. Ninguém conhece a melhor solução? Vocês terão de criá-la.

— Eu não farei concessões!

— Claro que não. Agora, lembrem-se: procurem primeiro compreender. Você não pode defender a sua tese até expressar a tese dele de modo que o satisfaça.

No início do diálogo, ambos se interrompiam constantemente.

— É. Mas você não percebe que...

Eu interferi:

— Espere um minuto! Eu não sei se a outra pessoa se sentiu compreendida. Você se sente compreendida?

— Absolutamente não.

— Tudo bem. Defenda a sua idéia.

Você não acreditaria na ansiedade daqueles dois. Não conseguiam escutar. Um havia julgado o outro desde o começo porque haviam assumido posições contrárias.

Depois de uns quarenta e cinco minutos, finalmente começaram a escutar de verdade, e isso exerceu um grande efeito sobre eles — pessoal e emocionalmente — e sobre a audiência. À medida que escutavam de modo receptivo e empático as necessidades, medos e sentimentos subjacentes suscitados por esse delicado tema, todo o espírito da interação mudou. Os dois começaram a sentir-se envergonhados por se terem julgado e rotulado, e por terem condenado todos aqueles que pensassem de modo diferente. Aquelas duas pessoas na frente da sala tinham lágrimas nos olhos, e muitas outras na platéia, também. Depois de duas horas, cada parte disse da outra:

— Nós não tínhamos idéia sobre o que significava escutar! Agora compreendemos por que eles se sentem do modo como se sentem.

Ninguém ali realmente aprovava o aborto, exceto em casos excepcionais, mas todos estavam apaixonadamente preocupados com as necessidades pungentes e o profundo sofrimento das pessoas envolvidas nessas situações. E queriam resolver o problema da melhor maneira possível — da maneira que achavam que de fato satisfaria todas as necessidades.

Quando abdicaram de suas posições para se escutarem e compreenderem as preocupações e intenções um do outro, os dois debatedores puderam começar a trabalhar juntos na busca de soluções. De seus diferentes pontos de vista criou-se uma inacreditável sinergia, e eles ficaram atônitos com as idéias sinérgicas que resultaram da interação. Encontraram inúmeras alternativas criativas, incluindo novos *insights* sobre prevenção, adoção e educação.

Não existe tema que não possa ser tratado com comunicação sinérgica, desde que se empreguem os Hábitos 4, 5 e 6. Você viu como o respeito mútuo, a compreensão e a cooperação criativa se entrelaçam. E descobrirá que existem níveis diferentes em cada um desses hábitos. Uma profunda compreensão conduz ao respeito mútuo, e este leva a um nível ainda mais profundo de compreensão. Se você persistir, abrindo cada porta nova que se oferece, mais e mais criatividade é liberada e uniões ainda maiores ocorrem.

Um dos motivos por que esse processo funcionou com os alunos do curso de administração de empresas foi que cada um da platéia se envolveu, atribuindo todo um nível novo de responsabilidade para os dois na frente da sala. O mesmo ocorre na família, quando os pais percebem que estão fornecendo o modelo mais fundamental de resolução de problemas para seus filhos. A consciência de essa função nos permitir erguer-nos acima das nossas inclinações ou sentimentos menos eficazes para trilharmos o caminho mais elevado — o da busca da verdadeira compreensão e de criativas terceiras alternativas.

O processo de criação de sinergia, além de ser desafiador e emocionante, funciona. Mas não desanime se não conseguir resolver seus problemas mais profundos da noite para o dia. Lembre-se de quão vulneráveis todos nós somos. Se surgirem impasses nos desafios mais árduos e emocionais, talvez seja o caso de você os colocar de lado por algum tempo e retomá-los mais tarde. Comece pelos problemas mais simples. Pequenas vitórias conduzem a vitórias maiores. Não force o processo e não pressione o outro. Se necessário, volte para as pequenas dificuldades.

> Pequenas vitórias conduzem a vitórias maiores. Não force o processo e não pressione o outro. Se necessário, volte para as pequenas dificuldades.

E não fique frustrado se, no momento, a sinergia parece o "sonho impossível" dentro do seu relacionamento. Eu descobri que às vezes, quando se dão conta da qualidade que uma relação verdadeiramente sinérgica pode ter, as pessoas acreditam que jamais chegarão a esse nível de excelência com o cônjuge, e que sua única esperança de vivenciar algo tão maravilhoso é mudar de parceiro. Mas, uma vez mais, lembre-se do bambu chinês. Trabalhe em seu Círculo de Influência. Pratique esses hábitos em sua vida. Seja uma luz, não um juiz; um modelo, não um crítico. Partilhe o seu aprendizado. Pode demorar semanas, meses, ou até mesmo anos de paciência e resignação. Mas, com raras exceções, a sinergia finalmente acontece.

Jamais caia na armadilha de permitir que dinheiro ou bens materiais, ou *hobbies* pessoais, tomem o lugar de um relacionamento rico e sinérgico. Assim como as gangues se tornam substitutos da família para os jovens, essas coisas podem tornar-se substitutas da sinergia. Mas são substitutas pobres, que podem conferir um alívio temporário, mas jamais uma satisfação profunda e duradoura. Esteja sempre consciente de que a felicidade não vem do dinheiro, dos bens materiais ou da fama, mas sim da qualidade dos relacionamentos com as pessoas que você ama e respeita.

Quando começar a estabelecer o padrão de cooperação criativa na sua família, sua capacidade aumentará. O seu "sistema imunológico" ficará mais forte. Os laços entre vocês se estreitarão. As suas experiências positivas lhes darão uma perspectiva inédita para lidar com os desafios e oportunidades. Curiosamente, o seu uso desse processo aumentará o seu poder e capacidade de transmitir a mais preciosa mensagem que se pode enviar, especialmente para uma criança: "Não existe circunstância ou condição em que eu desista de você. Estarei ao seu lado e do seu lado haja o que houver". De maneira diferente de qualquer outra, isso afirmará a mensagem: "Eu amo e valorizo você incondicionalmente. Para mim, seu valor é infinito, e jamais deve ser alvo de comparação".

O fruto e a união da verdadeira sinergia não têm preço.

Compartilhando Este Capítulo com Adultos e Adolescentes

Aprendendo sobre Sinergia
- Discuta o significado de "sinergia". Pergunte: "Que exemplos de sinergia você vê no mundo ao seu redor?" As respostas podem incluir: duas mãos trabalhando juntas; dois pedaços de madeira suportando um peso maior do que cada um poderia suportar sozinho; seres vivos funcionando juntos sinergicamente no meio ambiente.
- Pergunte: "A nossa família opera sinergicamente? Nós celebramos as diferenças? Como poderíamos melhorar?"
- Considere o seu casamento. Que diferenças inicialmente os atraíram um para o outro? Essas diferenças se transformaram em irritação ou se tornaram um trampolim para a sinergia? Explorem em conjunto a questão: "De que maneiras somos melhores juntos do que separados?"
- Discuta a idéia do sistema imunológico familiar. Pergunte: "Nós encaramos os problemas como obstáculos a serem superados ou como oportunidades para crescermos?" Discuta a idéia de que os desafios constroem o seu sistema imunológico.
- Pergunte: "De que maneira nós satisfazemos nossas quatro necessidades básicas — viver, amar, aprender e deixar um legado? Em que áreas precisamos melhorar?"

Experiências de Aprendizado da Família
- Reveja a seção intitulada "Nem Todas as Situações Requerem Sinergia". Desenvolva uma abordagem para tomar decisões familiares cooperativas sem sinergia. Como uma família, faça o "Exercício de Sinergia".

- Conduza algumas experiências divertidas que mostrem que é muito mais fácil realizar uma tarefa com a ajuda de outra pessoa. Por exemplo, tente arrumar uma cama, carregar uma caixa pesada ou erguer uma mesa grande com uma das mãos. Então, convide outros para participar e ajudar. Use a sua imaginação e invente suas próprias experiências para demonstrar a necessidade de sinergia.

COMPARTILHANDO ESTE CAPÍTULO COM CRIANÇAS

- Faça de conta que você está "confinado" em sua casa por um mês inteiro só com a sua família. Pergunte: "Que tipo de sinergia familiar está disponível para que nós possamos enfrentar — e até apreciar — o desafio?" Crie uma lista de contribuições que cada membro da família poderia dar:

MAMÃE	PAPAI	SPENCER	LORI	VOVÓ
Cozinha bem	Conserta tudo	Divertido para brincar	Toca piano	Conta ótimas histórias
Costura bem	Adora ler para nós	Adora esportes	Lida bem com crianças	Toca violino
Adora artesanato	Gosta de jogos	Gosta de arte	Faz bolos deliciosos	Faz tortas incríveis
Anda de bicicleta	Gosta de pescar	Gosta de caçar	Organiza bem	Foi enfermeira

- Faça algumas experiências que ensinem a força da sinergia, tais como estas: Experiência 1: Peça a um de seus filhos para amarrar os sapatos com uma mão só. Não dá para fazer! Então, peça a outro membro da família para ajudá-lo com uma mão. Funciona! Saliente como duas pessoas trabalhando juntas podem fazer mais do que uma — ou mesmo duas — trabalhando em separado. *Experiência 2*: Dê aos seus filhos um palito de sorvete. Peça-lhes para quebrá-lo. Eles provavelmente conseguirão. Agora, dê-lhes quatro ou cinco palitos presos uns nos outros e peça-lhes para quebrá-los. Provavelmente não conseguirão. Use isso como ilustração para ensinar que a família unida é mais forte do que qualquer um de seus membros sozinho.

- Partilhe a experiência sobre a decisão acerca da TV. Decida sinergicamente quais seriam as regras na sua casa em relação à televisão.
- Peça aos seus filhos para trabalharem juntos na criação de um pôster para a família.
- Deixe as crianças planejarem uma refeição juntas. Se tiverem idade suficiente, deixe-as prepará-la também. Estimule-as a fazer pratos como sopa, salada de fruta ou um ensopado em que a mistura de vários ingredientes diferentes cria algo inédito e saboroso.
- Planeje uma noite do talento com a sua família. Convide todos os parentes para partilharem seus talentos musicais ou para a dança, para oferecerem uma *performance* esportiva, um livro de recortes de jornais, redações, desenhos, trabalhos em madeira, ou coleções. Saliente como é maravilhoso que todos tenhamos coisas diferentes para oferecer e que uma parte importante na criação de sinergia é aprender a apreciar os pontos fortes e os talentos dos outros.

HÁBITO 7
AFINE O INSTRUMENTO

Um senhor divorciado relatou a seguinte experiência:

Durante o nosso primeiro ano de casamento, minha esposa e eu passávamos bastante tempo juntos. Saíamos para caminhar no parque, andávamos de bicicleta, íamos ao lago. Tínhamos nossos momentos especiais juntos, só nós dois, e era realmente maravilhoso.

O ponto de ruptura sobreveio quando nos mudamos para um lugar diferente e nos envolvemos em carreiras separadas. Ela trabalhava no turno da noite e eu, durante o dia. Às vezes, passávamos dias sem nos ver. Nosso relacionamento entrou num lento processo de desintegração. Minha esposa começou a construir seu círculo de amizades e eu, o meu. Gradualmente, nos fomos afastando porque não cuidamos da nossa amizade.

Entropia

Em física, "entropia" significa que qualquer coisa, quando

abandonada a si mesma, se desintegra até finalmente alcançar sua forma mais elementar. O dicionário define entropia como "a constante degradação dum sistema ou sociedade".*

Isso ocorre em todos os setores da nossa vida, e todos sabemos disso. Negligencie o seu corpo e ele se deteriorará. Negligencie o seu carro, e ele se deteriorará. Fique na frente da TV todas as suas horas disponíveis e sua mente se deteriorará. Qualquer coisa que não seja conscientemente atendida e renovada se quebrará, se desordenará e deteriorará. "Use-o ou perca-o" é a máxima.

Richard L. Evans expressou do seguinte modo:

Todas as coisas necessitam de atenção, trabalho e cuidado, e casamento não é exceção. O casamento não deve ser tratado com indiferença ou maltratado, nem é algo que simplesmente cuide de si mesmo. Nada que seja negligenciado permanece como foi ou é, ou deixará de se deteriorar. Todas as coisas precisam de atenção, cuidado e preocupação, especialmente o mais sensível de todos os relacionamentos da vida.[1]

Do mesmo modo, a cultura familiar requer constantes depósitos na Conta Bancária Emocional apenas *para mantê-la como está agora*, porque você está lidando com relacionamentos duradouros e expectativas permanentes. E, a menos que essas expectativas sejam satisfeitas, a entropia ocorrerá. Os velhos depósitos se evaporarão. O relacionamento se tornará mais pomposo, mais formal, mais frio. E *melhorá-lo* exige novos depósitos criativos.

Imagine como o efeito entrópico se multiplica sob a pressão das forças ambientais das turbulências físicas e sociais em que navegamos.

> Todas as famílias devem investir tempo na própria renovação nas quatro áreas principais da vida: física, social, mental e espiritual.

---

* Definição do *Novo Dicionário Aurélio da Língua Portuguesa*: "Medida da quantidade de desordem dum sistema". (N. do T.)

É por isso que é necessário para todas as famílias investir tempo na própria renovação nas quatro áreas principais da vida: física, social, mental e espiritual.

Imagine por um instante que você está tentando derrubar uma árvore. Está cortando seu grande e largo tronco com uma serra. Para a frente e para trás, para a frente e para trás você empurra e puxa a pesada serra. E trabalha o dia inteiro. Mal pára por um instante. Trabalha e sua, e agora já serrou metade do tronco. Mas se sente tão cansado que não sabe se agüentará mais cinco minutos. Você pára um instante para recuperar o fôlego.

Então, olha para o lado e vê outra pessoa a poucos metros, que também está derrubando uma árvore. Você não acredita nos próprios olhos! Essa pessoa já serrou praticamente todo o tronco da árvore! Começou mais ou menos na mesma hora que você, e sua árvore tem aproximadamente o mesmo tamanho, mas ela parou para descansar de hora em hora, enquanto você continuou trabalhando. Agora já praticamente terminou, e você só está na metade.

— O que está havendo? — você pergunta com incredulidade.
— Como conseguiu fazer bem mais do que eu? Nem trabalhou o tempo todo, como eu, pois parou para descansar de hora em hora. Como é que pode?

A pessoa se vira, sorri e replica:
— É, você me viu parar de hora em hora para descansar, mas o que não viu foi que, quando eu parava, aproveitava para afiar a serra!

Afinar o instrumento significa cuidar com regularidade e coerência da renovação em todas as quatro dimensões da vida. Se o instrumento for afinado de forma adequada, coerente e equilibrada, todos os outros hábitos serão cultivados, uma vez que a renovação implica sua utilização.

Voltando à metáfora do avião, este hábito satisfaz a necessidade de constante abastecimento e manutenção do avião para o contínuo aperfeiçoamento do treinamento e do nível de capacidade dos pilotos e da tripulação.

Recentemente, tive duas experiências bastante instrutivas — um vôo num F-15 e uma visita ao submarino nuclear *Alabama*. Eu estava abismado com a profundidade e quantidade de treinamento que se exigia mesmo dos mais veteranos pilotos profissionais e marinheiros. A ordem era manter-se atualizado e pronto para a ação.

Na noite anterior ao vôo no F-15, eu fui submetido a todo um processo de colocação dos trajes. Vesti um uniforme completo e fui instruído sobre todos os aspectos do vôo e dos procedimentos de emergência, caso algo desse errado. Todos passaram pelo mesmo adestramento, independentemente do nível de experiência. Quando aterrissamos, os homens efetuaram um exercício de vinte minutos envolvendo armar e preparar o avião. Esse exercício demonstrou um incrível nível de habilidade, velocidade, interdependência e inovação.

Também no submarino nuclear ficou evidente que o treinamento era permanente — tanto dos procedimentos básicos como dos novos e de toda a tecnologia. O objetivo era proporcionar aperfeiçoamento e atualização constantes.

Esse nível de investimento na renovação reafirmou para mim quanto a prática constante permite reações rápidas no momento de necessidade. Também corroborou a importância de ter um objetivo compartilhado na mente, e me mostrou que a força do propósito deles transcendia a monotonia da repetição.

Mais uma vez fui lembrado da importância e do impacto do Hábito 7, afinar o instrumento, em todos os aspectos da vida.

O Poder da Renovação Interdependente

Existem muitas maneiras de você e sua família se envolverem na renovação "afinando o instrumento", tanto de modo independente quanto interdependente.

Independentemente, você se exercita, ingere alimentos saudáveis e gerencia o estresse (físico). Você faz novas amizades regularmente, presta serviços e auxílio, é empático e cria sinergia (social). Você lê, visualiza, planeja, escreve, desenvolve talentos e adquire novas habilidades (mental). Você reza, medita, lê literatura sacra ou inspiradora e renova a sua conexão e comprometimento com princípios (espiritual). Fazer alguma coisa independentemente todos os dias em cada uma dessas áreas o ajudará a construir a sua capacidade individual e a regenerar a sua capacidade de praticar os Hábitos 1, 2 e 3 (Seja Proativo, Comece com o Objetivo em Mente, Primeiro o Mais Importante) em sua vida.

RENOVAÇÃO PESSOAL

FÍSICO
Exercitar-se, Ingerir alimentos saudáveis, Gerenciar estresse

SOCIAL/EMOCIONAL
Fazer amizades, Prestar serviços, Escutar empaticamente, Criar sinergia

ESPIRITUAL
Meditar, Rezar, Ler literatura social ou inspiradora, Religar-se a princípios

MENTAL
Ler, Visualizar, Planejar, Escrever, Desenvolver talentos, Adquirir novas habilidades

Observe que essas atividades são todas intrínsecas, não extrínsecas; em outras palavras, nenhuma delas se baseia em nenhuma forma de comparação com outras pessoas. Todas desenvolvem um senso intrínseco de valor pessoal e familiar que é independente dos outros no meio ambiente — mesmo que se manifeste em relacionamentos e no meio ambiente. Também observe como cada uma se encontra dentro do Círculo de Influência pessoal ou familiar.

Além disso, numa família, qualquer atividade renovadora realizada em conjunto também solidifica relacionamentos. Por exemplo, os membros da família que praticam exercícios juntos não só desenvolvem força e resistência físicas individuais, como também estreitam seus laços por intermédio dessa atividade física. Quando lêem juntos, multiplicam tanto o aprendizado quanto os laços que os unem por meio da discussão, da sinergia e de "pegar carona" nas idéias. Ao rezarem juntos fortalecem a fé uns dos outros, bem como a própria. Tornam-se mais unidos e conectados à medida que se juntam numa expressão sagrada do que é importante para todos.

Considere quanto os tempos um a um com o cônjuge ou com os filhos renovam o relacionamento. Precisamente porque demandam tanto comprometimento e energia proativa — em especial quando há uma dúzia de outras atividades que você tem de colocar de lado —, essas ocasiões demonstram quanto você valoriza essa pessoa.

Considere o relacionamento íntimo entre marido e mulher. Quando é mais do que física — quando é emocional, social, mental e espiritual —, a intimidade pode alcançar novas dimensões da personalidade humana e satisfazer algumas das necessidades mais profundas dos dois parceiros, de uma forma insuperável. Além da procriação, que é um de seus propósitos centrais. A intimidade requer tempo e paciência, respeito e cuidado, comunicação honesta e até mesmo orações. Mas as pessoas que negligenciam a abordagem total e lidam apenas com o aspecto físico jamais conhecerão o incomensurável nível de união e satisfação que se pode conquistar quando as quatro dimensões são abrangidas.

Considere o "tempo da família". Quando é planejado e preparado, e todos estão sinceramente envolvidos em ensinar valores, em atividades divertidas, em partilhar talentos, em rezar, em preparar delícias para comer, e assim por diante, então todas as quatro dimensões são integradas, expressadas e renovadas.

Quando ocorrem esses tipos de renovação, de solidificação de relacionamentos, de atividades que afinam o instrumento, toda a dinâmica da cultura familiar se eleva.

A Essência da Renovação Familiar: Tradições

De certa forma, pode-se dizer que, além de renovar os relacionamentos interpessoais, a família em si deve constantemente nutrir sua consciência coletiva, sua vontade social, consciência social e visão compartilhada. Essencialmente, é esse o Hábito 7 na família. Esses padrões repetidos da renovação familiar são chamados de tradições.

As tradições familiares incluem rituais, comemorações e eventos significativos promovidos na família. Elas nos ajudam a compreender quem somos nós: que somos parte de uma família que constitui uma unidade forte, em que nos amamos mutuamente, que respeitamos e honramos uns aos outros, que comemoramos o aniversário de cada um e os eventos especiais, e criamos memórias positivas para todos.

Por meio das tradições, reforçamos a conexão da família. Proporcionamos uma sensação de integração, de amparo, de compreensão. Nós nos comprometemos uns com os outros. Todos fazemos parte de algo que é maior do que cada um de nós sozinho. Expressamos e mostramos lealdade uns com os outros. Necessitamos ser necessários, precisamos ser desejados e ficamos felizes por fazer parte da família. Quando pais e filhos cultivam tradições, elas lhes são significativas — cada vez que se voltarem para as tradições, estas renovarão a energia emocional e constituirão um elo com o passado.

Na verdade, se eu tivesse de definir com uma palavra a essência da construção dessa conta e de afinar o instrumento em todas as quatro dimensões da família, a palavra poderia ser "tradições". Apenas pense que tradições, como os "tempos da família" e os de convivência um a um, regeneram a sua família em todas as quatro áreas, de forma ininterrupta.

Em nossa família, a tradição das "noites familiares" e tempos um a um — especialmente quando as crianças marcam na agenda — tem sido provavelmente a parte mais enriquecedora, renovadora e coesiva da nossa vida familiar ao longo dos anos. É o que afina o instrumento da nossa família. E mantém a cultura concentrada na diversão, na constante renovação dos nossos comprometimentos com os nossos valores centrais, e em escutar profundamente e expressar inteiramente.

Neste capítulo, nós examinaremos inúmeras outras tradições que servem para afinar o instrumento. Quero deixar claro logo de início que as tradições que partilhamos em nossa família são significativas para nós. Você pode ter outras tradições na sua família que talvez nada tenham a ver com as nossas. Tudo bem. Não é minha intenção ensinar o nosso modo de fazer isso ou insinuar que o nosso seja melhor. Estou simplesmente tentando salientar a importância de manter algumas tradições renovadoras na cultura familiar, e uso algumas da nossa própria experiência para ilustrar.

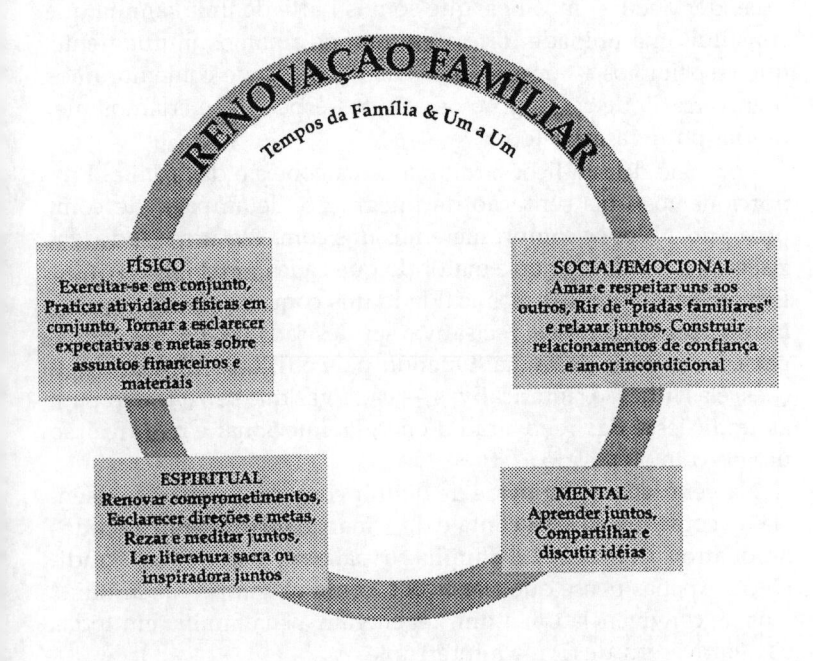

RENOVAÇÃO FAMILIAR
Tempos da Família & Um a Um

FÍSICO
Exercitar-se em conjunto, Praticar atividades físicas em conjunto, Tornar a esclarecer expectativas e metas sobre assuntos financeiros e materiais

SOCIAL/EMOCIONAL
Amar e respeitar uns aos outros, Rir de "piadas familiares" e relaxar juntos, Construir relacionamentos de confiança e amor incondicional

ESPIRITUAL
Renovar comprometimentos, Esclarecer direções e metas, Rezar e meditar juntos, Ler literatura sacra ou inspiradora juntos

MENTAL
Aprender juntos, Compartilhar e discutir idéias

Você precisará decidir quais tradições realmente representam o espírito da sua cultura familiar. O ponto principal é que as tradições renovadoras da família o ajudarão a criar e nutrir uma boa cultura familiar, que o incentivará a se manter na rota e a corrigir o curso sempre que houver desvios. Essas idéias são partilhadas na esperança de estimulá-los a refletir e discutir em família sobre quais tradições vocês querem criar ou fortalecer na sua cultura familiar.

Jantares Familiares

Todos temos de comer. O caminho para o coração, para a

mente e para a alma freqüentemente passa pelo estômago. É preciso reflexão cuidadosa e determinação, mas é possível organizar refeições significativas — tempos sem televisão, sem engolir a comida rapidamente porque se está com pressa. E não precisa dar tanto trabalho assim, especialmente se todos dividirem as tarefas de preparação dos alimentos e da limpeza posterior.

As refeições familiares são importantes — mesmo que você tenha apenas uma refeição com toda a família por semana, e que esta constitua o "tempo da família". Se a refeição for significativa, divertida e bem preparada, a mesa se tornará uma espécie de altar, em vez de um simples móvel onde se come.

Marianne Jennings, professora de estudos legais e éticos da Universidade Estadual do Arizona, escreveu um artigo em que comenta, baseada na própria experiência, como é vital a mesa da cozinha para a vida familiar. Observe como todas as quatro dimensões — física, social, mental e espiritual — estão presentes.

Eu cortei o tecido para o meu vestido de casamento no mesmo lugar em que decorei as regras da ortografia. No mesmo lugar em que comia biscoitos Archway todos os dias, depois da escola. E foi onde me preparei para o meu SAT*. Meu futuro marido era atormentado impiedosamente no mesmo lugar. Muito de tudo o que aprendi e que me é tão caro está indissoluvelmente ligado à mesa da cozinha. Essa peça de mobiliário, gasta e arranhada, era uma pequena parte física do meu lar. Contudo, quando me lembro de tudo o que fizemos ali, percebo que foi a chave para a vida que tenho hoje.

Todas as noites, na minha juventude, foi sentada à mesa da cozinha que comentei os acontecimentos do dia. "Quando virá o próximo boletim?" "Você arrumou aquela bagunça do porão?" "Estudou piano hoje?"

Se quisesse jantar, era obrigada a aceitar o interrogatório que o acompanhava, o qual sem dúvida violaria meus direitos de Miranda**, caso eu tivesse feito algo mais grave do que tentar dar banho no periquito dos

---

* SAT, sigla em inglês de "Scholastic Aptitude Test" (Teste de Aptidão Acadêmica). (N. do T.)
** Lei Miranda — Lei da Suprema Corte dos EUA (Miranda v. Arizona, 1966), que garante aos cidadãos a informação, no momento de sua prisão, sobre seu direito de ficar em silêncio e constituir advogado. (N. do T.)

vizinhos. Não havia como escapar da confrontação noturna e da cobrança das minhas responsabilidades.

Mas aquela mesa da cozinha não constituía apenas uma fonte de medo, era também o "meu cobertorzinho de segurança". Não importava quanto me sentisse desanimada por causa dos "sapos que engolira" durante o dia, a mesa da cozinha e os adultos que dela cuidavam estavam lá todas as noites para me consolar e amparar.

O medo gerado pela crise dos mísseis cubanos e meu quarto exercício de treinamento contra ataque aéreo numa única semana desapareceu na certeza diária de uma família reunida em torno daquela mesa, sobre a qual havia pêssegos enlatados Del Monte, rosquinhas em forma de trevo e margarina. Não importava a agenda do dia ou suas exigências, a mesa da cozinha nos reunia para a "chamada" das seis horas todas as noites.

E, depois de concluir a minha enfadonha tarefa de lavar os pratos numa época em que as máquinas de lavar louça eram uma novidade, eu voltava para a mesa, agora para "queimar as pestanas" com o dever de casa. Eu lia as história de Dick, Jane e Spot em voz alta para o meu pai, que então fazia a "lição de casa" dele, enquanto eu escrevia e reescrevia as tabuadas que decorava diariamente.

Todas as manhãs, aquela mesa me enviava para o mundo, alimentada e severamente inspecionada — unhas limpas e roupas Bobbie Brooks bem passadas. Ninguém saía da mesa sem uma revisão dos eventos e tarefas marcados para o dia. A mesa da cozinha nutria. Era a minha constante em meio às inseguranças dos dentes encavalados, do fato de ter mais sardas do que pele, da reunião de grupo de geografia sobre as capitais dos Estados.

Anos se passaram desde os meus dias de casaco de lã Black Watch e meias soquetes brancas. A vida me brindou com mais desafios, alegrias e amor do que eu poderia sonhar quando as minhas pernas tremiam debaixo da mesa da cozinha sob o interrogatório dos meus pais. Quando volto à casa deles para visitá-los, sempre me demoro depois do café da manhã para desfrutar sua companhia em torno da mesa da cozinha. Depois do jantar, a louça espera enquanto meu pai e eu discutimos de tudo, desde o leilão de um imóvel de Jackie Onassis até as novas técnicas de adestramento de cães.

E então, pouco depois de devolvermos à cozinha sua condição de imaculada limpeza de antes do jantar, meus filhos voltam. Nós nos sentamos juntos, três gerações, diante de sorvetes de Breyer com calda derretida Hershey, e integro esses novos rostinhos à velha mesa da cozinha.

Então, eles contam ao vovô sobre seus testes de soletração e sobre as palavras que erraram. E o vovô me denuncia:
— Sua mãe errava as mesmas palavras. Nós nos sentávamos bem aqui e fazíamos uma revisão geral. Ela continuava errando.
O problema talvez esteja nos genes. Ou talvez na mesa da cozinha. O simples e mágico lugar onde aprendi responsabilidade e senti amor e segurança.
Quando luto todas as noites para reunir as crianças, espalhadas pelos quatro cantos da vizinhança, para jantar à mesa da minha cozinha, pergunto-me por que simplesmente não os mando para seus quartos com um prato de pastelão de galinha e o programa A Roda da Fortuna *na TV. Não faço isso porque lhes estou dando o presente da mesa da cozinha.*
Em todos os tratados sobre educação de filhos, em todos os estudos psicológicos sobre desenvolvimento infantil, e em todas as informações sobre auto-estima, esse humilde segredo da educação dos filhos permanece esquecido.
Uma pesquisa recente revelou que apenas metade dos nossos adolescentes janta regularmente com os pais. Noventa e oito por cento das alunas do segundo grau que moram com os pais vão para a faculdade. As adolescentes que não jantam com suas famílias têm uma probabilidade quatro vezes maior de manter relações sexuais antes do casamento.
No ano passado, minha filha disse que, em sua classe, só ela e uma colega tinham o hábito de jantar todas as noites com a família, à mesa da cozinha.
Ambas são as melhores alunas da turma. As outras crianças, minha filha explicou, "descongelam alguma coisa no microondas e então vão comer no quarto, assistindo à TV". Elas não têm companhia, nem interrogatórios — apenas A Roda da Fortuna *e as notas que não conseguiram. Como é triste o fato de que nem todas as crianças têm a vida tocada pelo milagre da infância. Existe algo especial acerca da mesa da cozinha.*[2]

Observe como as tradições envolvendo a mesa da cozinha são renovadoras para essa senhora e sua família. São renovadoras em termos físicos — mas também em termos mentais, espirituais e sociais.

Conheço uma família que promove a renovação espiritual em seus jantares colocando sua missão na parede junto da mesa de jantar. Eles freqüentemente conversam sobre algum aspecto da missão quando comentam os desafios do dia. Um bom percentual de família se renova espiritualmente rezando antes das refeições.

Muitas famílias também realizam sua renovação mental no jantar da família, aproveitando-o para partilhar o que aprenderam durante o dia. Sei de uma família que organiza "discursos de um minuto" durante o jantar. Eles fornecem um tema para um membro da família — qualquer coisa, desde honestidade aos eventos mais engraçados que aconteceram naquele dia — e a pessoa fala por um minuto. Isso não só propicia conversas interessantes e mantém todos entretidos, freqüentemente provocando "ataques de riso", mas também desenvolve habilidades mentais e verbais.

Outra família mantém uma estante de enciclopédias perto da mesa de jantar. Quando alguém faz uma pergunta, eles procuram a resposta na hora. Certa vez, receberam a visita de um senhor de Delaware que, no meio da conversa, mencionou que seu Estado era muito pequeno.

— Qual é a área? — alguém indagou. Então, correram para a enciclopédia e descobriram que Delaware tem 5.328 quilômetros quadrados.

— Isso é muito ou pouco? — outra pessoa perguntou. Pesquisaram outros Estados. Descobriram que a área do Estado de Alabama era de aproximadamente 133.667 quilômetros quadrados — 26 vezes maior que a de Delaware. O Texas, então, era 131 vezes maior que Delaware. E, é claro, Delaware era um gigante comparado com Rhode Island, que só tinha 3.144 quilômetros quadrados!

Há tantas coisas para sabermos! Quanto um passarinho consegue comer por dia, em relação ao peso do seu corpo? Qual o tamanho de uma baleia em comparação com um elefante?

Embora talvez não seja tão importante para as crianças saberem qual a área de um Estado, é extremamente importante elas gostarem de aprender. E quando acham excitante aprender e vêem que os adultos também adoram, elas se tornam aprendizes entusiasmados.

Existem muitas coisas que você pode fazer para tornar a hora do jantar um momento de renovação mental. Como, por exemplo, convidar ocasionalmente pessoas interessantes para partilhar a sua refeição e a sua conversa; colocar discos de músicas eruditas e conversar sobre a obra e a vida dos compositores enquanto comem. A própria comida lhe dá oportunidade de conversar sobre bons modos à mesa, nutrição, ou os hábitos alimentares e a culinária de outros países.

Cynthia (filha):
Mamãe sempre deu muito valor à hora do jantar. Nós jamais deixamos de jantar juntos, e ninguém faltava. Mamãe também mostrava um interesse real em nos educar durante a refeição.

Duas ou três noites por semana, ela propunha um tema central e nós o discutíamos, geralmente relacionando-o com uma data comemorativa ou evento importante. No dia quatro de julho, por exemplo, ela poderia ler duas ou três coisas sobre Patrick Henry ou sobre a Declaração da Independência. Qualquer que fosse a data ou evento especial, mamãe nos ensinava alguma coisa a respeito e nós organizávamos um debate em família.

Às vezes, permanecíamos à mesa por uma hora e meia, comendo e conversando. Isso se tornou realmente divertido quando passamos para o segundo grau e, depois, para a faculdade, pois podíamos realmente conversar sobre tudo. Essas conversas ao redor da mesa de jantar despertaram o nosso interesse por educação e pelo mundo.

David (filho):
Eu me lembro de uma época em que estava enfrentando dificuldades num relacionamento com uma garota que não era a pessoa certa para mim. Certa noite, quando estávamos à mesa de jantar, todos começaram a contar suas experiências com pessoas não adequadas e como conseguiram sair dessa complicada situação. Contaram o alívio que experimentaram quando se libertaram.

Era tudo dirigido a mim, mas naquele momento eu não me dei conta — só percebi o que estava acontecendo mais tarde. Pensei tratar-se apenas de um jantar normal da família. Os comentários eram bons e pareciam aplicáveis ao meu caso. Mais tarde, percebi quanto era bom ter o apoio de um grupo de pessoas que realmente se importavam comigo, com o meu bem-estar e com o meu sucesso.

Às vezes, o jantar da família pode expandir-se para incluir um propósito adicional, como mostrar reconhecimento e prestar ajuda.

Colleen (filha):
Uma das coisas que eu realmente apreciava eram os nossos jantares "professor predileto". Mamãe e papai se envolviam muito no nosso processo educacional. Conheciam todos os nossos professores e o nosso desempenho em cada matéria, e queriam que eles soubessem que os estimávamos. Por isso, a cada dois anos mamãe perguntava a cada um dos filhos quem era o seu professor predileto naquele ano. Então, fazia uma lista e enviava um convite para jantar lá em casa. Eram jantares de gala. Ela usava sua melhor porcelana e tornava a refeição realmente especial. Cada um de nós se sentava perto do seu professor escolhido e jantava em sua companhia. Depois de algum tempo, isso se tornou muito divertido porque os professores sabiam da história do jantar e todos os anos esperavam ser os escolhidos.

Maria (filha):
Lembro-me de que, certo ano, convidei Joyce Nelson, uma professora de inglês. Eu tinha vinte e um anos, na época. Ela fora professora de vários de nós, e todos a estimávamos. Cada um contou o que ela havia feito em seu benefício. Quando chegou a minha vez, revelei:

— Eu hoje faço inglês por sua causa. Você me influenciou a estudar inglês em virtude de todas as obras literárias que me fez ler e por tudo o que disse e fez.

Os professores convidados ficavam comovidos porque, em geral, o professor não recebe esse tipo de reconhecimento.

A mesa de jantar lhe oferece uma oportunidade perfeita para criar uma tradição tão renovadora por causa da comida. Como uma de minhas filhas disse: "Parece que muitas das tradições importantes são cercadas por comida, comida, comida. Comida é o segredo. Todos adoram comer bem". Com boa comida, boa companhia e boa conversa, a tradição do jantar em família se torna imbatível.

Férias com a Família

Relaxar e divertir-se são aspectos integrantes da nossa missão familiar, e eu não conheço força mais renovadora na família do que uma viagem de férias. Planejá-la, sonhar e pensar nela —

bem como lembrar o que aconteceu na última viagem de férias e rir dos momentos engraçados que vivemos —, tudo isso é extremamente renovador para a nossa família. Periodicamente, nós planejamos uma viagem muito especial para as nossas férias.

Sandra:
Na criação de tradições, eu sempre considero importante cultivar o patriotismo das crianças. A maioria delas aprende o Juramento de Lealdade ao país desde cedo. Elas levam a mão ao coração quando a bandeira é hasteada. Nas paradas, ouvem as bandas tocar os hinos da Marinha, da Força Aérea e do Exército. Aprendem canções patrióticas e as cantam nas comemorações escolares de Quatro de Julho. Acredito ser fundamental que elas saibam sobre os homens que morreram nas guerras e que lutaram pelos princípios em que acreditavam. As crianças precisam compreender como o nosso país começou, como a Constituição foi redigida, e o preço pago pelos homens que assinaram a Declaração da Independência.

Durante muitos anos, nós cogitamos de visitar alguns dos famosos sítios históricos em Massachusetts, Pensilvânia e Nova York, onde muitos dos eventos da Guerra de Independência ocorreram: a Velha Igreja em Boston (onde se colocou a lanterna na janela para avisar da chegada dos britânicos — "Uma se vierem por terra, duas se vierem pelo mar"), a Trilha da Liberdade, o Sino da Liberdade, as casas de patriotas famosos, as choupanas e o que restou das barracas onde George Washington mobilizou e treinou seu faminto e enregelado exército, e o Independence Hall (onde foi assinada a Declaração da Independência).

Nós discutimos e planejamos essa viagem por muitos anos. Finalmente, no bicentenário dos Estados Unidos, em 1976, nós decidimos empreendê-la. Alugamos um trailer *e, munidos de livros, vídeos, músicas e inúmeras informações, colocamos o pé na estrada. Recentemente, li o livro* Those Who Love, *de Irving Stone. Trata-se da história de amor de John e Abigail Adams e de seus grandes sacrifícios e contribuição durante esse período de inquietude e revolução. Fiquei profundamente comovida por seu patriotismo e devoção ao país. Emprestei o livro aos meus filhos adolescentes e às crianças maiores, sabendo que também o apreciariam.*

Nós passamos apenas um dia e meio em Filadélfia, mas o nosso planejamento funcionou. Pudemos ver o Sino da Liberdade e visitamos as salas do Congresso Continental. Nos gramados que rodeavam o prédio havia um teatro de verão ao ar livre, que estava apresentando 1776, o premiado musical que encenava a assinatura da Declaração da Independência, e que nos familiarizou com os papéis dos homens e mulheres famosos que estavam envolvidos — incluindo John e Abigail Adams, Benjamin Franklin, Thomas Jefferson e sua esposa, Marta, Richard Henry Lee, John Hancock e George Washington.

O programa incluía as inspiradoras palavras: "Esses não eram malfeitores de olhar duro nem agitadores. Eram homens afáveis, de posses e educação — advogados e juristas, comerciantes, fazendeiros, grandes proprietários de terras, homens de posses, bem-educados. Eles tinham segurança, mas davam mais valor à liberdade. Empertigados e cheios de determinação, juraram: 'Pelo apoio desta declaração, com uma firme confiança na proteção da Divina Providência, nós mutuamente juramos por nossas vidas, nossas fortunas e nossa sagrada honra'. Eles nos deram uma América independente e sacrificaram suas vidas, suas fortunas e famílias".

O local, a música e o teatro, tudo isso se mesclou para fazer daquela noite algo que jamais esqueceremos. O patriotismo ardia em nossos corações. Um dos filhos anunciou que queria tornar-se um arquiteto e construir um monumento a John e Abigail Adams, para que ninguém jamais esquecesse o que haviam feito por nós. Outro manifestou o desejo de se tornar músico e compor uma canção em homenagem aos dois. Todos nos modificamos: ficamos inspirados, elevados e para sempre patrióticos!

De fato, houve momentos que tornaram maravilhosa essa viagem de férias em família! Mas devo admitir que também houve momentos em que..., bem, momentos menos inspiradores, para dizer o mínimo.

Nós tínhamos planejado que todas as manhãs um de nós guiaria enquanto os outros se sentariam à mesa no *trailer* com as crianças, discutindo o que veríamos naquele dia e apresentando lições sobre temas importantes associados a nossa programação. O planejamento era extenso e a nossa disposição, bem grande. Estávamos realmente preparados psicologicamente para uma viagem magnífica de quatro a cinco semanas por todo o país.

Mas, sob certos aspectos, nossa viagem acabou por tornar-se o período mais infeliz que passamos juntos. Tudo o que podia dar errado... deu errado. As coisas viviam quebrando, e nós éramos péssimos mecânicos, não sabíamos consertar nada. Provavelmente só conseguimos realizar um ou dois dos debates que havíamos programado; em vez deles, passamos a maior parte do tempo tentando consertar coisas ou procurando alguém para consertá-las — em feriados quando não se encontra ninguém disponível.

Era julho. O tempo estava quente e úmido. O condicionador de ar e o gerador que o servia viviam em pane. Nós nos perdíamos com freqüência, ou procurávamos *campings* e os encontrávamos lotados. Em geral acabávamos nos fundos de um posto de gasolina ou no estacionamento de uma igreja, em vez de pararmos nos *campings* maravilhosos com que havíamos sonhado.

No dia quatro de julho, o condicionador de ar "pifou" de vez. Procuramos ajuda num posto de gasolina, mas o mecânico nos advertiu:

— Não trabalhamos com aparelhos de ar-refrigerado, muito menos nos feriados. Na verdade, acho que vocês não conseguirão encontrar ajuda em nenhum lugar da cidade.

A temperatura beirava os 40 graus e a umidade era de aproximadamente 98 por cento. Nós pingávamos de suor. Estávamos todos à beira das lágrimas.

Mas, de repente, alguém começou a rir. E aí, todos desataram a rir. Ríamos tanto que não conseguíamos parar. Nunca rimos desse modo, nem antes nem depois disso. Pedimos ao homem (que, sem dúvida, pensou que éramos loucos) que nos indicasse o caminho para o parque de diversões mais próximo. Ele nos orientou e lá fomos nós nos divertir.

Durante o resto da viagem, visitamos alguns sítios históricos interessantes, porém, em cada lugar, procuramos também um parque de diversões. Quando voltamos para casa, tínhamos virado especialistas mais em parques de diversões do país do que em seus sítios históricos. Na verdade, só numa manhã, durante a viagem inteira, nós conseguimos realizar o tipo de reunião que havíamos sonhado fazer todos os dias. No entanto, tivemos férias maravilhosas — que jamais esqueceremos. Retornamos renovados — fisicamente, socialmente e, ao menos um pouco, mentalmente.

Foi realmente surpreendente para Sandra e para mim que, a despeito do condicionador de ar quebrado, dos pneus furados, dos pernilongos, das roupas que esquecemos de levar, das brigas para definir quem sentava onde e o que faríamos, das saídas com atraso de horas, e de uma infinidade de outras complicações, aqueles momentos que passamos juntos são os que a família mais recorda e dos quais mais se conversa.

— Cara, como foi divertido aquele ano em Six Flags!
— Lembra aquela vez em que a gente se perdeu?
— Não consigo parar de rir quando me lembro de você caindo no riacho, naquela viagem.
— Lembra a cara dela quando você deixou cair o hambúrguer?

A dimensão social agregada de "família" torna tudo mais excitante e divertido porque você tem alguém especial com quem partilhar. Na verdade, esse estreitamento dos laços familiares é mais importante até do que o próprio evento.

Jenny (*filha*):
Certa vez, papai resolveu levar-me, com meu irmão menor, para acampar. Nossa família nunca foi muito boa nesse tipo de programa; na verdade, não sabíamos nada a respeito. Mas ele estava determinado a fazer dessa oportunidade uma boa experiência.

Absolutamente tudo deu errado. Queimamos nossa comida enlatada, choveu sem parar durante a noite até nossa barraca entrar em colapso e nossos sacos de dormir se encharcarem. Papai nos acordou lá pelas duas da manhã, reunimos nossas coisas e voltamos para casa.

No dia seguinte, nós rimos — e continuamos a rir — da nossa "miserável" experiência. Apesar dos desastres, nossos laços se estreitaram. Passamos por tudo isso juntos, e partilhamos peripécias que podemos recordar e comentar.

Conheço uma família que durante anos planejou ir à Disneylândia. Eles guardaram dinheiro e reservaram um tempo com esse propósito. Mas, três semanas antes da partida, uma sensação de desânimo começou a tomar conta de todos.

Por fim, certa noite, durante o jantar, o filho de dezessete anos explodiu:
— Por que temos de ir à Disneylândia?
A pergunta pegou o pai de surpresa.
— Por que essa pergunta agora? — indagou, apertando os olhos. — Será que você e seus amigos combinaram outra coisa?

Parece que nada que planejamos fazer em família tem para você a mesma importância que os programas com os seus amigos.

— Não é nada disso — o filho replicou, fitando o prato.

Depois de um momento, a irmã dele disse com brandura:

— Sei o que Jed quer dizer, e também não tenho a menor vontade de ir à Disneylândia.

O pai ficou em silêncio, atônito. Então, a esposa pousou a mão em seu braço.

— O seu irmão ligou hoje e disse que os filhos dele estão muito tristes porque este ano nós iremos para a Disneylândia em vez de Kenley Creek. Acho que é isso que está incomodando as crianças.

Então, todos começaram a falar ao mesmo tempo:

— Queremos ver nossos primos. Isso é mais importante do que a Disneylândia!

O pai interveio:

— Ei, eu também estou com saudade da família. Realmente gostaria de passar algum tempo com os meus irmãos, mas pensei que vocês quisessem ir para a Disneylândia. Como vamos a Kenley Creek todos os anos, resolvi este ano fazer o que vocês queriam.

O filho de dezessete anos, então, indagou:

— Quer dizer que podemos mudar os planos, papai?

Eles mudaram os planos. E todos ficaram felizes.

Esse pai mais tarde me contou a história de Kenley Creek.

Quando meus pais eram jovens, nós tínhamos poucos recursos. Não podíamos viajar nas férias porque o dinheiro não dava. Então, todos os anos, eles enchiam uma caixa de madeira com todo o tipo de comida. Amarrávamos a velha barraca de lona no teto do Ford 1947. As crianças se apertavam dentro do carro como sardinhas em lata, e lá íamos nós montanha acima, para Kenley Creek. Fazíamos isso todos os anos.

Depois que meu irmão mais velho se casou — a esposa dele era um tipo meio mimado de garota rica, tendo viajado pelo país inteiro —, nós achamos que eles não iriam para Kenley Creek conosco. Mas eles foram, e minha cunhada adorou.

Um a um, nós nos casamos, e todos os verões, numa determinada época, lá íamos para Kenley Creek.

No ano seguinte ao da morte de papai, ficamos em dúvida se devería-

mos ou não ir. Mamãe e papai desejariam que fôssemos e, de algum modo, ele estaria lá conosco. Assim, resolvemos ir.

Os anos se passaram, e cada um de nós teve filhos. Mas continuamos a ir todos os anos para Kenley Creek. À noite, sob o luar daquele céu de montanha, meu irmão tocava polcas no acordeão e as crianças dançavam com os primos.

Depois que mamãe morreu, parecia que todos os anos ela e papai voltavam para Kenley Creek e sentavam-se diante da fogueira conosco, na quietude das noites montanhesas. Com os olhos dos nossos corações, podíamos vê-los sorrirem para os netos que dançavam e comiam melancia posta a gelar na água do riacho.

Nossas férias em Kenley Creek sempre nos renovam como família. Nós estimamos uns aos outros cada vez mais, ao longo dos anos.

Qualquer viagem da família pode constituir uma grande experiência renovadora, mas muitas famílias — incluindo a nossa — encontram uma dimensão extra de renovação ao irem sempre ao mesmo lugar, todos os anos.

O nosso lugar é um chalé em Hebgen Lake, em Montana, a cerca de trinta e dois quilômetros de West Yellowstone. Passar parte do verão lá é uma tradição iniciada pelo meu avô, há cerca de quarenta e cinco anos. Ele teve um ataque cardíaco, e, a fim de se recuperar, foi para Snake River e daí para Hebgen Lake. Essa região revelou-se o melhor remédio para sua saúde. Ele começou com uma cabana na margem do rio e então instalou um *trailer* e mais tarde um chalé à beira do lago. A partir daí, vovô ia para lá todos os verões, e sempre convidava a família. Agora existem várias cabanas lá, e pelo menos quinhentos descendentes freqüentam o local regularmente.

A palavra "Hebgen" se tornou uma espécie de missão das gerações da família. Ela significa amor, união, auxílio e alegria para cada um de nós. Em Hebgen, os filhos e netos aprenderam a correr descalços pela areia escaldante, a apanhar rãs debaixo do píer, a construir castelos de areia nas praias do lago, a nadar nas águas de temperatura glacial, a jogar vôlei na praia e a seguir pegadas de urso. Serviu de cenário para muitas cantorias noturnas ao redor da fogueira, para romances de verão, para idas ao Teatro Playmill, para as compras em West Yellowstone, e para apreciar as maravilhosas florestas e noites estreladas. Até dez anos atrás, lá não havia telefone nem televisão. Hoje eu me pergunto se não devíamos voltar a esses "maravilhosos velhos dias".

Stephen (*filho*):
Quando eu era mais jovem, costumávamos passar três semanas em Hebgen, no verão. Era tão agradável que eu desejava poder ficar lá o verão inteiro. Lembro-me especialmente da oportunidade que esses momentos me davam de passar o tempo com meus pais ou com um deles, ou com um dos meus irmãos. Fazíamos de tudo, desde pescar a andar de moto, de esqui aquático a canoagem. Era tão natural nos reunirmos em pares para fazer coisas juntos. E todo o mundo adorava. A gente podia perder qualquer coisa, menos a temporada em Hebgen.

Sean (*filho*):
Lembro-me da nossa ida a Hebgen quando eu estava na faculdade. O campeonato de rúgbi começaria em poucas semanas. Em breve haveria um bocado de pressão. Assim, certa manhã eu fui a um lugar chamado Prayer Rock (Pedra da Oração). Trata-se de uma pedra enorme no alto da montanha, de onde se descortina o lago inteiro. O sol estava despontando no horizonte e havia uma brisa fria. O lago estava lindo. Passei várias horas ali, apenas me fortalecendo por dentro para a temporada que tinha pela frente. Senti que aquele momento era como o último instante de paz antes da guerra. Muitas vezes, durante o campeonato — quando a briga se acirrava e a pressão aumentava demais —, eu me visualizei no alto da montanha, sereno e cheio de paz. Isso me acalmava. De certo modo, era como a sensação de voltar para casa.

Joshua (*filho*):
Como sou o caçula da família, mamãe sempre conta comigo para ajudá-la nos esquemas, projetos e tradições da família.

Entre outras coisas, sou sempre escolhido para ajudá-la com a nossa tradicional Caça ao Tesouro do Pirata, que ocorre nas nossas férias em Hebgen Lake, todos os verões. Sorrateiramente, escapamos até West Yellowstone e "damos uma batida" nas lojas do tipo "tudo por um dólar", adquirindo todo o tipo de bugigangas para encher nosso "baú do pirata". Compramos bolas, brinquedos de mola, tinta mágica, sininhos, mi-

niaturas de canoas indígenas, algemas de plástico, chaveiro com pata de coelho, canivetes de borracha, conjuntos de arco e flecha, porta-níqueis, ioiôs, estilingues, colares de contas indígenas — coisas para todas as idades. Então, enchemos o baú e o colocamos dentro de um grande saco plástico preto, desses para lixo, e o levamos para o barco — junto com pás, uma bandeira pirata e pistas escritas à mão em papel queimado nas beiradas para parecerem velhos e autênticos (outra das minhas tarefas).

Depois de chegarmos à praia que chamamos de Goat Island (Ilha da Cabra), procuramos um local na areia para enterrarmos o baú. Nós cobrimos o esconderijo com areia branca e cobrimos com alguns arbustos, para parecer intocado. Finalmente, percorremos a ilha inteira deixando as pistas em árvores, moitas e debaixo de pedras. Então, espalhamos moedas — dez centavos e até um dólar de prata — para as crianças menores encontrarem.

Meio mortos de cansaço, voltamos para a multidão de crianças na praia, agitando uma velha e amassada bandeira pirata, com o crânio negro e os ossos entrecruzados, gritando histericamente (essa tarefa é de mamãe) que nós afugentamos alguns piratas, os quais deixaram seu tesouro para trás, enterrado na ilha.

Todo mundo — crianças, adultos e cachorros — se amontoa em barcos, canoas, botes, bóias e jet-skis, e invade a ilha. Nós corremos de pista para pista até o baú ser descoberto, o tesouro ser distribuído e a tradição se completar.

Esses tipos de tradição de férias parecem acrescentar um senso de estabilidade e conexão. E é ótimo se você pode retornar ao lugar todos os anos.

Mas, novamente, o importante não é o lugar aonde se vai, mas o fato de todos se reunirem e fazerem coisas em conjunto, criando laços familiares fortes. A tradição das férias da família constrói lembranças renovadoras que, como alguém disse, "florescem para sempre no jardim do coração".

Aniversários

Certo ano, quando nosso filho Stephen tinha começado a trabalhar num novo emprego, sua esposa, Jeri, deu-lhe um presente de aniversário bastante incomum. Ela contou:

Com a compra da casa, a mudança, o pagamento das mensalidades escolares, o início de um novo e desafiador emprego, e outras pressões da vida, meu marido ficou muito estressado. Eu sabia que a melhor maneira de ele reduzir seu estresse era ficar perto de David, um de seus irmãos. Ninguém conseguia fazê-lo relaxar mais. Esses dois juntos eram uma loucura! Eles se divertiam demais.

Então, para o aniversário de Stephen, comprei uma passagem aérea para David vir passar o fim de semana com ele. Mantive esse presente em segredo, para fazer-lhe uma surpresa, e lhe disse que nós iríamos a um jogo de basquete que fora marcado para o dia do seu aniversário. Acrescentei que, durante o jogo, eu lhe daria um presente muito especial.

Ainda no primeiro tempo, o querido irmão apareceu, anunciando: "Surpresa! Eu sou o seu presente de aniversário" ao meu espantado marido.

Nas vinte e quatro horas seguintes, os dois tiveram a mais maravilhosa comemoração — rindo, brincando, "falando abobrinhas". Eu simplesmente fiquei fora do caminho. Jamais vi tanto divertimento puro como o que eles tinham juntos.

Quando David partiu, foi como se levasse todo o estresse embora, e meu marido estava completamente renovado.

Aniversários podem constituir uma ocasião magnífica para expressar amor e reforçar os laços familiares — para celebrar o fato de que a família está ali e você é parte dela. E as tradições relativas a aniversários podem ser muito renovadoras.

Em nossa família, os aniversários são extremamente importantes. Ao longo dos anos, nós não comemoramos o *dia*, mas a *semana* do aniversário. Durante a semana inteira, nós concentramos esforços em mostrar aos nossos filhos quanto são especiais para nós. Decoramos as salas com símbolos e balões, damos presentes no café da manhã, uma festa "só dos amigos", um jantar especial em restaurante com papai e mamãe, e outro jantar com a família ampliada, incluindo os pratos prediletos do aniversariante, além do seu bolo favorito e cumprimentos:

"Amo Cynthia por sua espontaneidade. Ela aceita um convite para ir ao cinema sem pestanejar."

"Maria é tão versada em livros que, se você precisar de uma citação, basta pedir-lhe e ela lhe dará quatro ou cinco trechos excelentes para a sua escolha."

"Uma das coisas que aprecio em Stephen é que ele não só é um bom atleta, mas também adora ajudar os outros a se tornarem bons atletas. Está sempre disposto a investir seu tempo mostrando-lhe como melhorar ou ensinando-lhe as regras básicas."

Colleen (*filha*):
Para falar a verdade, levei um banho de água fria no meu primeiro aniversário de casada. Eu acordei e não havia bexigas coloridas na sala. A casa não estava nem sequer decorada! Também não havia pôsteres de aniversário. Comentei com meu marido que sentia falta da decoração de mamãe. Então, no ano seguinte — e em todos, a partir daí —, ele fez de tudo para tornar o meu aniversário especial.

Conheço casos em que até os membros da família ampliada se empenham para que os aniversários sejam lembrados e comemorados.
Duas irmãs solteiras relataram a seguinte experiência:

Nossos sobrinhos (de três, cinco, onze e catorze anos) adoram nossas tradições de aniversário. No sábado de manhã da semana do aniversário deles, nós os apanhamos e levamos para fazer compras. Nada de pais ou parentes — apenas o aniversariante e nós. Eles recebem a mesma quantia para gastar e têm o direito de escolher onde gastar. Podem demorar quanto quiserem. Então, nós almoçamos num restaurante de gente grande — nada de fastfood *ou McDonald's, restaurante mesmo! Eles pedem o que quiserem, com direito à sobremesa.*
Nós sempre nos surpreendemos com o cuidado com que eles escolhem o que comprar e o que comer. Nossos sobrinhos revelam incrível maturidade e levam tudo a sério — até a caçula, com três anos. No ano passado, ela escolheu quatro roupas, e depois disse:
— Só duas. Preciso só duas.
Nós não abrimos a boca para aconselhá-la a limitar as compras. E tomar uma decisão foi difícil, mas ela decidiu.
Fazemos isso já há treze anos. Nossos sobrinhos começam a falar disso semanas antes do aniversário. Eles chamam de "Dia da tia Toni e da tia Barbie". E eles o adoram quase tanto quanto nós!

Comemorar um aniversário é comemorar a existência da pessoa. É uma oportunidade maravilhosa para expressar amor e estreitar os laços — e efetuar depósitos enormes na Conta Bancária Emocional.

Dias Festivos ou Religiosos

Uma senhora solteira, na faixa dos trinta anos, relatou a seguinte experiência:

Recentemente adquiri minha casa própria com a idéia de receber a família inteira no Dia de Ação de Graças. Comprei uma mesa com dez cadeiras com esse propósito. Agora, todo o mundo que me visita pergunta:
— Você é solteira, para que quer uma mesa tão grande?
E eu lhes respondo:
— Vocês não sabem o que essa mesa representa. Ela representa a nossa família inteira reunida. Minha mãe não pode mais cozinhar. Meu irmão se divorciou. Minha irmã não pode fazer isso na casa dela. Mas ficarmos juntos assim é muito importante para mim. Nossa reunião será aqui.

Provavelmente mais do que qualquer outra coisa, as pessoas recordam e amam as tradições familiares nas datas festivas importantes. Com freqüência, elas se reúnem, chegando dos lugares mais distantes e depois de prolongados períodos de separação. Há a comida. Há o divertimento. Há o riso. Há o compartilhamento. E sempre há um tema ou objetivo para promover a união.

Existem muitas tradições diferentes em torno dessas datas. O peru no Dia de Ação de Graças, os jogos de rúgbi no Dia de Nova York, e os ovos de chocolate na Páscoa. Os cânticos e a ceia de Natal. Existem tradições que ditam o tipo de comida que se deve servir, tradições oriundas de determinados países ou culturas, tradições que passam de uma geração para outra e novas tradições que se criam quando as pessoas se casam. E todas elas conferem um senso de estabilidade e identidade com a família.

O fato é que essas datas festivas constituem momentos ideais para criar tradições. Elas acontecem todos os anos. É fácil criar a sensação de expectativa e de alegria, bem como de camaradagem e significado em relação a elas.

Na nossa família, desenvolvemos algumas tradições só nossas para esses dias.

Catherine *(filha)*:
Lembro-me de criar, junto com meu pai, uma tradição especial para o Dia de São Valentim (Dia dos Namorados). Fazíamos cartões dos namorados e neles prendíamos linhas bem compridas e finas. Então, nós os colocávamos nas varandas dos vizinhos, tocávamos a campainha e nos escondíamos entre os arbustos ou no canto da varanda.

Quando a pessoa abria a porta, entusiasmava-se ao encontrar um cartão dos namorados. Mas, quando se abaixava para apanhá-lo do chão, nós puxávamos a linha, afastando-o alguns centímetros. Ela ficava um pouco confusa. Fitava o cartão, espantada, e tentava de novo. Nós puxávamos a linha um pouco mais. E eu adorava isso. Como nos divertíamos!

Papai também tem a tradição de mandar flores e chocolates para todas as filhas no Dia dos Namorados — mesmo agora, que estamos casadas. E é o máximo porque ganhamos lindas rosas vermelhas nesse dia. Às vezes, pensamos que foram enviadas pelos maridos, mas foram enviadas por papai. Isso nos faz sentir especiais porque temos duas expressões de amor. Ganhamos dois ramos de flores, e é realmente divertido tentar adivinhar quem mandou e que flores papai nos mandará naquele ano.

Essa tradição começou quando eu era bem pequena. Lembro-me de ganhar chocolates de papai no Dia dos Namorados quando eu tinha dez anos e que isso me fez sentir muito especial. Era a minha caixa de chocolates e ninguém mais podia tocá-la.

Papai também nos manda flores no Dia das Mães.

David *(filho)*:
Mamãe era bem conhecida entre os meus amigos por seu envolvimento no Dia de São Patrício, em março. Ela vestia a roupa verde de duende e aparecia sem ser convidada nas salas de aula das crianças. Fazia a classe inteira cantar canções irlandesas e contava histórias com sotaque irlandês. Então, cada criança recebia um biscoito no formato do emblema da Irlanda, e ela beliscava as que não estivessem vestidas de verde. Essa tradição foi mantida na geração seguinte, o que faz muito bem à auto-estima dos seus netos, porque eles sabem que sua Mère Mère os conhece e se esforça para ser parte da vida deles.

Como se repetem todos os anos, essas datas oferecem uma oportunidade contínua de apreciar as tradições e renovar o senso de alegria, camaradagem e significado. Elas parecem prover a oportunidade natural, contínua e ideal para a família se reunir e renovar seus laços.

Atividades da Família Ampliada e de suas Gerações

Como você provavelmente já inferiu das histórias narradas ao longo deste livro, tias, tios, avós, primos e outros membros da família ampliada podem exercer uma grande influência positiva. Muitas atividades se prestam ao envolvimento de famílias maiores, especialmente as grandes celebrações como Ação de Graças, Natal e Hanukkah*. Mas quase todas as atividades familiares podem expandir-se para incluir os membros da família ampliada.

Sinta o entusiasmo desses avós ao organizarem esses momentos especiais da família:

Uma de nossas tradições prediletas é o nosso "tempo da família" com a família ampliada. Uma vez por mês, convidamos nossos filhos casados e netos para se reunirem a nós e a nossos filhos solteiros para um jantar simples — comida trivial. Cada um contribui com um prato e nós nos divertimos comendo e contando as novidades de cada um. Então, lavamos a louça e nos sentamos na sala. Colocamos as cadeiras em círculo e trazemos uma cesta grande de brinquedos para as crianças menores brincarem no centro da sala, enquanto conversamos. Alguém em geral faz uma demonstração qualquer de talento. Freqüentemente, discutimos alguns aspectos da nossa missão familiar ou algum outro tema importante. Quando as crianças ficam com sono, a reunião acaba. São momentos deliciosos em que ficamos juntos e renovamos os relacionamentos.

Um casal na faixa dos setenta anos contou o seguinte:

Nós temos a tradição do jantar de domingo, com a presença de nossa

---

* Festa das Luzes, em hebraico; festa judaica da Dedicação do Templo, celebrada a partir de 25 de *Kislev* (terceiro mês do calendário hebraico, que cai em novembro/dezembro do calendário gregoriano). (N. do E.)

única filha, o marido e seus filhos solteiros. Todas as semanas, também convidamos um de nossos quatro netos casados e suas famílias — no primeiro domingo do mês, o mais velho; no segundo, o segundo mais velho, e assim por diante. Dessa forma, podemos conversar com cada família — descobrir como suas vidas, planos e metas estão progredindo, e como podemos ajudá-los.

O desejo de criar essa tradição surgiu há cerca de trinta anos, quando nossa filha se casou e foi morar a dois mil quilômetros de distância. Por um longo tempo, nossa comunicação se limitou a conversas ao telefone e a algumas visitas anuais. Nós costumávamos pensar em como seria maravilhoso recebê-la, junto com a família, para o jantar, e sermos úteis, especialmente quando havia alguém doente na família.

Assim, quando nos aposentamos, nós nos mudamos para mais perto dela, a fim de realizarmos nosso sonho. Nossos jantares de domingo se tornaram uma tradição que já tem treze anos. É um grande prazer podermos ser úteis, acompanharmos nossos netos, vê-los crescer e fazer parte de uma família ampliada.

Observe como essas famílias aproveitam atividades familiares comuns — "tempos da família" e jantares de domingo —, expandindo-as para incluir os membros da família ampliada e de suas várias gerações. E pense nas memórias e nos relacionamentos que isso constrói!

Os membros da família ampliada e de outras gerações podem envolver-se em quase tudo o que você faz. Ao longo dos anos, Sandra e eu não abrimos mão de comparecer aos programas, recitais e eventos esportivos dos nossos filhos ou de qualquer membro da família. Tentamos prover um sistema de apoio que lhes mostre que nos importamos, que admiramos e amamos cada um deles — e sempre estendemos o convite para toda a família ampliada e para as outras gerações. Além disso, Sandra e eu freqüentemente comparecemos a atividades que envolvam nossos irmãos e suas famílias.

Nós descobrimos que, com esses tipos de atividade, os membros das várias gerações, os irmãos, os primos, os parentes acabam sendo os nossos melhores amigos. Experimentamos uma grande sensação de força e de reconhecimento pelos membros de nossas famílias ampliadas e das outras gerações. E acreditamos firmemente que eles se associaram há muito tempo para reconstruir a rede de segurança que a sociedade esgarçou.

Aprendendo Juntos

Há tantas oportunidades de aprender e fazer coisas juntos como família! E isso pode ser tremendamente renovador nas quatro dimensões.

Uma tradição que se desenvolveu quando viajamos todos juntos é a de cantar no carro. Foi assim que nossos filhos aprenderam as músicas folclóricas americanas, as canções dos escoteiros, os hinos patrióticos (até mesmo a letra de *The Star-Spangled Banner*), cânticos natalinos e as canções dos musicais da Broadway. Quando paramos para pensar, concluímos que as crianças menores realmente precisam de alguém que lhes ensine as letras e as melodias das velhas canções familiares que todos parecemos conhecer. De outro modo, como elas poderiam cantar conosco?

Outra forma de aprender juntos é partilhar interesses ou *hobbies* pessoais de um membro da família. Envolva-se. Leia e aprenda a respeito. Ingresse em associações. Assine revistas. Absorva tudo. Conversem sobre isso.

Aprender juntos é social e mentalmente renovador. E lhe dá um interesse em comum com o outro, algo divertido para conversar. É muito prazeroso. Também pode ser fisicamente renovador quando se trata de praticar um esporte novo ou uma habilidade física nova, e pode ser espiritualmente renovador quando se aprofunda o aprendizado sobre os princípios que regem a vida.

Aprender juntos pode ser uma tradição maravilhosa e uma das maiores alegrias da vida familiar — e reafirma que, quando você cria seus filhos, também está criando seus netos.

Sean (*filho*):
Nossos pais nos levavam para todos os lugares. Viajávamos com eles. Papai nos levava para as suas palestras. Nós éramos sempre expostos a uma porção de coisas boas. E eu acho que isso foi uma vantagem real para mim. Minha zona de conforto em situações novas é realmente grande porque adquiri bastante experiência. Eu acampei. Fiquei ao ar livre. Estive em excursões para treinamento de sobrevivência. Estive na

água — nadando e esquiando. Experimentei cada esporte no mínimo um par de vezes.
E eu conscientemente tento fazer o mesmo com os meus filhos. Se vou a uma partida de basquete, eu os levo. Se vou ao shopping comprar alguma coisa, eles vão comigo. Se vou trabalhar no jardim, eles vão junto. Tento submetê-los a uma porção de coisas diferentes na vida.

Outra tradição de aprendizado vitalmente importante é a leitura. Os membros da família podem ler juntos. Além disso, as crianças realmente precisam adquirir o hábito da leitura — e ver os pais lendo ajuda muito.

Alguns anos atrás, fiquei chocado quando meu filho Joshua perguntou se eu já havia lido algum livro. Percebi, então, que ele jamais me vira lendo. Quase sempre eu leio quando estou sozinho. Na verdade, eu leio o equivalente a três ou quatro livros por semana. Mas, quando estou com a minha família, ocupo-me tanto com ela que acabo deixando a leitura de lado. Recentemente, li os resultados de uma pesquisa que indicam que a principal razão por que as crianças não lêem é que elas não vêem os pais lendo.[3] Creio que esse é um dos erros que cometi ao longo dos anos. Gostaria de ter realizado meus estudos de modo mais aberto, para que meus filhos me vissem lendo com maior freqüência. E gostaria de ter sido mais conscienciosa em partilhar o que estava aprendendo e o que mais me entusiasmava.

Sandra:
Uma tradição de aprendizado que nós desenvolvemos em nossa família é que, semana sim, semana não, eu colocava as crianças no carro e íamos para

a Biblioteca Pública. Cada pessoa podia pegar doze livros emprestados por quinze dias. E cada um de nós escolhia os livros que desejava.

Minha principal tarefa era cuidar para que esses livros não fossem mutilados, destruídos ou perdidos durante os quinze dias. Lembro-me do medo que sentia na hora de reunir todos os livros para devolução.

Aprender juntos, como família, é mais do que uma tradição, é uma necessidade vital. É verdade que, no mundo de hoje, "se você não correr muito depressa, ficará muito para trás" porque o andamento acelerado da vida e do crescimento da tecnologia é inacreditável. Muitos produtos ficam obsoletos no dia em que são lançados no mercado. A meia-vida de muitas profissões é de apenas três ou quatro anos. Isso é assustador. É amedrontador. É por isso que é tão importante haver cultura e tradição familiares que se concentrem na educação permanente.

Trabalhando Juntos

Um senhor contou o seguinte:

Uma das minhas lembranças mais vívidas de crescimento é de quando eu trabalhava com meu pai em nosso pomar. Quando ele sugeriu a idéia, meu irmão e eu nos entusiasmamos. Naquela época, nós não sabíamos que isso se traduziria em horas no jardim sob o sol quente, segurando uma pá, cavando e ganhando bolhas nas mãos e fazendo uma porção de outras coisas que normalmente não associamos com divertimento.

E o trabalho era duro. Mas papai trabalhava junto com a gente. Ele aproveitava a ocasião para nos ensinar e educar, de modo que pudéssemos visualizar como seria o pomar ideal. E isso nos propiciou uma grande experiência de aprendizado — desde a primeira vez em que cavamos aqueles buracos e nos perguntamos que diabos estávamos fazendo, até quatro ou cinco anos mais tarde, quando eu caminhava pelo pomar já como adolescente e sentia muita alegria e satisfação ao ver os resultados do nosso trabalho.

Eu me lembro da "safra" que colhemos quando eu tinha doze ou treze anos. De repente, tornou-se uma grande fonte de alegria apanhar uma porção de frutas maravilhosas — pêssegos, maçãs e peras —, constatar que o milho que crescia nos fundos rivalizava o melhor milho que já se tivesse provado, e ver os tomateiros que cresciam como árvores por causa da profundidade dos buracos que havíamos laboriosamente cavado e preparado para o plantio. Lembro como, depois disso — mesmo quando extremamente ocupado com a minha vida de adolescente —, eu sempre procurava encontrar tempo para supervisionar nosso pomar, para ter certeza de que as árvores estavam bem podadas e cuidadas.

Acho que uma das maiores experiências de aprendizado que tive durante aqueles anos foi visualizar e tocar o que a nossa família conseguia realizar com a união de todos. Andar por aquelas alamedas do pomar, sabendo que nós tínhamos feito aquilo, era uma fonte de satisfação incomparável.

E hoje, acredito que essa experiência me ajuda em quase todos os desafios com que me deparo. Eu a recordo sempre que me envolvo num projeto em que preciso da parceria de alguém na visão e no resultado final. E penso em como meu pai me ajudou a perceber o bem que essa união de esforços faria a nossa família e aos nossos relacionamentos. Isso me capacita a traduzir tudo num projeto aqui em meu escritório e a dizer:

— Tudo bem, nós temos essa tarefa pela frente. Precisamos realizá-la. Qual é o objetivo em mente?

Quando preciso organizar a minha vida, volto para aquelas alamedas de lindas pimenteiras verdes. Recordo que julguei ser tudo uma brincadeira quando nós as compramos em pequenos vasos de plástico. Questionei:

— Como vamos fazê-las crescer?

Mas, semanas depois, vi aquelas plantas com folhas que pareciam de seda, de tão saudáveis. E sei que posso executar a tarefa.

Sempre reflito sobre o exemplo que meu pai nos deu. Ele sentia tanta alegria com esse trabalho! Acho que ficou igualmente alegre por ver que eu também experimentava um grande prazer em trabalhar a terra e depois contemplar os resultados do nosso esforço, da ajuda de Deus, das maravilhas da natureza e das leis naturais.

Observe como essa tradição de trabalhar juntos no pomar renovou a criança e sua família. Renovou-os socialmente, ao dar-lhes a oportunidade de criarem juntos. Você imagina os maravilhosos momentos de ensino que isso proporcionou? Veja como isso os renovou fisicamente quando trabalhavam juntos ao ar livre, sob o sol quente. Pense na renovação mental envolvida no aprendizado do menino sobre a nutrição de seres que crescem. Considere o modo como esse conhecimento o ajudou mesmo em sua carreira profissional, na idade adulta. Tudo porque ele aprendeu naquele pomar algumas das leis naturais que governam todas as dimensões da vida, e se tornou capaz de aplicar essas leis ou princípios, anos depois, num contexto completamente diferente. Assim, essa foi uma renovação também espiritual. Ele se aproximou da natureza e das leis naturais.

E não deixe de observar o que está nas entrelinhas acerca da atitude do pai ao trabalhar com os filhos. Outro senhor relatou:

Acho que é muito fácil, para aqueles que trabalham para viver, tornar-se centrado na tarefa. É por isso que, quando estou trabalhando com os meus filhos, tenho a tendência a mostrar-me demasiado diretivo e exigente.

Acabei percebendo, contudo, que os objetivos são diferentes quando você trabalha com os filhos. A sua tarefa real consiste em nutrir-lhes o caráter e a capacidade. E quando você conserva isso em mente, não se frustra. Ao contrário, sente paz e alegria ao fazer isso.

É como a história que um senhor me contou de uma época em que ele decidiu comprar algumas vacas para ajudar os filhos a desenvolver responsabilidade. Um vizinho — fazendeiro havia muitos anos — procurou-o certo dia e começou a criticar alguns dos procedimentos que os meninos vinham adotando. O homem sorriu e replicou:

— Obrigado pela sua preocupação. Mas o senhor não entendeu. Eu não estou criando vacas. Estou criando homens.

Esse pensamento me ajuda em muitos dos momentos em que trabalho com os meus filhos.

Era costume as famílias trabalharem juntas para sobreviver. O trabalho, então, era algo que as unia. Contudo, na sociedade atual, o "trabalho" separa as famílias. Os pais saem "para trabalhar" em diferentes direções — todas longe de casa. Os filhos, isentos da necessidade econômica de trabalhar, crescem num ambiente social que encara o trabalho mais como uma maldição do que uma bênção.

Por isso, criar tradições de trabalhar em conjunto é hoje uma questão de dentro para fora. Existem muitas formas de fazer isso, também muitos benefícios. Como vimos, construir um pomar para a família é uma tradição de "trabalho conjunto" — em que você pode literalmente saborear os frutos do seu esforço. Muitas famílias executam juntas as tarefas domésticas no sábado. Alguns pais envolvem os filhos mais velhos em suas profissões, durante as férias de verão.

Serviço Comunitário em Conjunto

Um pai relatou o seguinte:

Algum tempo atrás, minha esposa e eu chegamos à conclusão de que havíamos recebido muito na vida e que era hora de retribuir. Então, iniciamos um grupo de jovens em nossa casa. Nós também tínhamos filhos adolescentes, e achávamos que não haveria jeito melhor de compreender e fazer parte da vida deles do que oferecer algo desse tipo a eles e a seus amigos.

Assim, umas doze ou treze crianças vinham à nossa casa semanalmente. O grupo abrigava diversas religiões e raças. O único ponto que tinham em comum era o fato de freqüentarem a mesma escola. Eles sabiam de antemão que se tratava apenas de uma experiência, para verificarem se lhes agradava reunir-se uma vez por semana. Nós elaboramos um contrato para que todos pudessem compreender e concordar com o que aconteceria. Criamos algumas diretrizes de comportamento, tais como "quando uma pessoa fala, as demais escutam". E tentamos enfocar nas reuniões temas que lhes interessassem.

No início, conversamos sobre coisas como honestidade, respeito, desculpar-se pelos erros, perceber a necessidade de contribuir. Esse grupo evoluiu para o ponto em que começaram a fazer perguntas como: "O que é confiança?" e "O que é pressão social?" Minha esposa e eu pesquisávamos para dar as respostas na semana seguinte. Não ensinávamos muito com palavras. Dávamos "aulas expositivas" de no máximo quinze minutos e já introduzíamos atividades. Algumas destas eram ao ar livre, outras, dentro de casa. Todas aclaravam os conceitos que eles questionavam.

Depois de cumprirmos o primeiro contrato, os garotos mostraram-se muito ansiosos para iniciar um segundo. Eles gostavam de ter um espaço onde pudessem conversar e fazer perguntas sobre temas que lhes eram importantes. E os pais também apreciavam isso. Uma das mães nos ligou para dizer:

— Não sei o que vocês fazem durante essas reuniões de uma hora e meia ou duas, mas devem ser coisas incríveis. No outro dia, fiz um comentário negativo para minha filha a respeito de uma pessoa, e ela replicou: "Sabe, mãe, nós não conhecemos realmente essa garota. Não devíamos dizer isso dela, já que apenas ouvimos alguém contar o caso". Estou muito feliz por ela ter chamado a minha atenção. Gostaria que os adultos também procedessem assim.

Percebe quanto essa tradição de prestar serviço comunitário em conjunto é renovadora? É renovadora espiritualmente porque se baseia em algo maior do que o "eu". Também pode contribuir para o cumprimento e renovação da sua missão familiar.

Dependendo da natureza do serviço comunitário, pode igualmente renovar em termos mentais ou físicos, se implicar o desenvolvimento de talentos, o aprendizado de novos conceitos ou habilidades, ou a participação em atividades físicas. E promove uma incrível renovação social: dá para imaginar alguma coisa que estreite mais os laços, que una mais, energize mais o relacionamento do que trabalhar em conjunto para produzir algo realmente significativo?

Divertindo-se Juntos

Provavelmente, a dimensão mais importante de todas essas tradições é divertir-se juntos — genuinamente desfrutar a companhia uns dos outros, o ambiente do lar, tornando a casa e a família os aspectos mais alegres e "calorosamente engraçados" das vidas das pessoas. Divertir-se juntos é tão vital que poderia até ser considerado uma tradição em si e por si, que pode ser nutrida e expressada de inúmeras formas.

Na nossa família, desenvolvemos um bocado de camaradagem graças ao humor. Por exemplo, nós temos uma porção do que chamamos de "filmes *cult* Covey". Esses filmes são hilariantes, e nós os vemos com freqüência — são divertidos demais. Nós decoramos os diálogos de tal modo que, muitas vezes, reproduzimos as situações e a família toda representa cenas inteiras, palavra por palavra. Sem falsa modéstia, as pessoas de fora se encantam com isso, e riem muito.

Como observamos no Hábito 1, o humor coloca as coisas em perspectiva, para que você não se leve demasiado a sério. Você deixa de se aborrecer com problemas de pouca monta ou com outras coisinhas irritantes que podem gerar conflitos e criar polarizações na família. Às vezes, basta alguém injetar um pouco de humor na situação para mudar todo o curso do evento ou transformar uma tarefa maçante e trivial numa verdadeira aventura.

Nutrindo o Espírito de Renovação

Quaisquer que sejam as tradições que a sua família resolva criar em sua cultura, você verá que há muitas coisas que se podem fazer para nutrir o "espírito", ou sensação, de renovação nas suas interações cotidianas.

Nós também tentamos "adotar" os amigos dos nossos filhos.

Sean (*filho*):
No segundo grau, eu tinha alguns companheiros do time de rúgbi que eram um tanto loucos. O que mamãe e papai faziam, basicamente, era adotar meus amigos. Eles filmavam todos os jogos e depois convidavam todo mundo para comer pizza lá em casa. Cerca de metade do time aparecia, e nós assistíamos ao jogo juntos. Assim, todos os meus amigos se afeiçoaram a meus pais. Eles os achavam legais, e eu também. O bom da história foi que muitos dos meus amigos acabaram sendo influenciados pela minha família. Em conseqüência, alguns daqueles caras mudaram suas vidas completamente.

David (*filho*):
Nossa casa era parada obrigatória na vizinhança, porque minha mãe dava as boas-vindas a todos os nossos amigos e tinha disposição para suportar o caos que sempre se instalava em nossas reuniões. Houve momentos em que eu vinha com quatro ou cinco colegas comilões do time de rúgbi e, depois de entrarmos na cozinha, eu batia na mesa e, brincando, berrava para minha mãe:
— Alimente-me! Alimente os meus amigos!

Ela ria e conquistava a lealdade deles com uma bela refeição, não importava a hora. Seu senso de humor e sua boa vontade para aturar tantas inconveniências faziam da nossa casa um ambiente acolhedor para onde, com toda a confiança, eu levava os meus amigos.

Essas tradições — pequenas e grandes — são o que estreita os nossos laços, nos renova e nos dá uma identidade enquanto família. E cada família é única. Cada família deve descobrir e criar as suas próprias tradições. Os nossos filhos cresceram com uma porção de tradições, mas eles descobriram — como todos descobrem — que, quando você se casa, pode entrar num relacionamento com alguém que tem um conjunto de tradições completamente diferentes. E é por isso que é importante praticar os Hábitos 4, 5 e 6 e decidir juntos quais tradições refletem o tipo de família que se pretende formar.

As Tradições Promovem a Cura da Família

Ao longo do tempo, essas renovadoras tradições se tornam uma das forças mais poderosas na cultura familiar. E, não importa a sua situação passada ou a atual, elas são algo que você pode valorizar e criar em sua família e possivelmente estender a outros que jamais se beneficiaram com tal renovação em suas vidas.

Conheço um senhor que cresceu num ambiente familiar bastante cínico. Um dia, casou-se com uma moça maravilhosa, que começou a ajudá-lo a descobrir quem ele realmente era e a desenvolver seu potencial ainda intocado. À medida que sua confiança crescia, ele se conscientizava cada vez mais da natureza tóxica do seu ambiente passado e se identificava mais e mais com os pais e parentes da esposa. A família dela tinha seus problemas naturais, mas em sua cultura havia basicamente nutrição, carinho e confiança.

Para esse senhor, voltar ao "lar" significava ir para a casa da família da esposa — para rir e conversar até tarde com os sogros que o adoravam, acreditavam nele e o estimulavam. Na verdade, recentemente esse senhor — que agora está com quarenta anos — telefonou para os sogros e perguntou-lhes se poderia passar um fim de semana com eles — numa visita mais demorada, dormindo no quarto de hóspedes e partilhando suas refeições. A resposta veio sem hesitação:

— Mas é claro que pode vir!

Foi como retornar à infância e ser curado por "a família". Depois da visita, ele comentou:

— É igual a tomar banho e sentir-se novo em folha, e superar a minha infância e ter esperança.

Com novas forças, esse senhor se tornou um modelo e mentor da própria mãe e dos familiares, ajudando-os a reconstruir a estabilidade e a fé.

Em qualquer aflição ou doença, a verdadeira cura abrange todas as quatro dimensões: a física (incluindo o que houver de melhor na arte e na ciência da medicina ou no campo médico alternativo, e também a manutenção da vitalidade e da força do corpo), a social/emocional (incluindo gerar energia positiva e evitar a negativa, como crítica, inveja e ódio, e também a conexão com a rede de apoio criada pela família e pelos amigos, que contribuem com sua fé, orações e amparo), a mental (incluindo aprender sobre a doença e visualizar o sistema imunológico do corpo lutando contra ela), e a espiritual (incluindo exercitar a fé e acessando aqueles poderes espirituais mais elevados do que os nossos). A renovação familiar ajuda a disponibilizar essa cura em quatro dimensões para todos na família. Ela ajuda a criar o poderoso sistema imunológico que mencionamos no Hábito 6, que possibilita às pessoas enfrentar dificuldades e reveses, operando a cura física, social, mental e espiritual.

> Afinar o instrumento funciona como uma espécie de alavanca, porque promove a elevação em todos os outros setores da vida.

Reconhecer o poder de renovação e renovar tradições na família abre as portas para todos os tipos de interação e criatividade no desenvolvimento de uma bela cultura familiar. Na verdade, afinar o instrumento funciona como uma espécie de alavanca, porque promove a elevação em todos os outros setores da vida. Isso renova os demais hábitos e ajuda a criar uma poderosa força magnética na cultura familiar, que permanentemente atrai as pessoas para a rota do vôo e as ajuda a manter o curso certo.

Por mais importantes que sejam as tradições, é bom lembrar que a melhor delas nem sempre funciona perfeitamente bem. Na nossa família, por exemplo, nós nos preparamos para ir para a sala na manhã de Natal. Nós nos organizamos nos degraus da escada — do mais novo para o mais velho. Colocamos música de Natal e ligamos a câmera de vídeo. Indagamos:

— Todos estão entusiasmados? Ótimo, vamos lá!

E, inevitavelmente, na hora H, o mais novo cai e começa a chorar. Quando nos reunimos de novo, há muita gente num só lugar. Fica apertado. E, de vez em quando, temos algumas discussões.

Mas, por incrível que pareça, a despeito de tudo isso, essas são as tradições que as pessoas recordam. Essas são as coisas que nos unem e renovam como família. Elas nos renovam social e mentalmente, física e espiritualmente. E com essa renovação, nós podemos enfrentar, revigorados, os desafios da vida diária.

Compartilhando Este Capítulo com Adultos e Adolescentes

Os Relacionamentos Familiares Podem Deteriorar-se?
- Pergunte: "O que é entropia?" Discuta a idéia de que "todas as coisas precisam de atenção, trabalho e cuidado, e casamento não é exceção". Pergunte: "De que forma a entropia pode se tornar evidente num relacionamento?"

Como se Mantém a Família Unida?
- Discuta: "Que tradições funcionam melhor em sua família?" As respostas podem incluir jantares familiares, comemorações de aniversário, viagens de férias, festas religiosas ou outras ocasiões.
- Pergunte-lhes que tradições eles notaram em outras famílias. Pergunte o que viram essas famílias fazerem para nutrir suas tradições com eficácia.
- Pergunte-lhes quais as tradições da família ampliada e suas gerações que mais apreciam ou gostariam de estabelecer.
- Discuta de que maneira as atividades renovadoras — tais como divertir-se juntos, aprender juntos, rezar juntos, trabalhar juntos e prestar serviço comunitário juntos — satisfazem suas necessidades básicas de viver, amar, aprender, deixar um legado e rir.

Como Você Nutre o Espírito de Renovação Familiar?
- Pergunte: "Nós estamos aproveitando o tempo para 'afinar o instrumento'? O que podemos fazer, como família, para praticar melhor o espírito de renovação?"

Compartilhando Este Capítulo com Crianças

- Dê a cada criança papel e um lápis com a ponta quebrada. Peça-lhes que desenhem um retrato da família. Elas não conseguirão. Peça-lhes que tentem um pouco mais. Ainda não conseguirão. Pergunte: "O que é preciso acontecer para o desenho sair?" As crianças responderão que é preciso apontar o lápis. Agora, conte-lhes a história do lenhador e pergunte que outras coisas elas acham que necessitam de constante manutenção e renovação para funcionar. Pergunte: "O que aconteceria se a gente se esquecesse de pôr gasolina no carro? De verificar se os freios estão funcionando? De comprar comida? De comemorar o Dia das Mães, o aniversário de alguém ou algum outro evento importante para um membro da família? O que podemos fazer para termos certeza de que estamos afinando o instrumento da família?"
- Faça exercícios junto com as crianças. Pratique esportes com elas. Saiam regularmente para caminhar juntos. Matricule-se com elas para aprender a nadar, a jogar golfe, ou qualquer outra atividade ou curso. Continuamente lembrem uns aos outros a importância de fazer exercícios e ter boa saúde.
- Ensine a seus filhos o que você quer que eles aprendam! Ensine-lhes a importância de trabalhar, ler, estudar, fazer as lições de casa. Não presuma que alguém mais lhes ensinará as lições mais importantes da vida.
- Freqüentem juntos eventos culturais adequados para a idade deles, tais como peças de teatro, recitais de balé,

concertos e apresentações de coral. Estimule seus filhos a participar de atividades que os ajudarão a desenvolver seus talentos.

- Faça matrícula para você e seus filhos aprenderem juntos alguma habilidade nova, como costura, carpintaria, culinária ou computação.
- Envolva seus filhos no planejamento das férias da família.
- Juntos, escolham um modo de transformar o aniversário num dia especial.
- Conversem sobre o que torna as férias um período especial para os seus filhos.
- Envolva-os em sua vida espiritual. Deixe-os acompanharem você ao local onde pratica a sua crença religiosa. Partilhe quaisquer sentimentos especiais que você tenha em relação a um poder maior. Exercitem a fé juntos. Leiam juntos. Rezem juntos, se as orações fizerem parte da sua crença.
- Envolva-se com seus filhos em projetos de serviço comunitário.
- Marque na sua agenda horários para se divertirem juntos, como ir a jogos, andar de bicicleta nas montanhas, brincar de balanço no parque, jogar minigolfe, ou ir a uma sorveteria.
- Faça as crianças participarem para tornar a hora do jantar mais agradável. Estimule-os a se revezar para colocar e decorar a mesa, escolher a sobremesa, e talvez até selecionar um tema para conversa. Persista em reunir a sua família ao redor da mesa de jantar, para desfrutar a refeição juntos.

Da Sobrevivência...
À Estabilidade...
Ao Sucesso...
À Significância

Não sei qual será o seu destino, mas de uma coisa eu sei: os únicos entre vocês que serão realmente felizes são aqueles que buscaram e aprenderam a servir.
Albert Schweitzer[*]

Agora que já vimos cada um dos 7 Hábitos, gostaria de partilhar com você a "grande fato" do poder da abordagem de dentro

---

[*] Albert Schweitzer (1875-1965), médico-missionário francês na África Equatorial Francesa (atual Gabão). Dedicou toda sua vida ao hospital que ali fundou. Recebeu o Prêmio Nobel da Paz de 1952. (N. do E.)

para fora e mostrar-lhe como esses hábitos trabalham juntos para conquistar esse poder.

Para começar, gostaria de pedir-lhe que leia um fascinante relato da odisséia de dentro para fora de uma senhora. Preste atenção a essa experiência que revela uma alma proativa e corajosa transformando-se numa força da natureza em seu próprio benefício e no de outros. Observe o impacto que sua abordagem exerceu sobre ela, a família e a sociedade:

Com dezenove anos, eu estava divorciada e com uma criança de dois anos para criar. Enfrentávamos circunstâncias difíceis, mas eu queria fazer o melhor possível para o meu filho. Quase não tínhamos comida. Na verdade, eu chegara ao ponto em que, em vez de comer, dava o meu prato para o meu filho. Perdi tanto peso que uma colega de trabalho me perguntou se eu estava doente, e eu finalmente explodi e contei-lhe o que estava acontecendo. Ela me pôs em contato com o programa de Ajuda às Famílias Carentes com Filhos Menores, o que tornou possível eu freqüentar a faculdade mantida pela comunidade.

Nessa altura, eu ainda conservava na mente a visão que tivera quando estava com dezessete anos e grávida — a de que iria para a faculdade. Não fazia a menor idéia de como conseguiria essa proeza. Aos dezessete, eu nem sequer conseguira o certificado do segundo grau. Mas algo me dizia que eu seria capaz de ajudar outras mulheres, que seria uma luz para aquelas que, como eu, enfrentavam a escuridão. Essa visão era tão forte que me incentivou a enfrentar tudo — incluindo terminar o segundo grau.

Quando por fim entrei para a faculdade comunitária, com dezenove anos, ainda não sabia de que maneira a minha visão se realizaria. Como poderia ajudar alguém quando ainda estava tão traumatizada por tudo o que sofrera? Mas eu sentia o impulso, por causa da visão e do meu filho. Queria que ele tivesse uma vida boa. Queria que tivesse comida, roupas, um jardim para brincar e educação. E eu não poderia dar-lhe nada disso se não cuidasse da minha educação. Então, racionalizava: "Se eu conseguir formar-me e ganhar dinheiro, nós teremos uma vida boa". E fui para a escola e trabalhei realmente duro.

Com vinte e dois anos, casei-me pela segunda vez — agora com um homem maravilhoso. Tivemos uma filhinha linda. Saí da escola para ficar com as crianças, enquanto eram pequenas. Nós conseguimos dar um jeito nas finanças, mas eu ainda tinha a obsessão de lutar contra o monstro chamado fome. Simplesmente não conseguia esquecer. Assim, quando meus filhos ficaram um pouco maiores, senti que a questão era "formar-me ou falir". Meu marido era a "mamãe" das crianças, enquanto eu ia para a escola.

Finalmente obtive o meu diploma — na verdade, dois: um de bacharelado e outro de mestrado em administração de empresas. E isso se revelou muito útil. Mais tarde, quando meu marido perdeu o emprego de operário numa fábrica, eu pude ajudá-lo a freqüentar a escola. Minha educação nos salvou financeiramente. Ele também obteve os diplomas de bacharelado e mestrado e trabalha como advogado já há muitos anos. E disse que isso jamais teria sido possível sem a minha ajuda.

Durante algum tempo, vivi ocupada trabalhando e sustentando a família. E pensava: "Consegui. Eu me formei. Tenho uma família bem-sucedida. Devia sentir-me feliz". Mas, então, lembrei que a minha visão incluía ajudar outras mulheres, e ainda não estava fazendo isso. Assim, quando os diretores da minha antiga faculdade me convidaram para fazer um discurso na formatura dos alunos, concordei. Quando lhes perguntei sobre o que deveria falar, responderam:

— Apenas conte-lhes como se formou.

Para ser totalmente honesta, postar-me diante de um grupo de no mínimo duzentas mulheres muitíssimo preparadas, que seriam homenageadas por seus conhecimentos em ciências e matemática, era um tanto desconfortável. A idéia de lhes contar de onde eu vinha não era excitante para mim. Mas, a essa altura, eu aprendera sobre a missão e criara a minha. Ela afirmava, basicamente, que a minha missão na vida era ajudar os outros a enxergar o melhor de si mesmos. E creio que foi a missão pessoal que me deu coragem para revelar a minha história.

Eu me postei diante do microfone fazendo acordos com Deus: "Tudo bem, eu vou falar. Mas, se não der certo, jamais contarei minha história de novo". Porém foi um sucesso, como provou o que ocorreu mais tarde. Depois de ouvirem o meu relato, várias das acadêmicas se juntaram e decidiram fazer alguma coisa para prestar assistência às mães, e a escola iniciou um fundo para bolsas de estudo, que recebeu o nome de uma mulher que acreditava que, quando se educa uma mulher, provoca-se um grande impacto não apenas em sua vida, mas também na de seus filhos.

Fiquei feliz com o que aconteceu e imaginei que cumprira a minha parte no auxílio às outras. Contudo, pouco depois, iniciei um curso de aperfeiçoamento para mulheres, onde tive a oportunidade de contar mi-

nha história outra vez. Uma das mulheres de lá teve a idéia de patrocinarmos uma bolsa de estudo para uma senhora de baixa renda, e todas nós concordamos em contribuir com 125 dólares, para essa finalidade.

A partir desses passos iniciais, meus esforços cresceram tanto que agora atuo como consultora no conselho que aprova a concessão de bolsas de estudo para alunas carentes numa faculdade de ciências humanas da região. Também ajudo a levantar fundos para bolsas de estudo para mulheres de baixa renda e alto potencial. Essas coisas talvez pareçam pouco para alguns, mas eu sei quanto podem ser importantes. Eu contei com muita ajuda, em minha vida, de pessoas que achavam estar fazendo "coisas sem importância", e espero que as coisas sem importância que faço agora para outras demonstrem a minha gratidão.

Tudo isso tem exercido um impacto positivo em minha família também. Meu filho, que agora está cursando mestrado, arranjou um emprego em que ajuda pessoas deficientes. Ele tem um grande comprometimento com elas e com seu bem-estar. E minha filha — no primeiro ano da faculdade — é professora voluntária de inglês para estrangeiros. Também tem um profundo comprometimento com as pessoas menos favorecidas. Ambos desenvolveram um grande senso de responsabilidade em relação aos outros e uma profunda consciência da importância da contribuição. Por isso, buscam contribuir ativamente. E o trabalho de meu marido como advogado lhe propicia uma oportunidade constante de ajudar as pessoas de modo bastante pessoal também.

Acredito que ajudar os nossos semelhantes constitui a contribuição mais significativa que se pode dar na vida. Sinto-me grata por termos progredido a ponto de poder fazer isso.

Apenas pense na diferença que a proatividade dessa senhora tem feito em sua própria vida, nas vidas dos membros da sua família e nas de todos aqueles que se beneficiam com a sua contribuição. Que tributo à resiliência do espírito humano! Em vez de permitir que as circunstâncias apagassem a visão que criara na adolescência, ela aferrou-se a essa visão e nutriu-a de tal forma que acabou por transformá-la na força dinâmica que lhe deu o poder de elevar-se acima das circunstâncias adversas.

Observe como, ao longo do processo, ela e a família percorreram cada um dos quatro níveis que mencionamos no título deste capítulo.

Sobrevivência

Em princípio, a grande preocupação dessa senhora era a necessidade básica de alimentação. Ela passava fome. O filho passava fome. O único foco de sua vida era ganhar o bastante para alimentar a criança e a si mesma, para não morrerem. Essa necessidade de sobrevivência era tão básica, tão fundamental, tão vital que mesmo quando suas circunstâncias mudaram, ela "ainda tinha a obsessão de lutar contra o monstro chamado fome" e "simplesmente não conseguia esquecer".

Isso representa o primeiro nível: *sobrevivência*. Muitas famílias e muitos casamentos lutam literalmente pela sobrevivência — não apenas em termos econômicos, mas também mentais, espirituais e sociais. A vida dessas pessoas é repleta de incertezas e temores. Elas lutam pela sobrevivência diária. Vivem num mundo caótico, sem princípios estáveis que lhes sirvam de base, sem estruturas ou agendas das quais possam depender, sem nenhum senso do que o amanhã lhes trará. Freqüentemente sentem que são vítimas das circunstâncias ou da injustiça de outrem. São como alguém que foi levado às pressas para a UTI de um pronto-socorro: seus sinais vitais podem estar presentes, mas são instáveis e imprevisíveis.

Eventualmente, essas famílias podem aperfeiçoar sua capacidade de sobrevivência. Podem até ter breves intervalos para respirar, em meio aos seus esforços para sobreviver. Mas, todo o santo dia, seu único objetivo é simplesmente... sobreviver.

Estabilidade

Voltando à história, você perceberá que, por intermédio de seus esforços e da ajuda de outros, essa senhora por fim passou da sobrevivência para a *estabilidade*. Já dispunha de comida e as necessidades básicas da vida eram atendidas. Até alcançara um relacionamento conjugal estável. Embora ainda lutasse com as cicatrizes dos dias de "sobrevivência", ela e sua família eram funcionais.

Isso representa o segundo nível, que muitas famílias e casamentos tentam atingir. Eles estão sobrevivendo, mas horários de trabalho diferentes e hábitos diferentes os impedem de ficar juntos para conversar sobre o que traria maior estabilidade para o casamento ou a família. Vivem num estado de desorganização. Não sabem o que fazer, têm um senso de futilidade e se sentem num beco sem saída.

Mas, quanto mais conhecimento esses indivíduos acumulam, mais esperança adquirem. E, ao seguirem esse conhecimento e começarem a organizar sistemas de horários e estruturas para comunicação e resolução de problemas, a esperança cresce ainda mais, sobrepondo-se à ignorância e à sensação de futilidade. A família e o casamento se tornam estáveis, dependentes e previsíveis.

Muito bem, eles agora são estáveis — mas ainda não são "bem-sucedidos". Existe um grau de organização que permite que a comida seja posta na mesa e as contas sejam pagas. Mas a estratégia de resolução de problemas é normalmente limitada a "rugir ou fugir". As vidas das pessoas se tocam de tempos em tempos a fim de lidar com os problemas mais prementes, mas não existe uma profundidade real na comunicação. As pessoas geralmente encontram sua satisfação longe da família. "Lar" é apenas um lugar que serve de abrigo. Existe o tédio. A interdependência é exaustiva. Não há senso de realização conjunta. Não há felicidade, amor, alegria ou paz verdadeiros.

Sucesso

O terceiro nível, *sucesso,* envolve o cumprimento de metas valiosas. Essas metas podem ser econômicas, tais como aumento da renda, melhor gerenciamento da renda existente, ou consenso na redução de despesas, a fim de poupar ou dispor de mais dinheiro para a educação ou para viagens. Podem ser mentais, tais como aprender novas habilidades ou formar-se na faculdade. Você deve ter observado que a maioria das metas daquela senhora abrangia essas duas áreas: bem-estar econômico e educação. Mas as metas também podem ser sociais, tais como conseguir mais tempo para ficar e se comunicar com a família ou estabelecer tradições. Ou podem ser espirituais, tais como criar um senso de visão e valores compartilhados e renovar a fé e crenças em comum.

Em famílias bem-sucedidas, as pessoas definem e atingem metas significativas. A "família" é importante para elas. Existe genuína felicidade em estarem juntas e um senso de entusiasmo e confiança. As famílias bem-sucedidas planejam e colocam em prática atividades familiares e se organizam para realizar tarefas diferentes. O foco é numa vida melhor, em amar melhor, aprender melhor, e em se renovar por intermédio de atividades familiares e tradições divertidas.

Mas, mesmo aqui, ainda falta uma dimensão. Voltemos novamente para a história daquela senhora. Ela disse: "Durante algum tempo, vivi ocupada trabalhando e sustentando a família. E pensava: 'Consegui. Eu me formei. Tenho uma família bem-sucedida. Devia sentir-me feliz'. Mas, então, lembrei que a minha visão incluía ajudar outras mulheres, e ainda não estava fazendo isso".

Significância

O quarto nível, *significância*, corresponde ao envolvimento em algo significante exterior à família. Em vez de contentar-se em ser bem-sucedida, a família tem um senso de missão ou responsabilidade — e de ter de prestar contas — em relação ao grupo familiar maior: a humanidade. A missão familiar inclui deixar algum tipo de legado, ou alcançar outras famílias que possam estar ameaçadas, ou participar como voluntários em serviços de atendimento à comunidade ou à sociedade mais ampla, possivelmente por meio da igreja ou outras organizações que prestam assistência social. Essa contribuição gera uma sensação de realização profunda — não só para os seus membros, individualmente, mas para a família como um todo.

A senhora da história sentia essa responsabilidade e começou a contribuir. E, graças ao seu exemplo, os filhos desenvolveram essa vocação para o auxílio às pessoas carentes. No nível da significância, as famílias alcançam o ponto ideal em que esse senso de missão ou responsabilidade se torna uma parte integrante de sua missão familiar — algo em que todos se envolvem.

Há outros momentos em que a família inteira se envolve diretamente em algum tipo de projeto comunitário. Conheço uma família que trabalha em conjunto para visitar e prover entretenimento por meio de vídeos para os idosos em asilos.

Isso começou quando a avó deles sofreu um derrame que os forçou a colocá-la numa dessas instituições, e parecia que a única coisa que a divertia eram os filmes em vídeo. Resolveram, então, visitá-la no mínimo uma vez por semana e levar-lhe filmes diferentes. A idéia fez tanto sucesso com a avó e com outros pacientes que eles começaram a alugar fitas para todo mundo. Ao longo dos anos, os cinco filhos dessa família entraram na adolescência e continuaram prestando esse serviço. E isso os ajudou não só a ficar perto da avó, mas também de muitos outros idosos.

Outra família passa todos os *réveillons* cozinhando para oferecer uma ceia aos sem-teto. Todos os membros participam, promovendo diversas reuniões preliminares para dividir as tarefas, decidir o que servir e como decorar as mesas. Presentear os pobres com uma noite maravilhosa tornou-se uma alegre tradição para eles.

Tenho conhecimento de muitas outras famílias cuja contribuição tem sido, ao menos por algum tempo, organizar-se em torno de um membro da família ampliada ou das outras gerações que enfrentam dificuldades. Um marido e pai relatou como sua família fizera isso:

No final de 1989, meu pai teve um tumor cerebral diagnosticado. Por dezesseis meses, nós lutamos contra o tumor por meio de quimioterapia e radioterapia. Finalmente, no fim de 1990, ele já não podia tomar conta de si mesmo, e minha mãe — que estava com mais de setenta anos — não tinha condições de dar-lhe todo o auxílio de que ele precisava.

Resolvemos trazer meus pais para a nossa casa. Colocamos meu pai num leito hospitalar no meio da nossa sala, e lá ele permaneceu nos treze meses seguintes, até falecer.

Percebo agora que, se não tivesse os princípios básicos e uma compreensão clara das "coisas importantes" para mim, eu talvez não tivesse tomado essa decisão. Mas, embora esse tenha sido um dos períodos mais árduos da minha vida, foi também um dos mais gratificantes.

A intimidade que pudemos desenvolver com meu pai naqueles últimos meses foi profunda. Não fomos apenas minha esposa e eu que aprendemos com a experiência, mas também minha mãe. Ela sabe que pode encarar o futuro e confiar que nós faremos o mesmo por ela, numa situação similar. E nossos filhos aprenderam lições inestimáveis de auxílio aos outros, ao verem o que minha esposa e eu fizemos, e nos ajudaram como podiam.

Durante aqueles meses, a contribuição significativa dessa família foi ajudar o pai e avô a morrer com dignidade, cercado de amor. Que mensagem poderosa isso transmitiu à esposa e a toda a família! E que experiência importante para esses filhos, que cresceram com um senso de amor e de prestação de ajuda e serviço aos outros.

Freqüentemente, mesmo aqueles que enfrentam situações difíceis podem deixar um legado de inspiração para suas famílias. Minha própria vida foi profundamente afetada pelo exemplo de contribuição e significância de minha irmã Marilyn, que morreu de câncer. Duas noites antes do seu falecimento, ela me disse:

— Meu único desejo é ensinar meus filhos e netos a morrer com dignidade e lhes dar a vontade de contribuir, de viver com nobreza e com base em princípios.

Sua principal preocupação, durante as semanas e meses que antecederam o desenlace, foi ensinar os filhos e netos, e eu sei que eles se inspirarão e enobrecerão com o exemplo dela — como aconteceu comigo — pelo resto de suas vidas.

> Existem muitas formas de colaborar de modo significante — dentro da família, com outras famílias e na sociedade como um todo.

Existem muitas formas de colaborar de modo significante — dentro da família, com outras famílias e na sociedade como um todo. Nós temos amigos e parentes cujos membros da família ampliada e das outras gerações se organizaram para ajudá-los em suas lutas, seja no caso de uma criança com síndrome de Down, ou de problemas sérios com drogas, ou crises financeiras severas ou rompimento de um casamento. A cultura familiar inteira foi acionada e partiu em ajuda às pessoas necessitadas, possibilitando-lhes apagar muitas das cicatrizes psíquicas do passado.

As famílias também podem envolver-se com as escolas ou centros comunitários do bairro para ajudar em campanhas contra drogas, para a redução da criminalidade ou para prestar assistência a crianças abandonadas. Podem ajudar levantando fundos, ajudando a criar programas ou apoiando-os, ou prestando outros serviços para a igreja ou para o centro comunitário. Também podem realizar algo significante num alto nível de interdependência — não só dentro do âmbito familiar mas com outras famílias, com projetos em comum.

Existem até algumas comunidades no mundo em que a população inteira participa, com interdependência maciça e esforços consideráveis. Um exemplo é as Ilhas Maurício — uma nação em desenvolvimento, na verdade uma pequenina ilha no Oceano Índico, a oitocentos quilômetros a leste de Madagáscar. A norma para 1,3 milhão de pessoas que vivem lá é trabalhar em conjunto para sobreviverem economicamente, cuidarem das crianças, e nutrirem uma cultura de independência e interdependência. Eles treinam a população para as tarefas de que o mercado necessita, de modo que não existem desempregados nem sem-teto, e os índices de pobreza e de criminalidade são baixos. O interessante é que essas pessoas vêm de cinco culturas diferentes e bastante diversas umas das outras. Suas diferenças são profundas, mas elas as valorizam tanto que até celebram as datas importantes das religiões uns dos outros! Sua profundamente integrada interdependência reflete valores de ordem, harmonia, cooperação e sinergia, e a grande preocupação de todos é a mesma — o ser humano, especialmente as crianças.

> Contribuir juntos como família não só ajuda os beneficiários da contribuição mas também estreita os laços familiares ao longo do processo.

Amar o próximo é algo que, na verdade, ajuda a família a se perpetuar. A própria doação aumenta o senso de propósito da família, e, em decorrência, sua longevidade e capacidade de doar. Hans Selye, o pai da moderna pesquisa sobre estresse, ensina que a melhor forma de manter-se forte, saudável e cheio de vitalidade é seguir o credo: "Conquiste o amor do próximo". Em outras palavras, envolva-se em projetos significativos que visem o serviço comunitário. Ele explica que a razão por que as mulheres vivem mais do que os homens é mais psicológica do que fisiológica. O trabalho da mulher nunca tem fim. Entranhada em sua psique e reforçada culturalmente está a responsabilidade permanente em relação à família. Muitos homens, por outro lado, centralizam suas vidas em suas carreiras e se identificam em termos profissionais. Suas famílias se tornam secundárias, e, quando eles se aposentam, não dispõem do mesmo senso de serviço e contribuição constantes. Em conseqüência, as forças degenerativas do corpo se aceleram, o sistema imunológico fica comprometido, e, em conseqüência, os homens tendem a morrer mais cedo.

> No nível da significância, a família se torna o veículo por meio do qual as pessoas podem contribuir com eficácia para o bem-estar de todos.

Esse nível de significância é o nível supremo da realização familiar. Nada energiza, une e gratifica tanto a família como o trabalho conjunto para prestar uma contribuição significante. Essa é a essência da verdadeira liderança da família — não apenas a liderança que você possa exercer na família, mas aquela que a sua família pode exercer sobre outras, sobre a vizinhança, a comunidade, o país.

Da Resolução de Problemas à Criação

Ao avançarem para o seu objetivo como família, talvez lhes seja útil examinar esses quatro diferentes níveis como escalas da sua trajetória. Chegar a cada um desses objetivos intermediários representa em si um desafio, mas também possibilita os recursos para avançar para o estágio seguinte.

Você também pode conscientizar-se de que, na transição da sobrevivência para a significância, existe uma substancial transformação no modo de pensar. Nas áreas de sobrevivência e estabilidade, o foco primário de energia mental encontra-se na resolução de problemas.

— Como vamos conseguir teto e comida?

— O que podemos fazer em relação ao comportamento de Daryl ou às notas de Sara?

— Como podemos acabar com o sofrimento no nosso relacionamento?

— Como vamos liquidar essa dívida?

Mas, à medida que você avança em direção ao sucesso e à significância, o foco muda para metas, visões e propósitos criativos que, em última análise, transcendem a própria família:

— Que tipo de educação desejamos dar às crianças?

— Que situação financeira queremos ter daqui a cinco ou dez anos?

— Como podemos estreitar os laços da nossa família?

— O que podemos realizar juntos, como família, que realmente faça diferença?

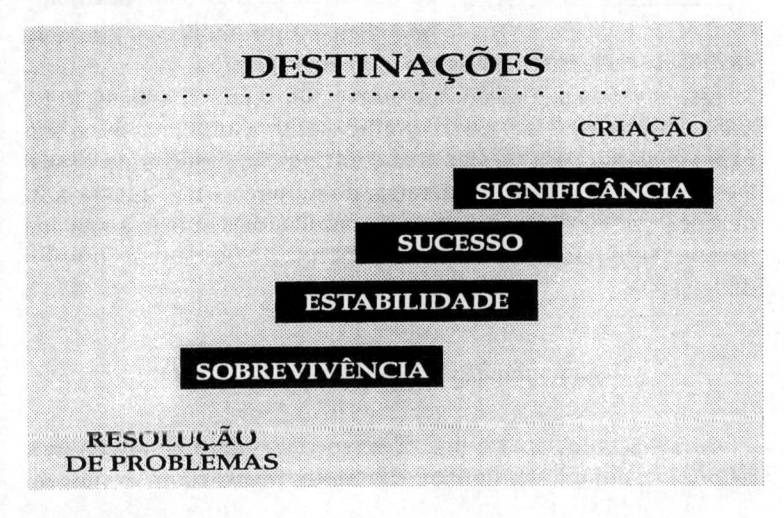

DESTINAÇÕES

- CRIAÇÃO
- SIGNIFICÂNCIA
- SUCESSO
- ESTABILIDADE
- SOBREVIVÊNCIA

RESOLUÇÃO DE PROBLEMAS

Isso não significa que as famílias que alcançaram o sucesso e a significância não tenham problemas para resolver. Elas têm. Mas o foco *principal* está na criação. Em vez de tentar eliminar seus aspectos negativos, elas se concentram na criação de novos aspectos positivos — novas metas, opções ou alternativas que otimizem as situações. Em vez de resolverem problemas, correndo de uma crise para outra, elas se concentram em "trampolins" sinérgicos para contribuição e realização futuras.

> Quando se preocupa com problemas, você deseja eliminar alguma coisa. Quando se ocupa com oportunidades ou visões, você quer dar vida a alguma coisa.

Em resumo, ocupam-se com as oportunidades, em vez de se preocuparem com problemas. Quando se preocupa com problemas, você deseja eliminar alguma coisa. Quando se ocupa com oportunidades ou visões, você quer dar vida a alguma coisa.

E essa é uma postura mental inteiramente diferente, uma atitude emocional/espiritual completamente diversa. E conduz a um sentimento oposto na cultura. É como a diferença entre sentir-se exausto de manhã à noite, e sentir-se descansado, energizado e entusiasmado. Em vez de sentir-se frustrado, centrado em preocupações e rodeado de nuvens negras de desespero, você se sente otimista, revigorado, cheio de esperança e carregado de energia positiva que conduz à criatividade e sinergia. Concentrado em sua visão, você passa ao largo dos problemas.

Forças Dinâmicas e Restritivas

Ao avançar da sobrevivência para a significância, você descobrirá que existem forças[1] que o energizam e ajudam a seguir em frente. O conhecimento e a esperança o impelem na direção da estabilidade. O entusiasmo e a confiança o empurram para o sucesso. O senso de missão e a visão de contribuição o propulsionam para a significância. Essas coisas são como o vento de popa que ajuda o avião a mover-se mais depressa rumo a seu objetivo — fazendo-o, às vezes, chegar antes do horário previsto.

Mas você também perceberá que há fortes ventos de proa — forças que tendem a limitá-lo, a diminuir a velocidade ou até mesmo reverter o movimento, puxando-o para trás, impedindo-o de progredir. A autocomiseração e o medo tendem a puxá-lo para trás, para a batalha fundamental pela sobrevivência. A falta de conhecimento e o senso de inutilidade tendem a impedi-lo de se tornar estável. Sentimentos como o tédio e o escapismo frustram o esforço para ser bem-sucedido. A visão egocêntrica e o senso de propriedade — em vez do de missão — tendem a impedi-lo de alcançar a significância.

Você observará também que as forças restritivas de modo geral são mais do tipo emocional, psicológico e ilógico; as forças dinâmicas são mais lógicas, estruturais e proativas.

Claro, nós precisamos fazer o que pudermos para conferir maior poder às forças dinâmicas. Essa é a abordagem tradicional. Mas, num campo de forças, as restritivas acabam por restaurar o equilíbrio anterior.

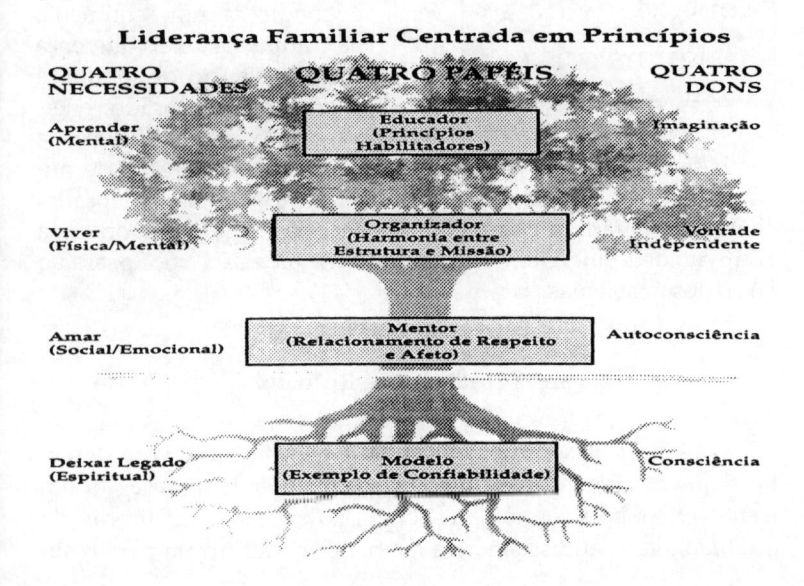

Liderança Familiar Centrada em Princípios

QUATRO NECESSIDADES	QUATRO PAPÉIS	QUATRO DONS
Aprender (Mental)	Educador (Princípios Habilitadores)	Imaginação
Viver (Física/Mental)	Organizador (Harmonia entre Estrutura e Missão)	Vontade Independente
Amar (Social/Emocional)	Mentor (Relacionamento de Respeito e Afeto)	Autoconsciência
Deixar Legado (Espiritual)	Modelo (Exemplo de Confiabilidade)	Consciência

E, o mais importante: nós precisamos remover as forças restritivas. Ignorá-las é como tentar mover-se em direção à destinação com os motores revertidos. Podemos empregar todos os tipos de esforço, mas, a menos que tomemos providências para remover as forças restritivas, não iremos a lugar nenhum depressa e o esforço nos exaurirá. Você precisa trabalhar as forças dinâmicas e restritivas ao mesmo tempo, mas dedicar o esforço primário ao trabalho com as forças restritivas.

Os Hábitos 1, 2, 3 e 7 acionam os motores das forças dinâmicas. Eles constroem proatividade. E lhe dão um senso claro e motivador de destinação que é maior do que o "eu". De fato, sem algum tipo de visão ou missão significante, o curso de menor resistência consiste em permanecer na zona de conforto, usar apenas aqueles talentos e dons que já estão desenvolvidos e talvez até reconhecidos por outros. Mas quando você partilha essa visão da verdadeira significância, ou missão, ou contribuição, então o curso de menor resistência implicará desenvolver capacidades e realizar aquela visão, porque concretizar a visão se torna mais premente do que a dor de abandonar a sua zona de conforto. Liderança familiar é isso — criar esse tipo de visão que impele, assegurar o comprometimento consensual nessa direção e na direção do que quer que seja necessário para concretizá-la. Isso é o que aciona as motivações mais profundas das pessoas e as impele a se tornarem melhores. Então, os Hábitos 4, 5 e 6 lhe fornecem o processo de trabalho em conjunto para realizar todas essas coisas. E o Hábito 7 lhe dá o poder renovador para continuar realizando.

Mas os Hábitos 4, 5 e 6 também lhe possibilitam compreender e remover as forças restritivas culturais, emocionais, sociais e ilógicas, de modo que mesmo o mínimo de energia proativa e positiva proporcione ganhos tremendos. Na verdade, a compreensão profunda dos medos e ansiedades que o limitam transforma a natureza, o conteúdo e a direção dessas forças restritivas, possibilitando-lhe realmente convertê-las em dinâmicas. Nós vemos isso ocorrer o tempo todo, quando uma pessoa considerada problemática, depois de ser escutada e compreendida, muda de comportamento.

Considere a analogia de um carro. Se você colocasse um pé no acelerador e outro no freio, qual seria a melhor alternativa para o carro ir mais depressa — pressionar mais o acelerador ou tirar o pé do freio? Evidentemente, o segredo é tirar o pé do freio. Você poderia até soltar um pouco o acelerador e ainda assim iria mais depressa do que quando pressionava o freio.

> Considere a analogia de um carro. Se você colocasse um pé no acelerador e outro no freio, qual seria a melhor alternativa para o carro ir mais depressa — pressionar mais o acelerador ou tirar o pé do freio?

Por Onde Eu Começo?

Muitos de nós possuem um desejo inato de melhorar nossas famílias. Subconscientemente, desejamos passar da sobrevivência para o sucesso ou significância. Mas, com freqüência, enfrentamos muitas dificuldades. Podemos tentar, com o máximo empenho possível, fazer tudo o que entendermos necessário, e ainda assim os resultados podem ser exatamente o oposto do que queríamos.

Isso é verdade principalmente quando lidamos com o cônjuge ou com adolescentes. Mas, mesmo quando lidamos com crianças pequenas, que são geralmente mais receptivas à nossa influência, nós nos questionamos qual a melhor maneira de influenciá-las. Devemos castigar? Devemos bater? Colocá-las de castigo? Será correto nos valermos de nossa superioridade em termos de tamanho, força ou desenvolvimento mental, para obrigá-las a fazer o que queremos? Ou será que existem princípios que nos possam ajudar a compreendê-las e a influenciá-las de um modo melhor?

Qualquer pai/mãe (ou filho/filha, irmão/irmã, avó/avô, tia/tio, sobrinho/sobrinha, ou qualquer pessoa) que realmente almeje tornar-se uma pessoa de transição — um agente de mudança — e ajudar a família a elevar-se no diagrama do objetivo pode fazer isso, principalmente se entender e viver os princípios por trás dos quatro papéis básicos de liderança familiar. Como a família é algo natural, vivo e capaz de crescer, gostaríamos de descrever esses papéis por meio do que chamamos de Árvore da Liderança Familiar Centrada em Princípios. Essa árvore serve de lembrete de que estamos lidando com a natureza e com leis ou princípios naturais. E lhe será útil para compreender esses quatro papéis básicos de liderança e também para diagnosticar e refletir por meio de estratégias para resolver problemas familiares (você talvez queira ver a árvore na página 413).

Modelo

Conheço um senhor que, quando criança, adorava caçar com o pai. As caçadas, planejadas com semanas de antecedência pelo pai com a ajuda dos filhos, geravam uma grande expectativa.

Hoje, já adulto, ele nos contou:

Jamais esquecerei a abertura da temporada de caça ao faisão. Papai, meu irmão mais velho e eu nos levantamos às quatro horas da madrugada. Comemos o farto e suculento desjejum preparado pela minha mãe, levamos a bagagem para o carro e pegamos a estrada por volta das seis da manhã. Chegamos cedo ao campo que havíamos escolhido a fim de nos instalarmos antes que a balbúrdia começasse, e aguardamos o momento oficial da abertura, marcado para as oito horas.

Como a hora se aproximasse, os outros caçadores foram chegando, e se agitavam freneticamente ao nosso redor, tentando encontrar lugares onde caçar. Às 7:40h, vimos caçadores indo para os campos. Lá pelas 7:45h, o sinal de abertura foi dado — quinze minutos antes do horário oficial. Logo os pássaros estavam voando. Às 7:50h, todos os caçadores haviam entrado nos campos, e ouviam-se tiros por todos os lados.

Papai consultou seu relógio e disse:

— A caçada começa às oito horas, rapazes.

Cerca de três minutos antes das oito, quatro caçadores entraram no nosso espaço e se embrenharam no campo. Nós olhamos para papai. Ele comentou:

— A caçada para nós começa às oito horas.

Às oito horas, os pássaros já haviam ido embora, mas nós entramos no campo.

Não conseguimos nenhum faisão naquele dia. Mas conseguimos uma lembrança inesquecível de um homem com quem fervorosamente desejo parecer — meu pai, meu ideal, que me ensinou absoluta integridade.

Qual era o centro da vida desse pai — o prazer e o reconhecimento de ser um caçador bem-sucedido ou a serena satisfação da alma de ser um homem íntegro, um pai, um modelo de integridade para seus filhos?

Não há dúvida de que exemplo é a própria base da influência. Quando perguntaram a Albert Schweitzer como educar as crianças, ele respondeu: "Três princípios — primeiro, exemplo; segundo, exemplo; e terceiro, exemplo". Nós somos, antes de mais nada, modelos para os nossos filhos. O que eles vêem em nós fala mais alto do que qualquer coisa que pudéssemos dizer. Você não tem como se esconder ou disfarçar seu "eu" mais profundo. A despeito da sua capacidade de fingir e representar, os seus desejos, valores, crenças e sentimentos reais se revelam de mil maneiras. Novamente, você ensina apenas o que você é — nem mais nem menos.

> *Você não tem como não ser um modelo. É impossível. As pessoas verão o seu exemplo — positivo ou negativo — como um padrão para seu futuro estilo de vida.*

É por isso que a parte mais profunda dessa Árvore da Liderança Familiar Centrada em Princípios — a espessa e fibrosa estrutura da raiz — corresponde ao seu papel como modelo.

É o seu exemplo pessoal. É a coerência e integridade da sua própria vida. É o que confere credibilidade a tudo o que você tenta realizar na família. Quando percebem na sua vida o exemplo do padrão que você está tentando incentivar na vida delas, as pessoas sentem que podem acreditar e confiar em você, porque o consideram digno de confiança.

O interessante nisso é que, querendo ou não, você é um modelo. E, se for pai/mãe, você é o *primeiro e mais importante* modelo para os seus filhos. Na verdade, *você não tem como não ser um modelo*. É impossível. As pessoas verão o seu exemplo — positivo ou negativo — como um padrão para seu futuro estilo de vida.

Como um escritor desconhecido lindamente expressou:

Se uma criança vive com críticas, aprenderá a condenar.
Se uma criança vive com segurança, aprenderá a ter fé em si mesma.
Se uma criança vive com hostilidade, aprenderá a ser hostil.
Se uma criança vive com aceitação, aprenderá a amar.
Se uma criança vive com medo, aprenderá a ser apreensiva.
Se uma criança vive com reconhecimento, aprenderá a ter uma meta.
Se uma criança vive com piedade, aprenderá a ter autocomiseração.
Se uma criança vive com aprovação, aprenderá a gostar de si mesma.
Se uma criança vive com ciúme, aprenderá a sentir-se culpada.
Se uma criança vive com amizade, aprenderá que o mundo é um belo lugar para se viver.

Se formos observadores atentos, poderemos ver as nossas fraquezas reproduzidas nos nossos filhos. Talvez isso se evidencie mais na forma de lidar com as diferenças e divergências. Para ilustrar, imagine a história de uma mãe que vai até a sala de estar chamar seus filhos pequenos para o almoço e os encontra brigando por causa de um brinquedo.

— Meninos, eu já lhes falei antes para não brigarem! Vocês se revezem para que cada um tenha a sua vez de brincar.

O mais velho arranca o brinquedo da mão do mais novo, exclamando:

— Primeiro, eu!

O mais novo chora e se recusa a ir almoçar.

A mãe, sem atinar com a razão por que seus filhos parecem não aprender nunca, reflete por um instante sobre a sua própria maneira de lidar com as diferenças com o marido. Ela recorda que, "ainda ontem à noite", eles tiveram uma discussão sobre um problema financeiro. Recorda também que, "ainda esta manhã", ele saiu para trabalhar aborrecido, em conseqüência da divergência sobre os planos para a noite. E, quanto mais refletia, mais se dava conta de que ela e o marido vinham demonstrando repetidas vezes como *não* se devia lidar com diferenças e divergências.

Este livro está repleto de histórias que mostram de que maneira o pensamento e as ações das crianças são moldados pelo que os pais pensam e fazem. O pensamento dos pais será herdado pelos filhos, às vezes até pela terceira e quarta gerações. Os pais receberam seus *scripts* dos pais deles... que, por seu turno, receberam dos pais *deles*, de inúmeras maneiras das quais as gerações nem sequer se apercebem.

É por isso que o nosso papel de modelo como pais para os nossos filhos constitui uma responsabilidade tão básica, tão sagrada e tão espiritual. Nós estamos elaborando os *scripts* de vida dos nossos filhos — *scripts* que, com toda a probabilidade, serão desempenhados ao longo da maior parte da vida deles. Como é importante, para nós, perceber que nosso papel de modelo no dia-a-dia é de longe a nossa principal forma de influenciar as vidas dos nossos filhos! E como é importante, para nós, examinar o que realmente ocupa o "centro" das nossas vidas, e nos perguntar: "Quem sou eu? Como eu me defino? (Segurança) Aonde vou e o que faço para receber orientação para guiar a minha vida? (Orientação) Como a vida funciona? Como devo viver a minha vida? (Sabedoria) Que recursos e influências eu acesso para nutrir a mim mesmo e aos demais? (Poder)". Qualquer que seja o nosso "centro", ou as lentes através das quais olhamos para a vida, este afetará profundamente o pensamento dos nossos filhos — quer tenhamos consciência disso e o desejemos ou não.

Se você escolher viver os 7 Hábitos em sua vida pessoal, o que seus filhos aprenderão? O seu papel de modelo fornecerá um exemplo de pessoa proativa que desenvolveu uma missão pessoal e está tentando viver de acordo com ela; ou de uma pessoa que tem grande respeito e amor pelos outros, que busca compreendê-los e ser compreendido por eles, que acredita no poder da sinergia e não tem medo de correr riscos ao trabalhar em conjunto para criar uma terceira alternativa de solução. Você dará o exemplo de uma pessoa que está num estado de constante renovação — de autocontrole físico e vitalidade, aprendizado permanente, contínua construção de relacionamentos e constante tentativa de alinhar-se com princípios.

Que impacto esse tipo de modelo exercerá na vida dos seus filhos?

Mentor

Em outras palavras: "Papai só quer dispensar-nos toda a sabedoria e conhecimento acumulados ao longo dos anos, mas será que ele realmente deseja conhecer-nos como pessoas? Será que nos aceita? Será que se importa de verdade conosco, exatamente como somos?" Até descobrirem isso, até sentirem aquele amor incondicional, elas não estavam receptivas a sua influência — por melhor que esta fosse.

Como diz o ditado: "Não me importa quanto você sabe até saber quanto se importa". É por isso que o nível seguinte da árvore — o robusto e rígido tronco — simboliza o seu papel como *mentor*. "Mentorear" significa construir relacionamentos. Significa investir na Conta Bancária Emocional. É permitir que as pessoas saibam que você se importa com elas — profunda, sincera, pessoal e incondicionalmente. É lutar por elas.

Esse afeto profundo e genuíno estimula as pessoas a se tornar receptivas ao aprendizado e à influência porque cria uma profunda sensação de confiança. Isso claramente reafirma a relação, que mencionamos no Hábito 1, entre as Leis Primárias do Amor e as Leis Primárias da Vida. Mais uma vez, só quando você vive as Leis Primárias do Amor — quando você faz depósitos constantes na Conta Bancária Emocional do outro porque o ama incondicionalmente e porque reconhece seu valor intrínseco, e não em razão de seu comportamento, *status* social ou qualquer outra coisa —, você estimula a obediência às Leis Primárias da Vida, tais como honestidade, integridade, respeito, responsabilidade e confiança.

Se você é pai/mãe, é importante perceber que, não importa o seu relacionamento com os filhos, você é o primeiro e mais importante mentor em suas vidas — alguém que se relaciona com eles, alguém cujo amor eles desejam. Positiva ou negativamente, *você não tem como não mentorear*. Você constitui a primeira fonte de segurança ou de insegurança física e emocional dos seus filhos, sua sensação de ser amado ou de ser negligenciado. E o modo como desempenha o seu papel de mentor exerce um profundo efeito sobre o sentimento do seu filho em relação ao próprio valor e também a sua capacidade de influenciar e ensinar.

A maneira como você desempenha o seu papel de mentor perante qualquer membro da família — *mas especialmente perante o seu filho mais problemático* — exerce um profundo impacto no nível de confiança da família inteira. Como dissemos no Hábito 6, a chave para a sua cultura familiar é a maneira como você trata o filho que mais o desafia. É esse filho que realmente testará a sua capacidade de amar incondicionalmente. Quando você lhe pode mostrar amor incondicional, os outros filhos concluem que seu amor por eles também é incondicional.

Eu estou convencido de que há um poder quase inacreditável em amar outra pessoa de cinco formas simultâneas:

> O modo como você desempenha o seu papel de mentor exerce um profundo efeito sobre o sentimento do seu filho em relação ao próprio valor e também a sua capacidade de influenciar e ensinar.

1. **Com Empatia**, escutando com o coração o coração do outro.
2. **Partilhando** autenticamente os seus mais profundos *insights*, aprendizados, emoções e convicções.
3. **Valorizando** a outra pessoa com profunda confiança, admiração, reconhecimento, respeito e incentivo.
4. **Rezando** com ela e por ela, do fundo da alma, acionando a energia e sabedoria de poderes mais elevados.
5. **Sacrificando-se** pela outra pessoa, envidando todos os esforços, fazendo mais do que se espera, importando-se tanto e servindo tanto que às vezes até dói.

As formas mais freqüentemente negligenciadas são a da empatia, da valorização e do sacrifício. Muita gente reza pelos outros; há muitos que partilham. Mas escutar de verdade, com empatia, confiar, valorizar e adotar em relação ao outro uma postura inclinada ao sacrifício, em que você faz por ele algo que não se espera que você faça — juntamente com rezar e partilhar — alcança o ser amado de um modo inigualável.

Um dos maiores erros que se cometem consiste em tentar ensinar (ou influenciar, advertir ou disciplinar) antes de se estabelecer um relacionamento que sirva de base de sustentação. Na próxima vez em que você quiser ensinar ou corrigir seu filho, experimente pressionar a tecla de pausa e perguntar a si mesmo: "O meu relacionamento com esse filho fornece sustentação suficiente para este esforço? Haverá reserva bastante na Conta Bancária Emocional que possibilite a esse filho ser receptivo, ou será que minhas palavras ricochetearão como se ele estivesse cercado por algum tipo de escudo à prova de bala?" É muito fácil enredar-se na emoção do momento a ponto de não conseguirmos parar para nos questionarmos se o que estamos prestes a fazer será eficaz — se obterá o resultado que desejamos. E, se a resposta for negativa, na maioria dos casos o motivo é a falta de reserva suficiente para sustentar a nossa atuação.

Então, você pode efetuar depósitos na Conta Bancária Emocional. Pode solidificar o relacionamento. "Pode mentorear". Quando sentirem que você as ama e se importa com elas, as pessoas começarão a dar valor a si mesmas e a se tornar mais receptivas a sua influência. Elas se identificam muito mais com o que vêem e sentem do que com o que ouvem.

Organizador

Você pode ser um excelente modelo e ter um relacionamento maravilhoso com os seus familiares, mas se a sua família não estiver organizada com eficácia para ajudá-lo a alcançar os seus objetivos, então você trabalhará contra si mesmo.

É como tentar incentivar o trabalho de equipe e cooperação numa empresa que mantém sistemas — tais como promoção e aumentos de salário — que premiam a competição e a realização individual. Em vez de harmonizar e facilitar a tarefa, a forma como as coisas estão organizadas na verdade constitui um obstáculo.

De modo similar, na sua família você pode estimular "amor" e "divertimento familiar". Contudo, se jamais planejar oportunidades para todos ficarem juntos, a fim de desfrutar um jantar em família, de trabalhar em conjunto em projetos, viagens de férias ou piqueniques no parque, então a sua própria falta de organização será o empecilho. Você pode dizer "eu te amo" para alguém, mas, se estiver sempre demasiado ocupado para dar atenção a essa pessoa ou se deixar de dar prioridade ao relacionamento, você permitirá que a entropia e a decadência se instalem.

> Você pode estimular "amor" e "divertimento familiar". Contudo, se jamais planejar oportunidades para todos ficarem juntos, então a sua própria falta de organização será o empecilho.

O seu papel de organizador implica harmonizar as estruturas e sistemas na família para ajudá-lo a realizar o que for realmente importante. É no desempenho desse papel que você emprega o poder dos Hábitos 4, 5 e 6 no nível de mentor para criar a sua missão familiar e duas novas estruturas que a maioria das famílias não possui: o tempo da família e o tempo de convivência um a um. Essas são as estruturas e sistemas que possibilitarão alcançar os resultados que você deseja em sua família.

Sem criar estruturas e padrões baseados em princípios, você não terá como construir uma cultura com visão e valores compartilhados. A autoridade moral será esporádica e superficial porque se baseará apenas nas ações eventuais de algumas pessoas. Não será construída na cultura da família.

Entretanto, quanto mais a autoridade moral ou ética cresce e se institucionaliza na cultura sob a forma de princípios — vivenciados e estruturalmente concretizados — menos dependente você se torna em relação às pessoas individualmente para manter uma boa cultura familiar. Os próprios costumes e normas dentro da cultura reforçarão os princípios. O fato mesmo de você manter os tempos da família diz com todas as letras quanto a família é importante. Dessa forma, ainda que em seu grupo familiar haja uma pessoa excêntrica ou ambígua e uma outra que seja preguiçosa, o estabelecimento dessas estruturas e processos compensa a maioria — embora não todas — das deficiências humanas. Assim, você imprime os princípios em padrões e estruturas das quais as pessoas podem depender. E os resultados são similares àqueles que ocorrem quando se viaja em férias: Uma família pode ter altos e baixos emocionais numa viagem, mas o fato de viajarem juntas e de que isso constitui uma tradição renovadora constrói os princípios na cultura. Isso liberta a família da dependência constante e exclusiva de um bom exemplo.

Essa é uma das lições mais significativas que aprendi no meu trabalho com empresas. É possível construir os princípios nas estruturas e sistemas para torná-los parte da própria cultura. Então, deixa-se de depender das poucas pessoas da cúpula administrativa. Esse é um dos maiores *insights* de W. Edwards Deming, um guru no campo da qualidade e administração e uma das principais razões para o sucesso econômico do Japão. "O problema não está em pessoas ruins, mas em processos, estruturas e sistemas ruins."[2]

É por isso que damos tanta energia ao papel de organizador. Sem organização básica, é fácil os membros da família se dispersarem. Assim, o terceiro nível dessa árvore — o tronco que se divide nos galhos maiores e menores — simboliza o seu papel como *organizador*. É aí que as pessoas percebem como os princípios são construídos dentro dos padrões e estruturas da vida diária, de modo que não só você *diz* que a família é importante mas seus familiares *sentem* isso — nas freqüentes refeições em conjunto, nos "tempos da família" e em significantes tempos um a um. Em pouco tempo, todos começam a confiar nessas estruturas e padrões familiares. Podem depender deles, e isso lhes confere um senso de segurança, ordem e previsibilidade.

Educador

Quando um dos nossos filhos passou para a quinta série, começou a tirar notas baixas. Sandra o chamou de lado e perguntou:

— Olhe, eu sei que você é inteligente. Qual é o problema?
— Não sei — ele resmungou.
— Bem, vejamos se eu consigo ajudá-lo de algum modo.

Depois do jantar, eles se sentaram juntos e fizeram uma revisão das provas. À medida que conversavam, Sandra começou a perceber que o garoto não estava lendo atentamente as instruções das provas. Mais que isso, ele não sabia resumir livros, e havia diversas outras falhas em conhecimento e compreensão.

Assim, os dois começaram a passar uma hora juntos todas as noites, trabalhando leitura, resumindo livros e aprendendo a compreender as instruções. No final do semestre, ele passara de médias de 40 por cento para notas A e até A mais!

Quando um dos irmãos viu o boletim afixado na porta da geladeira, comentou:

— Esse aí é o *seu* boletim? Cara, você deve ser um gênio!

Estou convencido de que, em parte, Sandra pôde exercer esse tipo de influência graças ao seu desempenho como modelo, mentora e organizadora. Ela valorizava muito a educação, e todos na família sabiam disso. Havia passado horas e horas com ele ao longo dos anos, construindo a Conta Bancária Emocional e fazendo coisas que ele apreciava. E organizou sua agenda para dispor de tempo para ajudá-lo.

> Os momentos de ensino constituem os momentos supremos da vida familiar — esses momentos incomparáveis em que você sabe que fez uma significante diferença na vida de um ente querido.

Esses momentos de ensino constituem os momentos supremos da vida familiar — esses momentos incomparáveis em que você sabe que fez uma significante diferença na vida de um ente querido. Esse é o ponto em que os seus esforços ajudam a "conferir poder" aos membros da família, desenvolvendo sua capacidade interna e seus talentos para viver com eficácia. E isso está na essência da missão de pai/mãe, do que significa ser uma família.

Assim, o quarto nível da árvore — as folhas e frutos — representa o seu papel como educador. Isso significa que você explicitamente ensina aos outros as Leis Primárias da Vida. Você ensina princípios habilitadores para que as pessoas os compreendam e sigam, para que confiem neles e em si próprias por terem integridade. Ter *integridade* significa que suas vidas estão *integradas* num conjunto equilibrado de princípios universais, eternos e evidentes por si mesmos. Quando vêem bons exemplos ou modelos, se sentem amadas e têm boas experiências, as pessoas ouvem o que lhes é ensinado. E é grande a probabilidade de elas viverem conforme o que ouviram, e de se tornarem, por sua vez, exemplos e modelos e até educadores para que outras pessoas vejam e confiem. E esse belo ciclo começa novamente.

Esse tipo de ensino cria "competência consciente". As pessoas podem ser inconscientemente incompetentes — podem ser completamente ineficazes e nem sequer se darem conta. Ou podem ser conscientemente incompetentes — sabem que são ineficazes mas não têm o desejo interno ou disciplina para criarem a mudança necessária. Ou podem ser inconscientemente competentes — são eficazes mas não sabem por quê. Elas vivem *scripts* positivos que receberam de outrem; podem ensinar pelo exemplo, mas não por preceito, porque não o entendem. Ou podem ser conscientemente competentes — sabem o que estão fazendo e por que funciona. Então, podem ensinar *tanto* por preceito quanto por exemplo. É esse nível de competência consciente que capacita as pessoas a eficazmente transmitir conhecimento e habilidade de uma geração para outra.

O seu papel como educador — de criar competência consciente em seus filhos — é absolutamente impossível de delegar. Como dissemos no Hábito 3, se você não lhes ensinar, a sociedade o fará. E isso é o que moldará e formará os seus filhos e o futuro deles.

Se você realizou o seu trabalho interior para agora poder moldar essas Leis Primárias da Vida, se construiu relacionamentos de confiança vivendo as Leis Primárias do Amor, e se procedeu à organização — mantendo tempos regulares da família e um a um — então esse ensino será muito, muito mais fácil.

Liderança Familiar Centrada em Princípios

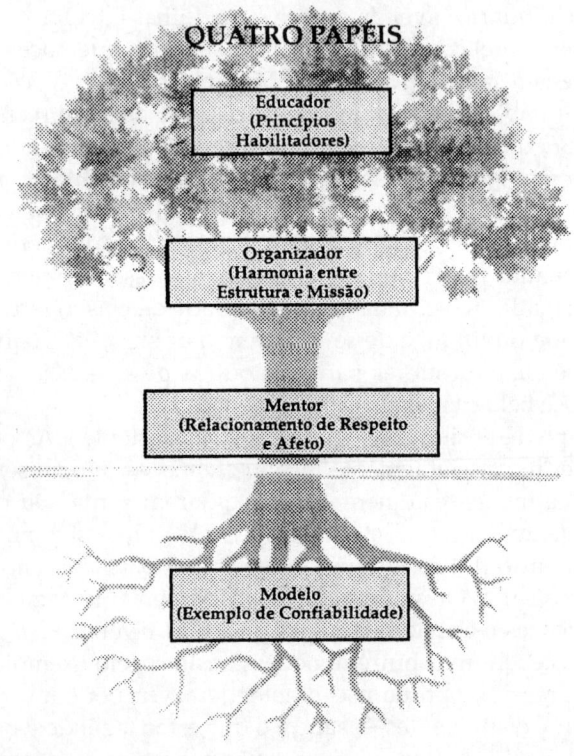

QUATRO PAPÉIS

- Educador (Princípios Habilitadores)
- Organizador (Harmonia entre Estrutura e Missão)
- Mentor (Relacionamento de Respeito e Afeto)
- Modelo (Exemplo de Confiabilidade)

O que você ensina deriva essencialmente da sua missão. Serão os princípios e valores que você determinou como supremamente importantes. E deixe-me dizer-lhe aqui para não prestar atenção às pessoas que dizem que não se devem ensinar valores aos filhos até estes crescerem o bastante para escolher os próprios valores. (Essa missão em si é um conselho que representa um sistema de valores.) Não existe isso de vida e ensino isentos de valores. Tudo é permeado de valores. Você, portanto, tem de decidir quais são os seus e, como tem uma missão sagrada para com os seus filhos, os que deseja para pautar a vida deles. Faça-os ler literatura sábia. Exponha-os a profundas reflexões e aos mais nobres sentimentos da mente e do coração humanos. Ensine-os a reconhecer os murmúrios da consciência e a ser fiéis e dignos de confiança — mesmo quando os outros não o são.

Quando você ensina é uma questão que depende das necessidades dos familiares, dos tempos da família e os de convivência um a um que você estabelece, e daqueles "momentos de ensino" fortuitos, que se apresentam como presentes maravilhosos para o pai ou mãe que estejam aguardando uma oportunidade e estão alertas.

Com relação ao ensino, eu lhe ofereço quatro sugestões:

1. Avalie a situação geral. Quando as pessoas se sentem ameaçadas, um esforço para ensiná-las por preceito — ou por exposição — geralmente aumenta o ressentimento em relação tanto a quem ensina como ao que se ensina. Quase sempre é melhor esperar ou criar uma nova situação na qual elas se sintam seguras e mantenham uma postura receptiva. A sua persistência em não repreender ou corrigir no momento emocionalmente carregado expressará e ensinará respeito e compreensão. Em outras palavras, quando você não pode ensinar um determinado valor por preceito, pode ensinar outro por meio de exemplo. E ensinar por meio de exemplo é infinitamente mais eficaz e duradouro do que ensinar por preceito. A combinação de ambos, naturalmente, é ainda melhor.
2. Verifique seu próprio humor e atitude. Se estiver zangado e frustrado, será impossível você ocultar o fato, não importa a lógica das suas palavras ou o valor do princípio que queira ensinar. Controle-se ou mantenha-se a distância. Ensine em outro momento, quando tiver sentimentos de afeto, respeito e segurança interna. Eis aqui uma regra de ouro: se puder tocar ou segurar gentilmente o braço ou a mão do seu filho enquanto o estiver corrigindo ou ensinando, e ambos se sentirem bem com isso, você exercerá uma influência positiva. O ponto fundamental é que você simplesmente não pode ensinar de mau humor.
3. Distinga entre a hora de ensinar e a hora de dar ajuda e apoio. Apressar-se a distribuir sermões e fórmulas para o sucesso quando o cônjuge ou o filho está emocionalmente fatigado ou sob grande tensão é como tentar ensinar natação a alguém que está se afogando. Ele precisa de uma mão que o ajude, não de uma aula.

4. Perceba que, em sentido mais amplo, nós estamos todo o tempo ensinando uma coisa ou outra, porque estamos constantemente irradiando quem nós somos.

Lembre sempre que, da mesma maneira que ocorre com os papéis de modelo e mentor, *você não tem como não ensinar*. O seu próprio caráter e exemplo, o relacionamento que mantém com os filhos, e as prioridades apoiadas pela sua organização (ou falta dela) no lar, fazem de você o primeiro e mais influente educador dos seus filhos. O aprendizado deles, ou sua ignorância acerca das lições mais vitais da vida, em grande parte está nas suas mãos.

Como os Papéis da Liderança se Relacionam com as Quatro Necessidades e Dons

No diagrama da Liderança Familiar Centrada em Princípios, a seguir, você verá os quatro papéis — modelo, mentor, organizador e educador. Na coluna da esquerda, observe como as quatro necessidades básicas universais — viver (física e econômica), amar (social), aprender (mental) e deixar um legado (espiritual) — relacionam-se com aqueles quatro papéis. Lembre-se, também, da quinta necessidade na família — rir e divertir-se. Observe na coluna da direita como os quatro dons exclusivamente humanos também se relacionam com os quatro papéis.

O papel de modelo satisfaz a uma necessidade espiritual. Requisita primeiro consciência, para obter energia e direcionamento. O papel de mentor é essencialmente social, exigindo basicamente autoconsciência, evidenciada no respeito, na compreensão, na empatia e na sinergia com os outros. O papel de organizador é essencialmente físico e precisa da vontade independente e da vontade social para organizar o tempo e a vida — para estabelecer uma declaração de missão familiar, tempos da família e tempos um a um. O papel de educador é basicamente mental. A mente é o leme da vida, que nos guia para um futuro que criamos primeiro na mente, por intermédio do poder da nossa imaginação.

Na verdade, os dons são cumulativos em todos os níveis, de modo que o papel de mentor envolve consciência e autoconsciência. O de organizador requer consciência, autoconsciência e vontade independente. E o de educador demanda consciência, autoconsciência, vontade independente e imaginação.

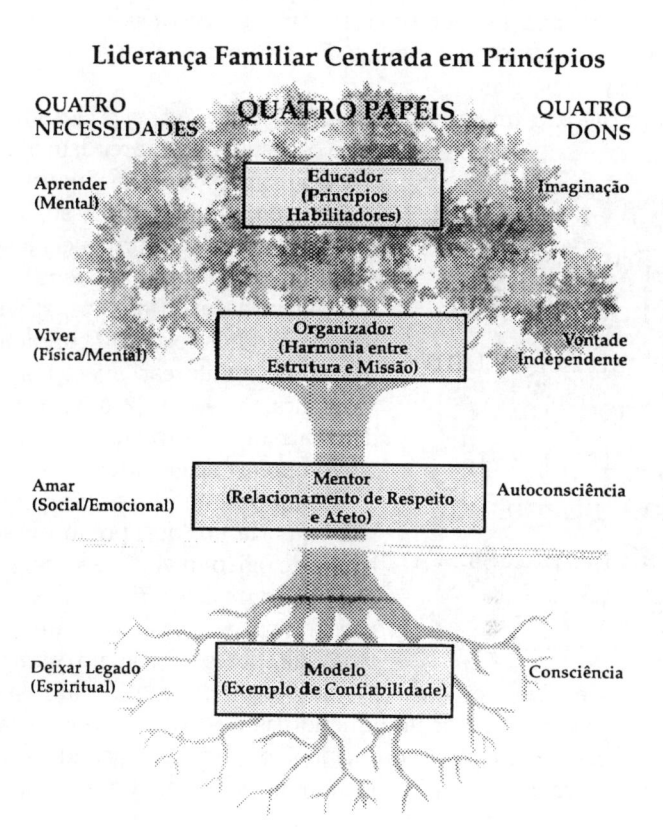

Liderança Familiar Centrada em Princípios

QUATRO NECESSIDADES
- Aprender (Mental)
- Viver (Física/Mental)
- Amar (Social/Emocional)
- Deixar Legado (Espiritual)

QUATRO PAPÉIS
- Educador (Princípios Habilitadores)
- Organizador (Harmonia entre Estrutura e Missão)
- Mentor (Relacionamento de Respeito e Afeto)
- Modelo (Exemplo de Confiabilidade)

QUATRO DONS
- Imaginação
- Vontade Independente
- Autoconsciência
- Consciência

Você é um Líder em Sua Família

Ao examinar esses quatro papéis de liderança e o modo como se relacionam com as quatro necessidades humanas e os quatro dons humanos, você pode ver que desempenhá-los bem lhe possibilitará promover mudança em sua família.

Você serve de *modelo*: os membros da família *vêem* o seu exemplo e aprendem a confiar em você.

Você atua como *mentor*: os membros da família *sentem* o seu amor incondicional e começam a valorizar a si mesmos.

Você *organiza*: os membros da família *vivenciam* a ordem em suas vidas e acabam por confiar na estrutura que satisfaz às suas necessidades básicas.

Você *educa*: os membros da família *escutam* e *fazem*. Eles vivenciam os resultados e aprendem a confiar em princípios e em si mesmos.

> Gostando ou não, você *é* um líder em sua família e, de um modo ou de outro, já está desempenhando cada um desses papéis.

Ao empreender tudo isso, você exercita liderança e influencia a sua família. Se o fizer de maneira sólida, centrada em princípios, servindo de modelo, você cria confiabilidade. Ao "mentorear", você inspira confiança. Ao organizar, você produz harmonia e ordem. Ao educar, você confere capacidade.

O importante é perceber que, não importa em que ponto do seu mapa de objetivo você se situe, *você está desempenhando todos os quatro papéis*. Você pode ser o modelo na luta pela sobrevivência, no estabelecimento de objetivos ou na contribuição para a comunidade. Você pode ser o mentor humilhando as pessoas, "recompensando" o sucesso com amor condicional, ou amando incondicionalmente. A organização em sua família pode ser um sistema de contínua desorganização, ou você pode ter agendas — ou um quadro dos horários de cada um —, regras, ou mesmo uma declaração de missão familiar. Informal ou formalmente, você pode estar ensinando qualquer coisa, desde desrespeito às leis da honestidade, integridade e solidariedade.

O ponto é que, gostando ou não, você *é* um líder em sua família e, de um modo ou de outro, já está desempenhando cada um desses papéis. A questão é *como* os está desempenhando. Você é capaz de desempenhá-los de maneira a criar o tipo de família que deseja?

Liderança Familiar Centrada em Princípios

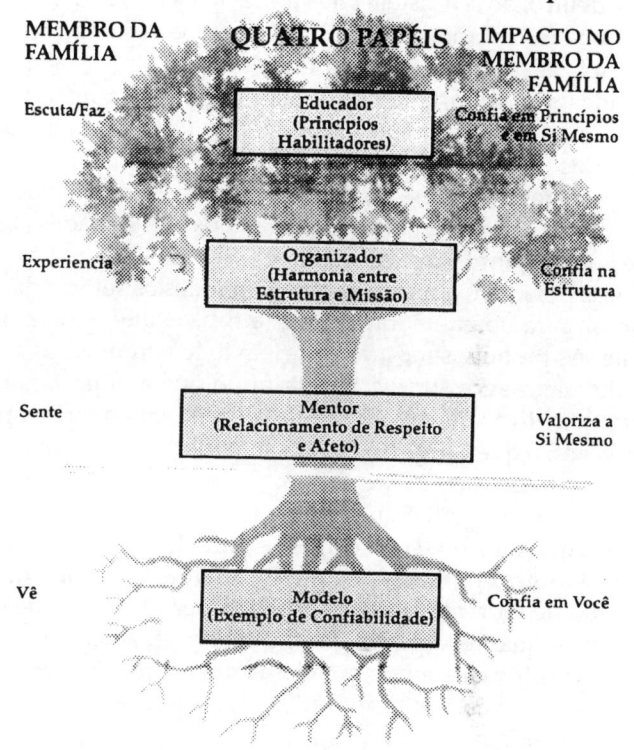

MEMBRO DA FAMÍLIA	QUATRO PAPÉIS	IMPACTO NO MEMBRO DA FAMÍLIA
Escuta/Faz	Educador (Princípios Habilitadores)	Confia em Princípios e em Si Mesmo
Experiencia	Organizador (Harmonia entre Estrutura e Missão)	Confia na Estrutura
Sente	Mentor (Relacionamento de Respeito e Afeto)	Valoriza a Si Mesmo
Vê	Modelo (Exemplo de Confiabilidade)	Confia em Você

Você Está Administrando ou Liderando? Fazendo o Que É "Urgente" ou o Que É "Importante"?

Há muitos anos eu venho perguntando às platéias: "O que você poderia fazer (e não está fazendo no momento) para promover uma tremenda mudança para melhor em sua vida pessoal?" Então, faço a mesma pergunta com relação à vida profissional. As pessoas encontram as respostas com grande facilidade. Dentro de si mesmas, elas já sabem o que precisam fazer.

Então, peço-lhes para examinar suas respostas e determinar se o que escreveram é *urgente, importante* ou ambos. As coisas *urgen-*

tes vêm de fora, das pressões e crises do ambiente. *Importante* vem de dentro, do seu sistema de valores mais profundo.

Quase sem exceção, as coisas que os espectadores escrevem como capazes de promover uma tremenda mudança positiva em suas vidas são importantes, mas não urgentes. À medida que conversamos a esse respeito, eles se dão conta de que não fazem essas coisas porque não são urgentes. Não pressionam. E, infelizmente, a maioria das pessoas é viciada em urgência. Na verdade, se não forem impelidas pela urgência, sentem-se culpadas. Têm a impressão de que algo está errado.

Mas as pessoas realmente eficazes em todos os setores da vida se concentram no que é importante, e não no que é meramente urgente. As pesquisas mostram que, em todo o mundo, os executivos de maior sucesso se concentram no que é importante, enquanto executivos menos eficazes se concentram no que é urgente. Às vezes, o que é urgente é também importante, mas na maioria dos casos não é assim.

Evidentemente, o foco no que de fato importa é muito mais eficaz do que o foco no que é apenas urgente. Isso vale para todos os setores da vida — incluindo a família. É claro que os pais terão de enfrentar crises e "apagar incêndios", o que é tão importante quanto urgente. Mas, quando escolhem proativamente investir mais tempo em coisas que sejam realmente importantes mas não necessariamente urgentes, reduzem as crises e os "incêndios".

Apenas pensem em algumas das coisas importantes que foram sugeridas neste livro: construir uma Conta Bancária Emocional; criar missão pessoal, conjugal e familiar; manter os tempos da família; manter os tempos de convivência um a um; criar tradições familiares; trabalhar em conjunto, aprender juntos e praticar uma religião juntos. Essas coisas não são urgentes. Não nos pressionam como os problemas urgentes — tais como correr para o hospital para acudir um filho que abusou das drogas, responder a um cônjuge emocionalmente ferido que acabou de pedir o divórcio, ou tentar lidar com um filho que quer abandonar a escola.

Mas a questão é que, quando escolhemos investir o tempo em coisas importantes, nós diminuímos o número e a intensidade das verdadeiras emergências na nossa vida familiar. Muitos, muitos assuntos são discutidos e trabalhados de antemão, antes que se tornem um problema. Os relacionamentos estão ali. As estruturas estão ali. As pessoas podem conversar sobre as coisas e resolvê-las. O ensino está se processando. O foco está na prevenção de incêndios, e não no combate ao fogo. Como Benjamin Franklin resumiu: "Um grama de prevenção vale um quilo de cura".

A realidade é que a maioria das famílias é administrada demais e liderada de menos. No entanto, quanto mais se imprime uma liderança de qualidade à família, menos administração é necessária, porque as pessoas administram a si mesmas. E vice-versa: quanto menos liderança se imprime, mais se necessita de administração, porque, sem uma visão e um sistema de valores em comum, você tem de controlar as coisas e as pessoas, para mantê-las em harmonia. Isso requer administração externa, mas também desperta a rebelião ou deprime as pessoas. Novamente, como diz o provérbio: "Quando não há visão, o povo perece".

É aí que entram os 7 Hábitos. Eles o capacitam a exercitar tanto liderança quanto administração na família — a fazer o que é "importante" e o que é "urgente e importante". Ajudam a solidificar relacionamentos. E o ajudam a ensinar a sua família as leis naturais que regem a vida para que, juntos, institucionalizem essas leis numa declaração de missão e em algumas estruturas habilitadoras.

Os Três Erros Comuns

As pessoas costumam cometer três erros comuns com relação à Árvore de Liderança Familiar Centrada em Princípios.

Erro 1: **Pensar que Qualquer dos Papéis Isoladamente Basta**

O primeiro erro é julgar que um único papel é o suficiente. Muitas pessoas parecem pensar que basta servir de modelo — se você perseverar e der um bom exemplo por bastante tempo, seus filhos acabarão por segui-lo. Essas pessoas não vêem necessidade real de "mentorear", organizar e educar.

Outras julgam que servir de mentor ou amar é tudo de que se necessita — se você construir um relacionamento e constantemente expressar amor, este sentimento compensará a infinidade de pecados cometidos nas áreas de exemplo pessoal, tornando desnecessárias, e até mesmo contraproducentes, a estrutura organizacional e a educação. O amor é visto como a panacéia, a resposta para tudo.

Há outras, ainda, que estão convencidas de que uma organização adequada — incluindo planejamento e estabelecimento de estruturas e sistemas que melhorem os relacionamentos e a vida familiar — é quanto basta. Suas famílias podem ser bem administradas, mas falta-lhes liderança. Elas podem proceder corretamente, mas na direção errada. Ou dispõem de excelentes sistemas e *checklists* para todo mundo, mas não têm coração, nem calor, tampouco sentimento. Os filhos tenderão a afastar-se dessas situações o mais cedo possível e podem não querer retornar — exceto, talvez, por um senso de dever familiar ou por um intenso desejo espiritual de promover mudanças.

Há também as pessoas que sentem que o papel dos pais é basicamente ensinar por meio de explanações, e isso, feito com clareza e coerência, acabará por funcionar. Se não der certo, no mínimo transfere a responsabilidade para os filhos.

Para certas pessoas, dar bons exemplos e relacionar-se bem — em outras palavras, servir de modelo e de mentor — é tudo de que se necessita. Outras acreditam que servir de modelo, de mentor e de educador será o suficiente, e que organizar não é tão importante porque, a longo prazo, o que realmente conta é o relacionamento, o relacionamento, o relacionamento.

Essa análise poderia prosseguir, mas essencialmente ela enfoca a idéia de que nós realmente não precisamos de todos os quatro papéis, que apenas um ou dois já resolvem. Mas este é um grande — e muito comum — erro. Cada papel é necessário, mas, isoladamente, não é suficiente. Por exemplo, você pode ser uma boa pessoa e ter um bom relacionamento, mas, sem organização e ensino, não haverá reforço estrutural e sistêmico durante a sua ausência ou quando acontecer algo que afete negativamente o relacionamento. Os filhos não precisam apenas ver e sentir, mas também vivenciar e escutar — ou eles talvez jamais compreendam as importantes leis da vida que governam a felicidade e o sucesso.

Erro 2: **Ignorar a Seqüência**

O segundo erro, que é ainda mais freqüente, consiste em ignorar a seqüência: julgar que se pode explicitamente ensinar sem ter um relacionamento por base; ou que seja possível construir um bom relacionamento sem ser uma pessoa confiável; ou que o ensino oral é suficiente e que os princípios e leis da vida contidos nele não precisam ser concretizados em padrões e processos, em estruturas e sistemas da vida diária.

> *Do mesmo modo que as raízes da árvore trazem nutrientes e vida para cada uma das demais partes da árvore, o seu próprio exemplo dá vida aos seus relacionamentos, aos seus esforços para organizar, às suas oportunidades de educar.*

Mas, assim como as folhas da árvore brotam dos ramos, os ramos brotam dos galhos, os galhos brotam do tronco e o tronco se desenvolve a partir da raiz, cada um desses papéis de liderança brota daquele que o precede. Em outras palavras, existe uma ordem aqui — modelo, mentor, organizador, educador — que representa o verdadeiro processo de dentro para fora. Do mesmo modo que as raízes da árvore trazem nutrientes e vida para cada uma das demais partes da árvore, o seu próprio exemplo dá vida aos seus relacionamentos, aos seus esforços para organizar, às suas oportunidades de educar. Na verdade, o seu papel de modelo constitui a base de cada uma das demais partes da árvore. E cada um dos outros níveis constitui uma parte necessária daqueles que crescem a partir dele.

Na filosofia grega, a influência humana advém de *ethos*, *pathos*, *logos*. *Ethos* basicamente significa a credibilidade advinda de exemplo. *Pathos* advém do relacionamento, do equilíbrio emocional, da compreensão que ocorre entre pessoas e do respeito que nutrem umas pelas outras. E *logos* lida com a lógica — a lógica da vida, as lições da vida.

Erro 3: **Pensar que Uma Vez Basta**
O terceiro erro é pensar que, se tiver desempenhado esses papéis uma vez, não será necessário fazer isso de novo — em outras palavras, encarar o desempenho desses papéis como um evento, e não como um processo constante.

Servir de modelo, "mentorear", organizar e *educar* são verbos no presente do indicativo que devem ocorrer continuamente. Devem prosseguir todos os dias. Servir de modelo ou de exemplo tem de ocorrer todo o tempo, incluindo o exemplo de pedir desculpas quando se sai da rota. Devemos permanentemente efetuar depósitos na Conta Bancária Emocional, já que a refeição de ontem não sacia a fome de hoje, especialmente nos relacionamentos familiares, em que as expectativas são altas. Como as circunstâncias estão em constante transformação, há sempre o papel de organizador para acomodar a realidade cambiante de modo que os princípios sejam institucionalizados e adaptados à situação. E o ensino explícito deve prosseguir constantemente, porque as pessoas estão continuamente mudando de um nível de desenvolvimento para outro, e os mesmos princípios se aplicam de forma diferente em níveis diferentes de desenvolvimento. Além disso, devido às mudanças nas circunstâncias, os novos princípios que se aplicam e que entram em cena devem ser ensinados e reforçados.

Na nossa família, descobrimos que cada filho representa um desafio único, um universo único e necessidades únicas. Cada um representa todo um novo nível de comprometimento, energia e visão. Nós até sentimos, com o nosso caçula — afora a nostalgia dos gloriosos dias do passado em que criávamos a família —, uma tendência à indulgência um pouco exagerada. Talvez isso resulte da nossa necessidade de sermos necessários, a despeito de a nossa declaração de missão basear-se em produzir independência e interdependência.

Mesmo enquanto escrevo este livro, sinto-me cada vez mais grato pela significância da metáfora do avião e pela oportunidade de constantemente modificar, aperfeiçoar e aplicar o que estou tentando ensinar. Isso tem funcionado como um vigoroso lembrete de que nós precisamos perseverar, agüentar até o fim e respeitar as leis que regem o crescimento, o desenvolvimento e a felicidade na vida. Caso contrário, nós nos tornaremos como as pessoas bem-intencionadas que, ao verem uma borboleta lutando para sair do casulo — batendo as asas freneticamente para romper o último pequeno tendão que a mantém presa a sua antiga forma, à velha estrutura —, tomadas por um espírito prestativo, apanham um canivete e cortam o tendão remanescente. Em conseqüência, as asas da borboleta nunca se desenvolverão completamente e ela morrerá.

Assim, jamais devemos considerar encerrado o nosso trabalho — com os nossos filhos, netos e até mesmo bisnetos.

> *Você jamais se "aposenta" da família.*

Você jamais se "aposenta" da família. Há sempre a necessidade de prover permanente apoio e amparo, nos momentos difíceis, na construção da visão sobre o que é a família em suas várias gerações.

Mesmo quando os filhos estão fora do ninho, os pais precisam reconhecer a necessidade deles de afirmação do seu próprio papel como pais e de seu desempenho; precisam reconhecer a necessidade dos netos de ter um tempo especial com os avós, juntos e com cada um dos dois. Dessa forma, eles servem como outra fonte de reforço dos ensinamentos dados naquele lar ou ajuda para compensar deficiências temporárias em casa.

As oportunidades para o amor entre as gerações, e também para o apoio e para a criação de um legado, apenas crescem enquanto sua descendência continuar crescendo. E, não importa a sua idade, você sempre pode ser aquele "alguém" que as melhores pesquisas mostram como vital para filhos e netos saudáveis e felizes — alguém que seja absolutamente, positivamente e incondicionalmente "louco" por eles.[3] E os avós possuem uma vocação especial para fazer isso.

Sandra e eu sentimos uma grande obrigação em relação a cada um de nossos nove filhos, seus cônjuges e nossos vinte e sete (até agora) netos. Nós ansiamos para prosseguir com o nosso senso de missão e responsabilidade em relação a mais netos e em relação à quarta geração, os bisnetos. Temos a esperança de estarmos por aqui pelo tempo suficiente para ajudá-los a criar nossos trinetos.

A primeira linha de defesa deve sempre ser a família — a família nuclear, as várias gerações e a família ampliada. Assim, jamais devemos pensar que nosso trabalho como modelos, mentores, organizadores e educadores está encerrado.

O Fator Aleta

A jornada da sobrevivência à significância pode parecer árdua demais. Às vezes parece que há coisas demais para realizar. A diferença entre o real e o ideal talvez pareça imensa. E você é um só. Mas o que uma pessoa pode realmente fazer?

Gostaria de sugerir uma única, mas poderosa, imagem para a pessoa de transição manter em mente.

> *Uma das imagens mais úteis na sua família é essa da aleta — o pequeno leme que move o grande leme e, por fim, muda totalmente a direção do avião.*

Os aviões e navios possuem uma pequena área freqüentemente chamada de *aleta compensadora de profundidade*. Ao ser movida, essa aleta move uma superfície maior que atua como um leme, afetando a direção do navio ou avião. Enquanto um navio de grande porte precisa de muito tempo para fazer uma volta de 180 graus, um avião pode fazer isso com bastante rapidez. Mas, em ambos os casos, é necessária essa pequena aleta para fazer a volta.

Uma das imagens mais úteis na sua família é essa da aleta — o pequeno leme que move o grande leme e, por fim, muda totalmente a direção do avião.

Se você é pai/mãe, obviamente você é uma aleta. Em você encontra-se o poder de escolha, de comprometimento. Comprometimento é a engrenagem que conecta a visão à ação. Se não houver comprometimento, as ações serão determinadas pelas circunstâncias e não pela visão. Assim, o primeiro e mais fundamental requisito, do qual tudo o mais emerge, é criar um comprometimento total consigo mesmo e com a sua família, incluindo o comprometimento de viver os 7 Hábitos. Curiosamente, a sigla para esse comprometimento total de liderança, CTL, também serve para "cuidadoso e terno liame".*

Embora os pais exerçam o papel primário de liderança, nós já vimos muitos outros membros — filhos, tios, primos, avós, pais adotivos — representarem a aleta em suas famílias. Eles promoveram transformações e melhorias fundamentais na cultura familiar. Muitos têm constituído as verdadeiras pessoas de transição, interrompendo a transmissão de tendências negativas de uma geração para outra. Transcenderam os genes, a programação, o condicionamento e as pressões do ambiente e começaram tudo de novo.

Um senhor que nasceu num meio ambiente pobre e violento relatou o seguinte:

Durante todo o segundo grau, acalentei o desejo de ir para a faculdade. Mas minha mãe me dizia:
— Isso não é para você. Você não é inteligente o bastante. Vai ser igual a todo mundo e continuar vivendo da previdência social.
Era desanimador.
Mas, então, eu passava os fins de semana com a minha irmã e, por intermédio dela, pude ver que havia muito mais na vida do que simplesmente viver da previdência. Ela me mostrou isso por meio do modo como vivia.
Minha irmã era casada. Seu marido tinha um bom emprego. Ela trabalhava meio período quando assim desejava — jamais precisou fazê-lo. Os dois moravam num bairro bom. E foi por intermédio dela que pude ver o mundo. Eu costumava viajar com eles para acampar. Fizemos uma porção de coisas juntos. E essa convivência me fez ansiar por uma vida melhor. Pensei: "Isso é o que eu quero para mim. É assim que desejo viver. E não posso fazer isso dependendo da previdência social".

---

* No original: TLC (*Total Leadership Commitment*) — "*tender, loving care*" (cuidar terna e amorosamente). (N. do T.)

Minha irmã exerceu uma profunda influência sobre a minha vida, ao longo dos anos. Graças a ela, tive coragem de mudar-me para o oeste, para estudar, para fazer alguma coisa da minha vida. Até hoje, nós viajamos de um lado para o outro a fim de nos encontrarmos, uma vez por ano. Conversamos muito, trocamos confidências, partilhamos sonhos, aspirações e metas na vida. Poder renovar sempre esse relacionamento tem sido uma das minhas grandes alegrias.

A verdade é que cada um de nós pertence a uma família, e cada um tem o poder e a capacidade de fazer uma tremenda diferença. Como a escritora Marianne Williamson disse:

E, ao deixarmos que nossa luz se irradie, inconscientemente damos às pessoas permissão para fazer o mesmo. Quando nos liberamos do nosso medo, nossa presença automaticamente libera os outros.[4]

Isso realmente representa a plenitude da condição e da natureza humanas — ver em nós mesmos uma capacidade tal que nos permite transcender nossa própria história e prover liderança para a nossa família, e liderar nossa família para que se torne catalisadora e possa prover liderança para a sociedade.

Salte no Abismo

Jamais esquecerei a primeira vez em que pratiquei *rappel*. Desci de um despenhadeiro que tinha cerca de 40 metros. Prestei bastante atenção quando várias outras pessoas receberam treinamento para fazer a descida e então resolvi experimentar. Eu os vi alcançarem a segurança dos braços que os aguardavam e receberem os cumprimentos das pessoas no pé da montanha.

Contudo, quando chegou a minha vez, toda a minha racionalização foi parar no estômago, e eu senti um profundo terror. Eu devia andar até a beira do precipício. Sabia que havia uma corda de segurança em torno do meu corpo, para o caso de eu perder a consciência. Em minha mente, eu via as pessoas que haviam descido com sucesso. Tinha uma compreensão intelectual de todo o processo, e um senso de segurança também intelectual. Eu até atuei como um dos instrutores — sem lidar com a parte técnica, mas com a social, a emocional e a espiritual. E quarenta estudantes olhavam para mim, esperando liderança e orientação. A despeito de tudo isso, fiquei apavorado. O primeiro passo para fora do despenhadeiro foi o momento da verdade, a mudança do paradigma de fé em minha zona de conforto para um sistema intelectual e físico de idéias e cordas. Por mais aterrorizante que fosse, eu desci — como os outros. Cheguei ao pé da montanha são e salvo, revigorado pelo sucesso ao encarar esse desafio.

Não consigo pensar numa experiência que descreva melhor os sentimentos de alguém que se debata com as idéias apresentadas neste livro. Talvez você se sinta assim. A idéia de uma missão familiar e de manter o tempo da família e o de convivência um a um pode situar-se tão longe da sua zona de conforto que você nem sequer consiga imaginar de que maneira colocar tudo isso em prática, mesmo que a idéia faça sentido intelectualmente e você de fato queira adotá-la.

Tudo o que lhe posso dizer é: "Você pode fazer isso!" Dê esse passo.

Eu sei que examinamos um bocado de assuntos neste livro. Mas não se deixe acabrunhar por isso! Se você começar de onde está agora e continuar trabalhando, garanto-lhe que *insights* inacreditavelmente maravilhosos lhe virão. Quanto mais viver esses hábitos, mais você constatará que o maior poder deles não está em cada um individualmente, mas no modo como se entrelaçam, formando uma estrutura — ou uma espécie de mapa mental — que você pode aplicar em qualquer situação.

Considere quanto é útil dispor de um mapa preciso e minucioso para ajudá-lo a alcançar o seu objetivo. Um mapa impreciso, por outro lado, é mais do que inútil — é enganoso, conduz ao lugar errado. Imagine tentar chegar a qualquer cidade nos Estados Unidos tendo nas mãos um mapa da Europa. Por mais que se esforce, acabará por se perder duas vezes mais depressa. Você pode pensar positivamente e manter o humor, mas ainda estará perdido. A questão básica é que, supondo que essa seja a sua única fonte de informação, é muito improvável que algum dia você chegue à cidade desejada.

Quando trabalhamos com a família, existem pelo menos três mapas enganosos que são muito comuns:

1. **O mapa "conselhos dos outros"**. Projetar a própria experiência na vida dos outros é algo que se faz com freqüência. Mas, pense um pouco: os seus óculos serviriam para outra pessoa? Os seus sapatos caberiam perfeitamente nos pés de outra pessoa? Em alguns casos, sim, mas na maioria, não. O que funciona numa situação não funciona necessariamente em outra.
2. **O mapa dos valores sociais**. Outro mapa comum consiste em teorias baseadas em valores sociais, e não em princípios. Mas, como vimos no Hábito 3, os valores sociais não coincidem obrigatoriamente com os princípios. Por exemplo, se você ama um filho baseado em seu comportamento, pode até manipular esse comportamento durante um curto prazo. Mas o filho aprende a barganhar amor por meio de seu comportamento. Será que isso traz bons resultados ao longo de tempo? E será que traça um quadro realista do verdadeiro significado de "amor"?
3. **O mapa "determinista"**. Um dos mais sutis entre todos os paradigmas é o mapa baseado em premissas deterministas. O quadro que ele cria é que somos essencialmente vítimas dos nossos genes e circunstâncias. As pessoas que vivem com esse mapa tendem a falar e pensar em termos como os seguintes:
— É assim que eu sou. Não há nada que eu possa fazer a respeito.

— Minha avó era assim, minha mãe era assim e eu sou assim.

— Oh, esse traço de caráter vem da família do meu pai.

— Ele me deixa tão furiosa!

— Essas crianças vão me enlouquecer!

O mapa determinista traça um quadro distorcido da nossa natureza mais profunda, e nega nosso poder fundamental de escolha.

Esses e outros mapas encontram-se na raiz de muitas das coisas que pensamos e fazemos na família. E, enquanto os tivermos conosco, será muito difícil agir em desacordo com eles.

De fora para dentro não funciona mais. Só de dentro para fora dará certo. Como disse Einstein: "Os problemas significantes que enfrentamos não podem ser resolvidos no mesmo nível de raciocínio em que estávamos quando os criamos". O segredo real está em aprender e usar uma nova forma de pensar — um novo e mais preciso mapa.

Vivenciando a Estrutura dos 7 Hábitos

Além de esperança e resolução, eu gostaria que você, leitor, extraísse deste livro a percepção da utilidade e do poder do mapa ou estrutura dos 7 Hábitos como um todo, na compreensão e solução de qualquer problema familiar que você possa ter. A chave não está em qualquer hábito em particular ou em qualquer história em especial, não importa que seja fascinante, não importa qualquer prática específica, não importa que tenha dado certo para outros. A chave está em aprender e usar esse novo modo de pensar.

Você talvez pergunte: "Mas como uma única abordagem pode abarcar qualquer tipo concebível de situação — os desafios de uma família grande que continua crescendo, de um casal sem filhos, de famílias que só têm a mãe ou só o pai, de uma família composta por um casal inter-racial, de avós e inúmeros tios e primos?" Você também pode questionar: "Será que uma única abordagem pode funcionar em países e culturas diferentes?"

A resposta é: Pode — *desde que* você se baseie em necessidades e princípios universais.

A estrutura dos 7 Hábitos se fundamenta numa abordagem centrada em princípios para satisfazer as nossas necessidades — físicas/econômicas, sociais, mentais e espirituais. Essa estrutura é simples, mas não simplista. Como Oliver Wendell Holmes disse: "Eu não daria um níquel pela simplicidade neste lado mais próximo da complexidade, mas daria o meu braço direito pela simplicidade no lado mais distante da complexidade". A abordagem dos 7 Hábitos é a simplicidade no lado mais distante da complexidade, porque todos se baseiam em princípios universais, organizados de dentro para fora, para serem adaptados a qualquer situação. Ela se presta aos problemas agudos e aos crônicos — à dor e à sua causa. A abordagem dos 7 Hábitos não é uma pesada teoria acadêmica, tampouco um punhado de fórmulas simplistas para um sucesso imediato. É apenas uma terceira alternativa na literatura especializada em família.

Uma senhora partilhou essa experiência de uma crise que enfrentou com o marido:

Meu marido e eu sempre tivemos um casamento instável. Nós dois somos extremamente teimosos, sabemos o que queremos e o conseguimos, não importa o preço.

Há cerca de um ano e meio, chegamos ao fundo do poço. Três anos antes, Jeff me informara que faria faculdade — simplesmente na Pensilvânia, do outro lado do país. Não fiquei nem um pouco feliz com isso porque eu tinha uma carreira promissora, nós havíamos acabado de comprar uma casa, minha família morava perto e eu me sentia muito bem onde estava.

Assim, bati o pé e resisti ferozmente por uns seis meses. Por fim, decidi: "Bem, eu sou casada com esse cara, então acho que vou com ele". Ressentida, segui-o até a Pensilvânia. E o sustentei durante os dois anos seguintes. Mas vivia resmungando por morar lá. Não tenho o estilo do leste, por isso custei um bocado a me adaptar à Pensilvânia. Eu não tinha amigos nem parentes na cidade. Precisava começar tudo de novo. E culpava inteiramente meu marido pela minha infelicidade, já que era por sua causa que eu estava lá.

Quando Jeff finalmente se formou, eu anunciei:

— Tudo bem, eu trabalhei todo esse tempo, agora é a sua vez de procurar emprego.

Cumprindo seu dever, ele entrou no processo normal de procura de emprego, enviando currículo para o país inteiro e comparecendo a entrevistas. Mas as coisas não estavam dando certo, e Jeff ficou deprimido.

E eu nem sequer liguei para a depressão dele. Só desejava que encontrasse um emprego em qualquer lugar — qualquer um — e me levasse embora daquela droga de cidade universitária.

Várias e várias vezes meu marido tentou conversar comigo sobre seus sentimentos. Confidenciava:

— Sabe, Angie, o que eu queria mesmo era começar o meu próprio negócio. Não tenho vontade de trabalhar para ninguém.

E eu respondia:

— Sabe de uma coisa? Eu não dou a mínima. Nós estamos em débito com a faculdade. Não temos poupança. Você precisa arranjar um empre-

go para nos sustentar. Quero ter mais filhos. Quero estabilidade. Quero ficar em algum lugar por um tempo, e você não está propiciando nada disso para mim.

Finalmente, fiquei farta da incapacidade dele de decidir o que queria ser quando crescesse. Fiquei realmente frustrada e fui visitar meus pais, no oeste.

Enquanto estava lá, resolvi ir a uma entrevista para um emprego. E o consegui. Telefonei para Jeff e declarei:

— Você não arruma emprego, mas eu arrumei. Saí e arranjei um, porque queria trabalhar.

Fiquei na empresa por cerca de três meses. Durante esse tempo, entrei em contato com os 7 Hábitos.

Meu marido finalmente resolveu vir até o oeste para conversarmos. Estávamos agastados um com o outro. Ele morava na Pensilvânia e eu, em Utah. Mal nos falávamos. Não tínhamos casa. Tudo o que possuíamos estava num guarda-móveis. Tínhamos um filho. E chegáramos a esse ponto crítico: continuaríamos casados ou cada um tomaria sozinho o seu rumo?

Saímos para jantar na noite em que ele chegou, e eu pensei comigo: "Vou tentar isso. Vou pensar em ganha/ganha e ver no que dá. Tentarei criar sinergia com ele nem que seja a última coisa que eu faça na vida."

Expliquei-lhe alguns desses conceitos e ele concordou em fazer a experiência. Durante as quatro ou cinco horas seguintes, nós ficamos sentados no restaurante, conversando. Começamos a redigir uma lista do que realmente queríamos do nosso casamento. Jeff ficou surpreso ao descobrir que o que eu queria era estabilidade, que não me importava muito se ele tinha um emprego normal, mas um emprego normal era a minha forma de conceber estabilidade.

— Se eu lhe puder dar estabilidade e abrir meu próprio negócio, você acharia aceitável? — meu marido indagou.

— Claro.

— Se eu pudesse conseguir isso, e você encontrasse um emprego que a satisfizesse, morando numa parte do país que lhe agradasse, acha que seria bom para você?

— Claro — tornei a concordar.

Então, Jeff perguntou:

— Você não gosta de trabalhar? É por isso que vive dizendo para eu arranjar emprego?

E eu respondi:
— Não. Na verdade, adoro trabalhar. É que não gosto de sentir que a responsabilidade de sustentar a casa é só minha.

Discutimos o assunto de trás para a frente e de frente para trás, e esmiuçamos todos os problemas. Por fim, saímos do restaurante com uma lista de expectativas compartilhadas e claramente definidas. Nós as redigimos porque tínhamos medo de que, se não o fizéssemos, não haveria comprometimento com o nosso plano.

Em setembro último, quando aquele jantar completou um ano de aniversário, meu marido apanhou a lista e nós fizemos um inventário do que havia acontecido.

Jeff abriu seu próprio negócio, que está florescendo. Ainda é uma luta árdua. Ele às vezes trabalha vinte horas por dia, e eu tive de ficar de boca fechada acerca da dívida que contraímos para o capital inicial. Mas o negócio na verdade já se pagou, e estamos liquidando a dívida.

Passei a levar o meu emprego mais a sério — em parte por causa do risco envolvido nos negócios de Jeff. Mas o fato é que comecei a gostar do meu trabalho. Fui promovida várias vezes e finalmente descobri o que gosto de fazer.

Nós compramos uma casa. Constatamos que, na verdade, tínhamos cumprido todos os itens da lista. Pela primeira vez em nossas vidas, eu senti que éramos estáveis. E me sinto feliz. Tudo isso começou naquela noite em que nos sentamos a uma mesa com a determinação de praticar os Hábitos 4, 5 e 6.

Você percebeu como essa senhora fez a escolha proativa (Hábito 1: Seja Proativo) para enfrentar a crise em seu casamento? A despeito de todas as dificuldades, decidiu praticar os Hábitos 4, 5 e 6 (Pense Ganha/Ganha; Procure Primeiro Compreender, Depois Ser Compreendido; Crie Sinergia). Ela explicou o processo para o marido e, juntos, elaboraram uma lista do que realmente esperavam do casamento (Hábito 2: Comece com o Objetivo em Mente).

Observe que eles começaram a pensar em termos de benefícios mútuos (Hábito 4: Pense Ganha/Ganha) e avançaram para a compreensão mútua (Hábito 5: Procure Primeiro Compreender, Depois Ser Compreendido). À medida que se aprofundavam na discussão de seus problemas, cada um se tornou mais receptivo e aberto, e eles fizeram mais e mais descobertas até saírem do restaurante com uma lista das expectativas compartilhadas (Hábito 2: Comece com o Objetivo em Mente). Mais tarde, tornaram a conectar-se com essa lista e avaliaram seu progresso (Hábito 7: Afine o Instrumento).

Notou como esse casal utilizou a estrutura dos 7 Hábitos para promover uma mudança positiva em seu casamento e em suas vidas?

Novamente, o grande poder dessa estrutura não reside em cada hábito individualmente, mas no modo como atuam juntos e em sua sinergia para criar um todo — uma estrutura poderosa para resolução de problemas — que é muito maior do que a soma de suas partes.

Aplicando a Estrutura dos 7 Hábitos a Sua Situação

Gostaria de convidá-lo agora a escolher um problema familiar seu e a analisar de que modo você poderia aplicar essa estrutura a sua situação. Eu incluí uma folha de trabalho na próxima página para facilitar a sua tarefa. Acredito que, se desenvolver o hábito de valer-se dela, ou de um processo similar, em cada um dos seus desafios familiares, você descobrirá que a sua família se torna cada vez mais eficaz, porque você está acessando e integrando os princípios que regem a vida.

E, à medida que cada desafio o levar de volta a esses princípios básicos, permitindo-lhe ver como atuam em cada situação, você começará a reconhecer sua natureza intemporal e universal e a realmente compreendê-los — quase como se fosse pela primeira vez. Como T. S. Eliot disse: "Nós não devemos parar de explorar. E o fim de toda a nossa exploração será chegar ao ponto de partida e ver o lugar pela primeira vez".[5]

Um dos benefícios mais significativos dessa estrutura (afora o fato de que funciona) é que você adquirirá uma linguagem muito mais eficaz para expressar o que ocorre em sua família. Na verdade, essa é uma das constatações que mais ouço das famílias que estão trabalhando com os 7 Hábitos.

FOLHA DE TRABALHO DA FAMÍLIA PARA OS 7 HÁBITOS

Aplicando Princípios aos Seus Desafios

Você é o perito na sua vida. Escolha qualquer desafio que esteja enfrentando e aplique os 7 Hábitos para desenvolver uma resposta que seja fiel aos princípios. Você pode resolver esse exercício com outro membro da família ou com um amigo prestativo.

A situação: Qual é o desafio? Quando isso ocorre? Sob que circunstâncias?

	Pergunte a si mesmo	Idéias sobre a aplicação dos 7 Hábitos para responder ao seu desafio
Hábito 1 Seja Proativo	Estou assumindo a responsabilidade das minhas ações? Como estou usando a minha tecla de pausa para agir baseado em princípios, em vez de apenas reagir?	
Hábito 2 Comece com o Objetivo em Mente	Qual é o objetivo que tenho em mente? De que modo uma missão pessoal ou familiar pode ajudar-me?	
Hábito 3 Primeiro o Mais Importante	Estou fazendo o que é mais importante? O que posso fazer para me concentrar nas coisas certas? De que maneira os tempos da família ou os de convivência um a um podem ajudar?	
Hábito 4 Pense Ganha/Ganha	Eu quero realmente que todos vençam? Estou disposto a buscar uma terceira alternativa de solução que beneficie todos?	
Hábito 5 Procure Primeiro Compreender, Depois Ser Compreendido	Como posso compreender os outros de forma mais honesta? Como posso exercitar coragem e consideração ao expressar a minha visão?	
Hábito 6 Crie Sinergia	Como e com quem posso interagir criativamente para encontrar uma solução para este desafio?	
Hábito 7 Afine o Instrumento	Como posso engajar-me na renovação pessoal e familiar para que todos juntos possamos contribuir com a nossa melhor energia para este desafio?	

Um marido e pai teceu o seguinte comentário:

Acho que uma das coisas mais importantes que resultaram da utilização dos 7 Hábitos é que nós agora temos uma linguagem comum para conversarmos sobre os nossos problemas num nível mais elevado. Nossa linguagem antes consistia em bater portas ou virar as costas ou gritar com raiva. Agora, porém, nós conversamos. Podemos expressar-nos quando sentimos raiva ou dor. E quando empregamos palavras como "sinergia" ou "Conta Bancária Emocional", nossos filhos compreendem o que estamos dizendo. E isso é realmente importante.

Uma senhora recém-casada relatou:

Os 7 Hábitos nos deram uma verdadeira linguagem e uma estrutura. Agora posso reconhecer "Ah, sim, estamos pensando em ganha/ganha aqui", ou "Sim, nós discordamos, mas eu realmente quero compreender o que você está dizendo. É muito importante para mim, e estou convencida de que encontraremos uma terceira alternativa que será muito melhor do que a minha visão unilateral do caso."

> **Tornar-se uma pessoa de transição ou uma família de transição, provavelmente mais do que qualquer outro desafio, exige coragem.**

Na verdade, a estrutura dos 7 Hábitos oferecerá a sua família uma nova linguagem e um novo nível de comunicação. Também lhe dará a capacidade de se tornar uma pessoa de transição, um agente de mudança, em qualquer situação.

Transformando "Coragem" em Verbo

Como sugeriu a experiência de *rappel* que narrei há pouco, tornar-se uma pessoa de transição ou uma família de transição, provavelmente mais do que qualquer outro desafio, exige coragem. Coragem é a qualidade presente quando todas as demais qualidades estão em seu nível máximo. Considere qualquer qualidade ou virtude — paciência, persistência, temperança, humildade, caridade, fidelidade, alegria, sabedoria, integridade. Vá o mais longe que puder com essa virtude, até as forças restritivas o puxarem de volta e todo o meio ambiente o desencorajar. Nesse exato instante, a coragem entra em cena. Em certo sentido, você não precisava da coragem até aquele momento, porque você era impelido pelas circunstâncias.

Na verdade, é por causa das circunstâncias *des*encorajadoras que você exercita a coragem. Se as circunstâncias e as pessoas ao redor forem *en*corajadoras — se elas transmitirem coragem *para dentro* de você —, então a energia de sua influência o impulsionará. Mas, se elas forem *des*encorajadoras — se drenarem a coragem *para fora* de você —, então será necessário buscá-la dentro de você.

Mas nós podemos realizar isso. Talvez devêssemos transformar o substantivo "coragem" em verbo, para podermos compreender melhor que a coragem está em nosso poder, que podemos fazê-la acontecer. Poderíamos dizer: "Eu me *corajei* nessa batalha. Eu me *corajei* para criar sinergia. Eu me *corajei* para tentar primeiro compreender". Assim como *amar* e *perdoar* são verbos, devíamos criar o verbo *corajar*. Porque a coragem *está* em nosso poder. Essa idéia em si já é encorajadora. Essa idéia em si fortalece o coração e confere bravura. Quando você combina essa idéia com a visão do que a sua família pode vir a ser, uma onda de energia e entusiasmo o invade. Porque isso o impulsiona. Isso o incentiva.

> *Uma das melhores coisas em se fazer parte de uma família é que as pessoas podem encorajar umas às outras. Podem instilar coragem umas nas outras.*

Uma das melhores coisas em se fazer parte de uma família é

que as pessoas podem encorajar umas às outras. Podem instilar coragem umas nas outras. Acreditar umas nas outras. Afirmar umas às outras. Assegurar umas às outras que jamais desistirão, que vêem o potencial e agem com fé, com base nesse potencial e não em qualquer comportamento ou circunstância em particular. Podem transmitir coragem e força aos corações e mentes umas das outras. Podem tecer uma forte e resistente rede de segurança de circunstâncias encorajadoras no lar, para que todos cultivem resiliência e força internas que lhes possibilitarão enfrentar as *desencorajadoras* e antifamiliares circunstâncias externas.

"Doce Amor Lembrado"

Pouco antes de minha mãe morrer, eu abri uma carta de amor que ela me enviara, durante uma viagem de avião para uma de minhas palestras. Mamãe costumava escrever essas cartas, mesmo apesar de nos falarmos diariamente pelo telefone e de nos visitarmos uma vez por semana. Cartas efusivas e afetuosas eram sua forma especial de expressar afirmação, apreço e amor.

Lembro-me que li a carta sentindo as lágrimas rolarem pelo meu rosto. Fiquei um tanto constrangido, sentindo-me meio infantil, e um pouco envergonhado por ser tão vulnerável. Contudo, senti-me também muito aquecido, nutrido... acolhido. Pensei: "Todo mundo precisa do amor da mãe e do pai".

Quando mamãe faleceu, nós colocamos em sua lápide uma linha de um dos mais belos sonetos de Shakespeare: "Pois teu doce amor lembrado tanta riqueza traz..."

Eu o convido a ler esse soneto lenta e cuidadosamente. Deixe a sua imaginação completar a riqueza e significado de cada verso:[*]

> *Quando em desgraça ante a sorte e os iguais,*
> *Banido, pária, deplorei meu estado,*
> *E aos surdos céus bradei inúteis ais,*
> *E envilecido, maldizendo o fado,*

---

[*] Tradução livre.

Ser alguém rico em alento almejando,
Tal como ele, de amigos assistido,
A arte e o escopo do homem invejando,
E de todo prazer, tão pouco nutrido,

Quase me desprezo, assim remoendo,
Felizmente penso em ti, e a vida,
Como a cotovia, o dia se erguendo

Das sombras, ao Éden hinos envia:
Pois, com teu doce amor lembrado, tenho
Tanta opulência que aos reis desdenho.

Todos nós podemos ser o "doce amor lembrado" dos nossos filhos e netos. Dá para imaginar alguma coisa mais importante ou significativa do que isso?

Como muitos de vocês, pais, Sandra e eu temos partilhado experiências supernas, maravilhosas e espirituais com o nascimento de cada um dos nossos filhos — especialmente os últimos três, quando foi permitida a minha presença na sala de parto — e também quando fomos convidados a ficar junto de nossa filha Cynthia no nascimento do seu sexto bebê.

Os nossos filhos nasceram antes que o milagre moderno da anestesia peridural se tornasse um lugar-comum. Lembro-me de uma vez em que, quando estava nos últimos estágios do trabalho de parto sem anestesia, Sandra me pediu para ajudá-la a respirar corretamente. Ela havia sido treinada nessa técnica de respiração durante as catorze aulas de preparação especial a que nós assistimos juntos no hospital. Quando eu a encorajei e tentei servir de modelo, Sandra disse que todos os seus instintos a levavam a respirar de maneira oposta à que aprendera no treinamento e que ela precisava "disciplinar-se e realmente se concentrar para respirar direito". E acrescentou que eu não tinha a menor idéia do que ela estava experienciando, embora valorizasse a minha intenção e o meu esforço.

Quando vi Sandra entrar no "vale das sombras", senti um intraduzível e incomensurável amor por ela — na verdade, por todas as mães, por seus muitos atos de sacrifício. Senti que todas as coisas realmente grandes nascem do sacrifício, e que apenas por intermédio do sacrifício concentrado e dedicado dos pais uma família realmente meritória pode adquirir vida.

Por tudo isso, e a despeito do fato de que ficamos fora da rota 90% do tempo, estou absolutamente convencido de que o papel mais elevado e a missão mais importante que alguém pode desempenhar é o de mãe ou pai. Como o meu avô, Stephen L. Richards, disse —, e suas palavras exerceram um forte impacto sobre mim ao longo dos anos, em relação ao meu próprio papel de marido e pai — "De todas as vocações que os homens podem seguir na vida, nenhuma é tão carregada de responsabilidade e provida de tantas ilimitadas oportunidades como a grande vocação de marido e pai. De nenhum homem, por maiores que sejam suas realizações, pode-se dizer, em meu julgamento, que conquistou o sucesso na vida, se não estiver rodeado de seus entes queridos."

A União da Humildade com a Coragem

Após uma vida inteira de estudo, Albert E. N. Gray fez uma observação profunda numa palestra intitulada "The Common Denominator of Success" ("O Denominador Comum do Sucesso"). Afirmou ele: "A pessoa bem-sucedida tem o hábito de fazer as coisas que as pessoas malsucedidas não gostam de fazer. Elas também não gostam, mas subordinam esse sentimento à força do seu propósito".

Como líder em sua família, você tem um propósito muito forte e valioso. E esse propósito — esse senso de objetivo — o motivará a ter coragem e a subordinar seus medos e seu desconforto ao desejo de iniciar algumas das coisas que aprendeu neste livro.

Na verdade, podemos comparar *humildade* e *coragem* com a mãe e o pai de uma família metafórica que todos temos dentro de nós. É preciso humildade para reconhecer quais princípios estão no comando. É preciso coragem para submeter-se a esses princípios quando os sistemas de valores sociais seguem em direção contrária. E o filho da união da coragem com a humildade é a *integridade*, ou uma vida integrada nesses princípios. Os netos são a *sabedoria* e a *mentalidade de abundância*.

Essas são as virtudes que permitem a cada um de nós — como indivíduos e como família — ter esperança, até quando nos desviamos da rota, e corrigir o curso de novo e de novo. Devemos sempre lembrar que existem princípios que são o "norte verdadeiro", que regem de modo infalível, e que nós temos o poder de escolher aplicar esses princípios em nossa própria situação, e que nosso objetivo pode ser alcançado.

Mesmo com todas as batalhas inerentes à vida familiar, não há esforço que produza recompensas maiores, tesouros mais valiosos e satisfações mais profundas. Com toda a energia da minha alma, eu afirmo que, a despeito dos seus desafios, a vida familiar vale todo o seu esforço, sacrifício, doação e paciência. E há sempre uma luz de esperança.

Certa vez, assisti a um programa de televisão em que dois prisioneiros revelaram, cada um por si, quanto se haviam tornado insensíveis em conseqüência do encarceramento; tinham atingido o ponto em que já não se importavam com ninguém e não se deixavam influenciar pelo sofrimento de nenhum ser humano. Eles contaram que se haviam tornado inteiramente egoístas, totalmente imersos nas próprias vidas, que viam as pessoas essencialmente como "coisas" que ou os ajudavam a conseguir o que queriam ou os impediam de consegui-las.

Aos dois homens foi dada a oportunidade de aprender mais acerca de seus antepassados. Eles se familiarizaram com o modo como seus pais, avós e bisavós tinham conduzido suas vidas — suas lutas, triunfos e fracassos. Nessas entrevistas, ambos confidenciaram a tremenda importância que essa experiência teve para eles. Perceber que seus ancestrais também haviam enfrentado desafios e lutado para superá-los operou uma mudança em seus corações. Passaram a ver os outros de maneira diferente. Cada um começou a pensar: "Mesmo eu tendo cometido erros terríveis, a minha vida não acabou. Vou abrir meu caminho e sair dessa, e, igual a meus antepassados, vou deixar um legado que ajudará meus descendentes. Não importa se eu jamais sair da prisão. Eles conhecerão a minha história e as minhas intenções. Compreenderão melhor a forma como vivi aqui". Esses homens — sentados lá em seus uniformes cor de laranja de presidiários, sem resquício de dureza em seus olhos — haviam encontrado consciência e esperança. Isso foi resultado de voltar para casa, de descobrir seus ancestrais — sua família.

> *N*ós jamais saberemos quando os seres humanos serão inspirados para alcançar as profundezas de sua alma e exercitar o mais precioso dom da vida: a liberdade de escolher finalmente voltar para casa.

Todo mundo tem uma família. E qualquer um pode perguntar: "Qual é o legado da minha família?" Todos podemos empenhar-nos para deixar um legado. E eu pessoalmente acredito que, mesmo além da nossa própria influência e da força da nossa família, nós temos a capacidade de acessar uma forma mais elevada de influência: o poder de Deus. Se persistirmos em nossa fé — jamais desistindo dos nossos filhos desgarrados, mas fazendo tudo o que estiver ao nosso alcance para os alcançarmos e continuarmos a lhes oferecer uma oração cheia de fé —, Deus pode ampararnos ao Seu modo e ao Seu tempo. Nós jamais saberemos quando os seres humanos serão inspirados para alcançar as profundezas de sua alma e exercitar o mais precioso dom da vida: a liberdade de escolher finalmente voltar para casa.

Compartilhando Este Capítulo com Adultos e Adolescentes

Seguindo para Objetivos mais Elevados
- Reveja o material do início deste capítulo. Identifique os quatro níveis — sobrevivência, estabilidade, sucesso e significância — e discuta as principais características de cada um. Pergunte: "Onde estamos como família? Qual é o objetivo que desejamos?"
- Discuta a afirmação: "Contribuir juntos como família não só ajuda os beneficiários da contribuição, mas também estreita os laços familiares ao longo do processo".
- Discuta a postura *preocupado com o problema* (pé no freio) em comparação com a postura *ocupado com a oportunidade* (pé no acelerador). Pergunte: "Como podemos remover as forças restritivas para que as forças dinâmicas nos empurrem para a frente?"

Liderança na Família
- Reveja o material que descreve a Árvore de Liderança Familiar Centrada em Princípios. Discuta os quatro papéis de liderança: modelo, mentor, organizador e educador. Converse sobre as principais características de cada um. Faça as seguintes perguntas:
  — Por que ser confiável é importante para o papel de modelo?
  — Por que construir confiança é uma parte vital do papel de mentor? Como a idéia da Conta Bancária Emocional pode ajudar a construir confiança?
  — Por que planejar e organizar exerce um papel tão significativo na influência e liderança familiares? O que é prin-

cípio da harmonização e como se aplica aqui?
— Por que educar é importante na família? Como o princípio habilitador funciona?
- Discuta os três erros mais comuns em relação à liderança familiar centrada em princípios.
- Reveja a diferença entre disciplina e punição. Você talvez queira reportar-se ao Hábito 4. Pergunte: "Como a liderança centrada em princípios pode ajudar-nos a disciplinar sem punir?"
- Discuta "o fator aleta", "salte no abismo", "coragem" e "humildade". Converse sobre a relação entre essas idéias e a orientação da família e desenvolvimento infantil.
- Discutam: "Nós estamos administrando ou liderando nossa família? Qual é a diferença?"
- Discutam a afirmação: "Gostando ou não, você *é* um líder em sua família!" Por que essa afirmação é verdadeira?

COMPARTILHANDO ESTE CAPÍTULO COM CRIANÇAS

"Nós somos bons com os outros e tentamos ajudá-los"
- Discuta as situações seguintes:
1. Amy pediu ao pai para ajudá-la em sua lição de casa. Ele estava cansado, mas sorriu e ajudou.
2. Adam queria brincar com seu carrinho, mas o irmão gêmeo estava brincando com ele. Mamãe perguntou a Adam: "Você deixa seu irmão brincar com o carrinho mais um pouquinho?"

Pergunte: O que acontece quando os membros da família são bons e não são egoístas uns com os outros? Como todos se sentem?
- Brinque de "amigo secreto". Todos os membros da família deverão ser bons e prestativos com o "amigo secreto" que sortearam, durante uma semana. Depois, comentem como se sentiram com a experiência.
- Conte-lhes a seguinte história:
Sammy estava diante da janela, vendo a chuva cair, quando escutou um som como um grito vindo de fora. Ele aguçou os ouvidos. Tentou ver através do vidro, mas a chuva atrapalhava a visão. Mais que depressa, correu para a porta da frente e abriu-a. Na entrada estava um gatinho marrom, ensopado de chuva e miando sem parar. O coração de Sammy se apertou ao ver o gatinho molhado. Contristado, apanhou o bichinho e aconchegou-o no colo, sentindo-o tremer. Apertou-o nos braços e caminhou até a cozinha. Aninha, irmã de Sammy, forrou uma caixa com panos limpos e, depois, enxugou o gatinho. Em seguida, colocou um pouco de leite num pires. Sammy sentou-se ao lado da caixa e pousou a mão no gatinho para aquecê-lo. O pequenino animal

parou de chorar. Sammy experimentou uma sensação boa, como se ele também tivesse parado de sentir frio. "Estou tão feliz por ter escutado o gatinho!", exclamou. "Acho que salvamos a vida dele."

Pergunte: "Como Sammy se sentia em relação ao gato?" As respostas podem incluir: ele ficou triste porque o gato estava molhado e com frio. Ele queria ser bom e ajudar. Ele se sentiu bem por ser bom e gostar de ajudar.

- Narre histórias da sua experiência pessoal ou da família, em que você, ou outra pessoa, mostrou bondade e ajudou os outros. Conte o que você sentiu. Ajude as crianças a pensar de que maneira podem ajudar os outros, que não sejam da família. Estimule-as a refletir sobre isso durante a semana. Incentive-as a partilhar seus sentimentos.
- Envolva seus filhos em projetos de serviços comunitários junto aos vizinhos, aos amigos e à comunidade. Enquanto você servir de modelo para uma mentalidade da abundância, seus filhos crescerão e se tornarão adultos que compartilham e contribuem, que nutrem um real interesse pelo bem-estar dos outros.

NOTAS

Uma Mensagem Pessoal

1. Discurso dirigido por Barbara Bush aos formandos de 1990 do Wellesley College (Wellesley College Library, Wellesley, Mass.), pp. 4-5.

Você Ficará "Fora da Rota" Durante 90 por Cento do Tempo. E Daí?

1. Leão Tolstói, *Ana Karênina* (Londres: Oxford University Press, 1949), p. 1.
2. Michael Leavitt, Governador de Utah, apresentado em teleconferência sobre Iniciativa do Governador para as Famílias de Hoje, março 1997.
3. *Monthly Vital Statistics Report*. U.S. Department of Health and Human Services: National Center for Health Statistics, vol. 44, nº 11(S), 24 de junho de 1996.
4. U.S. Bureau of the Census, conforme publicação em *Statistical Abstracts of the U.S.*, outubro 1996, p. 99.
5. U.S. Bureau of the Census, *Current Population Reports*, pp. 23-180, e National Center for Health Statistics, *Advance Data from Vital and Health Statistics*, nº 194.
6. National Center for Health Statistics, Mortality Statistics Branch: *Vital Statistics of the U. S.: 1975-1990*, vol. 2.
7. U.S. Department of Education, *The Condition of Education*. The Office of Educational Research and Improvement, 1996.
8. F. Byron Nahser and Susan E. Mehrtens, *What's Really Going On?* (Chicago: Corporantes, 1993), p. 12.

9. U.S. Bureau of the Census, *Current Population Reports*, pp. 23-180, e National Center for Health Statistics, *Advance Data from Vital and Health Statistics*, nº 194.

10. *Congressional Quarterly*, conforme citado em William Bennett, *Index of Leading Cultural Indicators* (Nova York: Simon & Schuster, 1994), p. 83.

11. U.S. Bureau of the Census, conforme publicado em *Statistical Abstracts of the U.S.*, outubro 1996, p. 99.

12. Robert G. DeMoss Jr., *Learn to Discern* (Grand Rapids, Mich.: Zondervan Publishing House, 1992), pp. 14, 53.

13. Alfred North Whitehead, "The Rhythmic Claims of Freedom and Discipline," in *The Aims of Education and Other Essays* (Nova York: New American Library, 1929), p. 46.

14. Robert Frost, "The Road Not Taken," in *Selected Poems of Robert Frost* (Nova York: Holt, Rinehart, and Winston, 1963), pp. 71-72.

15. William Shakespeare, *Julius Caesar* (Nova York: Penguin Books, 1967), ato 4, cena 3.

Hábito 1: Seja Proativo

1. M. Scott Peck, *The Road Less Traveled* (Nova York: Simon & Schuster, 1978), p. 83.

2. Questionário originalmente publicado por Stephen R. Covey, A. Roger Merrill e Rebecca R. Merrill em *First Things First* (Primeiro o Mais Importante). (Nova York: Simon & Schuster, 1994), pp. 62-63.

3. Consta que a frase "Conhece-te a ti mesmo" tenha sido proferida pelo oráculo de Delfos, e estava inscrita na entrada do templo. Veja *Early Socratic Dialogues/Plato*, publicado com introdução de Trevor J. Saunders (Nova York: Penguin, 1987).

4. Esta citação é atribuída a São Francisco de Assis e tem servido de inspiração a milhares de programas dos Alcoólicos Anônimos.

5. Glen C. Griffin, M. D., como em *It Takes a Parent to Raise a Child*. Usado sob permissão.

6. Joseph Zinker, "On Public Knowledge and Public Revolution", conforme citado em *Love,* de Leo Buscaglia (Nova York: Fawcett Crest, 1972), p. 49.

Hábito 2: Comece com o Objetivo em Mente

1. Victor Frankl, *Man's Search for Meaning* (Nova York: Pocket Books, 1959), p. 98.
2. Benjamin Singer, "The Future-Focused Role-Image", in *Learning for Tomorrow: The Role of the Future in Education,* de Alvin Toffler (Nova York: Random House, 1974), pp. 19-32.
3. Veja, de Andrew Campbell e Laura Nash, *A Sense of Mission* (Reading, Mass.: Addison Wesley Longman, 1994). Veja também James Collins e Jerry Porras, *Built to Last: Successful Habits of Visionary Companies* (Nova York: HarperCollins, 1996).
4. Benjamin Franklin, "Franklin's Formula for Successful Living — Number Three", *The Art of Virtue* (Eden Prairie, Minn.: Acorn Publications, 1986), p. 88.

Hábito 3: Primeiro o Mais Importante

1. Rabindranath Tagore, *101 Poems* (Nova York: Asia Publishing House, 1966).
2. Urie Bronfenbrenner, conforme citado na entrevista de Susan Byrnes, "Nobody Home: The Erosion of the American Family," *Psychology Today,* maio 1977, pp. 41-47.
3. John Greenleaf Whittier, *Maud Muller* (Nova York: Houghton, Mifflin, 1866).
4. Citação extraída de um discurso proferido pelo escritor Stanley M. Davis numa conferência na Ásia, da qual ambos participamos.
5. Alexander Pope, *The Best of Pope* (Nova York: The Ronald Press Co., 1940), pp. 131-132.
6. Atribuído ao pensador, pesquisador e psicólogo Victor Cline.

7. F. Byron Nahser e Susan E. Mehrtens, *What's Really Going On?* (Chicago: Corporantes, 1993), p. 11.
8. William Doherty, *The Intentional Family: How to Build Family Ties in Our Modern World* (New York: Addison-Wesley, 1997), p. 10.
9. Patricia Voydanoff, "Economic Distress and Family Relations: A Review of the Eighties", *Journal of Marriage and the Family*, 52 (novembro 1990), p. 1102. Veja também, de Lynn K. White, "Determinants of Divorce: A Review of Research in the Eighties", *Journal of Marriage and the Family*, 52 (novembro 1990), p. 908.
10. James B. Stockdale, *A Vietnam Experience: Ten Years of Reflection* (Stanford: Hoover Institution, Stanford University, 1984), p. 94.

Hábito 4: Pense Ganha/Ganha

1. Michael Novak, "The Family Out of Favor", *Harper's Magazine*, abril 1976, pp. 39, 42.

Hábito 5: Procure Primeiro Compreender, Depois Ser Compreendido

1. Os livros e escritores mencionados aqui são os seguintes: Deborah Tannen, *You Just Don't Understand: Men and Women in Conversation* (Nova York: Ballantine Books, 1990). John Gray, *Men Are from Mars, Women Are from Venus* (Nova York: HarperCollins, 1992). Carl Rogers, *On Becoming a Person* (Boston: Houghton Mifflin, 1961). Thomas Gordon, *Parent Effectiveness Training* (Nova York: New American Library, 1975). Haim Ginott, *Between Parent and Child* (Nova York: Macmillan, 1970). Veja também Haim Ginott, *Between Parent and Teenager* (Nova York: Macmillan, 1969).
2. C. S. Lewis, *Mere Christianity* (Nova York: Macmillan, 1952), pp. 109-10.

3. Nota: Podem-se obter muitas informações úteis sobre o desenvolvimento infantil em Postos de Saúde ou com o seu pediatra. Recomendamos, também, as excelentes referências abaixo àqueles que quiserem aprofundar seus conhecimentos sobre o tema: Arlene Eisenberg, Heidi E. Murkoff e Sandee E. Hathaway, *What to Expect the First Year* (Nova York: Workman Publishing, 1989).

> *What to Expect the Toddler Years* (Nova York: Workman Publishing, 1994).
>
> Penelope Leach, *Your Baby and Child* (Nova York: Knopf Publishing, 1989).
>
> T. Berry Brazelton, *Touchpoints* (Reading, Mass.: Addison Wesley Longman Publishing, 1992).

Hábito 6: Crie Sinergia

1. Victor Cline, *How to Make Your Child a Winner* (Nova York: Walker and Company, 1980), pp. 216-226, e de Victor Cline, Roger Croft e Steven Courrier, "Desensitization of Children to Television Violence", *Journal of Personal and Social Psychology*, vol. 27 (3), setembro 1973, pp. 360-63.

2. Veja Larry Tucker, "The Relationship of Television Viewing to Physical Fitness", *Adolescence*, vol. 21 (89), 1986, pp. 797-806.

3. Veja *Report on Television and Behavior*, do National Institute of Mental Health (Washington, D.C., 1982). Veja também, de Susan Newman, "The Home Environment and Fifth Grade Students' Leisure Reading", *Elementary School Journal*, janeiro 1988, vol. 86 (3), pp. 335-43.

4. *Ibidem*, *Report on Television and Behavior*.

Hábito 7: Afine o Instrumento

1. Richard L. Evans, *Richard Evan's Quote Book* (Salt Lake City: Publishers Press, 1971), p. 16.

2. Marianne Jennings, "Kitchen Table Vital to Family Life", *Deseret News*, 9 de fevereiro de 1997. Reproduzido sob permissão.
3. Dale Johnson, "Sex Differences in Reading Across Cultures", *Reading Research Quarterly*, vol. 9 (1), 1973.

Da Sobrevivência... à Estabilidade... ao Sucesso... à Significância

1. Kurt Lewin, *Field Theory in Special Science* (Nova York: Harper, 1951), p. 183.
2. W. Edwards Deming, *Out of the Crisis* (Cambridge: Massachusetts Institute of Technology, 1982), pp. 66-67.
3. Urie Bronfenbrenner, conforme citado na entrevista de Susan Byrne "Nobody Home: The Erosion of the American Family", *Psychology Today*, maio 1977, pp. 41-47. Veja também um estudo de E. E. Maccoby e J. A. Martin, "Socialization in the Context of the Family: Parent-Child Interaction," in *Handbook of Child Psychology*, P. H. Mussen (ed.), vol 4 (Nova York: John Wiley, 1983), pp. 1-101.
4. Marianne Williamson, *A Return to Love* (Nova York: HarperCollins, 1992), p. 165.
5. *The Complete Poems and Plays of T. S. Eliot* (Londres: Faber and Faber, 1969), p. 197.

GLOSSÁRIO

Acordo Ganha/Ganha: Expectativa e comprometimento compartilhados com relação a orientações e resultados desejados.

Afinar o Instrumento (ou *Afiar a serra*): Renovação, rejuvenescimento e recriação, em termos espirituais, mentais, sociais/emocionais e físicos, de si mesmo e da família.

Agente de Mudança: Uma pessoa que promove transformações num relacionamento ou situação.

Autoconsciência: A capacidade de distanciar-se de si mesmo para examinar os próprios pensamentos e comportamento.

Bússola: O sistema interior de orientação de uma pessoa, consistindo em princípios e nos quatro dons humanos.

Círculo de Influência: As coisas sobre as quais uma pessoa ou uma família pode exercer impacto direto.

Círculo de Preocupação: Todos os problemas e assuntos com os quais uma pessoa ou uma família se preocupa.

Consciência: O senso interior do que é certo e do que é errado.

Conta Bancária Emocional: O montante de confiança ou a qualidade de um relacionamento com outrem.

Cultura Familiar: O clima, caráter, espírito, sentimentos e atmosfera do lar e da família.

Declaração da Missão familiar: Uma expressão combinada e unificada de todos os membros da família acerca da própria identidade (quem são), de seus propósitos (o que querem fazer e ser) e dos princípios que informam o plano de vôo da família.

De Dentro para Fora: Iniciar uma transformação mudando a si mesmo, em vez de tentando mudar os outros.

De Fora para Dentro: Mais influenciado pelas circunstâncias externas do que por comprometimentos internos.

Educador: Aquele que intencionalmente partilha seus conhecimentos, explica e informa outras pessoas.

Ênfase na Oportunidade: Concentração na criação de alguma coisa.

Ênfase no Problema: Concentração na eliminação de alguma coisa. Compare com *Ênfase na Oportunidade*.

Entropia: Tendência que as coisas apresentam de se deteriorar ou desfazer, se abandonadas a si mesmas.

Estabilidade: Condição alcançada pela família capaz de antever seu futuro, que é segura e funcional, dotada de estrutura e organização básicas e de capacidade, em certo nível, de comunicação e de resolução de problemas.

Estrutura/Paradigma: Nossa perspectiva ou mapa ou o modo como vemos e pensamos sobre as coisas.

Família Eficaz: Uma família nutridora, interdependente, aconchegante, capaz de aprender e ensinar e de contribuir para o bem-estar da comunidade.

Família Nuclear: O âmago ou família essencial, em torno da qual se agrupa a família ampliada (avós, tios, primos).

Força Dinâmica: Tudo o que motiva, entusiasma e inspira tanto a nós quanto a nossa família.

Força Restritiva: Pressão que dificulta ou impede o alcance de nossas metas.

Hábito: Um padrão estabelecido ou modo de pensar e fazer as coisas.

Imaginação: A capacidade de visualizar algo em nossa mente além da realidade presente.

Influência de Liderança: Veja *Modelo*, *Mentor*, *Organizador* e *Educador*.

Leis Primárias da Vida: Os princípios básicos ou leis naturais de eficácia que regem a vida.

Leis Primárias do Amor: Leis naturais que afirmam o valor inerente das pessoas e o poder do amor incondicional.

Leme: Pessoa que influencia e ajuda a estabelecer a direção da família, como o leme de um navio.

Mentalidade da Abundância: A visão de que existe mais do que o suficiente para todos.

Mentalidade da Escassez: A postura mental de competição e a sensação de ser ameaçado pelo sucesso de outrem.

Mentor: Aquele que se relaciona com outra pessoa de maneira pessoal, útil e igualitária.

Missão: Algo que nos é confiado para fazer.

Modelo: Aquele que estabelece um padrão centrado em princípios para outra pessoa seguir.

Organizador: Aquele que cria ordem e sistemas para ajudar a realizar o que a família valoriza.

Paradigma/Estrutura: Nossa perspectiva ou mapa ou o modo como vemos e pensamos sobre as coisas.

Pedras Grandes: Representam as atividades que constituem as maiores prioridades em nossas vidas.

Pessoa de Transição: Alguém que interrompe a transmissão de ciclos e tendências negativas, tornando-se um agente de mudança.

Princípios: Leis naturais, evidentes por si mesmas, eternas e universais, que regem todas as interações humanas.

Proativo: Diz-se de quem é responsável pelas próprias escolhas; exercita a liberdade de escolher com base em princípios e não em humores ou condições.

Quatro Dons Humanos: Veja *Autoconsciência, Consciência, Imaginação* e *Vontade Independente*.

Significância: Condição alcançada pela família que desenvolveu uma boa cultura familiar e contribui de modo mais amplo para o bem-estar dentro e fora de seu âmbito.

Sinergia: Resultado de duas ou mais pessoas produzindo juntas algo maior do que a soma do que produziriam separadamente (um mais um igual a três ou mais).

Sobrevivência: Condição em que a família luta em termos físicos, econômicos, sociais, emocionais e espirituais para viver e amar no nível mínimo da subsistência diária.

Sucesso: Condição alcançada pela família que atinge metas de valor, sente-se genuinamente feliz, diverte-se e possui tradições significativas, numa atmosfera de auxílio mútuo.

Tecla de Pausa: Algo que nos lembre de parar, para pensarmos e agirmos melhor.

Tempo da Família: Horário semanal dedicado ao convívio familiar.

Tempo de Convivência Um a Um: horário regular dedicado ao convívio com cada membro da família individualmente, com o objetivo de estreitar os laços do relacionamento.

Tradutor Fiel: Alguém capaz de realmente refletir o conteúdo e os sentimentos dos comentários/observações de outrem.

Transcender a Si Mesmo: Superar um *script* negativo do passado e tornar-se uma força criativa na própria vida.

Vontade Independente: A capacidade de escolher e agir sobre as nossas necessidades prementes e determinações.

Vontade Social: As normas e a força moral ou ética criadas pela cultura da família.

ÍNDICE DE PROBLEMAS/OPORTUNIDADES

De acordo com o que já dissemos, o poder dos 7 Hábitos não se encontra em qualquer deles isoladamente, mas no modo como atuam em conjunto. Contudo, você pode localizar o material mais diretamente aplicável e útil para questões e preocupações específicas. Este índice foi projetado como uma fonte de pesquisa para ajudá-lo a acessar informações que tratem diretamente de oportunidades e problemas específicos.

Está dividido em seis áreas: pessoal, casamento, família, pais, membros da família ampliada e das outras gerações, e temas sociais. As entradas em LETRA MAIÚSCULA referem-se a seções ou capítulos que ou incluem completamente ou apresentam o material referido. As entradas em *itálico* correspondem a histórias (que também aparecem em *itálico* no livro quando foram contadas por alguém, ou em padrão normal quando contadas por mim). As entradas em padrão normal se referem a idéias sobre as páginas especificadas.

Espero que este índice o auxilie a encontrar mais rapidamente o material necessário para ajudá-lo em seus desafios. Por último, quero sugerir que, em qualquer desafio, você utilize a Folha de Trabalho da Família para os 7 Hábitos, da pág. 432.

PESSOAL

Como posso promover mudanças? Como posso exercer uma influência baseada em princípios sobre a minha família?
  Abordagem de dentro para fora: o princípio básico
    da mudança   33-36
  UMA BÚSSOLA   39-41

ENVOLVA A SUA FAMÍLIA AGORA	42-45
HÁBITO 1: SEJA PROATIVO	53-110
O poder da visão	111-14
CRIANDO O COMPROMETIMENTO	182-83
Dividindo os bens após o funeral	220-22
Criei uma visão quando tinha dezessete anos	384-86
FORÇAS DINÂMICAS E RESTRITIVAS	395-98
POR ONDE EU COMEÇO?	398-99

Herdei um *script* ruim. O que posso fazer para mudá-lo?

HÁBITO 1: SEJA PROATIVO	53-110

Como posso interromper ciclos familiares negativos?

Durante anos, eu brigava com meus filhos	56-61
PERDOANDO	94-97
Quando criança, via meus pais brigarem	138-39
AS TRADIÇÕES PROMOVEM A CURA DA FAMÍLIA	375-77
Minha irmã me deu coragem	422-24

Como posso deixar de ser reativo?

HÁBITO 1: SEJA PROATIVO	53-110
O poder da visão	111-14
O "QUADRO MAIS AMPLO" — O SEGREDO PARA PENSAR GANHA/GANHA	232-34

Como livrar-me do sentimento de culpa?

Durante anos, eu brigava com meus filhos	56-61
Rindo dos seus erros	61-62
A raiva mascara a culpa	263

Como posso lidar com a minha "bagagem" negativa?

A visão é maior do que a bagagem	29, 111, 136, 199-200
LIDANDO COM BAGAGEM NEGATIVA	257-62
Criei uma visão quando tinha dezessete anos	384-86

Como posso lidar com a raiva?

A história de Sean: viagens da família	26-27
PEDINDO DESCULPAS	87-88
PERDOANDO	94-97
A raiva mascara a culpa	263

SUPERANDO A RAIVA E O RESSENTIMENTO 262-65

O que faço com a minha impaciência?
O MILAGRE DO BAMBU CHINÊS 45-47
Separando a pessoa de seu comportamento 99
LEMBRE-SE DO BAMBU CHINÊS 143-46
O "QUADRO MAIS AMPLO" - O SEGREDO
  PARA PENSAR GANHA/GANHA 232-34

Como posso adquirir maior autoconhecimento a fim de ajudar melhor a minha família?
SEUS QUATRO DONS EXCLUSIVAMENTE
  HUMANOS 56-61
DESENVOLVENDO SEUS DONS HUMANOS 66-71
ESCUTE A SUA LINGUAGEM 76-78

O que fazer quando me sinto sobrecarregado?
O "QUINTO" DOM HUMANO 61-63
DIVERTINDO-SE JUNTOS 373-74
SALTE NO ABISMO 424-27
TRANSFORMANDO "CORAGEM" EM VERBO 433-35

Como posso conciliar trabalho e família?
HÁBITO 3: PRIMEIRO O MAIS IMPORTANTE 151-206

O que posso fazer para dar prioridade à família?
HÁBITO 3: PRIMEIRO O MAIS IMPORTANTE 151-206

O que devo fazer quando saio da rota?
A história de Sean: viagens da família 26-27
Atrasado para o jantar... e reativo 53-54
PEDINDO DESCULPAS 87-88

CASAMENTO

O que podemos fazer para fortalecer o nosso casamento?
CONSTRUINDO A CONTA BANCÁRIA
  EMOCIONAL 78-104
O Parque Memory Grove 114-118
UMA DECLARAÇÃO DE MISSÃO PARA DOIS 119-23

CONVIVÊNCIA UM A UM NO CASAMENTO	184-87
Ganha/perde — perde/ganha — ganha/ganha no casamento	215-20
A coisa mais difícil no casamento	222-24
Frigidaire	243-45
Valorizando as diferenças no casamento	305-9
Comprando um sofá	311-13
UM TIPO DIFERENTE DE SINERGIA	327-29
Entropia no casamento	339-40
Intimidade no casamento	344
POR ONDE EU COMEÇO?	398-412
Nosso casamento sempre foi instável	428-30

Como criar intimidade no casamento?

HÁBITOS 4, 5 e 6	207-338
Intimidade no casamento	344

Como podemos lidar com os conflitos e diferenças?

HÁBITOS 4, 5 e 6	207-338
Nosso casamento sempre foi instável	428-30

O que fazer quando não há comunicação?

HÁBITO 5: PROCURE PRIMEIRO COMPREENDER...	239-96

O que fazer quando um dos cônjuges domina o outro?

A CONSEQÜÊNCIA DE PERDE/GANHA	215-18

O que fazer quando o amor está acabando?

Ame-a	64
Entropia no casamento	339-40
Nosso casamento sempre foi instável	428-30

Como enfrentar o divórcio?

Nós precisávamos de uma nova visão	134-35

O que posso fazer para ser bem-sucedido no segundo casamento?

Uma lista na porta da geladeira	121-22
LIDANDO COM BAGAGEM NEGATIVA	257-62

FAMÍLIA

Como podemos construir confiança e amor incondicional?

CONSTRUINDO A CONTA BANCÁRIA EMOCIONAL	78-104
A declaração de missão cria um poderoso vínculo	131-33
"O AMOR" É UM COMPROMETIMENTO	136-38
TEMPO DE CONVIVÊNCIA UM A UM	183-84
HÁBITOS 4, 5 e 6	207-338
HÁBITO 7: AFINE O INSTRUMENTO	339-82
POR ONDE EU COMEÇO?	398-412

Como nos podemos tornar uma família centrada em princípios?

O princípio fundamental do respeito	31-33
Citação de Alfred North Whitehead	39
OBJETIVO EM MENTE: UMA BOA CULTURA FAMILIAR	41-42
HÁBITO 2: COMECE COM O OBJETIVO EM MENTE	111-50
POR ONDE EU COMEÇO?	398-412

Como fazemos para todos seguirem na mesma direção?

UMA VISÃO CLARA DE SEU OBJETIVO	27-30
HÁBITO 2: COMECE COM O OBJETIVO EM MENTE	111-50

O que podemos fazer quando saímos da rota?

A história de Sean: viagens da família	26-27
PARTILHANDO ESTE CAPÍTULO: VOCÊ FICARÁ "FORA DA ROTA"...	49-52
Atrasado para o jantar... e reativo	53-54
PEDINDO DESCULPAS	87-88
TERCEIRA ETAPA: USE A MISSÃO PARA MANTER-SE NA ROTA	131-33
TRANSFORMANDO A SUA MISSÃO NA SUA CONSTITUIÇÃO...	172-73

Como podemos arranjar tempo para a família?

HÁBITO 3: PRIMEIRO O MAIS IMPORTANTE	151-206

HÁBITO 7: AFINE O INSTRUMENTO 339-82

Como construímos unidade?
OBJETIVO EM MENTE: UMA BOA
   CULTURA FAMILIAR 41-42
HÁBITO 2: COMECE COM O OBJETIVO
   EM MENTE 111-50
Uma experiência no Vietnã 200-1
HÁBITOS 4, 5 e 6 207-338
HÁBITO 7: AFINE O INSTRUMENTO 339-82

O que podemos fazer quando os membros da família não colaboram?
HÁBITOS 4, 5 e 6 207-338

O que podemos fazer quando reina um espírito de julgamento e crítica?
Quando você compreende, não julga 248-49
Quando assumimos o papel de juiz e júri 251-52
LIDANDO COM BAGAGEM NEGATIVA 257-62
Se o relacionamento tiver um espírito de julgamento 276
Minha primeira reação foi negativa 282

Como acabar com a competição e a rivalidade?
HÁBITOS 4, 5 e 6 207-338

Como podemos criar uma atmosfera de alegria, aventura e entusiasmo na família?
O "QUINTO" DOM HUMANO 61-63
UM TEMPO PARA SE DIVERTIR 181-82
HÁBITO 7: AFINE O INSTRUMENTO 339-82
(Especialmente DIVERTINDO-SE JUNTOS) 373-74

Como podemos criar um ambiente nutridor?
CONSTRUINDO A CONTA BANCÁRIA
   EMOCIONAL 78-104
O "QUADRO MAIS AMPLO" — O SEGREDO
   PARA PENSAR GANHA/GANHA 232-34
A coisa mais importante que você pode fazer pela
   sua família 256-57
POR ONDE EU COMEÇO? 398-412

Como podemos enfrentar os desafios econômicos?
Certa vez meu marido perdeu o emprego 179-80
Meu marido e eu não chegávamos a um acordo 278
Comprando um sofá 311-13
SOBREVIVÊNCIA 387
O fator econômico pouco tem a ver com a significância 393

Como podemos criar comprometimento em nossa família?
"O AMOR" É UM COMPROMETIMENTO 136-38
As tradições criam uma sensação de comprometimento 344-46

Quando um filho se desvia, como podemos manter os demais "na rota"?
LEMBRE-SE DO BAMBU CHINÊS 143-146
Enquanto um filho adotivo estava no hospital 181

Como evitar que os membros da família se tornem demasiado egoístas?
TRANSFORMANDO A SUA MISSÃO
NA SUA CONSTITUIÇÃO... 172-73
SERVIÇO COMUNITÁRIO EM CONJUNTO 372-73
DA SOBREVIVÊNCIA... À SIGNIFICÂNCIA 383-444

Como podemos criar uma atmosfera espiritual em nossa casa?
HÁBITO 2: COMECE COM O OBJETIVO
EM MENTE 111-50

O que fazer quando não há compreensão e a comunicação não é boa?
HÁBITO 5: PROCURE PRIMEIRO COMPREENDER... 239-96
Os 7 Hábitos lhe fornecem uma linguagem 431-33

O que fazer para que o jantar não signifique microondas e TV?
As refeições devem ser sempre agradáveis 276-77
JANTARES FAMILIARES 346-52

Como podemos fazer comentários pessoais sem ofender?
O *feedback* nos diz se saímos da rota 26
DANDO *FEEDBACK* 279-83

Como podemos aperfeiçoar a nossa capacidade de resolver
problemas?
CADA PROBLEMA É UMA OPORTUNIDADE
   PARA EFETUAR UM DEPÓSITO   101-3
UM TEMPO PARA RESOLVER PROBLEMAS   179-81
HÁBITOS 4, 5 e 6   207-338
DA RESOLUÇÃO DE PROBLEMAS À CRIAÇÃO   393-95
SALTE NO ABISMO   424-27

Como lidar com a confusão e a desorganização?
HÁBITO 3: PRIMEIRO O MAIS IMPORTANTE   151-206
ORGANIZADOR   405-7

Como marcar as atividades de todos na mesma agenda?
Muitas maneiras de aplicar o princípio da visão   112
UM TEMPO PARA PLANEJAR   173-75
COLOQUE PRIMEIRO AS PEDRAS GRANDES   194-97
PARTILHANDO ESTE CAPÍTULO: HÁBITO 3   203-6

O que fazer quando, apesar do nosso esforço, as coisas
não dão certo?
Incidentes nas férias   354-56
As tradições nem sempre funcionam inteiramente   377

PAIS

Embora eu não ignore que muitas mães ou pais lidam com esses problemas sozinhos, empreguei o pronome pessoal "nós" nas perguntas formuladas, para reconhecer o valor da sinergia e da proatividade, e para estimular a sinergia quando apropriada — seja o caso de um dos pais, de um membro da família ampliada ou um amigo interessado.

O que podemos fazer quando nosso relacionamento com
os filhos não é bom?
CONSTRUINDO A CONTA BANCÁRIA
   EMOCIONAL   78-104
"O AMOR" É UM COMPROMETIMENTO   136-38
UMA MISSÃO PARA TRÊS OU MAIS   123-33
LEMBRE-SE DO BAMBU CHINÊS   143-146

PAIS: UM PAPEL NÃO DELEGÁVEL	156-58
TEMPO DA FAMÍLIA	168-72
CONVIVÊNCIA UM A UM COM OS FILHOS	187-90
O "QUADRO MAIS AMPLO" — O SEGREDO PARA PENSAR GANHA/GANHA	232-34
HÁBITO 5: PROCURE PRIMEIRO COMPREENDER...	239-96
HÁBITO 7: AFINE O INSTRUMENTO	339-82
MENTOR	403-5

Qual é o momento certo para ensinarmos a um filho — e o que ensinar?

De que conhecimentos, forças e habilidades nossos filhos precisam?	115-118
LEMBRE-SE DO BAMBU CHINÊS	143-46
A METÁFORA DA BÚSSOLA	161-65
UM TEMPO PARA ENSINAR	175-79
CONVIVÊNCIA UM A UM COM OS FILHOS	187-90
VOCÊ PODE TOMAR ALGUMAS MEDIDAS PARA TIRAR O FOCO DA COMPETIÇÃO	226-28
Disciplina *versus* punição	233-34
NÃO ME IMPORTO COM QUANTO VOCÊ SABE	190-94
Nutrindo a cultura do Hábito 5	283-87
ESTÁGIOS DE DESENVOLVIMENTO DA COMPREENSÃO	287-91
Uau, funciona mesmo!	292
Promovendo renovação mental nos jantares da família	349-51
Viagem de trailer *no bicentenário*	353-56
EDUCADOR	407-12
PARTILHANDO ESTE CAPÍTULO	49-52, 107-10, 147-50, 203-6, 235-38, 293-96, 335-38, 379-82, 441-44

O que podemos fazer quando o filho não conversa conosco?

Eu reencontrei meu filho	30-33
COMO FAZER ISSO: PRINCÍPIOS DA ESCUTA EMPÁTICA	267-70

O que podemos fazer para ajudar um filho com dificuldades na escola?
Nós queríamos que nossos filhos valorizassem
   o estudo   115-18
Estou colando em matemática!   190-93
Ela não entendia "subtração"   246
Promovendo renovação mental nos jantares
   da família   349-51
Jantar dos professores prediletos   352
APRENDENDO JUNTOS   367-69
Uma hora na biblioteca, todas as noites   407-8

Como ensinar as crianças a fazer os deveres com alegria, sem ninguém mandar?
Quem quer ganhar o dinheiro?   180
DEIXE O ACORDO SER O GUIA   231-32
TRABALHANDO JUNTOS   369-72
Nosso filho pequeno deixava as roupas no chão   288-89

Como saber o que podemos esperar de um filho?
As expectativas são a base dos nossos julgamentos   248
ESTÁGIOS DE DESENVOLVIMENTO DA
   COMPREENSÃO   287-91

O que fazer quando um filho se comporta mal?
Minha filha demoliu o quarto   19-20
Separando a pessoa de seu comportamento   99
Lidando com o seu filho mais problemático   404
O "QUADRO MAIS AMPLO" — O SEGREDO
   PARA PENSAR GANHA/GANHA   232-34
Nosso filho pequeno deixava as roupas no chão   288-89

Devemos ser autoritários ou permissivos com os nossos filhos?
A CONSEQÜÊNCIA DE GANHA/PERDE   212-15
GANHA/GANHA — A ÚNICA ALTERNATIVA
   VIÁVEL A LONGO PRAZO   218-20
Disciplina *versus* punição   233-34

E se o filho não gostar da nossa decisão?
GANHA/GANHA — A ÚNICA ALTERNATIVA
   VIÁVEL A LONGO PRAZO   218-20

Ser pai não significa ser popular 224-25

O que fazer quando o filho desobedece?
Separando a pessoa de seu comportamento 99
Disciplina *versus* punição 233-34
O terceiro aniversário da minha filha 212-13
O que é "esquina", papai? 245-46
Nosso filho pequeno deixava as roupas no chão 288-89

O que podemos fazer quando os filhos brigam entre si?
Nutrindo a cultura do Hábito 5 283-87
Nossas fraquezas reaparecem nos nossos filhos 401-2

Como lidar com um adolescente mal-humorado, rebelde ou desrespeitoso?
Eu reencontrei meu filho 30-33
Jamais desista! 45
O outro lado da ficha 75-76
Cinco depósitos por dia — e nenhuma retirada 81-82
Separando a pessoa de seu comportamento 99
A decisão de ir para a faculdade 99-100
LEMBRE-SE DO BAMBU CHINÊS 143-46
Quando Karen fez dezesseis anos 249-51

Como lidar com a competição entre irmãos?

O que podemos fazer quando um filho se desvia da rota?
LEMBRE-SE DO BAMBU CHINÊS 143-46
Separando a pessoa de seu comportamento 99
Estou colando em matemática! 190-93
Uma garota inteligente tomando um rumo pouco recomendável 229-30
Sistema de apoio no jantar de família 352
"Adotando" os amigos dos nossos filhos 374-75

O que fazer quando os filhos nos pressionam para fazermos concessões?
DEIXE O ACORDO SER O GUIA 231
Construindo princípios nas estruturas e sistemas 173, 405-7
ENVOLVA AS PESSOAS NO PROBLEMA... 379-385

Como podemos envolver nossos filhos na missão familiar?
UMA MISSÃO PARA TRÊS OU MAIS 123-33
Nós criamos nossa declaração de missão ao longo de
 várias semanas 132-133
TRÊS "CUIDADOS" 142-43
LEMBRE-SE DO BAMBU CHINÊS 143-46

O que fazer quando nós dois temos de trabalhar?

O que fazer em relação a creches?
PAIS: UM PAPEL NÃO DELEGÁVEL 156-58

Como posso lidar melhor com a situação, sozinho/sozinha?
Durante anos, eu brigava com meus filhos 56-61
Nós precisávamos de uma nova visão 134-35
Um acordo vencer/vencer com um filho viciado em drogas 230-31

MEMBROS DA FAMÍLIA AMPLIADA E DAS OUTRAS GERAÇÕES

O que podemos fazer para fortalecer a nossa família ampliada?
Visite um parente (PARTILHANDO ESTE
 CAPÍTULO: HÁBITO 3) 243-246
Visite um membro da família (PARTILHANDO
 ESTE CAPÍTULO: HÁBITO 5) 295-96
Dividindo os bens após o funeral 220-22
FORTALECENDO A FAMÍLIA AMPLIADA 138-42
Recanto de férias das gerações da família 356-60
Comemorando o aniversário dos sobrinhos 362
Uma mesa com dez cadeiras 363
ATIVIDADES DA FAMÍLIA AMPLIADA E DE
 SUAS GERAÇÕES 365-67
Satisfazendo a necessidades especiais das gerações
 da família 389-393
Jamais devemos dar nosso trabalho por encerrado 421-22
DOCE AMOR LEMBRADO 435-37
Os presidiários e o legado dos ancestrais 437-39

Será tarde demais para ajudar os filhos casados e seus filhos?
Construindo um lar de três gerações 153-55

ATIVIDADES DA FAMÍLIA AMPLIADA E DE
   SUAS GERAÇÕES   365-67
Jamais devemos dar nosso trabalho por encerrado   421-22

Nós não somos pais. Como podemos influenciar?
Depois de quatro anos   94-95
Criando uma declaração de missão da família ampliada
   durante as férias   140-41
Dividindo os bens após o funeral   220-22
Comemorando o aniversário dos sobrinhos   362
Uma mesa com dez cadeiras   363
Minha irmã me deu coragem   422-24

Como os parentes adultos podem promover mudanças?
Depois de quatro anos   94-95
Criando uma declaração de missão da família ampliada
   durante as férias   140-41
Dividindo os bens após o funeral   220-22
Minha irmã me deu coragem   422-24

Como posso lidar com o divórcio dos meus pais?
Esse problema pertence aos seus pais — não a você   72-74
Um momento de decisão em minha vida   94-95

SOCIEDADE

A sociedade não favorece a família — o que podemos fazer?
"De dentro para fora" *versus* "de fora para dentro"   33-39
HÁBITO 3: PRIMEIRO O MAIS IMPORTANTE   151-206
TRANSFORMANDO "CORAGEM" EM VERBO   433-35

O que podemos fazer a respeito da influência negativa da TV em nossa casa?
QUEM VAI CRIAR OS NOSSOS FILHOS?   165-66
ENVOLVA AS PESSOAS NO PROBLEMA...   320-26
Decida as regras sobre televisão (PARTILHANDO ESTE
   CAPÍTULO: HÁBITO 6)   338

Como podemos proteger nossos filhos contra pornografia, drogas e gangues?
Relato do governador: garoto de sete anos viciado em
    pornografia   35-36
QUEM VAI CRIAR OS NOSSOS FILHOS?   165-66
Um acordo vencer/vencer com um filho viciado em drogas   230-31

Como podemos mudar a sociedade?
Abordagem de dentro para fora: o princípio básico
    da mudança   33-36
DA SOBREVIVÊNCIA... À SIGNIFICÂNCIA   383-452

ÍNDICE REMISSIVO

A

abandono	93
abordagem "de dentro para fora":	
abordagem "de fora para dentro" *versus*	35, 426
liderança como	419
mudança e	34, 76, 79, 81, 139, 145
quadro mais amplo para	383-84
abordagem "de fora para dentro"	35, 167, 198, 426
aborto	146, 330-31
abuso de drogas	28, 37, 144, 146, 230-31
acampamento	355
Adams, Abigail	353, 354
Adams, John	353, 354
administração	415, 442
adolescentes:	
auto-identidade dos	218
declaração da missão familiar e	147-48
dia típico dos	79-81
no tempo da família	183, 196, 203
problemas sexuais dos	37, 144, 349
rebeldes	28
sensação de sobrecarregamento dos	85, 249
7 Hábitos para	228n
suicídio de	37, 144
vida social dos	229-30
"afinando o instrumento", *ver* renovação (Hábito 7)	
agenda	173, 175n
Aids	315
alcoolismo	37, 139, 146
amor:	
como comprometimento	136-38, 140
como verbo	63-65, 79, 95, 137, 264, 434
condicional	98, 100, 414

incondicional	31, 97-101, 104, 138, 140, 145, 192, 257, 315, 333, 403, 404, 414, 421
leis caricaturais do	98
Leis Primárias do	97-101, 403, 409
proatividade e	63-65, 97-101, 137
"severo"	144
"Amor no Lar"	170
Ana Karênina (Tolstói)	34
animais	58, 60, 62
aniversários	360-63
aprovação	57, 85-86, 98, 101, 371
Argentina	198
"ar psicológico"	225, 252-53
arquitetura	175-176
Árvore da Liderança Familiar Centrada em Princípios	399, 400, 403, 410, 413, 415, 419, 441-42
auto-ajuda, literatura	43
autobiografia	209, 259, 268, 274, 293
autoconsciência:	
consciência familiar e	70, 105, 328, 344
desculpas e	88
desenvolvimento da	66-71, 83
mentor	412-13
perdão e	95
proatividade e	56-59, 60, 66-71, 90-91, 104, 107
sinergia e	310-12, 328
autocorreção	319
auto-estima	171-72
auto-identidade	218

B

babás	157, 174, 323
bambu chinês	45, 49-50, 103-104, 143, 333
batalhas	232, 320
Bíblia	248, 417
Bronfenbrenner, Urie	157
Bush, Barbara	16
bússola:	
destinação indicada por	27, 39-41, 101, 118-19, 147-48, 437
moral	161-65

"norte verdadeiro" da 162, 163, 438
quatro dons como 117, 125, 148

C

carreiras:
   casamento *versus* 339
   divórcio e 339
   família *versus* 153-56, 392-93
casamento:
   argumentos no 218
   carreiras *versus* 339
   cerimônia de 116, 120, 223
   círculo de influência no 72-75
   coesão no 184-87
   como experiência "nós" 300-1
   como prioridade 155
   como relação contratual *versus* compromisso solene
     e irrevogável 167
   comunicação no 184, 277, 305
   declaração de missão do 114-15, 119-23, 143-46, 416
   estabilidade no 387-88, 428-31
   estilo de vida do solteiro *versus* 222-24
   estratégias de resolução de problemas no 122-23, 305-9
   expectativas no 215-18, 248, 430
   interdependência no 223
   intimidade no 344
   negligência no 340
   papel das expectativas no 122-23
   perdão no 96
   renovação no 340, 341
   responsabilidade no 223
   sucesso no 27-28, 29, 30, 65
castigo 233
Centro de Aprendizado Alternativo 145
cérebro:
   esquerdo *versus* direito 303-308
   impressão no 133
Churchill, Winston 45, 167
Círculo da Influência 71-78, 108, 145, 211, 233
Círculo das Preocupações 71-78, 104

clonagem 60
co-dependência 249
coesão:
    atividades para 51-52, 392
    com crianças 51-52, 187-190, 205-206
    como "completamente presente" 183-84
    como prioridade 194-97, 197, 198, 199, 203-204
    como processo 44
    compreensão e 265
    confiança e 190-93
    Conta Bancária Emocional e 193, 319
    ensino e 193-94
    na criação dos filhos 211
    no casamento 184-87
    planejamento para 189-90, 194-97
    renovação e 341-42, 344, 345, 355, 374, 376, 379
    sinergia na 332-33
    um a um 38, 151, 154-55, 406, 411, 416, 425
"colar" 190-93
começar com o objetivo em mente (Hábito 2): 111-150
    coisas criadas duas vezes e 113, 147-48, 176
    ensino de 176
    metas de longo prazo em 139, 220-222, 402
    objetivo definido por 105, 111-114, 118-19, 122-23, 151-153, 233

    para declaração de missão, *ver* declarações de missão
    planejar 196
    prioridades 113, 114-115, 141-142
    scripts para resolução de problemas 122
    sinergia e 301, 319
    utilizações adolescentes de 147-48
    utilizações adultas de 147
    utilizações infantis de 149
    visão em 111-14, 320
comerciais 165, 322
comparação 298, 316, 317
compartilhar 50, 404
competência 288, 409
competição:
    cooperação *versus* 209, 226-28, 237-38, 315-316

recompensas pela 405
comportamento:
  compreensão e 248, 280
  identidade *versus* 279, 80
  julgador 30-33, 250, 276
  mudança de 279-81
  negativo 56-58, 143-46, 232-33, 279-80
  princípios *versus* 161-62
compreender e ser compreendido (Hábito 5): 239-96
  abordagem ganha/perde e 263, 270
  "ar psicológico" e 252-53
  autobiografia e 209, 258-60, 268, 274, 293
  coesão e 264-65
  como "caule" 209
  como evidência de cuidado 253, 403
  comportamento e 248, 280
  condicionamento e 240-43, 293, 295
  confrontação e 279-281
  conselho e 254-56, 268, 270, 293
  Conta Bancária Emocional e 249-52, 280, 289
  declarações reflexivas 270-73, 284
  diagnóstico antes da prescrição ao 242, 289
  diversidades de gênero e 247
  emoções negativas e 257-65
  escuta empática e 30-34, 258-59, 265, 267-77, 283-87, 293-94, 302, 310, 329-332, 404
  estágios de desenvolvimento e 287-91
  estrutura de referência para 32, 248, 265, 266
  expectativas e 247-49, 293-94
  experiência do índio/esquimó e 239-41, 242, 293, 295
  feedback e 277-83
  ganha/ganha e 207-12, 284
  interpretação e 268, 270
  julgamentos e 98, 103, 242, 249, 251, 252, 262, 268, 276, 293
  mal-entendido *versus* 243-47
  manipulação *versus* 262, 270-73, 274
  nutridores e 257, 283-87
  orientações para 273-77
  outros hábitos relacionados a 207-12
  poder de 397

ponto de vista em	268, 284
postura mental para	263
quadro mais amplo para	275, 278
quatro dons e	270
questões sobre	272-73
raiva desfeita por	250-51, 253, 262-65
relacionamentos e	243, 245, 257-62, 273-77
respeito e	272, 331
ressentir-se e	262, 263-65
seqüência em	291-92
sinergia em	207-12, 291-92, 300, 301-3, 310, 311-12
	316-22, 329-33
sondagem e	268, 270, 272, 274, 293
"tecla de pausa" e	266
"tradutor fiel" em	265-67
utilizações adolescentes de	293-94
utilizações adultas de	293-94
utilizações infantis de	295-96
vulnerabilidade e	256-57, 262, 264, 274, 293

comprometimento:

amor como	136-38, 140
com casamento	186-87
com crianças	99-101, 137-38, 156-58
com o tempo da família	181-83, 203, 205-206
consensual	397
em ganha/ganha	209, 231, 232, 234, 235-36, 326
envolvimento e	126, 142-43
mantendo o	92-94, 174
prioridades	158
Comprometimento Total de Liderança (CTL)	423
computadores	36

comunicação:

aberta	141, 247, 431, 433
adversária	303
Conta Bancária Emocional e	78
estruturas para	388
não-verbal	266-67, 273
no casamento	184, 185, 277, 305-308
percepção e	249
por código	200-201
problemas de	242

repetição na	126, 271
semântica na	249
script e	245, 253-56, 402, 409
ver também escuta	
confiança	89
confiança:	
coesão e	190-93
desenvolvimento da	79, 167, 190-93, 315, 404-5, 414, 415, 419, 441
ganha/ganha e	224-25, 231
incondicional	145
"conhece-te a ti mesmo"	70-71
consciência	66-71
coletiva	105, 301, 325, 344
desculpas e	88
desenvolvimento da	66-71, 83, 203-204, 233-34, 438
modelos de papéis e	412-13
perdão e	95, 134
proatividade e	58, 60, 66-71, 91, 105, 107
sinergia e	310, 313
traição da	164, 191
Constituição dos Estados Unidos	173, 353
Conta Bancária Emocional	78-97
coesão e	192-93, 320
compreensão e	249-52, 271, 275, 280, 281, 290
comunicação e	78
declaração da missão familiar e	121-22, 122-23, 127
depósitos na	78, 81, 83-103, 104, 108, 109-10, 128, 229, 249-52, 253-56, 276, 280, 289, 314, 340, 363, 403, 408, 416, 420, 441
ensino e	403-5, 414, 415, 441-42
equilíbrio da confiança na	78, 404-405, 414, 415, 441-42
ganha/ganha e	211-12, 214, 218-19, 229, 231, 235-36
na proatividade	78-97, 101-3, 107, 109-10
relacionamentos melhorados pela	78-83, 90-91
renovação e	363
retiradas da	78, 82, 92-93, 102-3, 108, 193, 229, 252, 272, 280, 281
sinergia e	314, 320
tempo da família e	169, 172, 181
controle	57, 59, 279, 437

cooperação:
    competição *versus*   209, 226-28, 237-38, 316, 317
    coragem   433-35, 437-38, 442
    criativa   310-14, 326, 331, 333, 335-36
    terapeutas   144, 216-17
cortesia   86
creche   156-58
crianças:
    abuso de   29, 34, 139, 164
    adotivas   181
    amigos das   303-304, 374-75
    auto-estima das   171, 364-65
    coesão com   51-52, 187-90, 205-206
    como netos   139-40, 154-55, 421
    comprometimento com   99-101, 137, 156-58
    criação das   124, 165-66, 349, 400
    custódia de   257-62
    declaração da missão familiar e   123, 149-50
    desapontamento das   224
    divórcio e   47, 57, 64, 73, 93, 96, 134-35, 257-62
    estágios de desenvolvimento das   213, 248, 287-291
    estratégia ganha/ganha para   224-29, 237-38
    ilegítimas   36
    necessidade *versus* querer dar   224-25
    no tempo da família   168-69, 170-71, 172, 205-206
    pornografia e   36
    "problema"   19-21, 28, 37, 404
    responsabilidade das   348
    senso de segurança das   186, 403, 407
    televisão assistida pelas   37
    valores aceitos pelas   19
    visão das   111
criatividade   393-95, 441-42
crítica:
    feedback como   26, 119, 263, 278-83, 316, 318, 319
    negativa   215-17, 221, 261, 317, 318
culpa   56, 63, 104, 174, 199, 263
cultura popular   166-68, 197
curva de distribuição forçada   212

D

Davis, Stanley M.	159, 166
debate natureza *versus* educação	60
decisões:	
estratégicas	198
impopulares	218-20
tomada de	138
Declaração da Independência	353, 354
declaração da missão familiar:	114-51
Círculo de Influência e	145
co-autoria de missão na	122-23
como instituição	172-73
comunicações da	142
Conta Bancária Emocional e	121, 123, 128
criação da	119-133
cuidados na	142-43
destinação na	118-19, 122, 131-33, 147-48, 149-50
dons humanos como bússola na	117, 148
exemplos de	129-30
feedback na	119
folha de trabalho para	133
idéias para	123-28, 131-33, 425
identidade da família na	123
importância da	30, 38-39, 111-12, 158, 167, 194-95, 198-99, 330, 358, 389-90, 415-16
legado na	389-40
meio seguro proporcionado pela	124
paciência e	142, 143-46
para duas pessoas	119-23
para três ou mais	123-33
participação adolescente na	146, 147-48
participação da família na	116-19, 123-28, 140-42, 142-43
participação das crianças na	123, 149-50
poder da	134-36
princípios da	127, 134, 143-45, 146, 173, 410-12
prioridades na	113, 114-15
processos *versus* produto da	142-43
propósito definido pela	113, 126
questões para	125
rascunho da	128-31, 140-41, 142-43, 147-48, 414

renovação na	349-50
tempo da família na	172-73
visão da	116-17, 122, 123, 131, 134

declarações de missão:
financeira	278
matrimonial	114-15, 119-23, 143-44, 416
organizacional	113, 116
pessoal	22, 138-39, 385, 416

Deming, W. Edwards	407
Denominador Comum do Sucesso, O (Gray)	437
depósito emocional	83-103
desculpas como	87-88, 102, 103
generosidade como	83-87, 102, 103
lealdade como	88-91, 102, 103
perdão como	94-97, 102, 103
problemas como oportunidades para	101-3
promessas como	91-94, 102, 103
descobertas	58

desculpas:
autopercepção e	88
como depósito emocional	87-88, 103
consciência e	88
para comportamento julgador	30-33, 250, 276
para mau humor	26
proatividade	75
reatividade	54
sinergia e	299
vontade sincera e	88

dessensibilizar	159-61
destinação	25-52
bússola e	27, 39-41, 101, 147, 437-38
começar com o objetivo em mente e	105, 111-14, 122-23, 152-53, 233
contendas internas e	210
definição de	111-14, 118-19, 122-23, 152-53
feedback e	26, 319
intermediárias	393-95
"mapas" de	425-27
na declaração da missão familiar	118-19, 122-23, 131-33, 147-48, 149-50
plano de vôo para	25-27, 30-39, 46, 49-50, 51-52, 112-13

utilizações adolescentes para	49, 50
utilizações adultas da	49-50
utilizações infantis da	51-52
visão de	26, 27-30, 47, 75
Dia de São Patrício	364-65
Dia dos Namorados	364
diários pessoais	234
disciplina	28, 37, 193, 233-34, 276, 442
"discursos de um minuto"	350
discussões	209, 210, 218, 220-22, 223-24
divertimento	170, 172, 181-82, 194, 203, 373-74, 381-82
divórcio:	
carreiras e	339
compreensão mútua e	257-62
DNA	60, 135-36
filhos e	47, 57, 64, 73, 93, 96, 134-35, 257-62
impacto pessoal do	93, 94, 224, 257-62
índice de	36-37, 166
perdão e	134
problemas financeiros e	178
doenças sexualmente transmissíveis	37
Doherty, William	168
dons, quatro	56-61
como bússola	147
compreensão e	270
proatividade e	56-61, 66-71, 83, 91, 95, 105, 107
sinergia e	310-14
utilizações dos	56-61, 66-71, 83, 88, 91, 95, 164, 200, 204

ver também consciência; imaginação; autoconsciência;
  vontade independente

E

educação	37, 99-101, 138-39, 143-46, 163, 212, 246
	288-289, 322, 324, 349, 351-52, 367-69, 384-85
	388, 407-408
eficiência:	
a longo prazo	45-46, 50, 103-104
cultura familiar e	41-42
Einstein, Albert	426
Eliot, T. S.	431

emoções:
    controle das   316-18
    inexpressadas   286
    momentâneas   54-55, 55-56, 74, 232, 233, 265-66
    negativas   31, 257-65
    projeção das   255
    ver também Conta Bancária Emocional
emprego, procura de   179-80
enciclopédias   350
endorfinas   62
ensino:
    de valores   168-69, 175-79, 192-93, 218, 284-85, 390-91, 409-12
    eficácia do   405, 407-20, 421, 441-42
    imaginação e   412-13
    no tempo da família   169, 175-79, 203
entrevistas particulares   191
entropia   339-41, 379
escolha:
    confiança na   251
    conseqüências da   131, 232, 278
    de princípios   112, 115
    liberdade de   53-54, 59, 60, 104, 139, 142, 233, 416, 439
    primeiro o mais importante   156-57
    tarefas   180, 205-206, 288, 324, 348
    ver também decisões
escuta:
    empática   30-34, 259, 265, 267-77, 283-87, 293-94, 302, 310, 329-31, 404
    respeitosa   125
esperança   27, 47, 438
estabilidade   256-57, 387-88, 396, 428-30, 441
estilo de vida   153-56, 158, 222-24
estresse   124, 179, 342, 393
ethos   419
Evans, Richard L.   340
exagero   248
exercício físico   66-67, 342, 343
experiência "ah-ah!"   283

F

família:
- abordagem "de fora para dentro"   35, 166, 167, 198, 426
- agenda da   173, 175n
- ampliada   105, 138-41, 205-6, 264, 361, 365-67, 379, 391
- aprendizado da   316, 367-69
- autoridade moral da   210
- avaliação de cultura da   41n
- beligerância na   28, 209, 210, 220-22
- carreiras *versus*   153-56, 393
- como experiência "nós"   41-42, 212, 220-24, 235-36
- como pedra angular da sociedade   116
- como prioridade   17-19, 23, 46-47, 52, 151, 153-56, 158, 167, 189-90, 198-200, 203, 264
- como sistema de apoio   351-52, 366
- como time   226-28, 328
- comparação de   29
- consciência da   71, 105, 328, 344
- cultura da   27, 28, 41-42, 47, 59-61, 65, 70, 88, 98, 107, 116, 154, 164, 197, 209, 210, 257, 263, 287, 289, 301, 314-17, 340, 369, 375, 376, 391, 395, 404-7, 423
- declaração da missão da, *ver* declaração da missão familiar
- desestruturada   61, 137
- encontros da, *ver* tempo da família
- envolvimento da   42-45, 116-19, 123-28, 138-41, 142-43
- espírito de   222
- estabilidade da   181, 256-57, 387-88, 394, 396, 441
- estrutura na   166-68, 184, 198, 405-7
- gerações da   105, 118, 138-41, 153-55, 264, 358, 365-66, 390, 391, 421-22
- grande   18, 286-87
- harmonizada   28, 131, 136-38, 146
- identidade da   123
- influências sociais na   28, 33-38, 113, 158-61, 165-68, 198-99, 203, 209-10, 301, 370-71, 409
- interdependência na   138, 199, 209
- lealdade na   88-91

legado da	389, 391, 438
liderança na	166, 319, 324, 397, 398-427, 437, 441-42
nuclear	422
reinvenção da	166-68
retratos da	205, 232-34
7 Hábitos naturais para	15, 41-45
sinergia na	116, 186, 226, 300-1, 320-26, 330
singularidade da	15-16, 27, 44, 47, 198, 199-200
sistema imunológico da	314-16, 333, 335, 376
slogans da	141, 150
tendências na	29, 57, 59-61
tradições da	344-77, 379, 381-82
transição	60-61, 105
ver também crianças; pais	
visitantes convidados pela	169-70
vôo de avião como metáfora para	25-26, 46, 49-50, 111-13, 118, 147, 160, 210, 316, 396, 420
fator aleta	422-24, 442
"fazer caretas"	296
feedback	26, 118-19, 263, 277-83, 316, 318, 319
feriados	363-65, 377
férias	352-60, 406, 407
finanças	28, 122, 177-78, 278, 310-14
fofoca	88, 102
força vital	60, 70
Francisco de Assis, São	71
Franklin, Benjamin	142, 354, 417
Frost, Robert	42
fumo	323

G

gangues	333
ganha/ganha (Hábito 4):	207-38
abordagem ganha/perde *versus*	209, 212, 224, 235, 263, 299
abundância *versus* escassez de mentalidade e	222, 235-36, 237-38, 437, 444
acordos para	229-32, 234
Círculo de Influência e	211
como alternativa viável	218-20

como "raiz" 209
competição *versus* cooperação em 209, 226-28, 237-38,
316, 317
compreensão e 207-12, 285
comprometimento para 210, 231, 234, 235, 326
confiança e 225, 231
Conta Bancária Emocional e 212, 214, 218, 229, 231, 234
desafio de queda-de-braço 207-12, 235
espírito de 224-29
idéia de "uma questão, um comprometimento" 210, 235
para crianças 224-29, 237-38
perde/ganha *versus* 215-17, 220, 235
princípios de 234, 320, 326
proatividade e 211, 217
quadro mais amplo para 232-34, 236
respeito e 250
sinergia e 207-12, 300, 301-3, 310, 312, 313, 316-22,
329-33
utilizações adolescentes de 235-36
utilizações adultas de 235-36
utilizações infantis de 237-38
generosidade 83-87, 102
generosidades 85, 86
Ginott, Haim 247
Goethe, Johann Wolfgang von 99, 153
Gordon, Thomas 247
Gray, Albert E. N. 437
Gray, John 247
Griffin, Glen C. 79

H

Hábitos, 7:
1 (proatividade) 53-110
2 (começar com o objetivo em mente) 111-50
3 (primeiro o mais importante) 151-206
4 (ganha/ganha) 207-38
5 (compreender e ser compreendido) 239-96
6 (sinergia) 297-338
7 (afinar o instrumento) 339-82
aulas sobre 30-33

como hábitos	33, 143, 313, 314
como natural para as famílias	15, 41-45
como princípios	33, 39-41
diagrama e definições	506-7
em níveis diferentes	397-409, 403, 415
estrutura dos	38-39, 425, 427-33
folha de trabalho para	431-32
relacionamentos de	197-98, 207-12
hábitos de leitura	324, 325, 343, 367-69
Hebgen Lake	358-60
Herzberg, Frederick	225
Hitler, Adolf	70
Holmes, Oliver Wendell	427
humildade	302, 437-38, 442

I

idealismo	19, 23
imaginação:	
como sinergia criativa	312-13
como visão compartilhada	105, 345
desculpas e	87-88
desenvolvimento da	66-71, 83, 324
ensino e	412-13
perdão e	94-9v
proatividade e	58, 60, 66-71, 105, 107
implicância	56-58
independência:	
dependência *versus*	420, 421
interdependência *versus*	42, 223, 263, 264, 301, 328, 330, 388, 392, 420
infidelidade	96, 216
influências sociais	15-16, 28, 34-38, 158-61, 163-68, 182 198, 203, 210, 301, 371, 409, 426, 434-435
infra-estrutura	159, 166
integridade	400, 409, 437
interdependência:	
em comunidades	392
independência *versus*	41-42, 223, 263, 264, 301, 328, 330, 388, 392, 420
na família	138, 199, 210, 235-36, 264
renovação como	342-44

Internet 35-36, 41n, 133n, 175n, 197n
intervalo entre estímulo e resposta 53

J

James, William 182
jantares "professor predileto" 352
jardins 369-71
Jennings, Marianne 347-48
julgamento:
   comportamento baseado no 30-33, 250-51, 276
   compreensão e 98, 103, 247-49, 250, 251, 261-62, 268,
      269-70, 276, 293-94, 331
Juramento de Lealdade 353

K

Kenley Creek 357-58

L

lar, ânsia pelo 46
lealdade 88-91, 102
leis:
   naturais 162-65, 198
Leis Primárias da Vida 97-101, 403, 409
Lewis, C. S. 262
liderança 166, 319, 324, 397, 398-427, 437, 441-42
linguagem 76-78
"literatura sábia" 410
logos 419

M

manipulação 98, 262, 270-73, 273
mapa "conselhos dos outros" 426
mapa "determinista" 426
mapa dos valores sociais 426
Maurício 392
maus-tratos (na infância) 29, 24, 139, 164

McKay, David O.	104
McNaughton, John Hugh	170
mensagens "eu"	281
mensagens "você"	281
mentor	403-5, 408, 410, 412-21, 422, 441-42
missão	389, 396, 421
modelo	33-34, 57, 61, 399-403, 405, 408, 409-20, 422, 441
modelos de papéis	32-34, 57, 61, 165-66, 399-403, 405, 408 409-20, 421, 441
"momentos de ensino"	411
moralidade:	
autoridade para	210, 301, 406
como atributo humano	58
julgamentos baseados na	31
leis da	163
rigidez na	63
senso de	164
morte, morrer	23, 155, 390-93
motivação	255, 289
motivos	56, 70, 270-73, 299
mudança:	
agentes de	23, 34, 39, 60-61, 79, 81-83, 105, 139, 140, 398-99, 422-24, 433
"de dentro para fora"	34, 76, 79, 81-82, 104, 139, 145
perdão e	96-97
princípios e	188
resultados da	182-83
social	36-38, 165-68, 198
Muggeridge, Malcolm	159
mulheres	393

N

narcisismo	101
Natal	377
necessidades:	
desejos *versus*	224-25
espirituais	412-13, 427
físicas	412-13, 427
mentais	412-13, 427
sociais	412-13, 427

Nelson, Joyce	352
Novak, Michael	223
níveis:	383-444
como destinações intermediárias	394-95
de estabilidade	387-88, 394, 396, 441
de significância	389-93, 394-95, 396, 397, 398, 441
de sobrevivência	387, 395, 396, 398, 414, 441
de sucesso	388, 394, 395, 398, 441
forças dinâmicas *versus* restritivas nos	395-98, 434
liderança e	397, 398-427
proatividade e	397
resolução de problemas e	394-95
7 Hábitos usados em	397-98, 406
sinergia em	402
utilizações adolescentes dos	441-42
utilizações adultas dos	441-42
utilizações infantis dos	443-44
visão compartilhada e	397, 406, 417
nutrição	342

O

objetivos:	
a longo prazo	139, 402
econômicos	388
espirituais	388
estabelecimento de	414
mentais	388
papéis e	197, 198-200
sociais	388
organização	405-7, 410, 411-20, 422, 441
orgulho	262-64
orientação interior	40
Os Homens São de Marte, As Mulheres São de Vênus (Gray)	247

P

paciência:	
declaração da missão familiar e	142, 143-46

famílias grandes e	18
impaciência *versus*	200
resultados e	45-46, 142, 143-46

pais:

avós	29, 47, 118, 138-40, 141, 421-22, 427
como amigos dos filhos	189, 304
delegação da responsabilidade dos	156-58
expectativas dos	229, 231
influência dos	57, 155, 218, 252, 400, 403, 404-5
papel único dos	156-58
que trabalham	153-56
respeito pelos	249-51
sacrifícios dos	20-21, 404, 436
solteiros	27, 34, 36, 56, 134-35, 172, 427
"pantomima"	248
paradigmas	69, 209
Pascal, Blaise	245
pathos	419
patriotismo	353
Peck, M. Scott	64
Pequeno Príncipe, O (Saint-Exupéry)	239

percepções:

comunicação e	249
feedback e	279-83
perda da calma	27, 87, 290

perdão:

autoconsciência e	95
como depósito emocional	94-97, 102
como verbo	264, 434
consciência e	95, 134-35
divórcio e	134-35
mudança e	96-97
no casamento	96
vontade e	95
perfeccionismo	63
persistência	23, 74
perspectiva	21, 62, 180, 374
"pontos cegos"	279, 280
Pope, Alexander	100
pornografia	35-36
Powell, John	266

Prayer Rock (Pedra da Oração) 359
preconceito 248
prevenção 263
primeiro o mais importante (Hábito 3): 151-206
  como abordagem tática 198
  estilo de vida e 153-56, 158
  exemplo das "pedras grandes" 194-97, 203, 205
  importância de 151-52, 391
  "papéis e metas" em 197, 198-200
  planejar com antecedência e 152-53, 170, 173-75
  sinergia e 320
  utilizações adolescentes em 203-4
  utilizações adultas de 203-4
  utilizações infantis de 205-6
princípios:
  ações baseadas nos 39, 56
  como evidentes por si mesmos 33, 409
  como intemporais 33, 115, 409
  como leis naturais 161-65
  como universais 22, 33, 115, 287, 409, 427
  comportamento *versus* 162
  de liderança 398-422, 441-42
  em ganha/ganha 234, 320, 326
  ensino de 169-70, 175-79, 192-93, 219, 285, 391, 409
  escolha de 112, 115
  mudança e 187-88
  na declaração da missão familiar 126, 134, 143-46, 172-73, 410-12
  preferências *versus* 226
  7 Hábitos como 33, 39-41
  valores sociais *versus* 160, 426
  ver também valores
prioridades:
  começar com o objetivo em mente e 113, 116
  comprometimento e 158
  família como 17-18, 23, 46-7, 52, 151, 153-56, 158, 167, 190, 198-200, 203, 264
  importância das 22
  na declaração da missão familiar 114, 114-15
  prisioneiros de guerra 111, 198-200
  tempo da família como 174, 199, 200

valores e	126, 324
prisões emocionais/mentais	87
proatividade (Hábito 1):	53-110
amor e	63-65, 97-101, 137
autoconsciência e	56-59, 60, 66-71, 105, 107-8
Círculos das Preocupações/Círculo da Influência na	71-78, 104, 108
como chave para outros hábitos	104-5, 197-99, 317
consciência e	60, 66-71, 91, 105, 107-8
Conta Bancária Emocional na	78-97, 107-8, 109-10
ganha/ganha e	211, 217
imaginação e	58, 60, 66-71, 105
liberdade de escolha na	53-55, 59, 63, 105, 139, 234, 416 430, 438
planejamento e	195-96
quatro dons e	56-61, 66-71, 83, 88, 95, 105, 107
reatividade *versus*	53-56, 62, 63, 72-75, 77, 107
renovação e	342, 343-44
resultados da	384, 386
senso de humor e	61-63, 373-74
sinergia e	310-11, 317, 318
"tecla de pausa" para	55-56, 58, 107, 266, 310-12
utilizações adolescentes para	107-8, 144
utilizações adultas para	107-8
utilizações infantis para	109-10
vontade e	59, 66-71, 91, 105, 107-8
professores	352
projeção	29, 254
promessas	91-94, 103
provérbios	113, 417
punição	233, 398, 442

Q

quacres	120
Quatro de Julho	353

R

racionalizações	156

raiva 56, 76, 104, 135, 250, 253, 262-265, 280
reação desproporcional 20, 63
reação rugir *versus* fugir 388
reatividade:
   Círculo de Preocupação como foco de 72
   proatividade *versus* 53-56, 61-62, 63, 74-76, 77, 107
reclamação 56-58, 316, 317
recompensas extrínsecas *versus* intrínsecas 289
refeições 276-77, 346-52, 382, 406
reforma 163
Regra de Ouro 209
rejeição 101
relacionamentos:
   abusivos 215-17, 257-62
   assistir à TV e 322-25
   compreensão e 242, 245, 257-62, 273-76
   construção de 65, 78-83, 184-86, 302, 333, 343, 344, 402
   contratuais *versus* solenes e irrevogáveis 167-68
   medo de 121
   renovação de 365-66, 375
   rompimento de 64
religião 58, 343, 382, 416
renovação (Hábito 7): 339-82
   coesão e 343, 344, 346, 356, 373, 376, 379
   Conta Bancária Emocional e 340
   cura e 375-77
   de relacionamentos 365-66, 375
   espiritual 342-43, 344, 345, 349, 369-71, 373, 377, 381-82
   expectativas e 340
   extrínseca *versus* intrínseca 343
   física 342-43, 344, 346, 370, 372-73, 377
   interdependente 342-44
   mental 342-44, 346, 350, 367, 372-73, 377
   metáfora de "afinar o instrumento" para 341, 345, 379
   na declaração da missão familiar 349
   nas tradições familiares 344-77, 379, 381-82
   no casamento 340
   no tempo da família 345, 365-66
   outros hábitos influenciados pela 342, 375
   pessoal 343

proatividade e	342, 343-44
sentimento de	374-75
social	342-43, 344, 345, 349, 367, 370, 376
utilizações adolescentes da	379-80
utilizações adultas da	379-80
utilizações infantis da	443-44

resolução de problemas:

em diferentes níveis	393-95
estratégias para	122, 388, 394, 441-42
no casamento	122, 305-8
no tempo da família	170, 180, 203, 286, 320-26
sinergia na	300-1, 313, 317, 320-26, 330, 335-36, 337-38, 395

respeito:

compreensão e	271-72
escutar e	126
ganha/ganha e	250
mútuo	210
pelos pais	249-50

responsabilidade:

aposentadoria	393
como "respons-habilidade"	76, 77, 234
no casamento	223
princípio de	32-34
senso de	389-90, 421
ressentimento	97
"retiro"	185
rezar	343, 344, 382, 416
Richards, Stephen L.	437
Rogers, Carl	247

S

sabedoria	248-49
saindo para encontros	267-70
Saint-Exupéry, Antoine-Marie-Roger de	239
Salomão	248
sarcasmo	61, 63
Scholastic Aptitude Test (SAT) (Teste de Aptidão Acadêmica)	37
Schweitzer, Albert	383, 400
Selye, Hans	393

sem-teto	390
senso de humor	61-63, 355, 373-74, 375
serviço comunitário	372-73, 389-90, 392, 393
sexualidade	37, 144, 178, 349
Shakespeare, William	46, 435-36
significância	389-93, 395, 396, 397, 398, 441
sinceridade	31-33
sinergia (Hábito 6)	297-338
autoconsciência e	312, 327, 328
começar com o objetivo em mente e	301-2, 320
como cooperação criativa	310-14, 327, 331, 333, 335-36, 431
como "fruto"	209, 210, 300, 303, 329-333
como inapropriada	329, 335-36
como modo mais elevado	210, 211
como *summum bonum* de todos os hábitos	300-1, 303
compreensão e	207-12, 291-92, 300, 301-3, 312, 313, 316-22, 329-33
consciência e	312, 313
Conta Bancária Emocional e	314, 319
corpo como metáfora para	300, 303, 328
"criativa"	313
desculpas e	298
diferenças e	303-10, 319, 335
dons humanos e	310-14
em coesão	333
em diferentes níveis	404, 419
emoções negativas *versus*	262
feedback e	316, 318
ganha/ganha e	207-12, 300, 301-3, 312, 313, 316-22, 329-33
nas famílias	116, 185, 226, 300-1, 320-26, 330
pontos-chave para	326
pontos de vista na	325, 330-32, 338
primeiro o mais importante e	319
proatividade e	312, 317, 319
processo de	326
resolução de problemas na	300-1, 314, 317, 320-26, 329-30, 335-36, 337-38, 395
riscos da	301-3
segurança interna e	301-3, 328
sistema imunológico familiar e	314-16, 333, 335-36

solução da terceira alternativa na	300-1, 302, 313, 317, 402
"tecla de pausa" e	311-13
transacional mais	327-29
transformacional	325
utilizações adolescentes para	335-36
utilizações adultas da	335-36
utilizações infantis da	337-38
visão na	301, 319
vontade e	313, 318
vulnerabilidade mútua e	301, 332
sistema imunológico	102, 314-16, 333, 335, 376, 393
sobrecarga na véspera	162-3
sobrevivência:	
física	115, 253, 371
nível de	387, 394, 395, 396, 397, 414, 441
psicológica	253
subconsciente	132-33
sucesso:	
dos casamentos	27-28, 29, 65
na carreira	154, 155
nível de	387, 388, 395, 396, 397, 441
Stockdale, James B.	200
Stone, Irving	353

T

Tagore, Rabindranath	155
Tannen, Deborah	247
"tecla de pausa"	55-56, 58, 65, 107, 266, 311-12, 405
tecnologia	158, 166, 198, 369
televisão	37, 165, 196, 320-26, 338, 340, 347, 349, 359
tempo da família	151, 168-83
como prioridade	174, 199
comprometimento com	182-83, 203, 205-6
Conta Bancária Emocional e	169, 172, 181-82
declaração da missão familiar e	172-73
divertimento no	170, 181-82, 194, 203
ensino no	169, 172, 175-79, 203
família como assunto do	177-78
importância do	38, 168-72, 415-17

participação das crianças no 168-69, 170, 171, 205-6
participação dos adolescentes no 182, 196, 203
planejamento no 51-52, 170, 172, 173-75, 194-97, 203, 342, 405-7, 414
regras para 102
renovação no 346, 365
resolução de problemas no 170, 172, 179-81, 203, 286, 320-26
resultados do 182-83
teoria da motivação higiênica 225
terapia 144
Those Who Love (Stone) 353
Tolstói, Leão 34
Toynbee, Arnold 38
trabalho 153-56, 369-72, 415-16
transcendência 70, 122
treinamento 288, 342

U

urgência 415-16

V

valores:
  centrados nos princípios 56, 301, 410
  comuns 19, 35, 122, 142, 345, 406, 417
  ensino de 168-69, 175-79, 192-94, 218, 390-91, 409-12
  priorização dos 126-27
  questões de 289
  sociais 160, 426
  ver também princípios
"veja pelo lado de lá da ponte" 69
vertigem 160
Vietnam Experience, A (Stockdale) 200
violência 37, 165, 323
visão:
  compartilhada 105, 345, 397, 406, 417
  destinação e 27, 27-30, 47, 75
  importância da 111-14, 342
  na declaração da missão familiar 116, 122, 131, 135, 136
  sinergia e 301, 320

visualização	127, 132-34
vítimas	97
vontade independente:	
desenvolvimento da	66-71, 83
organização e	412-13
perdão e	95
proatividade e	58-60, 66-71, 91, 105, 107
sinergia e	313, 318, 319
vontade social *versus*	105, 344, 412

W

Whitehead, Alfred North	39
Whittier, John Greenleaf	158
Williamson, Marianne	424
Winfrey, Oprah	151

Y

You Just Don't Understand (Tannen)	247

Z

Zinker, Joseph	105

SOBRE O

AUTOR

Stephen R. Covey, marido, pai e avô, é internacionalmente respeitado como autoridade em liderança, especialista em família, professor, consultor de empresas, fundador da ex-Covey Leadership Center, e presidente adjunto da Franklin Covey Company. Fez do ensino da Vida Centrada em Princípios e Liderança Centrada em Princípios o trabalho de sua existência. Possui o grau de mestrado em administração de empresas e o de doutorado da Brigham Young University, onde foi professor de comportamento organizacional e administração de empresas e diretor de comunicações da universidade e assistente do reitor. Por mais de trinta anos, tem ensinado, a milhões de indivíduos, famílias e líderes de empresas, educação e governo, o poder transformador dos princípios ou leis naturais que regem a eficácia humana e organizacional.

O dr. Covey é autor de vários livros aclamados pelo público, incluindo os *7 Hábitos das Pessoas Altamente Eficazes* (publicado por esta editora), o qual tem ocupado o topo das listas dos mais vendidos há mais de sete anos. Mais de dez milhões de exemplares foram vendidos em vinte e oito idiomas, em setenta países. Seus livros *Principle-Centered Leadership* (*Liderança Centrada em Princípios*) e *First Things First* (*Primeiro o Mais Importante*) constituem dois dos *best-sellers* na área de administração desta década.

O dr. Covey, bem como outros escritores, conferencistas e palestrantes da Franklin Covey, todos autoridades em liderança e eficácia, são constantemente procurados por emissoras de rádio e de televisão, revistas e jornais de todo o mundo.

Recentemente, o dr. Covey recebeu os seguintes prêmios: medalha conferida pelo Thomas More College por serviços prestados à humanidade, o Toastmaster's International Top Speaker Award, Inc., o National Entrepreneur of the Year Lifetime Achievement Award for Entrepreneurial Leadership e vários títulos honorários de doutor. Também foi reconhecido pela revista *Time* como um dos vinte e cinco americanos mais influentes.

Stephen, sua esposa, Sandra, e sua família vivem nas Montanhas Rochosas, em Utah.

SOBRE A

Franklin Covey Company

Stephen Covey é presidente adjunto da Franklin Covey Company, uma empresa internacional com quatro mil associados, devotada a assessorar pessoas, empresas e famílias na tarefa de se tornarem mais eficazes por intermédio da aplicação de comprovados princípios ou leis naturais. Além de seu trabalho e criação de produtos para indivíduos e famílias, o leque de clientes da organização inclui oitenta e duas empresas Fortune 100[*], mais de dois terços das empresas Fortune 500, milhares de empresas de pequeno e médio portes, e entidades governamentais das esferas municipal, estadual e federal. A Franklin Covey também tem promovido parcerias-piloto com cidades que buscam tornar-se comunidades centradas em princípios, e atualmente ensina os 7 Hábitos a professores e administradores em mais de três mil escolas públicas e universidades ao longo dos EUA e, por intermédio de iniciativas estaduais com líderes educacionais, em vinte e sete Estados.

A visão da Franklin Covey consiste em adestrar as pessoas a ensinar a si mesmas e não depender da empresa. Estimula as organizações a apoiar a família, desenvolve habilidades e fornece produtos para ajudar as pessoas a conciliar a vida profissional e familiar. Ao intemporal adágio de Lao-tsé: "Dê um peixe a um homem e você o alimentará por um dia; ensine-o a pescar e o alimentará pelo resto da vida", acrescenta: "Desenvolva professores de pesca e elevará toda a sociedade". Esse processo de atribuição

---

[*] Designações conferidas às empresas constantes nas listagens anuais apresentadas pela revista *Fortune*, das maiores e melhores empresas norte-americanas. (N. do T.)

de poder às pessoas é aplicado por meio de programas realizados em suas instalações nas Montanhas Rochosas, em Utah, em serviços de assessoria ao cliente, treinamento de pessoal — a distância e na empresa —, bem como por meio de *workshops* oferecidos em mais de trezentas cidades na América do Norte e em mais de quarenta países.

A Franklin Covey possui mais de dezenove mil consultores autorizados que ensinam seus currículos dentro das empresas, e treina acima de 750.000 participantes por ano. Ferramentas de implementação, incluindo a Agenda de Planejamento Diário Franklin, o Organizador dos 7 Hábitos e uma ampla oferta de fitas cassete e de vídeo, livros e programas para computador, ajudam seus clientes a reter e eficazmente utilizar os conceitos e conhecimentos. Esses e outros produtos para a família, cuidadosamente selecionados e aprovados pela Franklin Covey, estão disponíveis nas cento e vinte Lojas 7 Hábitos Franklin Covey na América do Norte e em vários outros países.

Os produtos e materiais Franklin Covey agora estão disponíveis em vinte e oito idiomas, e os artigos para planejamento são utilizados por um número superior a quinze milhões de pessoas em todo o mundo. A empresa tem mais de quinze milhões de livros impressos, vendendo mais de um milhão e meio por ano. A *Business Week* apresenta *Os 7 Hábitos das Pessoas Altamente Eficazes*, do dr. Covey, como o primeiro lugar de vendagem — no setor de livros sobre administração — do ano, e *First Things First*, também de sua autoria, como o terceiro lugar.

Para maiores informações das atividades da Franklin Covey, telefone ou escreva para:

Franklin Covey Co.
466 West 4800 North, Provo, Utah, USA
84604-4478
Phone: (801) 496-4255
Fax: (801) 496-4252

FranklinCovey

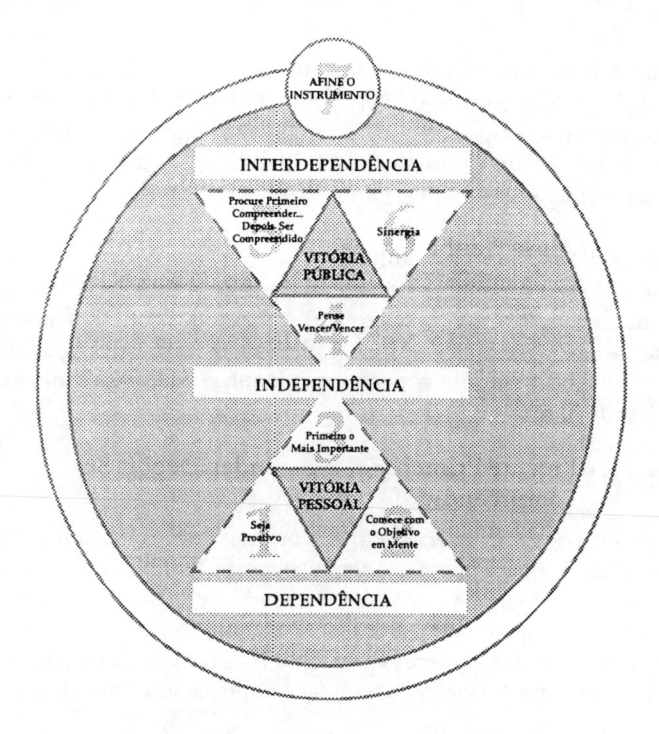

Os 7 Hábitos das Famílias Altamente Eficazes

Hábito 1: Seja Proativo
As famílias e seus membros são responsáveis por suas próprias decisões e têm a liberdade de escolha baseada em princípios e valores, e não em humores e condições. Seus membros desenvolvem e utilizam os quatro singulares dons humanos — autoconsciência, consciência, imaginação e vontade independente —, e obtêm uma abordagem "de dentro para fora", realizando mudanças. Optam por não serem vítimas, nem reativos, ou viver culpando os outros.

Hábito 2: Comece com o Objetivo em Mente
As famílias moldam seu próprio futuro criando uma visão e um propósito mental para qualquer projeto, seja ele grande ou pequeno. Elas não vivem apenas o dia-a-dia, sem nenhum propósito em mente. A forma mais ampla de criação mental é a missão familiar ou matrimonial.

Hábito 3: Primeiro o Mais Importante
As famílias organizam-se e executam suas atividades baseadas nas prioridades mais importantes. Têm momentos familiares semanais e momentos de encontros um a um. Elas são movidas por um propósito, e não por agendas ou pelas forças que as rodeiam.

Hábito 4: Pense Ganha/Ganha
Os membros da família pensam em termos de benefício mútuo. Eles estimulam o apoio e o respeito mútuo. Pensam interdependentemente — "nós", e não "eu" — e desenvolvem acordos para ganha/ganha. Não pensam com egoísmo (ganha/perde) ou como mártires (perde/ganha).

Hábito 5: Procure Primeiro Compreender, Depois Ser Compreendido
Os membros da família eficaz primeiro buscam ouvir com a intenção de compreender os pensamentos e sentimentos dos outros, para então comunicar seus próprios pensamentos e sentimentos de maneira eficaz. Por meio da compreensão, eles desenvolvem profundos relacionamentos de confiança e de amor, devolvendo um *feedback* útil. Eles não se recusam a dar *feedback*, nem procuram ser compreendidos primeiro.

Hábito 6: Crie Sinergia
Os membros da família se apóiam nas forças individuais e familiares para que, respeitando-se e valorizando-se as diferenças, o todo se torne maior do que a soma das partes. Eles desenvolvem uma cultura de resolução de problemas e de aproveitamento mútuo. Estimulam um saudável espírito familiar de amor, aprendizado e contribuição. Não buscam apenas um meio-termo (1 + 1 = 1) ou a mera cooperação (1 + 1 = 2), mas a cooperação criativa (1 + 1 = 3... ou mais).

Hábito 7: Afine o Instrumento
A família aumenta sua eficácia por meio da habitual renovação pessoal e familiar em quatro áreas básicas da vida: física, social/emocional, espiritual e mental. Elas estabelecem tradições que estimulam o espírito da renovação familiar.

ESCRITÓRIOS DA FRANKLIN COVEY Co®, Inc.
GLOBAL OFFICES (INTERNAL USE)

África do Sul
18 Crescent Road
Parkwood 2193
Johannesburg, South Africa
Tel: (27-11) 442-4596
(27-11) 442-4589
Fax: (27-11) 706-9042
covey@pixie.co.za

Escritório de Cape Town
20 Krige Street
P.O. Box 3117
Stellenbosch 7600
South Africa
Tel: (27-21) 886-5857
Fax: (27-21) 883-8080
gcloete@iafrica.com

Escritório de Joanesburgo #2
Grant Ashfield
45 De La Rey Rd.
Rivonia 2128
South Africa
Tel: (27) 11-807-2929
Fax: (27) 11-807-2871
covey@iafrica.com

América Latina/Caribe
107 N. Virginia Ave.
Winter Park, FL 32789
Tel: (407) 644-7117
Fax: (407) 644-5919
coveyla@magicnet.net

Arábia Saudita
LADA International
PO Box 89806
Riyadh, Saudi Arabia 11557
Tel: 966-1-4628271
Fax: 966-1-4628526

Argentina
Corrientes 861, 5to. Piso
2000 Rosario, Argentina
Tel/Fax: (54-41) 408-765
mvillalo@impsatl.com.ar

Franklin Covey Co.
Austrália
Ground Floor, Fujitsu House
159 Coronation Dr.
Milton, QLD 4064
Tel: (61-7) 3259-0222
Fax: (61-7) 3369-7810
clcau@ozemail.com.au

Franklin Covey Europe Ltd. Bélgica
Drive 161, Bldg N
1410 Waterloo
Belgium
Tel: (322) 352-8886
(322) 352-8885
Fax: (322) 352-8889
(322) 352-8827
Cel: (44) 777 555-8306

Bermudas
4 Dunscombe Rd.
Warwick, Bermuda WK08
Tel: (441) 236-0383
Fax: (441) 236-0192
marthak@ibl.bm

Franklin Covey Co.
Canadá
1165 Franklin Blvd.
Cambridge Ontario
NIR 8E1
Canada
Tel: (519) 740-2580
Toll CS: 800-265-6655

CS Fax: (519) 740-6848
geclem@franklincovey.ca

Chile
Ave. Presidente Errazuriz #3328 Las Condes
Santiago, Chile
Tel: (56-2) 242-9292
Fax: (56-2) 233-8143
clcray@reuna.cl

China
The Gateway, Suite 7-00
10 Yabao Rd.
Chao Yang District
Beijing 100020 China
Tel: (8610) 6594-2288 ext. 7016
Fax: (8610) 6592-5186
covey@hyper.netchina.com.cn

Cingapura
19 Tanglin Road,
#05-18 Tanglin Shopping Ctr.
Singapore 247909
Tel: (65) 838-9206
Fax: (65) 838-8618
Product Inquiries
Tel: (65) 838-0777
Fax: (65) 9200
Training Hotline
Tel: (65) 838-9218
Fax: (65) 838-9211
covey@singnet.com.sg

Colômbia
Calle 90 No. 11 A-34,
Oficina 206
Santa Fe de Bogota, Colombia
Tel: (57-1) 610-0396/0385

Fax: (57-1) 610-2723
clccolom@colomsat.net.co

Coréia
6F 1460-1 Seoyang Bldg
Seocho-Dong
Seocho-Ku
Seoul, 137-070 Korea
Tel: (82-2) 3472-3360/3, 5
Fax: (82-2) 3472-3364
klc@nuri.net

Curaçao
Ajaxway 3
Curacao, Netherlands
Antilles
Tel: (599) 97-371284-1286
Fax: (599) 97-371289
colcinc@cura.net

Equador
Malecon 305 y Padre
Aguirre
Edificio El Fortin 15 B
Guayaquil, Ecuador
Tel: (593-9) 752-664/
565-000
Fax: (593-4) 303-006
salem-as@gu.pro.ec

Franklin Covey Co.
Região do Meio-Oeste,
Estados Unidos
493E. 100S.
Hyrum, UT 84319
Tel: (435) 245-9802
Fax: (435) 245-9399
middleeast@covey.com

Filipinas
G/F Hoffner Bldg.
KATI Punam Ave
Quezon City, 1108
Philippines
Tel: (63-2) 426-5982/5910
Fax: (63-2) 426-5935
philippines@covey.com

Hong Kong
Room 1502 15/F Austin
Tower
22-26A Austin Avenue
Tsimshatsui
Kowloon, Hong Kong
Tel: (852) 2541-2218
Fax: (852) 2544-4311
awong@franklincovey.com.hk

Indonésia
Jl. Bendungan Jatiluhur 56
Bendungan Hilir
Jakarta, Indonesia 10210
Tel: (62-21) 572-0761
Fax: (62-21) 572-0762
coveyid@idola.net.id

Irlanda
5 Argyle Square
Donnybrook
Dublin 4, Ireland
Tel: (353-1) 668-1422
Fax: (353-1) 668-1459
info@covey.ie

Franklin Covey Co.
Japão
Marumasu Koujimachi
Bldg 7F, 3-3
Chiyoda-Ku, Tokyo
102-0083, Japan
Tel: 81-3-3264-7495
Fax: 81-3-3264-7402/
7485
eskinner@kingbear.co.jp

Malásia / Brunei
J-4, Bangunan Khas,
Lorong 8/1E
46050 Petaling Jaya
Selangor, Malaysia
Tel: (60-3) 758-6418
Fax: (60-3) 755-2589
(60-3) 758-6646
covey@po.jaring.my

México
Jose ma. Rico 121-402
Colonia del Valle
03100 Mexico D.F.
Mexico
Tel: (52-5) 534-1925
Fax: (52-5) 524-5903
coveymx@internet.com.mx

Franklin Covey Co.
México
Edificio Losoles D-15
Avenida Lazaro Cardenas
#2400 Pte.
San Pedro Garza Garcia
NL 66220
Mexico
Tel: (52-8) 363-2171
Fax: (52-8) 363-5314
Dbutler@infosel.net.mx

México
Florencia #39 Tercer Piso
Col. Juarez Delgacion
Cuahutemoc
Mexico DF 06600
Mexico
Tel: (52-5) 533-5201/
533-5194
Fax: (52-5) 533-9103

Guadalajara
Country Club
Prol. Americas 1600, 2o.
Piso
Guadalajara, Ja. 44610
Tel: (52-3) 678-9211
Fax: (52-3) 678-9271

Nigéria
Plot 1664 Oyin Jolayemi
St. (4th Floor)
Victoria Island, Nigeria
Tel: (234-1) 261-7942
Fax: (234-1) 262-0597
restral@infoweb.abs.net

**Franklin Covey Co.
Auckland, Nova
Zelândia**
111 Valley Road
Mount Eden
Auckland,
New Zealand
Delivery Address
Private Bag 300981

*Albany/Auckland,
New Zealand*
Tel: (64-9) 415-4922
Fax: (64-9) 415-4966
wendy@covey.co.nz

Wellington, Nova Zelândia
Level 4 Harcourts
Building
28 Grey St.
Wellington, New Zealand
Tel: (64-4) 473-1563

Panamá
Centro Aventura
Tumba Muerto, Oficina 113
Panama, Republic de Panama
Tel: (507) 260-9534/8763
Fax: (507) 260-0373
jgmiralles@ihpanama.com

Porto Rico
Urb. Altamira
548 Aldebaran Street
Guaynabo, PR 00968
Delivery Address
PMC, Suite 427
B-2 Tabonuco St.
Guaynabo, PR 00968-3004
Tel: (787) 273-6750/8369
Fax: (787) 783-4595
coveypr@coqui.net

Reino Unido
Londres
4 Bergham Mews
Blythe Road
London W14 OHN
England
Tel: (44-171) 602-6557
Fax: (44-171) 610-4343
101372,3511@compuserv.com

Reino Unido
Banbury (Escritório Central)
Franklin Covey Europe Ltd.,
Grant Thorton House,
46 West Bar Street,
Banbury,
Oxfordshire, OX169RZ
England
Tel: (44) 01295 274100
Fax: (44) 01295 274101
fquestdav@aol.com
Customer Service:
Franklin Covey Ltd.,
PO Box 1000
Newcastle-upon-Tyne,
NE85 2BS, U.K.
Tel: (44) 0870 6000 226
Fax: (44) 0870 6000 212
customer.orders@franklin covey.co.uk.

Taiwan
7F-3, 166, Cheng Hsiao E. Rd.
Sec. 4, Taipei,
Taiwan, R.O.C.
Tel: (8862) 2751-1333
Fax: (8862) 2711-5285

Trinidad e Tobago
#23 Westwood St.
San Fernando
Trinidad, West Indies
Tel: (868) 652-6805
Fax: (868) 657-4432
lcg@carib-link.net

Turquia
I.D.E.A., A.S.
Bldg, 7, Cayirova
Istanbul, Turkey 81719
Tel: 90-2164232426
Fax: 90-2164232433

Uruguai
Avenida 19 de abril 3420
Montevideo, Uruguay 11700
Tel: 59-82-601-7194
Fax: 59-82-209-8317
miur@adinet.com.uy
aigor@adinet.com.uy

Venezuela
Calle California Con Mucuchies
Edif. Los Angeles, Piso 2,
Ofic. 5-6B, Las Mercedes
Caracas, Venezuela
Tel: (58-2) 993-8550
Fax: (58-2) 993-1763
bhauser@ccs.internet.ven

Sobre a FranklinCovey Brasil

A FranklinCovey Brasil é uma sólida organização voltada para a melhoria da eficácia corporativa e pessoal. Suas soluções baseiam-se no desenvolvimento da alta produtividade, gerenciamento de tempo, projetos e excelência nos relacionamentos interpessoais. Desde 2000, a FranklinCovey Brasil já aplicou treinamentos em cerca de 130 das maiores empresas do país, utilizando uma metodologia baseada em princípios, que transformam essas organizações de dentro para fora, tornando-as altamente eficazes.

Programas
Os 4 Papéis do Líder
Os 7 Hábitos das Pessoas Altamente Eficazes
Os 7 Hábitos dos Adolescentes Altamente Eficazes
Foco — Atingindo sua Maior Prioridade
Habilidade de Apresentação
Habilidade para Reuniões
Habilidades de Escrita
Construindo Confiança
Gerenciamento de Projetos
Como Trabalhar com Sinergia
xQ — Quociente de Execução
As 4 Disciplinas da Execução
Perfil 360°

Produtos
Franklin Planner Starterkit
Franklin Planner Software
Franklin Planner Software For Ms Outlook
Refis Diários e Semanais para o Franklin Planner
Capas em Couro com e sem Zíper
Capas Sintéticas com e sem Zíper
Folhas em Branco e Folhas Pautadas
Furadores de Papel Modelos de Mesa e Portátil
Arquivos Fichários
Linha Masculina e Feminina de Bolsas e Pastas para *Notebook*

Livros
Em português
Os 7 hábitos das pessoas altamente eficazes
Os 7 hábitos das famílias altamente eficazes
Os 7 hábitos dos adolescentes altamente eficazes
Vivendo os 7 hábitos
Liderança baseada em princípios
Primeiro o mais importante
O que mais importa
O gladiador moderno
O princípio do poder
Os 7 hábitos compactos (7 livretos)
Princípios essenciais das pessoas altamente eficazes
O programa FranklinCovey para a execução eficaz

Figura de transição
Questões fundamentais da vida
Seus clientes preisam ter sucesso. E agora?
O 8º hábito

Em inglês
The 7 Habits of Highly Effective People
The 7 Habits of Highly Effective Families
Living The 7 Habits
The 10 Natural Laws of Successful Time and Life Management
What Matter Most
The Modern Gladiator
First Think First
Life Matters
Principle Centered Leadership
To Do, Doing, Done
Let's Get Real or Let's Not Play
Business Think
The 8th Habit

Vídeos (em português)
VCD – Deixe um legado
VCD – O valor do tempo
VCD – Águas turbulentas
DVD – Palestra com Dr. Covey "Liderança não é uma Posição e sim uma Escolha"
DVD – O Poder de viver seus valores — Hyrum Smith

Áudios (inglês)
Beyond the 7 Habits (4 CD set)
First Thing First (3 CD set)
Life Matters (4 CD set)
Mastering the 7 Habits (12 CD set)
Principle Centered Leadership (3 CD set)
The 7 Habits of Highly Effective People (3 CD set)

Outras soluções focalizadas
Consultoria Organizacional
Certificado FranklinCovey
Soluções Formatadas para empresas
Soluções Eletrônicas e Aprendizaado on-line
Simpósio Internacional sobre Liderança e Produtividade
Soluções Organizacionais
Personal Coaching
Palestras Especiais

FranklinCovey Brasil Ltda.
Rua Flórida, 1568.
São Paulo, SP - 04565-001, Brasil
Telefone: 11-5105-4400
E-mail: info@franklincovey.com.br
Site: www.franklincovey

Ganhe 10% de desconto sobre os preços de nossos renomados seminários, apresentando este cupom.

Enquanto milhões de pessoas lêem nossos *best-sellers* todo ano, milhares delas e também milhares de empresas se tornam mais eficazes, participando de nossos seminários, como o impactante:

OS 7 HÁBITOS
DAS PESSOAS ALTAMENTE EFICAZES

Transforme três dias em 7 hábitos para toda a vida
Os 7 hábitos®, baseado no *best-seller* de Stephen Covey, é uma experiência inspiradora de três dias que cria uma atitude positiva de mudança. Nesse *workshop*, você mudará sua maneira de abordar seu trabalho e seus relacionamentos e verá os problemas como oportunidades.

FranklinCovey

Para mais informações:
Ligue

11-5105-4400

ou

Site www.franklincovey.com.br
ou
e-mail info@franklincovey.com.br

Validade de um ano a partir da apresentação da nota fiscal da compra do livro.

Ganhe **10% de desconto** sobre os preços de nossos renomados seminários, apresentando este cupom.

Enquanto milhões de pessoas lêem nossos *best-sellers* todo ano, milhares delas e também milhares de empresas se tornam mais eficazes, participando de nossos seminários, como o impactante:

Foco
Atingindo Suas Maiores Prioridades

Nós temos algo que pertence a você: seu tempo

O Foco® é um *workshop* de gerenciamento de tempo para todo o dia e não apenas para as exigências de um dia de trabalho. Ele o ajudará a focar seu tempo, sua energia e seus recursos nas coisas que são mais importantes, tornando-o mais produtivo, equilibrado e sem *stress*. Este seminário já foi aplicado em mais de seis milhões de participantes.

FranklinCovey

Para mais informações:
Ligue

11-5105-4400

ou
Site www.franklincovey.com.br
ou
e-mail info@franklincovey.com.br

Validade de um ano a partir da apresentação da nota fiscal da compra do livro.

Este livro foi composto na tipografia
Minion Pro, em corpo 10,5/15, e impresso em
papel off-set no Sistema Digital Instant Duplex
da Divisão Gráfica da Distribuidora Record.